全篇解説

日蓮聖人遺文

渡邊寶陽 Watanabe Hōyō
関戸堯海 Sekido Gyōkai
高森大乗 Takamori Daijō

佼成出版社

まえがき

日蓮聖人（一二二二～一二八二）は、もっぱら『法華経』を中心にして、久遠釈尊の仏教の教えに生きた。激しい法難をつぎつぎに受けた日蓮聖人は、その都度、主要な著作を書き表したが、道元禅師（一二〇〇～一二五三）や親鸞聖人（一一七三～一二六二）のように、二十年もの長期間にわたって長編を著述する機会は与えられなかった。むしろ、度重なる法難の中での、実践に即した、なまなましい著作を執筆するとともに、おびただしい手紙――時には、小著作のかたちをなしたものもある――を、つぎつぎと弟子や信徒に送ったというのが、日蓮聖人の特色であると言えようか。

時代は下って、近代日本の文壇において、日蓮聖人をモチーフにした作品が書かれたが、ともすると日蓮聖人のドラマティックな生涯が讃美されるあまり、その内面にひそめられた深い宗教的境地を描ききることは困難であった。が、明治の文豪、高山樗牛（一八七一～一九〇二）の心友、姉崎正治（一八七三～一九四九）は、ドイツのある宗教学者に励まされ、米国の学者からの慫慂《しょうよう》もあり、大正五年（一九一六）ハーバード大学出版部から英文の『仏教の予言者』（*The Buddhist Prophet NICHIREN*）を発刊。帰国して、同年に『法華経の行者日蓮』（博文館）を世に問い、同書は版を重ねた。姉崎は山川智応（一八七九～一九五六）の教えを受けつづけて、同書が版を重ねる毎に全面的に書き直したのであった。

日蓮聖人の著作は、書写され、版行されるが、江戸末期の小川泰堂編になる『高祖遺文録』（明治十三年（一八八〇）、須原屋書店）等を経て、加藤文雅が活字版『日蓮聖人御遺文』（明治三十七年、霊艮閣）（一九〇四））を出版。その五十年後、立正大学日蓮教学研究所編『昭和定本日蓮聖人遺文』四巻（昭和二十七年（一九五二）～昭和三十四年（一九五九）、身延山久遠寺発行）が刊行されて、基本テキストとなっている（なお、諸機関等からも多くの『日蓮聖人遺文』関連書が刊行されている）。

「日蓮聖人遺文」は、いわば「標準遺文集」と目されているこの『昭和定本日蓮聖人遺文』四巻をはじめとして諸種あるが、本書『全篇解説日蓮聖人遺文』では、一般読者にわかりやすい『日蓮聖人全集』七巻（平成四年（一九九二）～平成八年（一九九六）、春秋社）に基づいている。この『日蓮聖人全集』は、上段に『昭和定本日蓮聖人遺文』の原文の「書き下し」を、下段にその現代語訳を配している。

周知の通り、『昭和定本日蓮聖人遺文』が、第一輯「正篇」に、伝統的に伝えられる遺文を収載し、第二輯「続編」では、古来、真偽に問題ありとするものを、第三輯「図録」には、日蓮聖人が門下に図示した内容を、第四輯「断簡」には、諸寺院等に伝来する遺文の部分のみが伝えられているものを収録している。加えて第五輯「講記」として、『御講聞書』『御義口伝』を、さらに「親写本奥書」を収めている。但し、第一輯「正篇」所収の遺文についても、伝統的に伝えられている経緯を尊重しているので、真偽論が交わされるものもある。

これに対して、『日蓮聖人全集』は、凡例に示す通り、日蓮聖人遺文の真筆が現存する遺文（完存するものと、断片が存するものがある）、曾《かつ》て真筆が伝えられたことが確認できる遺文（これを曾存《そうぞん》と呼ぶ）、古写本が現存する遺文に限定した「全集」である。

さらに遺文の内容にしたがって、「宗義」（１・２・３）、「信行」、「聖伝・弟子」、「信徒」（１・２）としたのである。

多くの方々に「日蓮聖人遺文」の内容を知っていただくために、あえてこのような特色づけをした形式になぞらえて、「日蓮聖人遺文」に親しんでいただくことを念願した趣旨を御理解いただきたい。

仏教には、南方仏教と、インドからシルクロードを経て、中国、朝鮮半島から日本に伝播された北回りの仏教がある。日本仏教は、中国を経由して伝えられた。中国の皇帝は宗教を重んじたが、仏教は次第に儒教・道教を超えて大きな影響を与えるようになった。天台大師智顗（五三八〜五九七）は天台山に籠もって厳しい三昧《さんまい》（＝瞑想）の修行を行いつつも、皇帝の招請に応じて、仏教の教えを説いた。天台大師の多くの著作の中でも、『法華玄義《ほっけげんぎ》』『法華《ほっけ》文句《もんぐ》』『摩訶止観《まかしかん》』は「三大部＝三大著作」と呼ばれ、中国仏教において盛名を得、朝鮮半島を経て、日本に渡って普及した。

日本では、聖徳太子（五七四〜六二二）が仏教を讃仰し、『維摩経義疏』『勝鬘経義疏』『法華経義疏』を講じた。聖武天皇・光明皇后が東大寺大仏殿を中心に全国に「国分寺」「国分尼寺」を創建したが、「国分尼寺」には『法華経』を奉じ、懺悔滅罪之寺とした。さらに鑑真（六八八〜七六三）がもたらした仏教聖典のなかに天台大師の「三大部」が含まれていた。また、最澄（七六七〜八二二）は、中国に渡って天台宗の教説を継承し、比叡山を中心とする活動により、平安貴族に多大な影響を与えた。

鎌倉時代に入って、日蓮聖人は比叡山に学び、東国・安房国の清澄寺に帰って、独特な『法華経』信仰を展開。その後、日本全土に大きな影響を与え、今日に至っている。

日蓮聖人は、『法華経』後半の本門に示された久遠の釈尊の救いが、末の世（末法《まっぽう》）にまで及んでいるという信仰を基本としている。

若き日、比叡山のなかでも奥深い「横川《よかわ》」の地で、修行と勉学に明け暮れた日蓮聖人の全容をうかがい知ることは困難である。

日蓮聖人は、「大蔵経」とよばれる、多部数の経巻を読んだ。日蓮聖人遺文中にそれらの膨大な経典・論書・註釈書の名を見ることができる。しかし、東国・安房国の清澄寺に帰った日蓮聖人は、それらの学問の蘊奥について語ろうとはしない。佐渡流罪の身となった日蓮聖人は、『開目抄』を遺書としてしたため、『法華経』の「二乗作仏・久遠実成・一念三千」の法門を説き顕し、ひたすら「南無妙法蓮華経」の「御題目」によって、『法華経』の奥義を体得することを語った。

一見シンプルに見える日蓮聖人の仏教帰依の背後には、実は該博な仏教研鑽が内蔵されている。

反面、親しみをもった弟子・信徒への書簡の一語一語の背後に、言いしれぬ深い日蓮聖人の精神性への誘いがある。

読者諸賢におかれては、本書の解説を通じて、日蓮聖人の世界について御理解いただくことを願うものである。

ここで、本書の本論第二節以降の記述中に掲げられている「符号」について説明する。『昭和定本日蓮聖人遺文』によって、いろいろな情報を得ることができるので、各遺文名の頭に【　　】で『昭和定本日蓮聖人遺文』の遺文番号を、また解説文の末尾に［　］内に重ねて同遺文番号とその出典頁等を掲げた。さらに、『日蓮聖人全集』（春秋社）の掲載巻と所載頁を掲げた。なお、それぞれの遺文の解説が、『日蓮聖人遺文辞典』「歴史篇」（昭和六十年（一九八五）刊）、同「教学篇」（平成十五年（二〇〇三）刊）に記載されているので、参考のために、該当書の頁を掲げた。「歴史篇」「教学篇」ともに、立正大学日蓮教学研究所編・身延山久遠寺刊行になるものである。ちなみに、執筆年次、執筆時の日蓮聖人の年齢（数え歳）、著作地、真蹟の所在等については、『昭和定本日蓮聖人遺文』によった。以下に、符号の意味を一覧で誌《しる》す。

【　】『昭和定本日蓮聖人遺文』の遺文番号。
「遺」『昭和定本日蓮聖人遺文』の遺文番号。
「定」『昭和定本日蓮聖人遺文』の出典頁。
「全」『日蓮聖人全集』の出典巻数—頁。
「歴」『日蓮聖人遺文辞典』「歴史篇」の項目解説頁。
「教」『日蓮聖人遺文辞典』「教学篇」の項目解説頁。
（※該当する内容に応じて表記しているので、表記のない場合もある。）

また、巻末に掲載した「日蓮聖人年譜」は、『日蓮聖人遺文辞典』「教学篇」所載の「日蓮聖人略年表」に依った（若干の加筆を施している）。その後ろには「日蓮聖人遺文索引」が掲げられているので、必要に応じて活用されたい。
最後に、本書の執筆の分担は左のとおりである。

序論
第一節――高森大乗
第二節――関戸堯海
本論
第一節――渡邊寶陽
第二節
第一巻――渡邊寶陽
第二巻――渡邊寶陽
第三巻――関戸堯海
第四巻――関戸堯海
第五巻――高森大乗
第六巻――高森大乗
第七巻――高森大乗

平成二十九年十月十三日

渡邊　寶陽

全篇解説　日蓮聖人遺文

目　次

まえがき　1

序論　17

第一節　日蓮聖人遺文とは　19

日蓮聖人遺文の定義　19
日蓮聖人遺文の種類　19
日蓮聖人遺文の伝来（一）～真蹟遺文～　24
日蓮聖人遺文の伝来（二）～写本遺文～　28
日蓮聖人遺文の伝来（三）～刊本遺文～　32
日蓮聖人遺文の注釈書　35

第二節　日蓮聖人はインドの宗教思想、中国の儒教思想をどのように受容したか　38

はじめに　38
日蓮聖人の思想と中国の儒教思想　42

日蓮聖人の思想とインドの宗教思想　48
『立正安国論』の奏進と諸天善神の守護　51

本論　57

第一節　日蓮聖人遺文を代表する「五大部」執筆の背景　59
『録内御書』『録外御書』の伝説と、今に至る『御書』（御遺文）研究について　59
比叡山遊学時代の研鑽　60
『立正安国論』の著作と幕府への進献　61
『立正安国論』提出後の日蓮聖人に対する弾圧　63
『開目抄』に展開された『立正安国論』のこころ　64
『如来滅後五五百歳始観心本尊抄』に顕された「未来記の法華経」のこころ　65
蒙古来寇におののく信徒への誡めの書＝『撰時抄』　67
恩師道善房への『報恩抄』　69
「五大部」に展開された『立正安国論』のこころ　70

第二節　日蓮聖人遺文解説　73

※【　】内は『昭和定本日蓮聖人遺文』の遺文番号。

《第一巻》

【一五】守護国家論　73／【二〇】災難興起由来　76／【二一】災難対治鈔　77／【二四】立正安国論　79／【四八】安国論副状　84／【四九】安国論御勘由来　85／【五一】宿屋入道再御状　86／【六九】安国論奥書　87／【七二】故最明寺入道見参御書　88／【七三】金吾殿御返事　89／【一〇八】安国論送状　90／【一一二】夢想御書　92／【一五五】合戦在眼前御書　92／【一五六】顕立正意抄　93／【一六八】神国王御書　94／【一八一】撰時抄　96／【二〇〇】強仁状御返事　100／【三九五】諫暁八幡抄　102

《第二巻》

【八二】十章鈔　105／【九二】寺泊御書　106／【九六】八宗違目鈔　108／【九八】開目抄　110／【一〇二】富木殿御返事　115／【一〇六】真言諸宗違目　117／【一一八】如来滅後五五百歳始観心本尊抄　118／【一一九】観心本尊抄副状　135／【一二五】顕仏未来記　136／【一二六】富木殿御返事　138／【一二七】波木井三郎殿御返事　139／【一三六】小乗大乗分別鈔　141／【一三九】其中衆生御書　142／【一四五】法華取要抄　144／【一五八】立正観鈔　145／【一六五】立正観鈔送状　147／【一七五】三沢鈔　148／【二七七】始聞仏乗義　149／【二九四】富木入道殿御返事　150／【三〇七】本尊問答抄　152／

【三一〇】富木入道殿御返事 153／【三六七】諸経与法華経難易事 155／【四〇三】三大秘法禀承事 157

《第三巻》

【二二三】報恩抄 159／【二二四】報恩鈔送文 160／【一〇】一代聖教大意 161／【二九】教機時国鈔 162／【三一】顕謗法鈔 164／【三八】南条兵衛七郎殿御書 165／【一七〇】曾谷入道殿許御書 166／【五】諸宗問答鈔 167／【九四】法華浄土問答鈔 168／【一五四】曾谷入道殿御書 170／【一五九】大田殿許御書 171／【一八三】三三蔵祈雨事 172／【一八六】大学三郎殿御書 173／【三六一】慈覚大師事 174／【一七】爾前二乗菩薩不作仏事 175／【一九】二乗作仏事 176／【図二〇】一代五時鶏図 178

《第四巻》

【二三】唱法華題目鈔 180／【四一】薬王品得意抄 181／【四四】法華題目鈔 183／【四六】善無畏鈔 185／【一一三】祈禱鈔 186／【一二二】諸法実相鈔 188／【一二四】如説修行鈔 189／【一三八】木絵二像開眼之事 190／【二一七】宝軽法重事 191／【二三〇】事理供養御書 193／【二四二】四信五品鈔 194／【二四六】上野殿御返事 196／【二五五】富木殿御書 197／【二六二】崇峻天皇御書 198／【二七六】上野殿御返事 199／【二八二】上野殿御返事 200／【二八三】檀越某御返事 201／【二九三】日女御前御返事 202／【三〇一】妙法尼御前御返事 203／【三〇二】千日尼

御前御返事　205／【三一七】九郎太郎殿御返事　206／【三二一】随自意御書　207／【三五〇】上
野殿御返事　208／【三七〇】大田殿女房御返事　209／【三七四】盂蘭盆御書　210／【三八八】上
野殿母尼御前御返事　212／【四二九】法華証明鈔　213

《第五巻》

【三】不動愛染感見記　215／【三二】論談敵対御書　217／【八三】行敏御返事　219／【八四】行敏
訴状御会通　220／【八六】土木殿御返事　222／【一一二】正当此時御書　224／【一四〇】法華行者
値難事　225／【一四三】未驚天聴御書　227／【一四四】富木殿御書　229／【一五七】聖人知三世
事　230／【一七六】種種御振舞御書　231／【二一三】光日房御書　232／【二三六】破良観等御書
234／【二三九】現世無間御書　235／【二四七】下山御消息　236／【二四九】頼基陳状　237／【二六八】
庵室修復書　240／【二七八】弘安改元事　241／【二八〇】諸人御返事　241／【三三四】一大事御
書　242／【三四三】聖人御難事　242／【四〇四】大風御書　246／【四一六】地引御書　247／【四一七】
老病御書　248／【四三二】身延山御書　249／【四三三】波木井殿御報　250／【一三】武蔵殿御消
息　251／【一四】十住毘婆沙論尋出御書　252／【六四】御輿振御書　252／【六五】弁殿御消息　254
／【七〇】法門可被申様之事　255／【八八】五人土籠御書　257／【一〇九】弁殿御消息　259／【一二九】
弁殿尼御前御書　260／【一四八】聖密房御書　261／【一四九】別当御房御返事　262／【一八四】浄
蓮房御書　263／【二〇五】清澄寺大衆中　264／【四三六】覚性御房御返事　267／【二一六】筍御

書 268／【二二一】覚性房御返事 268／【二二二】弁殿御消息 270／【二六三】石本日仲聖人御返事 270／【二七一】実相寺御書 271／【二八九】霖雨御書 272／【四三七】越後公御房御返事 273／【三四二】伯耆殿御書 274／【四三八】伯耆殿並諸人御中 274／【三四四】伯耆殿御返事 276／【三四五】滝泉寺申状 277／【三四六】変毒為薬御書 278／【三八五】両人御中御書 279／【三九三】智妙房御返事 280／【四二八】伯耆公御房消息 281

《第六巻》

【二】富木殿御返事 283／【六六】問注得意鈔 285／【六七】富木殿御消息 286／【一三一】土木殿御返事 287／【一六二】富木殿御返事 288／【一九五】御衣並単衣御書 289／【一九八】尊霊御菩提御書 290／【二一二】忘持経事 291／【二三二】道場神守護事 293／【二五一】鼠入鹿事 294／【三五一】富城入道殿御返事 294／【三六四】富城入道殿御返事 295／【三八九】富木殿御返事 296／【四一三】富城入道殿御返事 297／【四一四】越州嫡男並妻尼事 298／【八九】転重軽受法門 302／【一九七】太田入道殿御返事 305／【二〇一】除病御書 306／【二四三】乗明聖人御返事 307／【三三七】乗明上人御返事 308／【一七五】法蓮鈔 309／【四〇八】曾谷二郎入道殿御報 311／【一七四】兄弟鈔 313／【二四八】兵衛志殿御返事 315／【二五四】兵衛志殿御返事 315／【二六〇】兵衛志殿御書 316／【二六六】兵衛志殿御返事 318／【二九一】兵衛志殿御返事 319／【二九六】兵衛志殿御返事 320／【三一八】兵衛志殿御返事 323／【三二八】孝子

御書　324／【三九六】大夫志殿御返事　325／【四〇五】八幡宮造営事　326／【一一二】四条金吾
殿御返事　327／【一六六】瑞相御書　328／【一七三】王舎城事　330／【二二〇】四条金吾釈迦仏
供養事　331／【二四五】四条金吾殿御返事　332／【二五〇】四条金吾殿御返事　334／【二九五】
中務左衛門尉殿御返事　335／【三一三】不孝御書　336／【三三一】陰徳陽報御書　338／【三四〇】
四条金吾殿御返事　338／【四二四】四条金吾殿御返事　340／【三二二】大学三郎御書　341／【一七二】
こう入道殿御返事　342／【一七八】一谷入道御書　344／【一三三】直垂御書　346／【一六七】大
善大悪御書　347／【二〇四】白米和布御書　348／【二五九】仏眼御書　350／【三〇九】十月分時
料御書　350／【三八七】大豆御書　351／【四二五】内記左近入道殿御返事　352／【四二七】春の
始御書　353／【四四一】かわいどの御返事　353／【四四二】おけひさご御消息　354

《第七巻》

【一四七】上野殿御返事　355／【一五三】上野殿御返事　357／【一六一】春之祝御書　358／【一七七】
上野殿御返事　358／【一八五】南条殿御返事　359／【二〇六】南条殿御返事　360／【二一五】南条
殿御返事　361／【二五二】上野殿御返事　362／【三〇〇】時光殿御返事　362／【三一四】上野殿御
返事　363／【三二五】上野殿御返事　364／【三二六】上野郷主等御返事　365／【三三八】上野殿
御返事　366／【三五七】上野殿御返事　367／【三五九】上野殿御返事　368／【三七二】上野殿御
返事　368／【三七七】上野殿御返事　369／【三八〇】南条殿御返事　370／【三九一】南条殿御返

事 371
／【三九四】上野殿御返事 372
／【四〇二】上野殿御返事 373
／【四〇六】上野殿御書 374
／【四三九】南条殿御返事 374
／【七四】上野殿母尼御前御書 375
／【二九〇】南条殿女房御返事 376
／【三七九】上野後家尼御前御書 377
／【四〇〇】上野尼御前御返事 378
／【四一五】上野尼御前御返事 379
／【四一八】上野殿母尼御前御返事 380
／【二〇七】松野殿御消息 381
／【二七四】松野殿御返事 382
／【二七二】松野尼御前御返事 383
／【三三六】松野殿女房御返事 383
／【一八七】高橋入道殿御返事 384
／【一八九】高橋殿御返事 386
／【二〇三】智慧亡国御書 387
／【一八八】窪尼御前御返事 389
／【二九七】窪尼御前御返事 390
／【三三三】窪尼御前御返事 390
／【三四九】持妙尼御前御返事 391
／【三五六】窪尼御前御返事 392
／【三六九】窪尼御前御返事 393
／【四二〇】窪尼御前御返事 394
／【二三八】西山殿御返事 395
／【四二二】西山殿後家尼御前御返事 396
／【一九一】妙心尼御前御返事 396
／【一九二】妙心尼御前御返事 398
／【三六五】妙心尼御前御返事 399
／【三六八】新田殿御書 400
／【三九九】重須殿女房御返事 401
／【一四六】富木尼御前御返事 402
／【一六三】可延定業御書 402
／【二一一】富木尼御前御書 405
／【三五二】富城殿女房尼御前御書 406
／【一六〇】四条金吾殿女房御返事 407
／【三二七】日眼女釈迦仏供養事 408
／【三五三】兵衛志殿女房御返事 409
／【一七九】さじき女房御返事 410
／【四〇一】桟敷女房御返事 411
／【一二〇】妙一尼御返事 412
／【一八〇】妙一尼御前御消息 412
／【一〇七】日妙聖人御書 413
／【一三二】乙御前母御書 415
／【三九七】王日殿御返事 416
／【一六四】新尼

御前御返事 417／【三八二】大尼御前御返事 418／【三八一】光日尼御返事 420／【四〇九】光日上人御返事 421／【四四〇】出雲尼御前御返事 422／【三七一】千日尼御返事 422／【一八二】国府尼御前御書 424／【二四四】中興政所女房御返事 425／【二八四】是日尼御書 426／【八〇】南部六郎殿御書 426／【九九】女人某御返事 427／【二九九】種種物御消息 428／【三〇四】芋一駄御書 429／【三一一】初穂御書 430／【三一九】食物三徳御書 430／【三二〇】師子王御書 431／【三二三】衣食御書 432／【三二四】十字御書 432／【三九八】法衣書 433／【四三〇】莚三枚御書 434／【四三五】御衣布給候御返事 434／【四四三】御所御返事 435

あとがき 436
参考文献 442
日蓮聖人年譜 452
日蓮聖人遺文索引

装丁　本田　進

序論

第一節　日蓮聖人遺文とは

日蓮聖人遺文の定義

日蓮聖人《にちれんしょうにん》の自筆《じひつ》文書《もんじょ》を総称して、「日蓮遺文《にちれんいぶん》」「日蓮聖人遺文《にちれんしょうにんいぶん》」あるいは単に「遺文《いぶん》」と呼ぶ。日蓮門下《にちれんもんか》では、古来より「御書《ごしょ》」「祖書《そしょ》」「聖教《しょうぎょう》」「御妙判《ごみょうはん》」「御筆《おんふで》」などの呼称で呼ばれてきた。

日蓮聖人の自筆文書は、その内容によって著作《ちょさく》・書状《しょじょう》・図録《ずろく》・写本《しゃほん》（親写本《おやしゃほん》）・要文《ようもん》（要文抄録《ようもんしょうろく》）・断簡《だんかん》（断片《だんぺん》）・書入本《かきいれぼん》・大曼荼羅《だいまんだら》などに分けられる。このうち、著作・書状を狭義の遺文とするが、著作・書状・図録・写本（親写本）・要文・断簡を含めて広義の遺文として定義する。書入本や大曼荼羅は、遺文の範疇に加えない場合が多い。

日蓮聖人遺文の種類

著作とは、日蓮聖人が撰述《せんじゅつ》・述作《じゅっさく》した教義書《きょうぎしょ》等の類をいう。一般に、日蓮聖人の手になる大部《たいぶ》の著作のうち、『立《りっ》

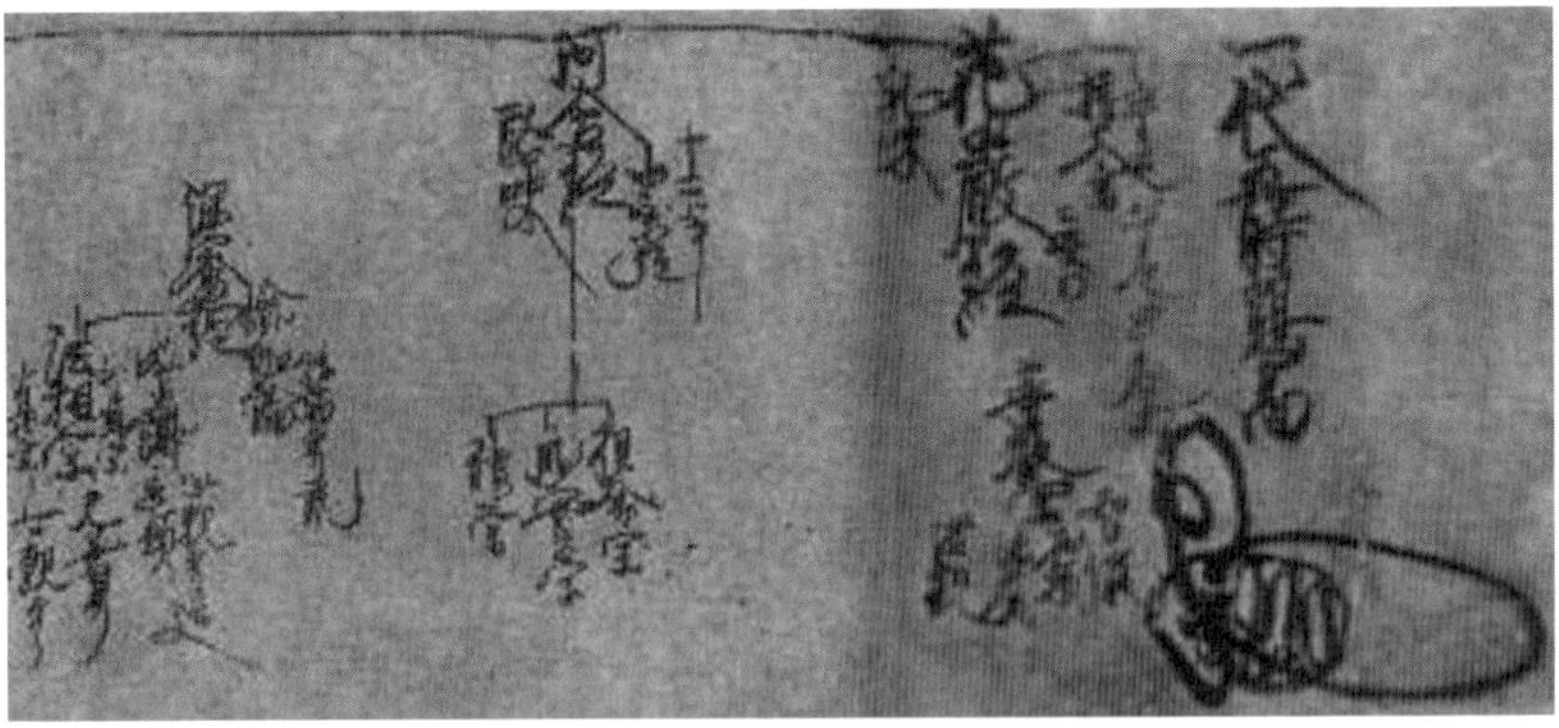

日蓮筆『一代五時鶏図』（京都本圀寺蔵）

正安国論《しょうあんこくろん》』『開目抄《かいもくしょう》』『如来滅後五五百歳始観心本尊抄《にょらいめつごごごひゃくさいしかんじんほんぞんしょう》（以後『観心本尊抄』と略称する）』を「三大部《さんだいぶ》」、これに『撰時抄《せんじしょう》』『報恩抄《ほうおんしょう》』を加えたものを「五大部《ごだいぶ》」などと呼ぶ。他に『守護国家論《しゅごこっかろん》』『法華取要抄《ほっけしゅようしょう》』『四信五品鈔《ししんごほんしょう》』『諫《かん》暁八幡抄《ぎょうはちまんしょう》』なども五大部に準ずる重要教義書として位置づけられている。

書状とは、日蓮聖人が当時の門弟《もんてい》（弟子《でし》・檀越《だんのつ》）に充《あ》てた手紙・書簡《しょかん》の類で、『兄弟鈔《きょうだいしょう》』『下山御消息《しもやまごしょうそく》』などがある。なお、書状の中には『曾谷入道《そやにゅうどう》殿許御書《どのがりごしょ》』などのように、五大部に準ずる重要教義が記されたものもあり、著作と書状を厳密に区別することが難しい例もある。

図録とは、日蓮聖人が門弟との法門談義《ほうもんだんぎ》の際などにおいて図示したものと考えられている、図版《ずはん》の類である。『一代五時鶏図《いちだいごじけいず》』『和漢王代記《わかんおうだいき》』などがある。

写本（親写本）とは、日蓮聖人自《みずか》ら経論《きょうろん》・典籍《てんせき》等を書写《しょしゃ》した写本で、『授《じゅ》決円多羅義集唐決《けつえんたらぎしゅうとうけつ》』『五輪九字明秘密義釈《ごりんくじみょうひみつぎしゃく》』『貞観政要《じょうがんせいよう》』などがある。

要文《ようもん》とは、日蓮聖人が各種の経論釈疏《きょうろんしゃくしょ》等から必要に応じて摘要《てきよう》・抄出《しょうしゅつ》（抜き書き）したもので、『依憑天台集要文《えひょうてんだいしゅうようもん》』『法華玄義要文《ほっけげんぎようもん》』などがある。

断簡（断片）とは、日蓮聖人の未確認の著作や書状等が断片化・断簡化して伝存《でんそん》したと推測されるものである。

書入本とは、日蓮聖人が経論釈疏類《るい》に書き入れをおこなったもので、『注《ちゅう》

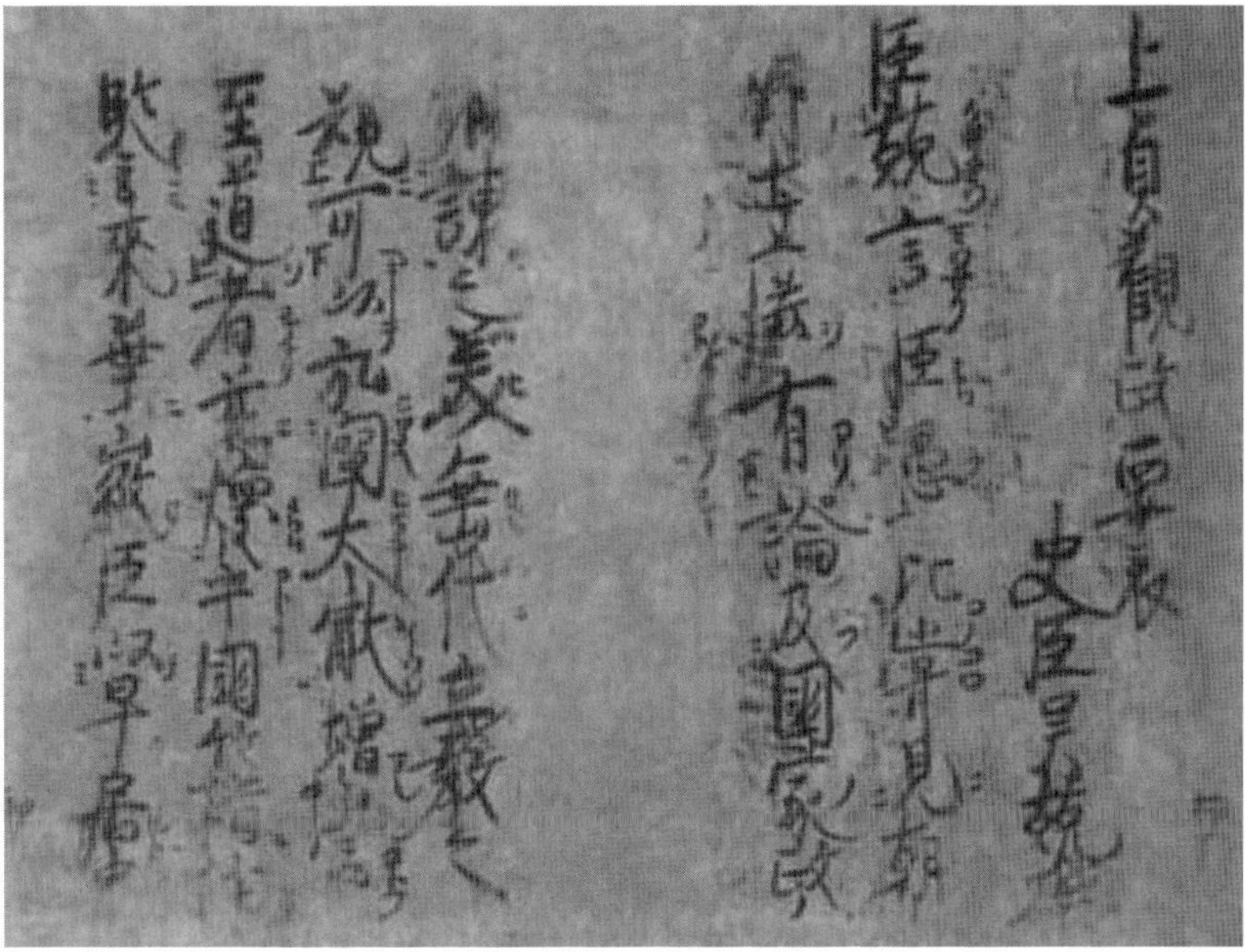

日蓮写『貞観政要』（静岡富士山法華本門寺根源・重須本門寺蔵）

法華経《ほけきよう》』『秘蔵宝鑰《ひぞうほうやく》』『三教指帰注《さんごうしいきちゆう》』などがある。このうち、『注法華経』は、具《つぶさ》には『私集最要文注法華経《ししゆうさいようもんちゆうほけきよう》』、略して『注経』などと称され、全十巻が静岡県玉沢妙法華寺に所蔵される。日蓮聖人所持の法華三部経《ほつけさんぶきよう》（『無量義《むりようぎ》経《きよう》』一巻・『妙法蓮華経《みようほうれんげきよう》』八巻・『観普賢菩薩行法経《かんふげんぼさつぎようぼうきよう》』一巻）で、経文の本文行間、天地、紙背に二千百六章にも及ぶおびただしい量の経文・論疏《ろんじよ》などの要文の引用・書き入れが行われているものである。

　大曼荼羅は、日蓮聖人が考案し、信仰の対象である「本門《ほんもん》の本尊」「本門の教主釈迦牟尼仏《きようしゆしやかむにぶつ》」の救済の世界（霊山浄土）を表したものである。今日、これら大曼荼羅は百二十幅《ぷく》以上が確認されているが、文章である遺文と、信仰の対象となる大曼荼羅とは一線を画するものとして把握される。

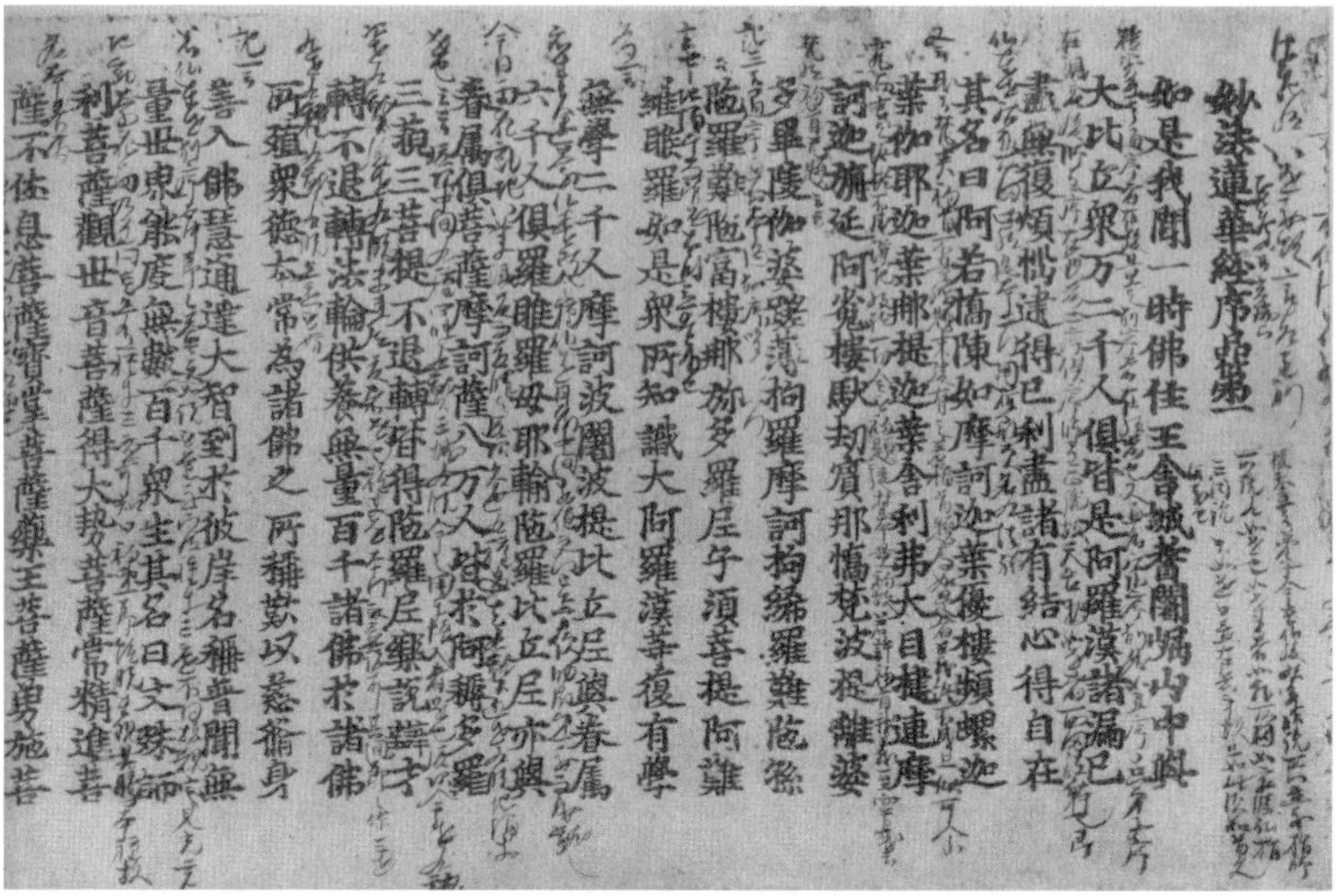
妙法蓮華經序品第一
如是我聞一時佛住王舍城耆闍崛山中與
大比丘衆万二千人倶皆是阿羅漢諸漏已
盡無復煩惱逮得己利盡諸有結心得自在
其名曰阿若憍陳如摩訶迦葉優樓頻螺迦
葉伽耶迦葉那提迦葉舍利弗大目揵連摩
訶迦旃延阿㝹樓馱劫賓那憍梵波提離婆
多畢陵伽婆蹉薄拘羅摩訶拘絺羅難陀孫
陀羅難陀富樓那弥多羅尼子須菩提阿難
羅睺羅如是衆所知識大阿羅漢等復有學
無學二千人摩訶波闍波提比丘尼與眷属
六千人倶羅睺羅母耶輸陀羅比丘尼亦與
眷属倶菩薩摩訶薩八万人皆於阿耨多羅
三藐三菩提不退轉皆得陀羅尼樂説辯才
轉不退轉法輪供養無量百千諸佛於諸佛
所殖衆徳本常為諸佛之所稱歎以慈脩身
善入佛慧通達大智到於彼岸名稱普聞無
量世界能度無數百千衆生其名曰文殊師
利菩薩觀世音菩薩得大勢菩薩常精進菩
薩不休息菩薩寶掌菩薩薬王菩薩勇施菩

日蓮注『私集最要文注法華経』（静岡玉沢妙法華寺蔵）

日蓮筆『大曼荼羅』（静岡玉沢妙法華寺蔵）

日蓮聖人遺文の伝来（一）～真蹟遺文～

（1）日蓮聖人の真筆

日蓮聖人遺文をその伝存形態によって大別すると、真蹟遺文《しんせきいぶん》・写本遺文《しゃほんいぶん》・刊本遺文《かんぽんいぶん》の三種に分けられる。

まず第一に、真蹟遺文とは、日蓮聖人の直筆《じきひつ》・真筆《しんぴつ》が現存（完存《かんそん》、またはほぼ完存）するものである。代表的なものに『立正安国論』や『観心本尊抄』などがある。

真蹟の現存最古のものは、嘉禎《かてい》四年（一二三八）に日蓮聖人の若き日の是聖房《ぜしょうぼう》の名において書写された『授決円多羅義集唐決』（金沢文庫《かなざわぶんこ》蔵）であり、これに次ぐのは、無署名ではあるが、建長《けんちょう》三年（一二五一）書写の『五輪九字明秘密義釈』（中山法華経寺《なかやまほけきょうじ》蔵）である。

「日蓮」の記名《きめい》があり、年月日の記載がある最古の真蹟遺文は、立教開宗《りっきょうかいしゅう》の翌年、建長六年（一二五四）六月二十五日の筆になる『不動愛染感見記《ふどうあいぜんかんけんき》』（保田妙本寺《ほたみょうほんじ》蔵・重文）である。「日蓮」の署名と記年《きねん》があって、今日、確実に日蓮聖人の真筆であることが立証できるものとしては、本書が最も古い史料となる。ただし、本書は、著作とも、書状とも、図録ともつかない遺文で、建長六年（一二五四）正月に太陽の中に愛染明王《あいぜんみょうおう》を感得《かんとく》、同十五日から十七日にかけては満月（太陰）の中に不動明王《ふどうみょうおう》を感得したという宗教体験を、日蓮聖人みずから図示し、これを「新仏《しんぶつ》」なる人物に授けたものであると伝えられる。

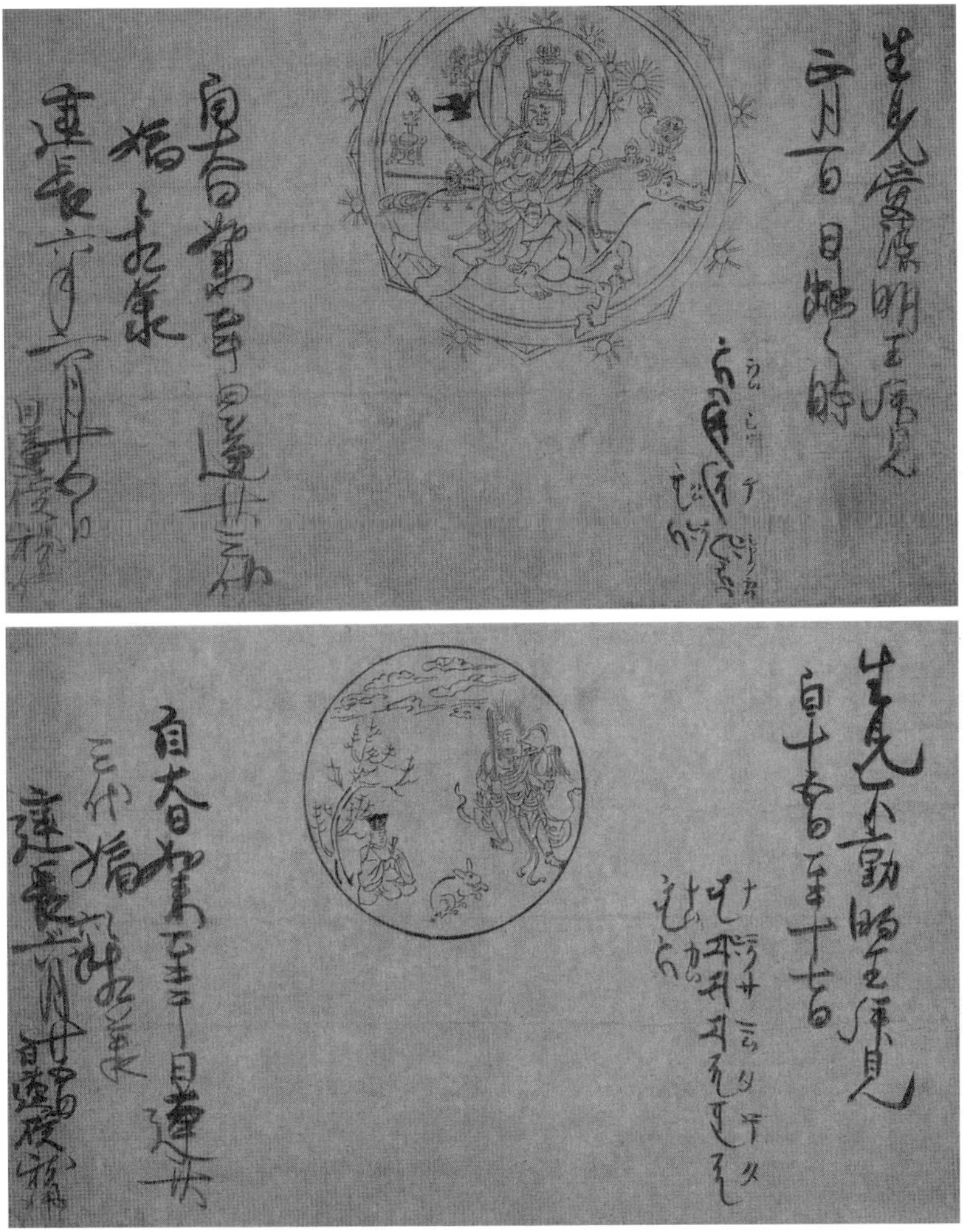

日蓮筆『不動愛染感見記』（千葉保田妙本寺蔵）

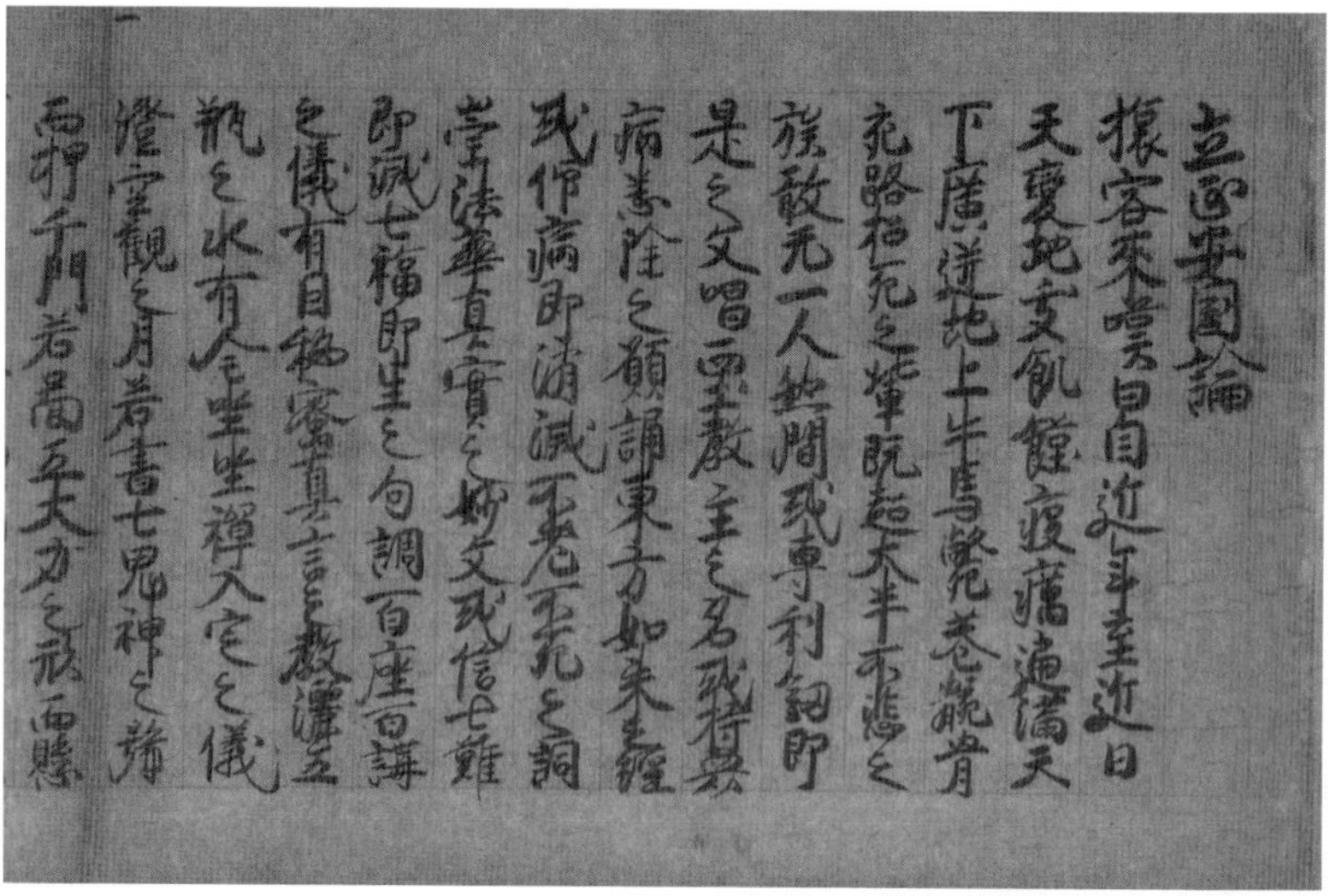
立正安国論
旅客来嘆曰近年至近日
天変地夭飢饉疫癘遍満天
下広迸地上牛馬斃巷骸骨
充路招死之輩既超大半不悲之
族敢無一人然間或専利剣即
是之文唱西土教主之名或持衆
病悉除之願誦東方如来之経
或仰病即消滅不老不死之詞
崇法華真実之妙文或信七難
即滅七福即生之句調百座百講
之儀有因秘密真言之教灑五
瓶之水有全坐禅入定之儀
澄空観之月若書七鬼神之号
而押千門若図五大力之形而懸

日蓮筆『立正安国論』（千葉中山法華経寺蔵）

（2）真蹟現存最古の著作と書状

著作のうち真蹟が完存する最古のものは、正元《しょうげん》二年（一二六〇）と推定される『災難対治鈔《さいなんたいじしょう》』であるが、これには年次《ねんじ》が記されていないので、厳密には最古のものとは断定できない。文《ぶん》応《おう》元年（一二六〇）七月十六日に鎌倉幕府《かまくらばくふ》前《さきの》執権《しっけん》北条時頼《ほうじょうときより》に上奏《じょうそう》した『立正安国論』は述作《じゅっさく》年次は確かではあるものの、幕府上奏本は現存しない。日蓮聖人はその後も世情の変化にあわせて度々『立正安国論』を著しており、文永《ぶんえい》六年（一二六九）の作として伝わる『立正安国論』（中山法華経寺蔵・国宝）が、述作年次が定かで、なおかつ真蹟がほぼ完存（第二十四紙欠失）する著作のうちでは最古のものといえる。

書状の現存最古は、『天台肝要文集《てんだいかんようもんしゅう》』（中山法華経寺蔵）の紙《し》背《はい》に残され、建長六年（一二五四）の筆と推定されている『富《と》木殿御返事《きどのごへんじ》』である。本書は、最初、下総《しもふさ》国（現、千葉県）に在住した檀越《だんのつ》の富木常忍《ときじょうにん》に日蓮聖人が充てた書状（『富木殿御返事』）が、後に反故《ほご》になって聖人の手許に戻り、この裏（反《ほ》故裏《ごうら》）を用いて聖人が天台宗《てんだいしゅう》典籍（天台章疏《てんだいしょうじょ》）を手控えとして

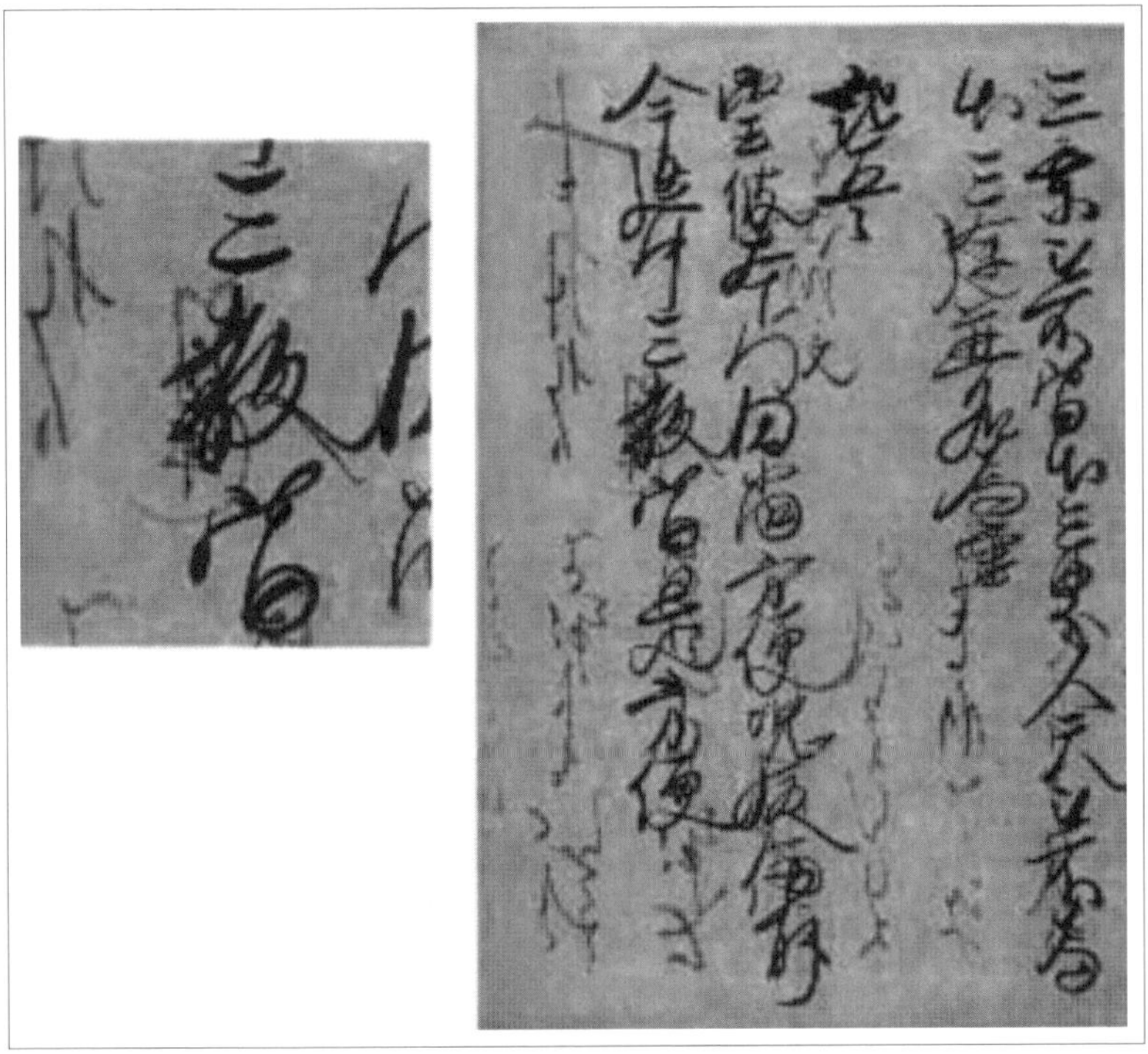

日蓮筆『天台肝要文集』（千葉中山法華経寺蔵）

書写する際に再利用したものになる。ただし、本書には「日蓮」の自署《じしょ》はあるものの、花押《かおう》はない。また、執筆年を特定する系年《けいねん》の「建長六年」についても記載はない。

次いで、弘長《こうちょう》二年（一二六三）と推定される『論談敵対御書《ろんだんてきたいごしょ》』、文永元年（一二六四）の『南条兵衛七郎殿御書《なんじょうひょうえしちろうどのごしょ》』があるが、前者は断簡、後者はその断片を残すのみとなっている。完全な真蹟書状は、文永五年（一二六八）の『安国論御勘由来《あんこくろんごかんゆらい》』で、日蓮聖人の自署・花押が残っている。これは漢文体《かんぶんたい》の書状であるが、ちなみに、和漢混交文《わかんこんこうぶん》の書状で完全なものは、文永六年（一二六九）に推定される『富木殿御消息《ときどのごしょうそく》』となっている。

日蓮聖人遺文の伝来（二）　～写本遺文～

（1）写本によって復元される日蓮聖人遺文

写本遺文とは、日蓮聖人の門弟（弟子・檀越）が日蓮聖人の書として伝来する文書《もんじょ》を書き写したもので、これには、現存する日蓮聖人の直筆が門弟の手によって書写されて残っている場合（真蹟遺文と写本遺文の双方が伝来する場合）もあるが、真蹟が残っていない遺文の写本もたくさん存在する。むしろ、真蹟現存遺文よりも、後世の写本によって復元される遺文のほうが、数が多い。

真蹟が伝来しない写本遺文には、さらに二種の伝存形態がある。つまり、今日までに真蹟の存在が確認されている遺文の写本と、確認されていない遺文の写本である。

前者の、真蹟の存在が今日までに確認されている遺文とは、かつて日蓮聖人の直筆が存在していたことが記録等から分かっているものの、後にその全体あるいは一部が焼失・水損《すいそん》・断簡化などによって失われ、門弟らによって全文が書写された写本が伝わる場合である。

真蹟遺文の全てが失われ、その写本だけによって復元されるものは、「曾《かつ》て真蹟が存在した」という意味で、「真蹟曾存《そうそん》遺文」あるいは単に「曾存遺文」と呼ばれる。真蹟の一部だけが欠失を免れ、他の大部分が写本によって復元されるものは、「真蹟断片現存遺文」などと呼ばれる。

真蹟曾存遺文としては、『開目抄』『種種御振舞御書《しゅじゅおんふるまいごしょ》』などがあり、真蹟断片現存遺文としては、『善無畏三蔵鈔《ぜんむいさんぞうしょう》』

『報恩抄』などがある。

これらの曾存遺文・真蹟断片現存遺文を復元する際には、信頼のおける写本を底本《そこぼん》に用いることが多い。たとえば、明治八年（一八七五）一月十日の身延山久遠寺《みのぶさんくおんじ》の大火で焼失した『開目抄』の翻刻《ほんこく》には、日乾校合《にちけんきょうごう》の写本『開目抄』（京都本満寺《ほんまんじ》蔵）が用いられた。これは、身延山久遠寺第二十一世の寂照院日乾《じゃくしょういんにちけん》（一五六〇～一六三五）による真蹟対校《たいこう》本と呼ばれるもので、日乾は、京都本満寺より身延山久遠寺に晋山《しんざん》した時期に、京都本満寺日守《にっしゅ》の筆によると伝えられる写本『開目抄』（一五九三年）と、身延山久遠寺蔵の真蹟『開目抄』とを対校した（一六〇四年）。日乾が真蹟に臨んで日守写本の誤写を校合・訂正したところから、その信憑性の高さが評価されている。今日、『開目抄』の全容は、こうした貴重な史料によって復元されている。

さて、真蹟が伝来しない写本遺文の、もうひとつの形態、すなわち真蹟の存在が確認されていない遺文の写本について、次に述べたい。これは、真蹟の存否は確認されていないものの、古来より日蓮聖人の遺文と信じられ、門弟らによって書写されてきたものが伝わる場合である。

真蹟が伝わらず、写本のみによって復元されている遺文としては、『生死一大事血脈抄《しょうじいちだいじけちみゃくしょう》』『当体義抄《とうたいぎしょう》』『三沢抄《みさわしょう》』『当体蓮華抄《とうたいれんげしょう》』『三大秘法稟承事《さんだいひほうほんじょうじ》』などがある。これらのなかには、日蓮聖人に仮託《かたく》されて後世の弟子らによって作られた遺文や、真偽未決《しんぎみけつ》の遺文なども混在していると考えられており、真撰・偽撰の判断については慎重な検証が必要なものも多く存在する。

（２）写本遺文の類型

写本遺本そのものの類型には、「個別写本《こべつしゃほん》」と「集成遺文写本《しゅうせいいぶんしゃほん》」の二種がある。時代的には前者が先行する。「個別

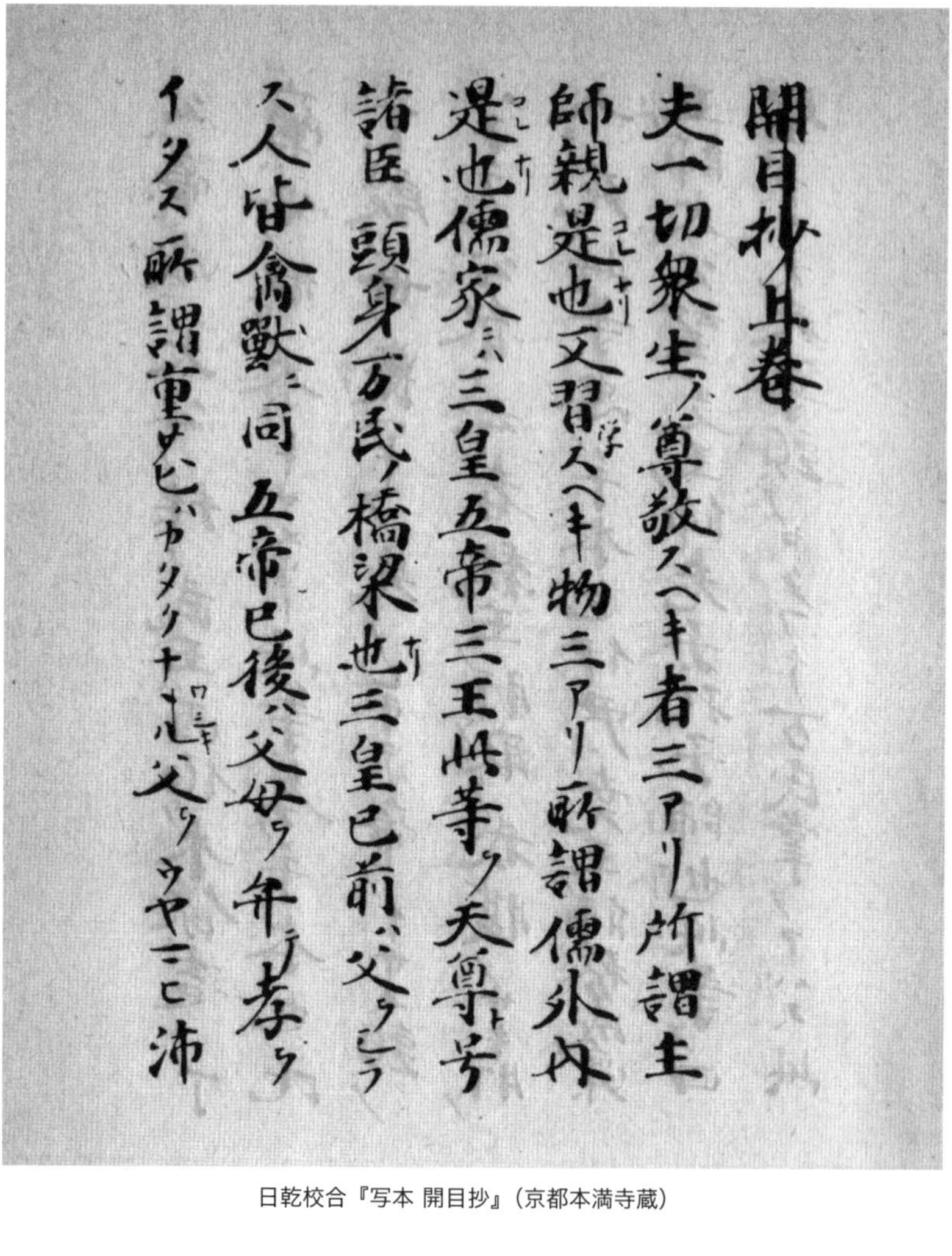
開目抄上巻
夫一切衆生ノ尊敬スヘキ者三アリ所謂主
師親是《コレ》也《ナリ》又習《学》スヘキ物三アリ所謂儒外内
是《コレ》也《ナリ》儒家ニハ三皇五帝三王此等ヲ天尊ト号
諸臣ノ頭身万民ノ橋梁也《ナリ》三皇已前ハ父ヲシラ
ス人皆禽獣ニ同ス五帝已後ハ父母ヲ弁テ孝ヲ
イタス所謂重華ハカタクソナ尤《ロミキ》ハ父ヲウヤマヒ沛

日乾校合『写本 開目抄』（京都本満寺蔵）

写本」は、日蓮聖人の弟子や後世の門下によって、個々の遺文が書写されたものである。『昭和定本日蓮聖人遺文《しょうわていほんにちれんしょうにんいぶん》』（身延山久遠寺刊）に掲げるところによれば、正篇《せいへん》（『昭和定本日蓮聖人遺文』第一巻・第二巻）所載の計四百三十四篇のうち五十六篇の個別写本があり、その筆者は日興《にっこう》・日法《にっぽう》・日澄《にっちょう》・日高《にちこう》・日春《にっしゅん》・日源《にちげん》・日進《にっしん》・日尊《にちぞん》・日目《にちもく》・日代《にちだい》・日親《にっしん》・日意《にちい》らで、日蓮聖人の直弟《じきてい》・孫弟子《まごでし》がほとんどである。わけても日興の写本は三十九篇を占めていて圧倒的となっている。

やがて中世から近世にかけて、日蓮聖人を讃仰《さんごう》する門弟たちによって、日蓮聖人の真蹟遺文や写本遺文を蒐集《しゅうしゅう》・書写した「集成遺文写本」の類が編纂されるようになる。こうして集成化された遺文集の写本は、いわゆる「録内御《ろくないご》書《しょ》」と「録外御書《ろくげごしょ》」と呼ばれるものに二大別される。「録内御書」の蒐集と集成が先行し、これに次いで「録外御書」の蒐集・集成が行われたと言われている。

「録内御書」は、弘安《こうあん》六年（一二八三）十月十二日、日蓮聖人の一周忌における結集《けつじゅう》（集成事業）と伝えるが、その事実を検証する史料はなく、寛正《かんしょう》二年（一四六一）述作の中山門流《なかやまもんりゅう》の本成房日実《ほんじょうぼうにちじつ》（生没年未詳）の『当家宗旨名目《とうけしゅうしみょうもく》』に「録内」「録外」の語の初見が見られるところから、それ以前の成立と考えられている。

はじめ日蓮聖人遺文百四十八篇に及ぶ第一次的集成が行われ、その後、遺漏のあった遺文百三十一篇（録内御書重複分ほかを除けば実数九十二篇）の集成が更に行われ、後者を「録外」と称し、前者を「録内」と称するようになったと考えられている。

日蓮聖人遺文の伝来（三）～刊本遺文～

（1）日蓮聖人研究の基本文献『昭和定本日蓮聖人遺文』

近世以降になると、宗門《しゅうもん》内外において、日蓮遺文を影印《えいいん》化・活字化して印刷・版行した「刊本遺文《かんぽんいぶん》」が登場する。古くは、刊本《かんぽん》『録内《ろくない》御書』・『録外《ろくげ》御書』が数次にわたって刊行され、幕末から明治期にかけては、小川泰堂《おがわたいどう》編になる『高祖遺文録《こうそいぶんろく》』が普及した。その後、明治三十五年（一九〇二）の日蓮聖人立教開宗六百五十年を期し、加藤文雅《かとうぶんが》が『日蓮聖人御遺文《にちれんしょうにんごいぶん》（縮冊遺文《しゅくさついぶん》）』（霊艮閣《りょうごんかく》）を企て、明治三十七年（一九〇四）に版行。昭和の戦前の標準遺文となった。

さらに、加藤文雅編『日蓮聖人御遺文（縮冊遺文）』を底本として、日蓮聖人立教開宗七百年を記念して、第二次世界大戦後の昭和二十七年から三十四年（一九五二～五九）にわたり、望月歓厚《もちづきかんこう》監修・鈴木一成《すずきいちじょう》編纂主任らによって編纂されたのが、今日、日蓮研究の基本文献として用いられている『昭和定本日蓮聖人遺文』全四巻である。本文献は、現存の真蹟ならびに古写本・刊本などと対照・校合し、著作年代や真偽を勘《かんが》えて、「正篇」「続篇」「図録」「断簡」「講記《こうき》」等に分けて、編年体（年代順）に配列したものである。現在は、平成十二年（二〇〇〇年）に改訂増補がなされている。

第一・二巻には、日蓮聖人の真蹟あるいは真蹟として扱われてきた著作・書状のなかで、ほぼ完全に全体像が復元できるものが収められ、これを第一輯「正篇」と呼ぶ。最新の平成十二年改訂増補版によれば、現在、正篇には日蓮聖人の真筆ならびに真撰として扱われてきた四百四十四篇を収める。

第三巻には、古来より日蓮聖人の書と言われてきたもので、現在は疑問視されている五十五篇が第二輯「続篇」として収められ、さらに日蓮聖人が法門談義《ほうもんだんぎ》や備忘録に用いたとされる図表や要文の抄録《しょうろく》が第三輯「図録」として三十六篇、遺文の断片が現存するものの全体像がはっきりしない「断簡」三百九十二篇が第四輯として、日蓮聖人の講義を門弟（日興・日向《にこう》）が筆録したといわれる『講記』二篇が第五輯として収録される。

なお、第三巻には第六輯「目録」として、真蹟目録・録内目録・録外目録・編年目録が十九篇収載され、第四巻には、日蓮聖人自身が経論疏《きょうろんじょ》を書写・所持していた写本の奥書《おくがき》のみを収載した「親写本奥書」、一〜三巻に漏れた新発見の遺文が収められる「正篇新加《しんか》」「断簡新加」「図録新加」、正篇の真蹟断簡を収載した「正篇断簡新加」のほか、二十項目に分類された語彙の「索引」等が収載されている。

本遺文集の本文は、底本となった『日蓮聖人御遺文（縮冊遺文）』、真筆遺文・写本遺文、あるいは底本・写本等による混合本文になっており、また脚注には校異が示されているのが特徴的である。現在までに確認された日蓮聖人の全遺文を収録する本書は、日蓮研究における基本的遺文集となっている。

（2）その他の刊本遺文

そのほかの「刊本遺文」として、特筆すべきものをいくつか紹介したい。

日蓮聖人遺文の写真版を公刊したものとしては、大正二・三年（一九一三・四）の神保辨静《じんぼべんじょう》編『日蓮聖人御真蹟』二十冊（日蓮宗宗務院）が画期的なもので、その後の真蹟研究に大きく寄与した。その後、幾種類かの真蹟影印が行われるが、神保辨静の遺命を承けて、立正安国会《りっしょうあんこくかい》の片岡随喜《かたおかずいき》の発願により『日蓮大聖人御真蹟』四十八巻二十二冊

（立正安国会）が昭和三十二年（一九五七）に完成する。

昭和四十二・四十三年（一九六七・八）に版行された立正安国会編『日蓮大聖人御真蹟対照録』全三巻（立正安国会）は、この『日蓮大聖人御真蹟』のうち『私集最要文注法華経』及び『御門下御本尊集』を除くすべての遺文について、その真蹟の原型をそのままの配列行数に従い、古文書の翻刻に近い編集方針によって、抹消・添加・加点・振仮名等も忠実に活字に起こしたものである。脚注には、その真蹟の紙数、所在、系年、『昭和定本日蓮聖人遺文』および『日蓮聖人御遺文（縮冊遺文）』収載頁数、要文の断簡や断片には抄出された経論釈疏等の出典なども注記される。

ついで、この立正安国会蔵版の『日蓮大聖人御真蹟』を中心にして、富士大石寺《たいせきじ》所蔵の真蹟を加えて、昭和五十一・五十二年（一九七六・七）に刊行されたのが、日蓮聖人真蹟集成法蔵館編集部編『日蓮聖人真蹟集成』十巻（法蔵館）である。本書には、『昭和定本日蓮聖人遺文』未収録の要文断簡類も計百九十三点、および『注法華経』全巻表裏面の写真が収められている。書誌学的視座から分析し、新たな解釈を加えた遺文解題も充実している。

また、日蓮聖人自筆の大曼荼羅を蒐集したものに、片岡随喜編『日蓮大聖人御真蹟』第一部「御本尊集」（立正安国会）、山中喜八《やまなかきはち》編『御本尊集』『御本尊集目録』（立正安国会）があり、特に後者は、現在までに確認されている大曼荼羅の写真を公開し、目録においてそれらすべての系年、讃文《さんもん》、授与書《じゅよがき》、添書《そえがき》、寸法、所蔵、由来などを記録している。今日、日蓮聖人の染筆《せんぴつ》になる大曼荼羅の全容は、これらの書によって知ることができる。

以上、最も信頼すべき代表的な刊本遺文を挙げたが、日蓮聖人讃仰の裾野は広く、実に多種の遺文集が世に送り出されていることを付言しておく。

日蓮聖人遺文の注釈書

（1）中世・近世の注釈書

最後に日蓮聖人遺文の注釈書の類を紹介する。日蓮遺文の注釈書は、特定の遺文に限定して所謂「一人一抄《ひとりいっしょう》」の解題・解説を行った「個別遺文注釈書」と、一定の基準と方針で編纂された大部の「集成遺文注釈書」とに大別される。前者の「個別遺文注釈書」は、日蓮聖人没後まもなく成立をみたといわれる「録内御書」や「録外御書」の注釈書の類が、中近世において盛んに編纂・版行されるようになり、その数は枚挙に遑《いとま》がない。

後者の「集成遺文注釈書」には、主だったものに、室町時代では、行学院日朝《ぎょうがくいんにっちょう》（一四二二〜一五〇〇）の『御書見《ごしょけん》聞《もん》』、弘経寺日健《ぐきょうじにちごん》（生没年未詳）・立本寺日泰《りゅうほんじにったい》（生没年未詳）の『御書鈔《ごしょしょう》』が、江戸時代には、円智院日性《えんちいんにっしょう》（一五五四〜一六一四）の『御書註《ごしょちゅう》』、久成院日相《くじょういんにっそう》（一六三五〜一七一八）の『御書和語式《ごしょわごしき》』、安国院日講《あんこくいんにちこう》（一六二六〜一六九八）によって撰述された全三十六巻からなる大著の遺文注釈書『録内啓蒙《ろくないけいもう》』、禅智院日好《ぜんちいんにちこう》（一六五五〜一七三四）の『録内拾遺《ろくないしゅうい》』『録内扶老《ろくないふろう》』『録外微考《ろくげびこう》』、近世日蓮宗学の組織者と言われる優陀那院日輝《うだないんにちき》（一八〇〇〜一八五九）の『祖《そ》書略要《しょりゃくよう》』、観寿院日耀《かんじゅいんにちよう》（生没年未詳）の『録外考文《ろくげこうもん》』等がそれぞれ知られている。

このほか、日蓮聖人遺文全般を俯瞰した大部の研究書・宗義書としては、一妙院日導《いちみょういんにちどう》（一七二四〜一七八九）の『祖書綱要《そしょこうよう》』、常在院日深《じょうざいいんにちじん》（一七〇三〜一七四三）の『峨眉集《がびしゅう》』等があり、その後の日蓮教学研究に大きな影響を与えた。

（2）近代・現代の注釈書

近現代になると、各種の遺文講義類・現代語訳版遺文集の出版を見る。具体的には、加藤文雅（一八六七〜一九一二）が、明治三十九年（一九〇六）年から大正八年（一九一九）にかけて編纂し『本化教学報知《ほんげきょうがくほうち》』全二十一号（宗典刊行会）に収載した『高祖遺文録集註《こうそいぶんろくじゅっちゅう》』、大正十年（一九二一）より刊行された清水龍山《しみずりゅうざん》他著『原文対照口語訳日蓮聖人全集』全七巻（隆文館）、昭和六年（一九三一）に望月歓厚を中心に編纂・刊行を開始した日蓮聖人六百五十遠忌報恩記念会編『日蓮聖人御遺文講義《ごいぶんこうぎ》』全十八巻（竜吟社）、昭和七年（一九三二）より刊行開始した清水龍山他編『日蓮聖人遺文全集講義《ぜんしゅうこうぎ》』全二十八巻三十二冊（平楽寺書店）、昭和十一年（一九三六）に刊行を開始した小林一郎《こばやしいちろう》編『日蓮聖人遺文大講座』全十二巻（平凡社）、平成四年（一九九二）に刊行を開始した渡邊寶陽《わたなべほうよう》・小松邦彰《こまつほうしょう》編『日蓮聖人全集』全七巻（春秋社）などがある。

このうち、『日蓮聖人御遺文講義』全十八巻は、近代日蓮教学を代表する大勢の執筆陣による共編著で、当時の文献批判に基づいた詳細な解題《かいだい》（遺文解説）、原文に忠実な語訳、旧来の注釈書類や先学の研究をふまえた豊富な語注と教義の解説に至るまで、単なる注釈書にとどまらない総合的な遺文解説書となっており、近代遺文研究の金字塔とも言えるべき講義集となっている。また、『日蓮聖人遺文全集講義』にも詳細な語註があるなどの特色が見られる。

これら注釈書・現代語訳の中で最新の文献は、『日蓮聖人全集』全七巻（春秋社）である。本書の構成は、日蓮教学の根本を理解する上で重要な遺文を集めた「宗義《しゅうぎ》」篇（第一・二・三巻）、宗教の内面的な部分にあたる信仰・修行に関する遺文を集めた「信行《しんぎょう》」篇（第四巻）、日蓮聖人の伝記に関する遺文を集めた「聖伝《せいでん》」篇（第五巻）、檀越の教化《きょうけ》に関する遺文を集めた「信徒」（第六・七巻）篇の各篇からなる。漢文体遺文はすべて書き下し文（和漢混交文）に改め、上段に本文を、下段に現代語訳を配した編集になっている。なお、本書『全篇解説日蓮聖人遺文』は、この『日蓮聖人全集』に準拠して編集されたものであることを付記しておく。

第二節　日蓮聖人はインドの宗教思想、中国の儒教思想をどのように受容したか

はじめに

日蓮聖人は精神文化の最高峰が仏教であり、『法華経』がその頂点にあるとみている。そして、『法華経』の題目に釈尊が悟り得た功徳のすべてがそなわっているという結論に基づき、末世の衆生の救済を唱題という修行実践方法に見出した。

鳩摩《くま》羅什《らじゅう》（三五〇―四〇九頃）は中国、南北朝時代の訳経僧であるが、日蓮聖人は羅什訳の『妙法蓮華経』をよりどころとしていた。また、天台大師智顗《ちぎ》（五三八―五九七）は陳・隋にかけて中国仏教を統合して教義を樹立したが、日蓮聖人は、その『法華経』研究の成果を基礎としている場合が多い。古来より『法華経』を分科して、内容を精査するという研究方法が行われてきたが、この分科についても智顗が二十八品を迹門《しゃくもん》（前半十四章）と本門（後半十四章）に分けて考える教判《きょうはん》を継承しながら、これを発展させて独自の立場を形成していった。教判とは教相判釈《きょうそうはんじゃく》のこ

とで、教相は教法のすがた・かたちのこと、判釈とは教法の説かれた順序次第を体系的に序列し内容を比較分析することである。仏教の各宗派・学派の多くはそれぞれのよりどころとする経典が至高とする教判をもつ。

なかでも、日蓮聖人は方便品第二の二乗作仏《にじょうさぶつ》と寿量品第十六の久遠実成《くおんじつじょう》が、『法華経』の最も重要な思想であるとする。二乗とは声聞《しょうもん》（仏陀の声を聞いて教化された仏弟子）・縁覚《えんがく》（十二因縁の縁起《えんぎ》の法をみずから覚った孤高の聖者）のこととされる。二乗は自己の解脱のみにとらわれて他を顧みることがなかったので、諸経典では成仏が否定されてきたが、菩薩道（自己の悟りへの道を追究するとともに、他の人々を教え導くこと）を高揚する『法華経』では、二乗が永遠に成仏できないと説く諸経典の説を否定して、未来成仏の保証（記別・記莂《きべつ》）を与えることにより、一切衆生悉皆成仏《いっさいしゅじょうしっかいじょうぶつ》（すべての生きとし生けるものが成仏すること）を現実のものとした。すなわち、声聞・縁覚・菩薩の三乗として説かれてきた悟りの境界を方便の教えであると開いて（開会《かいえ》）、すべてのものが等しく仏になると説く一仏乗の思想を明らかにした。

さらに日蓮聖人は、『法華経』迹門の中心をなす方便品は一念三千・二乗作仏を説いて、爾前《にぜん》諸経（『法華経』が説かれる以前の諸経典）の二つの失点のうち一つをまぬがれることができたとする。しかし、いまだ迹門を開いて本門の趣旨を顕らかにしていないので、真実の一念三千は明らかにされず、二乗作仏も根底が明らかにされていないと述べ、本門を中心とした法華経観を提示している。一念三千とは、凡夫の一瞬一瞬の心に三千の法界を具えるという哲理である。すなわち、一人一人の一瞬の心は〈仏陀のさとり〉への可能性から〈地獄に堕落する〉可能性など、さまざまな可能性を宿していること。それらの道に進むことを促す、いろいろなはたらきなどを総計して、三千の世界が宿されていることを説いた上での修行論が語られている。方便品などに基づき天台大師智顗が確立した理念であるが、日蓮聖人はこの理念によって、私たちの心には仏の心が具わっているとみて、題目を唱えれば成仏できることの論拠とした。

一方で日蓮聖人は、『法華経』の説法の場面が霊山会《りょうぜんえ》・虚空会《こくうえ》・後霊山会《ごりょうぜんえ》の二処三会《にしょさんえ》に大きく展開することに根拠して独自の法華経観を提示している。『法華経』はインドのマガダ国の王舎城の東北に位置する霊鷲山《りょうじゅせん》が説法の地となっているが、見宝塔品第十一では多宝如来が多宝塔とともに出現して、説法の場が大空の虚空に移り、薬王菩薩本事品第二十三で再び霊鷲山において説かれることとなる。このような説法の場面展開を二処三会という。その説法の展開に基づき、日蓮聖人は末法の衆生救済を視座として、釈尊の永遠性が明らかにされる寿量品を中心に、末世の衆生を救うという大目的が見宝塔品に起こり、寿量品に説き顕され、神力品・嘱累品に完了するとみた。

このように日蓮聖人の教義の根幹には、あらゆる精神文化と仏教を比較して、その頂点に『法華経』があるという結論が存在している。もとより仏教は、紀元前五世紀、インドの釈迦族出身のゴータマ・シッダールタ（悉達多）が悟りをひらいて釈迦牟尼仏（釈尊）となり、教えを説いたことに始まる。釈迦族の太子であった釈迦は、深く人生の問題に悩み、出家を志していたという。伝承によれば、釈迦が太子として王城にいた時、東の城門から郊外に出かけたときに老人に出会い、また南の門では病人に、西の門では葬儀の列（死人）に、北の門では出家者に出会って、人生の苦悩について熟考するとともに、出家を決心したという（四門出遊《しもんしゅつゆう》）。ついに出家した釈迦は、婆羅門《ばらもん》の道を求めず、沙門《しゃもん》として自由な求道の道を歩んだ。聖仙のもとで禅定を修し、山林にこもって食事もとらずに難行・苦行につとめ、ついに肋骨がみえるほどになっても悟りは得られなかった。そこで、難行・苦行の修行を中止して、ナイランジャナー河で沐浴、村の娘スジャータが捧げた乳糜《にゅうみ》（牛乳で調理した粥）によって体力を回復した。その後に、ブッダガヤーの菩提樹のもとで瞑想し、ついに開悟したとされる。釈尊の提示した四諦・八正道などの理念は、時代の変遷を経て大乗仏教思想として昇華していく。その根源的な部分には、インドの宗教思想が大きく反映しており、それを受容し発展・展開させたところに仏教の思想的な特徴があるといえよう。

インドの思想はきびしい風土的環境や複雑な社会構造のなかで、実践生活の根本基調を確立するために生じたものである。このため、インドの古代文化は多分に宗教的要素をもっていた。インド最古の聖典群としてヴェーダがあり、ほぼ紀元前十二世紀より紀元前三世紀に至る成立と考えられている。ヴェーダは『リグ・ヴェーダ』『サーマ・ヴェーダ』『ヤジュル・ヴェーダ』『アタルヴァ・ヴェーダ』の四種に分かれる。基本的なサンヒターのなかで重要とされる『リグ・ヴェーダ』は神々に対する讃歌の集成であって、自然界の現象、威力、構成要素、抽象的概念などが神格化されて崇拝の対象となっており、そこにインドの宗教思想の淵源をみることができる。四姓制度の最上位の婆羅門(司祭階級)は、神々が原人プルシャを解体したとき、その口から生まれたとする。婆羅門はヴェーダ聖典を教授・学習して祭祀を司ることを義務として、その思想はバラモン教を産み、インドの宗教や文化などに重要な役割を演じていく。また、『アタルヴァ・ヴェーダ』は呪法をはじめとする民間信仰を伝え、メロディにのせて賛歌を詠唱する『サーマ・ヴェーダ』は音楽史上重要であり、『ヤジュル・ヴェーダ』は祭式の実態を伝えている。

さらに祭式の発展にともなって四ヴェーダのサンヒターそれぞれに注釈が加えられるようになり、ブラーフマナの文献群が作成された。ここでは祭式の細かい規定が定められ、ヴェーダに通じた司祭者は神に等しい存在として尊崇されていく。またブラーフマナと同様に四ヴェーダに付随した文献にアーラヌヤカ(森林書)とウパニシャッド(奥義書)がある。アーラヌヤカは森林において伝授されるという秘密の教えで、ブラーフマナからウパニシャッドに至る過渡期の聖典とされる。そして、もともと「近くに坐る」という意味のウパニシャッドは、師から弟子に口伝される秘密の教えを集成した聖典である。ウパニシャッドには二百種に近い文献が伝えられており、紀元前五百年以前にまでさかのぼれるものから、十世紀以後に作られたものまで数多く含まれている。ウパニシャッドは古代におけるヴェーダ文化の最高頂であると位置づけられ、宇宙の根元をブラフマン（梵）とみて、個人に内在する原理のアートマン（我）との一体（梵我一如《ぼんがいちにょ》）を究極的な理想とした。そして、ウパニシャッドでは、人間の行為の善悪が果報に大きく反映するものとして、生死の問題や、死後の運命なども論じられるようになり、輪廻転生の思想も発展していく。その業・輪廻・解脱の思想は、後のインドの思想に大きな影響を与えている。

また中国の代表的思想である儒教は、春秋時代末期の孔子に始まり、戦国時代には諸子百家の一つであったが、漢の武帝の紀元前一三六年（建元五）に国教となって以後、清朝の崩壊に至るまで政治権力と一体となって中国の社会・文化の全般に浸透してきた。日蓮聖人の遺文にも堯・舜から周王にいたる聖天子の名がみえるが、儒教ではこれらの古代の聖王を理想の為政者とし、そこにみられる仁と礼を根本概念とする。『易経』『書経』などの経書を重要な経典として、修身から治国平天下にいたる実践を中心課題としており、日本には四世紀に『論語』が渡来してから以降、政治・思想に大きな影響を与えてきている。日蓮聖人は忠孝や報恩などについて考えるとき、儒教の思想にしばしば言及しているが、基本的には儒教の思想も仏教の哲理に包括されていくという立場にあると考えられる。

そこで、以上のような点を踏まえた上で、ここでは中国の儒教・インドの諸宗教と日蓮聖人の法華仏教の接点について考えてみたいと思う。また『立正安国論』をめぐるいくつかの課題にも言及したい。

日蓮聖人の思想と中国の儒教思想

日蓮聖人は、一切衆生が尊敬すべきは主徳・師徳・親徳であり、学ぶべき精神文化は儒教・外道（仏教以外の宗教思想）・仏教であるとする。そして、それぞれの思想的特徴を精査し、仏教が最もすぐれるという結論を導き出している。

佐渡に流罪された日蓮聖人は、文永九年（一二七二）二月に雪中の塚原三昧堂で『開目抄』という教義書を書き上げている。その冒頭に、儒教と外道と内道（仏教）について比較検討して、『法華経』があらゆる精神思想の頂点にあることを論じている。

夫《それ》一切衆生《いっさいしゅじょう》の尊敬《そんきょう》すべき者三つあり。所謂《いわゆる》主・師・親これなり。又習学すべき物三つあり。所謂儒・外・内これなり。（『昭和定本日蓮聖人遺文』五三五頁）

ここでは、一切衆生がかならず尊重すべきものとして三つがあると言う。そして、それが〈主徳〉〈師徳〉〈親徳〉であるとする。主・師・親を尊敬すべきことは、人倫道徳の説く一貫した道理であるが、世間の道理を知ることが仏教の哲理に通じていくことは言うまでもないので、人倫道徳の道が深まりそれが明らかになることによって、主・師・親のすぐれた三徳を兼ね具えた教主釈尊の境地に到達することになる。日蓮聖人は釈尊こそ主・師・親の三徳を具えており、その徳に基づいて末法の衆生を救うことを強調する。すなわち釈尊こそ娑婆世界に住む凡夫を導く教主なのである。

また、かならず学ばなければならない精神文化が三つあるとする。それが、〈儒教〉〈外道〉〈内道〉であるとするが、『開目抄』では、〈儒教〉と〈外道〉の思想的な特徴、歴史的な経緯と聖人たちについて取り上げて、それらは仏教の思想には遠く及ばないことを述べている。そこでまず『開目抄』における儒教についての論究について見てみることとする。

而りといえども、過去未来をしらざれば父母・主君・師匠の後世をもたすけず、不知恩の者なり。まことの賢聖にあらず。孔子が此土《このど》に賢聖なし、西方に仏図《ふと》という者あり。此れ聖人なりといゐて、外典を仏法の初門となせしこれなり。礼楽《れいがく》等を教て、内典わたらば戒定慧《かいじょうえ》をしりやすからせんがため、王臣を教て尊卑をさだめ、父母を教て孝の高きことをしらしめ、師匠を教て帰依をしらしむ。（『昭和定本日蓮聖人遺文』五三六頁）

すなわち、儒教は現世のことだけを述べるだけであって、それでは父母・主君・師匠の後世を助けることができない不知恩の教えにとどまると言う。そして、それでは儒教の先師たちも本当の賢人・聖人とはいえないと見ている。ここで、孔子が「この中国の地にはまだ賢人・聖人はいないのであって、西方インドの国の仏陀こそが聖人として尊敬すべき方である」（『列子』仲尼篇）と、儒道は仏教の教えの入口であると述べたとする。また「礼律節度には尊卑の序があり、戒を扶《たす》ける。楽は心を和やかにし、風を移し、現実の世界から魂を遊ばせる。これは禅定を助けることになる」（『摩訶止観《まかしかん》』巻六下）というが、その礼楽を教えたのは、仏教が渡来したときに仏教の根本義である〈戒〉戒律〈定〉禅定〈慧〉智慧に入りやすくさせるためであると言う。すなわち、王と臣下との関係を教えて尊卑の違いを明らかにし、父母の存在の意味を教えて孝がいかに大切であるかを知らしめ、師匠に帰依し教えを乞うことの大切さを知らしめたと言う。

同様な記述が『下山御消息《しもやまごしょうそく》』にあり、日蓮聖人が儒教を仏教の初門と位置づけていることが分かる。

儒家の本師たる孔子・老子等の三聖は、仏の御使として漢土に遣はされて、内典の初門に礼楽の文を諸人に教へたり。止観に経を引て云く、我三聖を遣して彼の震旦を化す等云云。妙楽大師云く、礼楽前《さき》に馳《は》せ真道後に開く云云。（『昭和定本日蓮聖人遺文』一三一四頁）

ここで、儒教の本師である孔子・老子・顔回《がんかい》の三聖は、仏の使者として中国に遣わされたとして、「仏使」とみなしている。そして、礼学は仏教に入る初門であるとみて、天台大師智顗《ちぎ》が『摩訶止観』に『金光明経』を引用して「仏がわが三人を遣わして中国を教化する」と述べるのと、中国天台第六祖の妙楽大師湛然《たんねん》の『摩訶止観輔行伝弘決《ぶぎょうでんぐけつ》』に「儒教の礼儀作法や音楽などによって人々を指導したあとに、真実の法である仏教が弘まる」とある文を示す。「仏使」とする表現によって、日蓮聖人が儒教の賢聖を広い意味における仏教の人師（指導者）とみていたことがわかり、智顗と湛然にも同様な見解が見えることが確認できる。

すなわち、『乙御前御消息《おとごぜんごしょうそく》』に「外典の者と仏弟子を合せしかば、氷の日にとくるが如く、火の水に滅するが如く、まくるのみならず、なにともなき者となりし也」（『昭和定本日蓮聖人遺文』一〇九五頁）とあり、儒教は氷が太陽に当たって溶けていくように、仏教に包含されていったと捉えていたことがわかる。このことについては『十法界明因果鈔《じっぽうかいみょういんがしょう》』に「若し俗間《ぞくけん》の経書・治世《ちせ》の語言《ごごん》・資生《ししょう》の業等《ごうとう》を説かんも皆正法《しょうぼう》に順ぜん。一切の外道・老子・孔子等の経は即ち法華経と云う文也」（『昭和定本日蓮聖人遺文』一八三頁）とあり、『法華経』法師品に「もし、世間の書物や教え、政治や産業のことを説いたとしても、それらはすべて正法である『法華経』を修行したことと同じである」と説かれていることについて、儒教やインドの諸宗教の思想がすべて『法華経』に集約されると述べている。儒教を指して、それは即ち『法華経』であると述べることは、一見飛躍があるように思えるが、日蓮聖人が広義な立場にあるときには、儒教も含めてすべての思想は仏法に順ずるものであり、ひいては根本経典である『法華経』に包含されていくという見方がそこにあると知ることができる。

また、仁・義・礼・智・信の五常を説く儒教では、仁の徳を重視して、仁者となることが求められていく。仁とは仏教の慈悲とある点で共通したものを持っているという面もある。この点で、日蓮聖人は「孝」について論じる場合が多いが、「孝」と仏教を比較して、『法蓮鈔《ほうれんしょう》』では「教主釈尊をば大覚世尊《だいがくせそん》と号したてまつる。世尊と申す尊の一字を高と申す。高と申す一字は又孝と訓ずるなり。一切の孝養の人の中に第一の孝養の人なれば世尊とは号し奉る」（『昭和定本日蓮聖人遺文』九四三頁）と述べ、教主釈尊のことを大覚世尊と呼ぶが、世尊の「尊」の一字は、「高」といい、また「高」の字は「孝」という意味にも通じるとして、すべての孝養の人の中でも釈尊が第一の孝養の人なので、世尊と呼ぶのであるという。さらに、「孝経と申《もうす》に二あり。一には外典《げでん》の孔子と申せし聖人の書に孝経あり。二には内典《ないでん》。今の法華経是也。内外異なれども其意は是れ同じ」（同前）と述べ、孝経には二種類があるとして、それが一つには中国の孔子という聖人が書いた外典（仏教以外の典籍）の『孝経』であり、二つには内典（仏典）における『法華経』であるという。すなわち孔子が説く『孝経』と『法華経』は、儒教か仏教かの違いがあるにせよ、意において同一であるとみなしている。これは儒教が教える徳目の中でも「孝」について仏教と共通する面があると日蓮聖人が認めていたことを示すが、今生にかぎる儒家の孝養よりも、父母・主君・師匠の後世を救う『法華経』こそが真の孝経であるとする立場にあることは前述の『開目抄』のとおりである。

加えて日蓮聖人は、『法門可被申様之《ほうもんもうさるべきようの》事《こと》』に、釈尊こそが私たちを救う教主であることを強調して、儒教の説く忠孝の思想も仏教に集約されていくとみている。

先ず法華経の第二の巻の今此《こんし》三界《さんがい》の文を開きて、釈尊は我等が親父《しんぷ》也等定め了《おわ》るべし。何《いずれ》の仏か我等が父母にてはをはします。外典三千余巻にも、忠孝の二字こそせん（詮）にて候なれ。忠は又孝《またこう》の家より出ずとこそ申候《もうしそうろう》なれ。されば外典は内典の初門。此心《このこころ》は内典にたがわず候か。（『昭和定本日蓮聖人遺文』四四三頁）

ここで、『法華経』第二巻に収録されている譬喩品第三に「今、人々が憂い悩んでいる三界（欲望にとらわれた生物が住む欲界《よくかい》・欲望は超越したが物質的条件にとらわれた生物が住む色界《しきかい》・欲望も物質的条件も超越した生物が住む無《む》色界《しきかい》）はすべて皆、仏陀釈尊である私のものである。だからこそそこで悩んでいる衆生は、ことごとく仏陀である私の子どもである」という経文を示して、釈尊こそすべての人々の父であることを確信することだという。そして、釈尊をのぞいて、どの仏が私たちの父母となるべき仏であるかと問いかけて、儒教や道教の三千余巻の書も到達するところは忠孝であるが、忠もまた孝の門より出ると説かれているので、儒教や道教は仏教に入る初門であり、孝を中心とするところは仏教と同じであると述べている。

さらに、『佐渡《さど》御《ご》勘気鈔《かんきしょう》』には「仏教をきはめて仏になり、恩ある人をもたすけんと思ふ。仏になる道は、必ず身命をすつるほどの事ありてこそ仏にはなり候らめと、をしはからる」（『昭和定本日蓮聖人遺文』五一〇頁）とあるが、そこには日蓮聖人の報恩のためには身命を惜しまない献身性が見出される。日蓮聖人にとっての報恩観を一層深いものにしたのは、儒教の影響が少なからずあったものといえる。このため、『開目抄』には「此の経は内典の孝経なり」（『昭和定本日蓮聖人遺文』五九〇頁）とみえ、提婆達多品で女人成仏を説いて母の成仏を現実のものとし、提婆達多という悪人の成仏を説いて父の成仏を現実のものとした『法華経』は、仏教の孝経であると述べる。ここにはすべての人々を救済したいという大願に基づき、「父母の恩を棄てて仏道に入ることは真実の報恩の道である」（『清信《しょうしん》士度人経《じどにんきょう》』）というような仏教における拡大純化された報恩観に立っていたことが分かる。

このようなことから、日蓮聖人は忠孝・礼楽・報恩などの儒教の思想に着目しつつも、さらに広い立場から儒教を仏教の入門の段階にあるものとみて、孔子・老子などの儒教の賢聖も「仏の使い」にほかならないとして、最終的には儒教の思想も仏教の最高峰にある『法華経』に包含されていくとしていることが再確認できる。

日蓮聖人の思想とインドの宗教思想

『開目抄』では、儒教と外道と内道について比較検討して、『法華経』があらゆる精神思想の頂点にあることを論じている。儒教の思想と日蓮聖人の教義の関連については前述の通りである。外道とは、インドにおける仏教以外の教えを指す。仏教では仏教以外の宗教や思想を外道・外教・外法・外学などと呼び、仏教のことを内道・内教・内法・内学などと呼んだ。仏教徒は仏教以外の思想を正しい教えとは認めなかったので、このような呼び方をするようになった。外道の原語のパラ・プラヴァーディンは「他の教えを奉ずるもの」という意味である。

釈尊とほぼ同時代の紀元前五—六世紀頃、ガンジス河中流域のマガダ地方を中心として自由思想家が登場した。その時代に先立つバラモン教の祭祀の宗教を批判し、ヴェーダ聖典の権威を否認した自由奔放な思想である。アジタ・パクダ・プーラナ・ゴーサーラ・サンジャヤ・ニガンタのいわゆる六師外道がよく知られている。

アジタは身体は地・水・火・風の四元素に帰入するとみる。そして、遺骸が焼かれると骨が残るだけなので死後には何も残らないから、現世も来世も存在しないし、善業・悪業による果報を受けることもないと主張する。

パクダの唯物論では、人間の身体は地・水・火・風の四元素と苦・楽・生命という七要素から構成されているとみて、剣で人を切っても剣が七つの要素の間を通過するだけのことであり、世の中には殺すものも殺されるものも存在しないと説いた。

プーラナは善悪の業報を軽んじて、因果を否定した無道徳の論を立てる。

ゴーサーラは地・水・火・風・空、霊魂などの要素を認め、万物は自然に生じるのであって因縁によるのではないと無因論・自然論を説いた。

サンジャヤは形而上学的な問題について、ことさらあいまいな答弁をして確定的な返答を与えなかった。その所論は、確定的な知識を与えないので不可知論と称された。

ニガンタは仏教とならぶ大宗教となったジャイナ教の開祖である。霊魂の相対的常住を認めて、苦行によって解脱を得るとする苦行論者であった。

『開目抄』では、外道について六師外道が外道の聖典を学んで支流が九十五、六にもなったとする（『涅槃経』大衆所問品）。しかし、外道の哲理によっては、過去二生あるいは三生、未来八万劫を見通すことができたとしても、善きにつけ悪しきにつけ、一人として生死に押し流されている状態を克服することができないという。

しかれども外道の法九十五種、善悪につけて一人も生死をはなれず。善師につかへては二生三生《にしょうさんしょう》等に悪道に堕ち、悪師につかへては順次生《じゅんじしょう》に悪道に堕つ。外道の所詮は内道に入る即《すなわち》最要なり。（『昭和定本日蓮聖人遺文』五三八頁）

ここでは、外道の教えでは、一人も生死の苦悩を克服することはできないとする。すなわち、善い師のもとで修行すれば、二度、三度と生まれ変わって悪道に堕ち、悪い師のもとで修行すれば生まれ変わるごとに悪道に堕ちてしまうというのである。しかし、そこには、仏教に入るための肝要な思想であることに外道の意義が見出せるとする。

『三三蔵祈雨事《さんさんぞうきうじ》』にも「外道と申すは仏前八百年よりはじまりて、はじめは二天三仙にてありしが、やうやくわかれて九十五種なり。其中《そのなか》に多くの智者神通のものありしかども、一人も生死をはなれず。又帰依せし人々も、善につけ悪につけて皆三悪道に堕ち候し」（『昭和定本日蓮聖人遺文』一〇七〇頁）とあり、インド哲学の諸宗教の教えは、釈尊が出現する以前の八百年ごろから始まり、最初は二天三仙（魔醯首羅天《まけいしゅらてん》・毘紐天《びちゅうてん》の二天。迦毘羅仙《かびらせん》〈数論《すろん》学派〉・漚楼僧佉仙《うるそうぎゃせん》〈勝論《かつろん》学派〉・勒娑婆仙《ろくしゃばせん》〈苦行外道〉の三仙）であったが、しだいに分派して九十五種になったとする。そして、その中には多くの智者や神通力を得た者もいたけれども、一人として生死の迷いを離れた者はいない。また、外道に心を寄せて信仰する人たちも善きにつけ悪しきにつけ、地獄・餓鬼・畜生の三悪道に堕ちてしまったと、『開目抄』と同様な記述がみえる。

『一代聖教大意《いちだいしょうぎょうたいい》』には「外道に三人あり。一には仏法外の外道〈九十五種の外道〉二には学仏法成《がくぶつぽうじょう》の外道〈小乗〉三には附仏法《ふぶつぽう》の外道〈妙法を知らざる大乗の外道なり〉」（『昭和定本日蓮聖人遺文』七二頁）とあり、外道に三種があるとして、第一は仏法外の外道（仏教以外の教え）で九十五種あり、第二は学仏法成の外道（仏教ではあるが小乗の教えにとどまっている）小乗仏教であり、第三は附仏法の外道（大乗仏教ではあるが方便の仮の教えにとどまっている）妙法を知らない権大乗《ごんだいじょう》（仮の大乗の教え）の外道であるとする。実大乗（真実の大乗の教え）の『法華経』こそが仏法の中の真実であって、そのほかのあらゆる修行の方法は広い目で見れば、ことごとく外道に属すると言ってよいという立場に日蓮聖人があることがわかる。

このように、儒教と外道の特徴と限界について論じた上で、『開目抄』では、あらゆる精神思想のなかでも仏教が最も優れることを明らかにしていく。そして、釈尊が一切衆生を導く大導師であることが説かれる。

大覚世尊《だいがくせそん》。此れ一切衆生の大導師・大眼目《だいげんもく》・大橋梁《だいきょうりょう》・大船師《だいせんし》・大福田《だいふくでん》等なり。(『昭和定本日蓮聖人遺文』五三八頁)

すなわち、『開目抄』では、儒教と外道の思想について詳細に論じた上で、それらの思想の問題点を指摘する。そして、仏教の深遠な哲理には遠く及ばないとみる。仏教の哲理を説く釈尊は、大いなる覚りを実現して、天の神々や世の人々から尊ばれる存在であって、一切衆生の大いなる導きの師・精神を見つめさせる大眼目・人々を覚りの世界に渡す大きな橋梁・人々を覚りの世界に運ぶ大船師・人々の善い心を育てる大福田であると述べている。さらに、釈尊は三十歳で成道し八十歳で入滅するまで、五十年間にわたって一代聖教を説いてきたが、そのなかでも『法華経』こそが教主釈尊の真実の言葉であることを強調する。

『立正安国論』の奏進と諸天善神の守護

①災難の興起と予言の的中

『立正安国論』は、文応元年（一二六〇）七月十六日に、前執権《さきのしっけん》北条時頼《ときより》に奏進された諫暁《かんぎょう》の書である。『立正安国論』は僧坊に住んでいた「主人」のところへ「旅客」が訪問し、連続して発生していた飢饉や疫病などの社会不安がなぜ起こるのかについて問答をかわすという形式で論述されている。冒頭では「旅客」が（正嘉元年・一二五七から文応元年・一二六〇のころ）、大地震や大風などの天変地異が続いて、飢饉が起こり、疫病が流行して、災難が天下に満ちていたことを嘆く。そのために牛や馬はいたるところで死んでおり、骸骨は路上に散乱して目もあてられない状況で、多くの人びとが死に絶えて、この悲惨な状態を悲しまない者は一人もいないという。

旅客来《きた》りて嘆いて曰《いわ》く、近年より近日に至るまで、天変・地夭《ちよう》・飢饉・疫癘《えきれい》、遍《あまね》く天下に満ち、広く地上に迸《はびこ》る。牛馬巷《ちまた》に斃《たお》れ、骸骨路《みち》に充《み》てり。死を招くの輩《ともがら》、すでに大半に超え、これを悲しまざるの族《やから》、あえて一人《いちにん》もなし。
（『昭和定本日蓮聖人遺文』二〇九頁）

災難に苦しむ人々を宗教者として何とかして救いたいというのが、そもそもの『立正安国論』執筆の理由である。日蓮聖人は岩本実相寺の経蔵にこもって、あらゆる経典を調べ上げて、災難発生の要因について検討した。その結果が『立正安国論』として書き上げられたのである。日蓮聖人は国土の盛衰はそこに住む人間の精神の反映であるという結論を得て、そこに災難発生の要因を見出した。うち続く社会不安を克服するために、幕府や朝廷は神社仏閣に攘災の祈禱を命じ、幕府も徳政をしいて対策につとめたが、一向に効果はなかった。

『立正安国論』では「つらつら微《び》管《かん》を傾け、いささか経文を披《ひら》きたるに、世皆正《よみなしょう》に背き、人悉く悪に帰す。故に善神は国を捨てて相去り、聖人所《せいじんところ》を辞して還らず。是を以て魔来り鬼来り災起り難起る」（『昭和定本日蓮聖人遺文』二〇九頁）と、世の人々が正しい教えに背いて悪法に帰依しているので、諸天善神が国を捨てて天上に去り、正法を広める聖人も去ってしまい次々に災難が起こるとする。「善神捨国《ぜんじんしゃこく》」「聖人辞所《せいじんじじょ》」「悪鬼致災《あっきちさい》」という理念である。

日蓮聖人は、世の中に正しい道理が守られ、政治が正しい理念のもとに行われないかぎり、平安な社会・国家は到来しないことを強調している。現代では、天災地変は自然現象であり、まちがった思想や理念が影響するとは考えにくいかもしれない。しかし、災害の歴史記録を見てみると、社会動乱期に、多くの天災地変が記録されていることがわかる。天災地変による災害には人為的な影響による部分もあるとはいえないだろうか。

また、『立正安国論』では、『金光明経』『大集経』『仁王経』『薬師経』などが災難の経証として取り上げられている。これらの経典によれば、世の人々が正しい精神思想に背くことによって三災七難（世界が壊滅する劫末に起こるという三つの災害、天体の運行の変異・暴風雨・旱魃・疫病などの七つの災難）が起こるという。そのうち自界叛逆《じかいほんぎゃく》難《なん》（内乱）と他国侵逼難《たこくしんぴつなん》（外国からの侵略）がまだ起こっていないので、信仰を改めて正法に帰依しなければ、やがてこの二難が起きるだろうと日蓮聖人は警告している。

不思議なことに、日蓮聖人が流罪地の佐渡にあった文永九年（一二七二）二月に北条氏一門の北条時輔が謀反を起こして討手によって殺され（二月騒動）、文永十一年（一二七四）十月には蒙古・高麗連合軍が壱岐・対馬に侵攻し、ついで博多付近に上陸したが台風のために退散している（文永の役）。まさに、自界叛逆難と他国侵逼難が現実のものとなり、日蓮聖人の予言が的中したことに世の人々は驚く。建治元年（一二七五）六月に日蓮聖人は隠棲していた身延山において『撰時抄』を執筆し、仏法が弘まるには「時」が不可分の関わりを持つことを論じている。その執筆の背景には自界叛逆難と他国侵逼難の予言の的中がある。これに先だって文永十一年十一月十一日付の『上野殿御返事』に「大蒙古国よりよせて候《そうろう》と申せば、申せし事を御用《おんもち》ひあらばいかになんどあはれなり。皆人《みなひと》の当時のゆき（壱岐）つしま（対馬）のようにならせ給はん事、おもひやり候へばなみだもとまらず」（『昭和定本日蓮聖人遺文』八三六頁）とあり、大蒙古国から軍勢が押し寄せて、壱岐や対馬の島民が連れ去られたり殺されたりしたことを思い悲しみの涙が止まらないと述べている。このようなことから、蒙古・高麗連合軍が壱岐・対馬に侵攻した事実が当時としては極めて早く日蓮聖人のもとに報じられていたことがわかる。また、日蓮聖人は安房小湊の漁業関係の荘官クラスの家に生まれたと考えられているが、房総の漁業関係者から朝鮮半島で船が次々と建造されているという情報を得ていたことも想定される。

さらに、『立正安国論』で災難の経証として取り上げられている『金光明経』『大集経』『仁王経』『薬師経』などの経典は鎮護国家の経典として宮中で重要視され、人々に親しい経典であることがわかる。『立正安国論』は墨や筆、そして料紙にも中国から輸入した最高級のものを用いて、四六駢儷体になぞらえた典雅で流暢な文体を、堂々とした文字によって書き上げている。当時の最高権力者であった北条時頼に奏進するために、最高の儀礼を尽くした緻密な配慮に基づいて執筆されているのである。『立正安国論』の浄書や文体などについて種々の助言をしていたと考えられている大学三郎という有力檀越がいた。その大学三郎は幕府の要人の安達泰盛《あだちやすもり》と書を通じて親交があり、安達泰盛は大学三郎を通して日蓮聖人に何ごとかの祈禱を依頼しているが、泰盛が『法華経』信奉者ではなかったため、実現はしなかったようである。一方で、平頼綱《へいのよりつな》は文永八年（一二七一）九月に鎌倉の草庵で日蓮聖人の逮捕を主導するなどした得宗被官《とくそうひかん》の最有力者であったが、外様御家人《とざまごけにん》の最有力者であった安達泰盛と何かにつけて対立していた。このような人物往来の環境の中で、日蓮聖人は蒙古の動向や北条氏一門の内実などの情報を確実に得ていたものと思われる。神秘的なイメージを持つ「予言者日蓮」は、実は冷静に情報を収集・分析し、古来から尊重されてきた経典によって、それを宗教者として論じていたのであった。

②上奏の可否

古来、朝廷や幕府においては天変地異や変事があると、歴史上の先例や故実などから、その現状を勘文《かんもん》として考察されることがあった。『立正安国論』は社会不安を克服する方策について考察した私的な諫文《かんもん》として位置づけられる。僧侶が政治家に進言することが妥当かどうかは古来より議論されているところであり、『立正安国論』の奏進についても、そのような議論があったようで、『立正安国論』の問答の中では上奏の可否について論じられる。

『立正安国論』は「九問九答と客の領解」（十番問答）によって構成されているが、六番目の問答において「客」の「このような上奏には前例がない」という指摘を取り上げている。「主人」は『涅槃経《ねはんぎょう》』に「若し善比丘ありて、法を壊《やぶ》る者を見て、置いて呵責《かしやく》し駆遣《くけん》し挙処《こしょ》せずんば、当に知るべし、是の人は仏法の中の怨《あだ》なり」とあるのを引用して、正法をそしる者を責めるのは仏弟子としての当然の行動であると答えた。さらに「去ぬる元仁年中に、延暦・興福の両寺より、度度奏聞《たびたびそうもん》を経て、勅宣《ちょくせん》・御教書《みきょうしょ》を申し下して、法然の選択《せんちゃく》の印板を大講堂に取り上げ、三世の仏恩を報ぜんがために、これを焼失せしめ」（『昭和定本日蓮聖人遺文』二一九頁）と上奏の前例を示している。元仁年間（一二二四—二五）にこの記事はみえないようであるが、建保・貞応・嘉禄・天福・延応と数次にわたり延暦寺と興福寺の訴えで念仏停止の勅宣が出され、嘉禄三年（一二二七）十月には朝廷から勅宣、幕府から御教書が下って、『選択集』の版木を比叡山の大講堂に取りあげ焼却した。また「その門弟、隆観《りゅうかん》・聖光《しょうこう》・成覚《じょうかく》・薩生《さつしょう》等は遠国に配流せられ、その後いまだ御勘気を許されず」（『昭和定本日蓮聖人遺文』二一九頁）と、法然上人の弟子が遠国に流されたことによって、それが上奏があったことの前例であるとする。

日蓮聖人は「汝《なんじ》早く信仰の寸心を改めて、速《すみや》かに実乗《じつじょう》の一善に帰せよ。しかればすなわち三界は皆仏国なり。仏国それ衰えんや。十方は悉く宝土なり。宝土何ぞ壊《やぶ》れんや。国に衰微なく、土に破壊《はえ》なくんば、身はこれ安全にして、心はこれ禅定ならん。この詞《ことば》、この言《こと》、信ずべく崇むべし」（『昭和定本日蓮聖人遺文』二二六頁）と、すみやかに『法華経』に帰依することを勧め、そうするならばこの世界はそのまま仏の国となり、仏の国は決して衰えることなく、すべての世界はそのまま寂光の浄土となると述べる。住むべき国土が安泰ならば、そこに住む人々の身は安全であり、心も穏やかであると主張するのが『立正安国論』である。

本論

第一節　日蓮聖人遺文を代表する「五大部」執筆の背景

『録内御書』『録外御書』の伝説と、今に至る『御書』（御遺文）研究について

日蓮聖人の宗教は、『立正安国論《りっしょうあんこくろん》』・『開目抄《かいもくしょう》』・『如来滅後《にょらいめつご》五《ご》五百歳始観心本尊抄《ごひゃくさいしかんじんほんぞんしょう》』（通称『観心本尊抄』）・『撰時抄《せんじしょう》』・『報恩抄《ほうおんしょう》』の「五大部《ごだいぶ》」によって代表される。「五大部」とは、「五大著作」というほどの意味である。が、日蓮聖人滅後二百年の頃には、『録内御書《ろくないごしょ》』『録外御書《ろくげごしょ》』が編まれ、筆写本が流布していたという。江戸期に入って、それらが刊本《かんぽん》として流布するようになり、大正時代以降、日蓮聖人自筆の筆蹟が写真撮影され、相次いで刊行された。立正安国会は漆塗りの五函に納められる『日蓮大聖人御真蹟《にちれんだいしょうにんごしんせき》』を刊行したが、のちにそれらをセットで、世界各地の十数カ所におよぶ博物館・美術館に寄贈している。

日蓮聖人滅後二百年の頃、日蓮聖人一周忌の際に『御書』（日蓮聖人の著作）の『目録』が作られ、その目録に入っているものを『録内御書』と呼び、その後、第三回忌のときに、当初の目録に漏れた『御書』について再度、目録を作ったのが『録外御書』であるとすることが伝承されたと言われる。しかし、その後、時代を経るとともに、詳細な研究が展開され、今日においてもなお、新たに発見される『御書』が、時折、紹介されているという実情がある。

比叡山遊学時代の研鑽

日蓮聖人は、二十代初期から比叡山に遊学したが、建長五年（一二五三）春に故山の清澄寺《せいちょうじ》に帰り、同年四月二十八日に、はじめて「南無妙法蓮華経」の御題目を唱えた。その日の正午から、清澄寺道善房《どうぜんぼう》の南面において、帰朝報告とも言うべき「お説教」を行ったところ、当地の地頭・東条景信《とうじょうかげのぶ》らの糾弾を受けて、即刻、清澄寺から追放されたという。日蓮聖人は鎌倉に渡り、鎌倉の松葉谷《まつばがやつ》の草庵で過ごしたと伝えている。

以下に述べる「五大部」の教説は、まことにシンプルである。ところが、『御書』（御遺文）のなかには、実に数限りない経典や論・釈などなどの、膨大な引用がみられるのである。

ふりかえると、日蓮聖人が若き日に学問と修行をかさねた比叡山延暦寺は、なにしろ広大な山地を領有している。その中心となるのが「東塔《とうとう》」と「西塔《さいとう》」であり、そのほかに琵琶湖を展望する北側の奥地に「横川《よかわ》」がある。いずれにも根本中堂《こんぽんちゅうどう》が建立されていて、まことに壮観である。これら「東塔」「西塔」「横川」を総称して「三谷《さんさく》」と呼ばれる。「東塔」「西塔」に居住するのは、栄華を誇った藤原家関係からの出自である僧であったと伝えられる。比叡山で最高の職にある「座主《ざす》」は、平安時代から任期制で、それを数度務めたという慈円《じえん》（一一五五〜一二二五）は、藤原忠通の子息であった。慈円は歌人として名高く、慈鎮和尚として家集『拾玉集』を編み、史書『愚管抄』も伝えられている。

「三谷」のうち、「横川」は、厳しい修行の地として知られ、数々の名僧を輩出した。『往生要集《おうじょうようしゅう》』・『一乗要決《いちじょうようけつ》』の著者、恵心僧都源信《えしんそうずげんしん》（九四二〜一〇一七）も「横川」で修行に専念したと伝えられる。

日蓮聖人は、その「横川」で修行したと伝えられる。が、日蓮聖人の遺文には、その間の事情についての記述を見ることができない。しかし、遺文中に頻出する仏教の経《きょう》・論《ろん》・釈《しゃく》をはじめ、儒教《じゅきょう》などの記事から推測すると、勉学時代の日蓮聖人の博覧強記に圧倒されるのである。

『立正安国論』の著作と幕府への進献

日蓮聖人は、三十二歳（数え歳）の建長五年（一二五三）四月二十八日、正午よりの清澄寺大衆中《せいちょうじだいしゅちゅう》への帰朝報告に憤激した地頭の東条景信によって、清澄寺から追放されたのである。日蓮聖人は、東京湾をわたって当時の政治の中心地・鎌倉の松葉谷に草庵《そうあん》（＝粗末な庵）を構え、それを拠点として、日蓮聖人が信奉する本門の『法華経』の教えを語り伝えた。

いうまでもなく、『法華経』は、聖徳太子《しょうとくたいし》から聖武天皇《しょうむてんのう》・光明皇后《こうみょうこうごう》を経て、伝教大師最澄《でんぎょうだいしさいちょう》（七六七〜八二二）によってその教えが伝えられ、平安貴族が、美麗な写経《しゃきょう》を伝え、和歌に詠じた釈教歌《しゃっきょうか》が広く伝えられるほか、彫像・埋経《まいきょう》を通じて、平安貴族がこぞって讃えたお経である。

しかし、日蓮聖人の視点は、広く恵まれない大衆の宗教的救済を課題としたものであった。日蓮聖人が鎌倉に草庵を結んで三年後の建長八年（一二五六）八月、鎌倉で大風が襲い、大洪水となり、人畜・家屋・穀類が被災した。また、赤反瘡（麻疹）が全国的に流行。後深草天皇が罹病されたので、年号が康元《こうげん》と改められた。

そのような状況のため、翌康元二年（一二五七）には正嘉《しょうか》に改められ、正嘉三年（一二五九）には正元《しょうげん》に改められ、正元二年（一二六〇）には文応《ぶんおう》と改元された。そうしたわずか三、四年の間に、大地震・大火の頻発・大暴風・大流星、飢饉、疫病、洪水、恐慌が相次いだのであった。

こうした事態に対して、日蓮聖人はその原因を経典に尋ねた。「経典を読んで、天災地変の原因を研究した」と、現代のわれわれは簡単に口にするが、当時は、「大蔵経」と呼ばれる経典群を閲読するには、人の縁を通じて著名な寺院に「経典」拝読の許可を得なければならなかった。正元元年（一二五九＝日蓮聖人三十八歳）には、『守護《しゅご》国家《こっか》論《ろん》』を著しているが、仏教理解の基本論にとどまっている。

ところが、正元二年（一二六〇＝日蓮聖人三十九歳）二月に、『災難興起由来《さいなんこうきゆらい》』・『災難対治鈔《さいなんたいじしょう》』という短編の著作において、「災難対治」についての論考を試みている。そうした準備の上に、ついに文応元年（一二六〇）七月に、『立正安国論』が執筆されたのである。

相次ぐ異常状況に対して、鎌倉幕府も諸寺院や諸神社に対して、世の中が平安になるよう、祈願を命じている。しかし、その効験は現れなかった。

そうした事態の中で、『立正安国論』の冒頭には、「旅客来りて嘆いて曰く、近年より近日に至るまで、天変《てんぺん》・地夭《ちよう》・飢饉《ききん》・疫癘《えきれい》、遍《あまね》く天下に満ち、広く地上に迸《はびこ》る……」という書き出しで、仏教が隆盛しているような状況なのに、なぜ、このようなことになるのか？　と、正面から、仏教の祈りと社会の安定との関係について、論じているのである。

『立正安国論』提出後の日蓮聖人に対する弾圧

『立正安国論』は、鎌倉幕府にとって思いもよらぬ言論行為であり、また当時、日本国中に法然上人門下の浄土信仰が盛んな時期で、鎌倉にもそうした流れがあるなかでの出来事であったので、そうした人びとからの反発も強かったのである。

①『立正安国論』提出後、一ヶ月の文応元年（一二六〇）八月二十七日、松葉谷の草庵が多くの群衆によって、放火され、日蓮聖人はその危害から逃れた。「松葉谷法難」である。

②『立正安国論』を提出した翌年、弘長元年（一二六一）五月十二日、伊豆伊東に流罪された。「伊豆法難」と呼ばれる。

③伊豆法難を、弘長三年（一二六三）二月二十二日に赦された日蓮聖人は、翌文永元年（一二六四）、安房国に帰り、故郷安房国の松原の大路で同年十一月十一日、日蓮聖人は眉間を斬られ、一人の弟子が惨殺された。「小松原法難」である。

④鎌倉へ帰って後、文永八年（一二七一）九月十二日、日蓮聖人は幕府の武士団に捕らえられ、龍口《たつのくち》の刑場（江ノ島の対岸）で斬罪されようとした。そのとき、奇蹟があらわれて、日蓮聖人は死罪をまぬがれ、九月十三日、佐渡国の領主、本間六郎左右衛門の依智（神奈川県厚木市）の館に預けられることになる。

十月十日、佐渡流罪の地に向かって、日蓮聖人をはじめとする一行が依智を出発。二十八日、佐渡に到着。十一月一日、塚原の草堂に移り住んだ。

『開目抄』に展開された『立正安国論』のこころ

塚原の草堂での生活を始めた翌年の文永九年（一二七二）一月に、佐渡島の念仏者や越後など内陸部の念仏者と、塚原三昧堂の前で、諸僧と対論した「塚原問答」のあと、一ヶ月後の文永九年二月に著したのが『開目抄』である。

本書の結論部分は、日蓮聖人が末法に現れるべく予言された「法華経の行者である」との自覚に達した心境を書きのこしたことで有名である。だが、実は『開目抄』は、「人類におけるこころの文化とは何か？」という問いからの書き出しで始められているのである。冒頭において、「此の世に生を受けたものが尊重しなければならないものは何か？」と問い、「主の徳」「師の徳」「親の徳」という三つの徳が人類文化の基本であるとし、儒教・インド思想・仏教の文化性に分け入るところから『開目抄』の叙述は展開されるのである。本書を執筆した塚原「三昧堂」というのは、亡骸を埋葬する墓所に建てられた粗末なお堂である。屋根も不完全であり、四方の壁も破れ裂けているというなかで、遺書として書き遺されたのが『開目抄』なのである。それほどの逆境のなかで、「人類文化とは何か？」という書き出しではじめられた日蓮聖人の凄まじいまでの深い宗教心に圧倒されてしまう。儒教⇓インド思想⇓仏教と書き進めて、『法華経』は希望なき未来に何をもたらすのか？ と筆を進めていき、『法華経』讃仰の歴史をひもといて、日蓮聖人が「法華経の行者」の使命を託されていることを明らかにした。すなわち、仏陀釈尊の遺命に生きることを確信した日蓮聖人の心境が明らかにされたのである。

『立正安国論』は、その執筆後に、「予言の書」としての意味が深められて行く。日蓮聖人が幕府に建白した言葉が、つぎつぎに現実化されて行ったのである。同時にまた、日蓮聖人は四大法難に象徴される数々の法難を受けて、それを通じて、『法華経の予言』の重要性が明らかにされていった。そうした両者の符合が集約されて、末法における『法華経』弘通のありようが『開目抄』に示されたのである。

『如来滅後五五百歳始観心本尊抄』に顕された「未来記の法華経」のこころ

文永九年（一二七二）二月に『開目抄』を執筆したあと、地頭の本間《ほんま》六郎左衛門《ろくろうざえもん》も日蓮聖人の偉大さに敬服し、塚原「三昧堂」から、一谷《いちのさわ》という、環境が整った場所に日蓮聖人の身を遷した。すこし環境が整えられた場所で、日蓮聖人が到達した宗教世界の哲学が書き下ろされる。それが、『如来滅後五五百歳始観心本尊抄』である。

鎌倉時代当時、墨・筆などの高級品は、すべて中国からの輸入品であったという。『観心本尊抄副状《かんじんほんぞんしょうそえじょう》』の冒頭には、「単衣物《ひとえもの》の着物と、墨三丁、筆五本の御供養の品々、たしかに頂戴しました」と書き誌《しる》されている。なにを大袈裟に「墨三丁・筆五本」を礼状に記しているものよ！と、若い頃は思ったものだが、いやそうではないのだ！筆も墨も貴重な高級品であったのだ！と知ったのは後年のことである。略して『観心本尊抄』は、前半は他の御遺文同様、「楮紙」を用紙としているが、後半の第十三枚目オモテ（十三丁）以降は「雁皮紙《がんぴし》」という高級な紙を使用しているのが、大きな特色とされる（なお、「雁皮紙」という所見については、中尾堯立正大学名誉教授によれば、検討の余地があるとのこと）。

以下に、『如来滅後五五百歳始観心本尊抄』という長い題名について解説する。

「如来」とは、釈尊（釈迦牟尼仏）のこと。

「後五五百歳始」とは、仏陀釈尊の入滅後、一千年毎に、「正法《しょうぼう》の時代」（伝統の通りに仏教が修行される時代）・「像《ぞう》法《ぼう》の時代」（カタチだけが伝えられる時代）という二千年を経過して、その後、「末法《まっぽう》」という仏法が滅尽してしまう一万年の時代に入るという、「末法思想」にもとづくものである。

ところで、「正法」「像法」の二千年間は、また「五箇の五百歳」として計算される。すなわち、①解脱堅固《げだつけんご》の五百年（解脱出来る修行者の時代）、②禅定《ぜんじょう》堅固の五百年（禅定＝瞑想の修行者の時代）、③多聞《たもん》堅固の五百年（教えを聴く時代）、④造寺《ぞうじ》堅固の五百年（お寺を立派に守る時代）、そして、釈尊入滅後、二千年から、⑤闘諍《とうじょう》堅固の五百年（仏教の本義が見失われて、闘諍が激しくなる時代）に入るという時代認識を言うのである。

要するに、仏陀釈尊の入滅後、二千年を過ぎると、仏教の本義が見失われるという認識に立っての論著ということである。

かくして、「後五五百歳の始め」＝仏陀が入滅して、二千年を過ぎると、仏法が見失われるが、そのときのために仏陀釈尊が説き遺された「観心（仏教帰依の基本）と本尊（仏陀帰依の根本）を明らかにする教義書」として『如来滅後五五百歳始観心本尊抄』を著すというのが、本書の全体の意味である。

これらの言葉使いは、日蓮聖人独特のもので、第一段「観心段」では、天台教学で観心＝瞑想と解釈するのに対して、末法における「観心」とは、お題目を受持することと解釈されている。

第二段「本尊段」では、日蓮聖人が図示された「大曼荼羅《だいまんだら》」のすがたの意味を仏教哲学のレベルで明らかにしている。

第三段「弘通段＝流通段」では、すべて仏教の本義は、『法華経』の本門の中心に集約されることが明らかにされる。

要するに、略して『観心本尊抄』は、日蓮聖人の教学＝哲理を徹底的に明らかにした、重要な著述なのである。日蓮聖人は、此の書について「三人四人、座を並べて読むことなかれ！」と、枢要な門下が、心して拝読するように！と、厳しく諫めており、その保管についても、千葉氏の文書官であった富木常忍のもとで、厳重に保管するように命じている。爾来、江戸時代初期に用紙の補訂が行われ、千葉県市川市の中山「法華経寺」の奥深く、秘蔵されてきた。昭和に入って、堅牢な「聖教殿《しょうぎょうでん》」が建てられ、日蓮聖人門下にとっての最重要書として、今も厳重に保管されている。

『観心本尊抄』は、『立正安国論』に示された、末法における「『法華経』弘通」のありようを詳しく示されたものなのである。

蒙古来寇におののく信徒への誡めの書＝『撰時抄』

日蓮聖人が佐渡に流罪された直後に、「二月騒動《にがつそうどう》」が起き、鎌倉幕府に衝撃が走った。さらにその三年後の文永十一年（一二七四）、蒙古来寇が現実のものとなった。

『立正安国論』において、日蓮聖人は、枢要な経文から「七難」（仏法を正しく行わなければ、七つの災難が起きる）のうち、「内乱《ないらん》」（幕府のうちでの混乱）と「外寇《がいこう》」（外国からの侵略）が起きると予言した。が、果たして、その「内乱」と「外寇」が現実のものとなったのであった。日蓮聖人は、経文の予言が現実の状況と符合したことに感銘している。

すでに「内乱」とともに「外寇」があることは、広く門下に説かれていた。それにもかかわらず、多くの人びとが「蒙古来寇」に驚愕している雰囲気のなかで、かねて「蒙古来寇」の予言を耳にしていた日蓮聖人の門下も「蒙古来寇」に驚き、日本は蒙古に侵略されてしまうのではないかと恐怖に打ち震えたのである。

そうした門下の動揺に対して執筆したのが、この『撰時抄』である。本書の冒頭の言葉は、「夫《そ》れ、仏法を学せん法は、必ず先づ時をならうべし」から始まる。その冒頭の言葉は、まことに墨痕淋漓《ぼっこんりんり》の筆で書き表されている。

戦後、初代の一橋大学学長となった上原専祿《うえはらせんろく》氏は、「日本人の世界史認識は、日蓮聖人にはじまる」と説いた。上原氏は、影印本で『撰時抄』に感激し、さらに日蓮聖人の直筆に接して、圧倒されたのである。「仏教をしっかり認識するためには、まず「時」を知らねばならない」という筆跡に衝撃を受けたのである。当時の鎌倉の人びとは、今日の我々もそうであるように、ただ大蒙古が日本を襲撃してきたことに驚くばかりであった。ところが日蓮聖人は、「外寇」があることは、今までくりかえし警告して来たことではないか？と、信徒たちを誡めたのである。なぜ、蒙古が来寇するのか？それは、「末法」という時代を迎えて、仏法が滅亡する危機にあるからこそなのだ！と、日蓮聖人は『撰時抄』に誌したのである。

日蓮聖人は「法華経の勅命」を感じ取り、困難を乗り越えて、その勅命に生きた。しかし、多くの普通の人びとにとっては、日蓮聖人が相次いで弾圧を受ける姿に驚き、被害を恐れてつぎつぎと日蓮聖人から離れていったと、他の遺文に誌されているほどである。鎌倉幕府は、関東の武士団を九州に送り込み、石塁を築くなどして、大蒙古国軍に対峙した。

そうした情報は、刻々と鎌倉にも伝えられたであろう。しかし日蓮聖人は、そうした戦況に一喜一憂するのではなく、末法の初めに『法華経』を奉じて生きることの深い意味を考えよ！　ということを伝えたのであろう。日本がほとんど初めて直面する大蒙古国の侵略行為に、どのように対峙するのか？　その根本をきびしく考えよ！　と、この『撰時抄』で訴えたのであろう。

『立正安国論』での最初の宣言に対して、『撰時抄』は文永《ぶんえい》の役《えき》後の『立正安国論』思想の解明であると理解されている。

恩師道善房への『報恩抄』

『報恩抄』には、「日蓮が慈悲曠大ならば、南無妙法蓮華経は萬年のほか未来までもながるべし」という有名な言葉が、最後の部分に記されている。日蓮聖人の教えを奉ずる人のほとんどが暗唱している言葉である。

だが、本書の最初の言葉は、「老いた狐は故郷を忘れず、死ぬ時はかならず首をもとに住んでいた丘に向けるという。昔、毛宝に助けられた白亀はその恩を忘れず、毛宝が戦いに負けた時に、水の上を渡して窮地を救った、と言われている……」と、生きる者にとって、報恩という倫理の大切さを確認しているのである。なぜ、日蓮聖人がこのような言葉を吐いたのかと言えば、建治二年（一二七六）七月二日、日蓮聖人が少年時代にお世話になった旧師・道善房が安房の清澄寺で逝去した報せを聞いたからである。当時の清澄寺には、実は日蓮聖人の教えに共鳴していた浄顕坊・義浄房という二人の兄弟子もいたし、日蓮聖人に帰依した関係者もいたのである。しかし、日蓮聖人が足を運べば、争乱になる恐れがあったため、『報恩抄』という長編の文書を書いて、弟子の日向《にこう》に託したのであった。日向は、日蓮聖人の意向を受けて、山に向かって『報恩抄』を二度、大声で読み、道善房のお墓の前でも一度読んだ。「山に向かって大声で『報恩抄』を読む」という行為は、清澄寺全山の精霊《しょうりょう》に向かって、日蓮聖人の『報恩』の思いを伝えるとともに、日蓮聖人が身命を賭して究明した「仏陀釈尊の「未来記の法華経」の真義」を伝えるためであった。

仏弟子の倫理は世間の倫理と同じではない。日蓮聖人は、世間的倫理からすれば、道善房に従わなかった。あくまで仏弟子として、久遠釈尊が説き遺された「未来記の法華経」の命ずるままに従ったことを、あらためて、山に向かって、また道善房の墓前で言上させたのである。その結論こそ、最初に挙げた「日蓮が慈悲曠大ならば……」という言葉である。日蓮聖人が、『立正安国論』を執筆、献上し、これまで述べて来たように、『開目抄』『観心本尊抄』『撰時抄』を述作してきたのは、すべて、「真実の報恩」を実現するためであった。旧師・道善房逝去の報を聞いて、ぜひとも書かねばならなかったのが『報恩抄』であったのである。

まさにそれは、『立正安国論』の精神に生きた日蓮聖人の、清澄寺全山と旧師・道善房に対する信仰告白であったのである。

「五大部」に展開された『立正安国論』のこころ

『立正安国論』に対して、『開目抄』『観心本尊抄』『撰時抄』『報恩抄』は、それぞれ独自のカラーを示している。しかし、これまでに略述したように、いずれも『立正安国論』を基礎にしていることがわかる。

『立正安国論』を著した日蓮聖人は、それを幕府に進献した。鎌倉幕府が「あるべき精神文化」に目ざめよ！と警告したのである。鎌倉幕府は、中国との文化的交流と物流の交流によって多大な利益を受けていたから、それを超える『立正安国論』の提言を受け入れようとはしない。

そのために、日蓮聖人は、「四大法難《しだいほうなん》」とよばれる「松葉谷の草庵焼き打ち」「伊豆への流罪」「安房の小松原の法難」「龍口法難」という死に直面した「法難」を受けた。激しい法の戦いのなかで、まとまった執筆は困難であった。最後の「龍口法難」の後、日蓮聖人は佐渡に流罪となった。厳しい寒さと、すさまじい環境の不備のなかで、日蓮聖人は、『開目抄』を著し、仏教滅亡の危機＝末法の人びとを救う「未来記の法華経」を伝える覚悟を説いた。『観心本尊抄』を著して、末法の人びとに仏陀釈尊が説き遺した「法華経の御題目」と『法華経』の救いの世界」を明らかにした。

佐渡島から、想定出来なかった鎌倉への帰還を果たした後、日蓮聖人は身延山の地に移るが、『立正安国論』の外寇の予言が、蒙古襲来によって現実のものとなり、門下に『撰時抄』を著した。山中の平安を赦さないかのように、旧師・道善房の死去が伝えられ、日蓮聖人は門下の日向を遣わして、『報恩抄』を故山・清澄寺に大音声で唱えさせるのであった。このように、「五大部」を通じて、日蓮聖人の仏教帰依、「未来記の『法華経』への帰命」が示されていった様相を知る。

第二節　日蓮聖人遺文解説

〈凡例〉

【　】内は『昭和定本日蓮聖人遺文』の遺文番号。とくに、本文中に【図〇〇】および【断〇〇】とあるのは、それぞれ「図録」の遺文番号、「断簡」の遺文番号をさす。また、それぞれの遺文解説の末尾に付された［　］内の情報に関して、「遺」は『昭和定本日蓮聖人遺文』の遺文番号、「定」は『昭和定本日蓮聖人遺文』の出典頁、「全」は『日蓮聖人全集』の出典巻数―頁、「歴」は『日蓮聖人遺文辞典』歴史篇の項目解説所載頁、「教」は『日蓮聖人遺文辞典』教学篇の項目解説所載頁をそれぞれ示す。

《第一巻》

【一五】守護《しゅご》国家論《こっかろん》

系年：正元元年（一二五九）。年齢：三十八歳。述作地：相模国鎌倉。対告：未詳。真蹟：十八紙半。所蔵：山梨県身延久遠寺蔵曾存。写本：平賀録内御書。

『守護国家論』は『立正安国論』の前年に執筆された。日蓮聖人の著作の中で、七科十六門の科段のもとに、整然と論述されている例は、他にはないと言ってよいであろう。『守護国家論』は、他の著作には例を見ない緊密な構成から成り立っているのである。

本書は法然の浄土教の広がりを謗法《ほうぼう》の行為として批判している。日蓮聖人が比叡山から故郷安房国の清澄寺に戻り、立教開宗の宣言に至り、鎌倉に追われて松葉谷《まつばがやつ》の草庵で静かに同志と共に真実の仏法研鑽を願っていたところ、天変地変が相次いだ。日蓮聖人はそのような社会的困難に仏教はどのように対応すべきかという難問の前に立たされたのである。そこで、仏教全体の理解を一書として同門の諸氏に示す必要が生じた。そうした背後関係があって、『守護国家論』は論述されたと考えられる。そこに帰結された仏教理解の基本のもとに『立正安国論』が論述され、翌文応元年（一二六〇）七月十六日に最明寺時頼に献策されることとなるのである。

日蓮聖人は、まず最初に、日本という国に生まれた幸せを感謝している。

「……このたび多いがけずに十方世界の塵ほどに受けることの多い三悪道に堕ちる身を免れて、爪の上の土ほどに受けることの少ないこの娑婆世界の日本国に生まれることができた」と感謝しつつ、後の世に「地獄界・餓鬼界・畜生界」の三悪道に堕ちることのないように願い、「日本のような辺鄙な島国の末学は、誤りが多く真実が少ないに決まっている。したがって、その教えを学ぶ者は竜の鱗《うろこ》の数より多いが、悟りを得る者は麒麟《きりん》の角《つの》を得るよりも少ない」などと述べている。

日蓮聖人の人生観の背後には、このような強い感謝の念がある。

以下に、仏教全体を体系的に理解する全体像が、組織的に論述される。

一、如来の経教に方便教と真実教との区別があること。

ここで仏陀の説法が①「華厳経」、②「阿含経」、③「方等部諸経典」、④「般若経」、⑤「法華経」「涅槃経」という順序で説かれたこと、方便経を捨てて真実経に帰依すべきこと、などが諄々と説かれる。

二、仏滅後の正法・像法・末法という三つの時間帯における仏法の興廃。

三、『選択本願念仏集《せんちやくほんがんねんぶつしゆう》』を謗法とする理由。

四、謗法者を根絶すべき経文の証拠。

五、善知識と真実の仏法には会いがたいこと

「善知識」とは、「人に生まれてきたことの真の意味を教えてくれる人」「教えを説いて、仏道に入らしめる人」という意味である。そのような真実の指導者と真実の仏法には会いがたいことを前提にして、仏道精進に励まねばならないことが説かれる。

六、法華経・涅槃経を修行する行者の心の在り方。

七、問いにしたがって答える。

以上の七科がさらに十六門において精緻に説かれている。繰り返すが、日蓮聖人の教学の骨格が『守護国家論』に見事に示されているのである。

【遺一五、定八九、全一―〇〇三、歴五一三a】

【二〇】災難興起由来《さいなんこうきゆらい》

系年：正元二年（一二六〇）二月。年齢：三十九歳。述作地：相模国鎌倉。対告：未詳。真蹟：十二紙完存。所蔵：千葉県中山法華経寺蔵。

建長八年（一二五六）十月五日に康元元年と年号が変わり、康元二年（一二五七）三月十四日に正嘉元年となり、正嘉三年（一二五九）三月二十六日に正元元年に変わり、正元二年（一二六〇）四月十三日に、文応元年に改元された。

『立正安国論』冒頭に、「近くは正嘉元年の頃から今年文応元年にいたるまでの四箇年間に、大地震・大風などの天変地異が続き、飢餓が起こり、疫病が流行し……」（現代語訳）とあるように、人心は揺れ、社会が不安定となったため、つぎつぎと元号を変えていった。本書は『立正安国論』執筆と同年の執筆で、『立正安国論』を仕上げるための準備作業と思われる短編である。「謗法《ほうぼう》ということが仏法に限らず、儒教に適応されるのか？」という質問もある。諸大乗経を信奉する者に「謗法」ということがあるのはなぜか？「何なる秘術を以て速やかにこの災難を留むべきや？」「僧形でありながら出家比丘の失《とが》を指摘するのは、「四衆を謗らず」「三宝を謗らず」という二重の禁止事項を破ることになりはしないか？　などの厳しい設問への応答が誌《しる》されている。

【遺二〇、定一五八、全一―一一九、歴三九六b】

【二一】災難対治鈔《さいなんたいじしょう》

系年：正元二年（一二六〇）二月。年齢：三十九歳。述作地：相模国鎌倉。対告：未詳。真蹟：十五紙完存。所蔵：千葉県中山法華経寺蔵。

『災難興起由来』【二〇】と同じく、『立正安国論』成稿のための準備著作であり、著作年次も、同年同月とされる。冒頭に「わが国土に起こる大地震・時ならぬ大風・大飢饉・大疫病・大戦争などの、種々の災難の根本原因を知って、これを根絶する方法を考えた文」（現代語訳）と記される。訳文には「考えた文」とあるが、原文には「勘文《かんもん》」とある。「勘文」とは、「昔、博士・外記・神祇官・陰陽師が、先例故実を考え、または占いの結果について吉凶を考えて差し出した意見書」とされる。日蓮聖人は、うち続く天変地異の原因を一切経（大蔵経）に尋ねて、鎌倉幕府中枢に差し出す意見書の草案を勘案していたのである。『災難興起由来』『災難対治鈔』に勘案した内容をもとに、さらに組織的に整った「勘文」として整え、奏進したのが『立正安国論』【二四】である。

現在にも当時、幕府が蒙古来寇に対して、敵国降伏を多くの寺社に祈願させた記録が全国に残されている。

しかし、日蓮聖人の『立正安国論』奏進は、それ以前の段階のことである。相次ぐ天変地異によって、多くの人が死んだり、病気になり、地震のために水路が毀《こわ》され、農作物が収穫できなくなり、此の世の末を思わせる惨状であった。現代の世界状況を見渡しても同じであるが、政権中枢にいる高官はそれでも生きていける。だが、庶民は危機の現実に直面して死を待つしかないのである。

当時、隣国の宋から臨済宗の僧をつぎつぎと受け入れ、他方では法然上人の『選択集《せんちゃくしゅう》』の浄土教の教えが広まっていた。前者は心の強化を促し、後者は死後の往生を説いた。それらに対して、日蓮聖人は『法華経』に示される、「矛盾に満ちた現実社会に即して、久遠釈尊の救いの世界」を実感した。仏陀釈尊の救いの世界を信じて、希望を持って生きる道をこそ、仏陀釈尊は「人心の衰えた末法《まっぽう》（末の世の中）のために、「予言」として説き遺されているではないか？」という思いに促されたのである。「現実社会の苦難を乗り越える教え」にこそ、末法の苦難に生きる優れた生き方がある、という趣旨を幕府要路に目覚めさせねばならない。そう考えて、日蓮聖人は「勘文」奏上を企図したのである。

本書では、宮中でも重んじられていた『金光明経』四天王護国品などの経文を挙げ、大持国天王・大増長天王・大広目天王・大毘沙門天王らが「正しい法が行われることによって、社会に平穏がもたらされる」ことを明らかにする。さらに「謗法の者は自分も他人もともに謗法の子細を知らないために、重罪を作って国を滅ぼし、仏法を破ること」を示す諸経典を挙げ、法然上人の『選択集』の思想は、日本が伝来してきた仏陀釈尊の教えを否定するものであるから、「その思想によるならば、人びとは死後の往生を優先して、日本国は破綻し、仏法は真実を見失うであろう」という点を指摘し、「実乗《じつじょう》の一善《いちぜん》」に目覚めなければならないと説いた。「実乗の一善」とは、「仏陀の真実の教え・ただ一つの仏道を極める善き教え」という意味で、伝統的に尊重されて来た『法華経』を意味する。

【遺二一、定一六三、全一―一三一、歴三九六b】

【二四】立正安国論《りっしょうあんこくろん》

本書二六頁写真掲載

系年：文応元年（一二六〇）七月十六日、文永六年（一二六九）十二月八日。年齢：三十九歳。述作地：相模国鎌倉。対告：北条時頼ほか。真蹟：文応元年本伝存せず（日興写本あり）、文永六年本三十六紙（第二十四紙欠・国宝）、無記年（文永五年本か）二十紙、断片複数散在。所蔵：千葉県中山法華経寺蔵（三十六紙）・山梨県身延久遠寺曾存（二十紙）ほか。写本：日興写本（静岡県玉沢妙法華寺）、日向写本（山梨県身延久遠寺）、日高写本（千葉県中山法華経寺）、日法写本（静岡県岡宮光長寺）、三位日進写本（神奈川県鎌倉妙本寺）ほか。

《『立正安国論』の思想の前提となるもの》

日蓮聖人は、若くして比叡山延暦寺に学んだ。日蓮聖人の生涯は、海に縁が深い。生誕は黒潮の太平洋を望む安房国小湊の浜辺である。鎌倉ももとより海の都である。比叡山と海とはどのように関係があるかという問いが予想されるが、実は比叡山三谷《さんさく》のうち、横川《よかわ》の頂上から東を望むと琵琶湖が一面に迫って来る。さらに佐渡島への流罪生活。その後、身延山に入山して、山の上から海藻が思い起こされるのであるが、実はそれは山の幸であったという一文を添えて、故郷への想い出を語る手紙がある（『新尼御前御返事』【一六四】『昭和定本日蓮聖人遺文』八六四頁〜）。

日蓮聖人は、海を通じて日本社会を展望していたと考えられる。京都政権とその文化への厳しい批判は日本中に充満していたように思われる。その代表が源頼朝の鎌倉政権であろう。頼朝は石橋山の合戦で敗れ、命からがら安房国《あわのくに》に逃れ、そこで家臣団をつくりあげる。下総の千葉氏は、源頼朝の強い信頼を得ていたという。その証左の一つが、所領の安堵状《あんどじょう》で、後までも千葉氏は頼朝の「袖花押《そでかおう》」のある安堵状を得ていたという。そうした例はその他に二例ほどであるという。

京都政権に疲弊を感じた人びとは、現世の希望を失い、死後の極楽往生に全生命を委ねた。日蓮聖人は、生きることを死後に託する浄土教の隆盛を許すことができなかった。そこで、仏教の本筋は何か？という問いを心に深く蔵して、「一切経」（大蔵経ともいう＝すべての経典）を読破して、その疑問の解決を求めたのである。「一切経」をほんとうに読んだのか？という疑問を呈する人がいるが、現代を生きた知人に大蔵経を百回読破した方がいる。現代でもそうした方がいるのである。まして法然上人も「一切経」を読破した智人であったが、それらの智慧によっては問題は解決されないとし、一挙に極楽往生によって、安心（仏教修行の心の安定）を得たと伝えているではないか。

それとは逆に、日蓮聖人は人が生きる道、社会が生き生きと生きる道を求めて「一切経」を読破したのである。「正法《しょうぼう》を明らかにして、はじめて国の安定した姿を見ることができる」という思想以前の思いを、日蓮聖人は幼少の頃から胸中に懐いていたであろう。閉ざされた京都盆地のなかで、しかもさまざまな権力機構によって抑圧されながら生きるのと、大海原《おおうなばら》を眼前にして生きるのとでは、まったく人生観が異なっても不思議はないであろう。近現代にあっても、新しい生き生きとした社会形成を夢みたのは、恵まれた自然のなかで、ゆたかに成育した人物ではなかろうか。その一点で、仏教の本領をどのように受け取って行くかという視点が異なってくるように思う。

『立正安国論』は、自然の驚異にさらされた社会の復権の道を求め、真実の仏教を信奉することによってのみ、地獄への道を塞ぐことができることを説いた。そのことが十段にわたって、諄々と明らかにされる。

『立正安国論』は草庵に居住する僧のところへ、旅の客が来て、質疑応答するという構成で執筆されている。実に的確に、一つ一つの事象をどう理解するか？ 経典の一部一部をどのように受け取るか？という、いわば単刀直入の問答形式である。

一、災難の由来について。

そこで、まず冒頭に、旅の客の質問が掲げられる。これは、当時の人びとの誰もが懐く根本的な疑問であったろう。

(以下、小松邦彰訳『日蓮聖人全集』第一巻の現代語訳を提示する。)

「旅客が来て嘆いていう。近い正嘉元年(一二五七)のころから今年文応元年(一二六〇)にいたる四箇年の間に、大地震や大風などの天変地異が続き、飢餓が起こり、疫病が流行して、災難が天下に満ち、広く地上にはびこっています。そのために牛や馬はいたるところで死んでおり、骸骨は路上に散乱して目もあてられず、すでに大半の人びとが死に絶えて、この悲惨な状態を悲しまない者は一人もおりません。」

もとより、為政者らがこうした状態に手をこまねいてばかりいたわけではないであろう。西方極楽浄土への往生を願う者。東方薬師如来に祈る者。『仁王般若経』に祈る仁王般若会を修する者。秘密真言の祈りをする者。七鬼神の名を門ごとに張る祈り。などなど。現在にもこうした種種の祈りの記録がさまざまな形で残されていると聞く。

二、災難の経証について。

ここで『金光明最勝王経』四天王護国品、『大集経』法滅尽品、『仁王経』護国品、『薬師経』『仁王経』受持品、『大集経』護法品などを点検する。これらはいずれも宮中などで重んじられた経典であることに注意を促される。

三、謗法《ほうぼう》の相状についての問答。

「非法を行う者を尊敬し、正法を弘める人を苦しめ、処罰する」という社会が狂った方向に進んでいくということを経文によって確かめていく。

四、謗法の人と法について。

日蓮聖人は、閉塞した社会を立て直していくためには、仏法の根幹を見失った人とその人が弘める法を除去して行くことが第一番に要請されていることだとする。そこで具体的に法然上人の『選択本願念仏集《せんちゃくほんがんねんぶつしゅう》』を厳しく批判する。当時、おおいに流行していた浄土教を批判したのであるから、想像を絶する拒否反応にさらされた。

五、災難の実例について。

幼少のときから比叡山に登って仏道を求めた法然上人。そしてそれ以前の浄土教の系譜をことごとく批判するのであるから、大反発が起きる。それに対して、浄土教が仏陀釈尊の示される仏教の根底を覆していることを論証していくのである。

六、上奏《じょうそう》の可否について。

僧が為政者に上奏するなどということは、とんでもないことであるという批判に対して、そのことは諸経において容認される内容であることを縷々述べている。

七、災難の対策について。

結論的に「正法を謗《そし》る人を禁じて、正法を重んじる人を重んずること」。それによって、「国中が安穏になり、天下が太平になるであろう」ということを、『涅槃経』大衆所問品等を文証として縷々論じる。

八、謗法の禁断について。

九、謗法対治と立正安国について。

『涅槃経』等を論拠として、謗法の根絶を勧めるのである。

十、謗法の対治を領解する。

「今生の安穏、終生の成仏を願って、慎まない者はいない」「貴殿は一刻も早く邪まな信仰を捨てて、ただちに唯一真実の教えである『法華経』に帰依しなさい。そうするならば、この世界はそのまま仏の国となります。仏の国は決して衰えることはありません……」と、その結論を述べている。

＊

今日では、便利さが物質文明によって保障されているから、「法＝おしえ」の深さなどという以前に、「自分の心・他人を思う心」が認識されることが最優先されていて、「心の深さ」「教えの深さ」を探究することまでは手がまわらないというのが実情であろうか。

しかし、その点をきびしく問うていかなければ、自己を見失い、生命を喪うことにつながりかねないであろう。

鎌倉時代に出現した日蓮聖人は、過去の優れた仏教信奉者の尊い歴史に学びながら、同時に真実の仏法が見失われた現実の状態を深く歎き、仏法が見失われた末法（仏教破滅を予測された時代）のためにこそ、仏陀釈尊が『法華経』を説き遺された予言を深く感じ取った。そして、膨大な一切経（大蔵経）読破によって体得した、壊滅的な社会の現状から脱却し、仏陀釈尊によって示された「真実の仏法」を領受する希望を見出した。そこに『立正安国論』を著した大きな意義がある。

〔遺二四、定二〇九、全一―一五三、歴一一七八c〕

【四八】安国論副状《あんこくろんそえじょう》

系年：文永五年（一二六八）。年齢：四十七歳。述作地：相模国鎌倉。対告：北条時宗。真蹟：一紙十行半断片。所蔵：山梨県身延久遠寺蔵曾存。写本：朝師御書見聞。

『立正安国論』【二四】を奏進して後、八年後に、日蓮聖人は『立正安国論』に奏進した通りに、つぎつぎと苦難が日本国を襲ってきたことを体験する。もはや『立正安国論』は単なる一片の著述にとどまるものではなく、「未来記《みらいき》」、つまり仏陀釈尊の予言を記した内容としての深い意義を持つこととなった、と日蓮聖人はその思いにひたる。そこで、後に蒙古来寇を撃退して、西欧にまで勇名が轟いた北条時宗に、この『副え状』とともに、再度『立正安国論』を奏進するのである。後半は欠損しているが、前半には『立正安国論』を奏進する端緒となった事件について述べている。

正嘉元年（一二五七）八月二十三日午後九時頃の大地震は、日本国の上下万民が誤った仏教を信奉していることを諸天善神が怒ったことによる災難であるとし、また以下のように述べる。「もしこれら悪法を広める諸宗を根絶しないならば、日本国が外国から攻められ滅びてしまう悪い前兆であることを論じた一巻の書を撰述し、立正安国論と名づけ」進上した次第である……。

というように、その趣旨を確認し、蒙古から使者が来ている現状に鑑みて、適切な処置をとるように進献した様子がうかがえる。果たしてこの後にも、蒙古からの使者が相次いで来国したのであるが、幕府は使者を斬り殺すなどの対応をしたため、ついに蒙古来寇という大事件に至るのである。

［遺四八、定四二一、全一―二一五、歴三四d］

【四九】安国論御勘由来《あんこくろんごかんゆらい》

系年：文永五年（一二六八）四月五日。年齢：四十七歳。述作地：相模国鎌倉。対告：法鑑房。真蹟：五紙完存。所蔵：千葉県中山法華経寺蔵。

『立正安国論』奏上後、八年の頃、日蓮聖人は『安国論副状』【四八】を北条時宗に奏上すると同時に、北条一門の法鑑房《ほうかんぼう》に『立正安国論』執筆の経緯を述べた上で、「宿屋入道《やどやにゅうどう》を通じて、今は亡き最明寺入道時頼《さいみょうじにゅうどうときより》殿に上申したのである。これは日蓮の私情によるものではなく、ただひたすら国土の恩に酬《むく》いんがための心情にほかならない」と誌《しる》し、以下に「その立正安国論の趣旨は次の通りである」としてその趣旨を述べている。

日蓮聖人遺文において、法鑑房の名が出て来るのは、ただこの一書においてのみである。法鑑は、平左衛門頼綱《へいのさえもんよりつな》の父盛時《もりとき》の入道名とする説もあるが、異説もある。ともあれ、本書の趣旨からすると、北条一門に近い僧侶であったと考えられるという（『日蓮聖人遺文辞典』歴史篇、一〇〇四頁）。

日本国の成り立ちと共に仏教の歴史があることを確かめている。ところが後鳥羽院の時代、建仁年間に法然・大日が出現して、「日本国中の法華・真言の学者も捨てられ」「叡山を守護するもろもろの大善神たちは、みな法華経の法味を味わうことができ」なくなってしまった、と誌した上で、さらに以下のように述べる。こうした事情を経て「今の世の高僧たちは謗法の者と同じ心の者」となってしまった。それに対して、「日蓮は……外敵を退け、国を安穏にする方法を知っている。これを識《し》る者は……叡山を除いては、ただ日蓮独りである」というのである。そうして、『立正安国論』の採用を迫っているのである。

【五二】宿屋入道再御状《やどやにゅうどうさいごじょう》

[遺四九、定四二一、全一―二一七、歴三四a]

系年：文永五年（一二六八）九月。年齢：四十七歳。述作地：相模国鎌倉。対告：宿屋最信。真蹟：一紙十一行断片。所蔵：京都府本圀寺蔵。

『安国論副状《そえじょう》』を北条時宗に奏進し、『安国論御勘由来《ごかんゆらい》』を法鑑房に差し出したのが、同じ文永五年（一二六八）八月のことであった。それと時を同じくして、宿屋入道最信《やどやにゅうどうさいしん》にも書状を出したが、返事がなかったので、同じ文永五年の九月に再度、宿屋入道最信に宛てた手紙である。『立正安国論』は宿屋入道最信を介して、最明寺入道時頼（＝前執権・北条時頼）に奏進している。おそらく日蓮聖人は宿屋最信となんらかのつながりを持っていたのであろう。現代でも同じであるが、要人に直接、建白書を渡そうとしても受け取るはずがない、と思われるのである。

本書は冒頭の「去る八月に書状をお送りしましたが、今日に至ってもその可否についてのご返事をいただいておりません」という文章から始まる。そして「身分の賤《いや》しい僧侶だからといって、軽んずべきではありません。もし万が一にも他国から日本国へ攻め寄せるようなことが起こったならば、知っていながら奏上《そうじょう》しなかった罪は、すべて貴辺に及ぶでしょう」と警告の辞を呈している。

[遺五一、定四二五、全一―二二三、歴一一四七b]

【六九】安国論奥書《あんこくろんおくがき》

系年：文永六年（一二六九）十二月八日。年齢：四十八歳。述作地：相模国鎌倉。対告：未詳。真蹟：一紙半十五行（『立正安国論』【二四】奥書）。所蔵：千葉県中山法華経寺蔵。

日蓮聖人は『立正安国論』をすくなくとも五度、浄書していると考えられている。本書は、現在、千葉県市川市の中山法華経寺に格蔵されている『立正安国論』の最後の部分に当初執筆から数えて九年後の、文永六年（一二六九）十二月八日に書き添えたものである。当初の経緯を執筆した上で、以下のように記されている。

「文応元年に立正安国論を献上してから九箇年を過ぎて、文永五年（一二六八）閏正月十八日に、西方の大蒙古国からわが日本国を攻め襲うという牒状《ちょうじょう》が来た。……九年前に考えた立正安国論の予言がここに正しく的中したのである。予言の的中したことによって考えるに、未来もまた国難の起こることは必然である。この立正安国論は実に予言の書である。」

日蓮聖人は、素直に危機にある現状を克服することを願って、『法華経』の真意に耳を傾け、『立正安国論』を執筆し、奏進した。だが、その通りに現実が動き出して来たのである。日蓮聖人は、「もはや『立正安国論』が予言の書として動き出した」ことに心の底からの感動をおぼえたのである。

【遺六九、定四四二、全一―二二五、歴三三三c】

【七一】故《こ》最明寺《さいみょうじ》入道《にゅうどう》見参《けんざん》御書《ごしょ》

系年：文永六年（一二六九）（文永七年か）。年齢：四十八歳。述作地：相模国鎌倉。対告：未詳。真蹟：一紙五行断簡。所蔵：石川県滝谷妙成寺蔵。

天台宗・真言宗への帰依を捨てさせ、禅宗に帰依するのは天魔の行為に他ならないと、「最明寺入道殿に面会した時に進言した」という文章があるところから、このような書名となっている。文永五年（一二六八）の『安国論副状』【四八】、同年四月の『安国論御勘由来』【四九】、同年九月の『宿屋入道再御状』【五一】、文永六年（一二六九）十二月八日の『安国論奥書』【六九】などの一連の『立正安国論』関係の論述の一つと考えられている。

残念ながら、今に伝えられているのは断片である。その断片をどうして文永六年の筆になるものとされるのか？驚くことに、日蓮聖人の御真蹟は実に多数、現在に伝えられ、厳重に保存されている。しかも、それらを『日蓮聖人御真蹟』として美術印刷し、その過程にあって、日蓮聖人の筆跡が年次と共に変化していることを丹念に研究した成果が伝えられているのである。本書の系年推定は、そうした研究に基づくものである。

断片であるが、本書によって、日蓮聖人が、出家して最明寺入道となった北条時宗と、直接に面会したことがうかがえるのである。

現在でも枢要な人物と会見するためには、諸条件が満たされねばならない。日蓮聖人は安房国の御出生である。実は源頼朝は安房国に逃れ、そこで武士団を擁することができ、下総国を通って、武蔵国に入り、さらに国分寺から鎌倉に入ったといわれる。頼朝と千葉氏は固い絆で結ばれているのであったようである。そうしたなんらかの繋がりがあって、鎌倉松葉谷《まつばがやつ》に草庵を結び、また宿屋入道を介して『立正安国論』を奏進することができたのであろうか。そしてさらに入道した北条時頼と面会の機会を得ることができたのであろうか。

【遺七一、定四五六、全一―一二七、歴三五七b】

【七三】金吾殿御返事《きんごどのごへんじ》

系年：文永七年（一二七〇）十一月二十八日。年齢：四十九歳。述作地：相模国鎌倉。対告：大田乗明。真蹟：四紙完存。所蔵：千葉県中山法華経寺蔵。

日蓮聖人は、仏教がインドから中国・日本に伝来した事実を尊重し、さらにインドにおいて釈尊がお説きになられた『法華経』の深意を、中国の天台大師智顗が『法華玄義』『法華文句《もんぐ》』『摩訶止観』という「天台三大部」によって顕彰し、日本の伝教大師最澄がその趣旨を普及したことを尊重した。「インドの釈尊」「中国の天台大師」「日本の伝教大師」を「三国三師」として崇敬し、『法華経』こそ仏教伝来の中枢にあったとする。さらに日蓮聖人は、この系譜を末法の世に明らかにする久遠釈尊の本化地涌の菩薩としての自覚を標榜され、自らを「三国三師」を継ぐ「三国《さんごく》四師《しし》」になぞらえたのである。

毎年十一月二十四日には、比叡山をはじめ、天台宗の諸山で天台大師講（あるいは天台大師会）が行われるが、日蓮聖人は、鎌倉で御活躍の時代にも「天台大師講」を毎月二十四日に行い、毎年十一月二十四日には盛大に行ったのである。

文永七年（一二七〇）十一月に、下総の大田乗明からその御供養が届けられた。時代状況は蒙古来寇のおそれの最中にあり、蒙古から蝶状《ちょうじょう》が届けられたことを多くの人が知って、恐怖の中にあったのであろう。日蓮聖人は、これまで伊豆流罪などに遭遇したことなどを語り、「自分はすでに受けがたい人身を受け、そのうえ、会いがたい『法華経』にあいたてまつった」ことを感謝し、「自分はもう年は五十近くになり、この先何年生きられるかとおぼつかないのですが、いたずらに野原に捨てる身を、同じことならば、一乗法華経のために捨てて、……昔、日蓮という者がいて死身《し》弘法《しんぐほう》したと説き入れていただきたいと、ひたすら念願するばかりであります」と記している。

また用紙の最初の部分に書き次いで、『摩訶止観』第五巻を正月一日から読み始めて「現世は安穏に、後生は善処に生まれるように」とお祈りしたいと思いますので、『摩訶止観』第五巻を至急に送り届けていただきたい、と記している。


［遺七三、定四五八、全一―二二九、歴二六二c］

【一〇八】安国論送状《あんこくろんそうじょう》

系年：文永九年（一二七二）五月二十六日。年齢：五十一歳。述作地：佐渡国一谷。対告：未詳。真蹟：一紙五行完存（『観心本尊抄副状』【一一九】と同巻）。所蔵：千葉県中山法華経寺蔵。

『立正安国論』の自筆本が、下総の土木殿《ときどの》のもとに保管されているから、それを書写して、佐渡島へ届けていただきたい、という短文の手紙である。

書写は、できれば土木殿に願いたいと、具体的な指示もされている。

『立正安国論』は、日蓮聖人にとって大切な文書であるため、信頼できる土木殿に預けていたのだろうし、また土木殿も筆写した写本を持っていたかも知れない。

日蓮聖人は、文応元年（一二六〇）の『立正安国論』奏進後、ただちに同年八月二十七日に①松葉谷《まつばがやつ》草庵焼き討ち、翌年の弘長元年（一二六一）五月十二日に②伊豆流罪、それから三年後の文永元年（一二六四）十一月十一日に③小松原法難、そして文永八年（一二七一）九月十二日の④龍口《たつのくち》法難を経て、佐渡流罪となったのであった。流罪地の佐渡で、『立正安国論』を読み返そうというので、この手紙を出したのであろう。すでにこの年の二月に、『開目抄』の雄篇を著作しているが、さらに『立正安国論』をふまえて、翌年の四月には『如来滅後五五百歳始観心本尊抄』（『観心本尊抄』と通称）を著している。佐渡流罪最初の極寒の時節を過ぎて、初夏を迎える中で、あらためて末法の衆生が久遠の仏陀釈尊の導きに預かる道を、雄大な構想のもとに明らかにされる準備を進めておられたのである。さらに『観心本尊抄』の著述にとどまらず、「大曼荼羅御本尊《だいまんだらごほんぞん》」を御図顕あそばされる内容を含んでいたことに感銘をおぼえるのである。

【遺一〇八、定六四八、全一―二三三、歴三四c】

【一一一】夢想御書《むそうごしょ》

系年：文永九年（一二七二）十月二十四日。年齢：五十一歳。述作地：佐渡国一谷。対告：未詳。真蹟：二行完存（『立正安国論』【二四】紙背）。所蔵：静岡県玉沢妙法華寺蔵。

文永九年（一二七二）十月二十四日の夜に、「来年正月九日に相模から蒙古対治の軍勢が派遣される」との、夢を見たという手紙の断簡である。

佐渡島に流謫《るたく》された環境のなかで、蒙古来寇の危機を注意深く見守っていた日蓮聖人の姿勢に驚嘆する。翌々年の文永十一年（一二七四）二月に赦免状《しゃめんじょう》が届けられ、三月十三日に佐渡を出発。三月二十六日に鎌倉に到着。四月八日に平頼綱《へいのよりつな》ら鎌倉幕府要人の質問に答えて、「蒙古来寇の日は迫っている」と即座に答えたのは、日蓮聖人が終始、事の成り行きを注意深く見守っていたという背景があったからである。

［遺一一一、定六六〇、全一―二三五、歴一一一五ａ］

【一五五】合戦在眼前御書《かっせんざいげんぜんごしょ》

系年：文永十一年（一二七四）十一月。年齢：五十三歳。述作地：甲斐国身延。対告：未詳。真蹟：三行断片。所蔵：静岡県三島本覚寺蔵。

この書も断簡が残されているのみであるが、日蓮聖人が佐渡から文永十一年（一二七四）三月末に鎌倉に帰り、五月に鎌倉を発って身延山に入山するが、その秋の十一月に記した書の断簡である。この年の十月五日に蒙古・高麗の連合軍、合わせて二万五千が壱岐《いき》・対馬《つしま》を侵し、ついで博多付近に上陸したが、台風のために退去した（いわゆる「文永の役」である）。

日蓮聖人は、『立正安国論』関係の諸論に表明されている、『大集経』等に記されている五箇の五百歳のうちの前四箇の五百歳（正法・像法を合して二千年）のことは既に「仏の未来記」として明らかにされているが、第五の五百歳「闘諍堅固」の時こそ「末法の今に相当している」と断言した。「今の世の中を見ると、わが日本国と蒙古国とが合戦しているのは眼前の事実である」と現実を明確に認識せよと迫っているのである。

【遺一五五、定八三九、全一―二三七、歴一八七d】

【一五六】顕立正意抄《けんりっしょういしょう》

系年：文永十一年（一二七四）十二月十五日。年齢：五十三歳。述作地：甲斐国身延。対告：弟子檀那一同。真蹟：伝存せず。写本：日春写本（静岡県岡宮光長寺蔵）。

まず、『立正安国論』において、『薬師経』等によって、自界叛逆難《じかいほんぎやくなん》・他国侵逼難《たこくしんぴつなん》が起こると予言したことを挙げる。そのことについて、仏陀釈尊の故事を紹介し、文永五年（一二六八）に蒙古国から国書が来た時に、もし「賢明な人がいたならば、日蓮の予言の的中に気がついた」であろうと誌《しる》す。さらに「文永八年（一二七一）九月十二日に……平左衛門尉に強く述べた言葉」の通りに、翌年の二月十一日に内乱が的中した。さらに今年には、蒙古から攻撃により壱岐・対馬が奪い取られた。このように次々と予言が的中していることに驚かねばならないのに、全く反応がないのは、「天魔がこの国に入ったために国中の人びとが酔い狂っている」ことを示しているためであるといい、「今、現在の予言が的中したことに照らして未来のことを考えると、……日本国中の上下万人がすべて謗法の罪によって無《む》間地獄《けんじごく》に堕ちることは……確かなことである」と断言している。

翌々年、建治二年（一二七六）三月、旧師・道善房が死去し、同年七月二十一日、『報恩抄』を執筆した日蓮聖人は、弟子の日向を故山・清澄寺に向かわせ、山に向かって二度、さらに道善房の墓前で一度、『報恩抄』を朗誦させた。その『報恩抄』の最後の部分で、本書と同様の警告を誌しているが、既にその二年前、本書にその警告が記されていることは興味深い。

〔遺一五六、定八四〇、全一―二三九、歴三二一b〕

【一六八】神国王御書《しんこくおうごしょ》

系年：文永十二年（一二七五）二月。年齢：五十四歳。述作地：甲斐国身延。対告：未詳。真蹟：上巻二十一紙・下巻二十三紙ほぼ完存（後欠・二十二紙別紙）。所蔵：京都府妙顕寺蔵。

日蓮聖人は歴史や地理に詳しい知識を持っていた。本書は御供養を届けた相手に宛てた手紙であるが、重要な法門を述べている。『神国王御書』という名称が付けられたのは、日本は古来、神の国と言われたという出だしの文章に沿ってである。東西三千里を六十八箇国、五畿七道として位置づけられ、瑞穂《みずほ》の国など、多様な名で呼ばれた日本国は、欽明《きんめい》天皇の世に仏法が伝来し、南都六宗が栄え、やがて天台法華宗が弘通されて、『法華経』を中心とする仏教国として栄えた。が、真言宗が伝来し、安徳天皇が屋島で入水《じゅすい》する頃からゆらぎが生じたとする。ふり返ってみると、「仏は三界の国主たる大梵天王・第六天の魔王・帝釈天・日天・月天・四天王・転輪聖王《てんりんじょうおう》、その他諸王の師匠であり、主君であり、親である。三界の諸王は、いずれもみなこの釈尊から国土を分け与えられて、諸国の総領や別領などの主となったものである。日本国は守られているはずなのに、なぜ大きな危機に直面することとなったのであろうか」。そう考えると、「そもそも自分の顔を見るには曇りのない鏡に映して見るべきである。……国家の盛衰消長を測り知るには仏法の鏡に写してみるべきである」。かくして、『法華経』の明鏡に照らして日本の現状を見ると、諸経にもとづく諸宗への批判を避けることができない。本来、仏教の正統を継ぐべき天台宗が衰滅の一途をたどり、「日蓮は寿永の乱と承久の乱との二難の原因を知ってから、慈悲の心に動かされて黙示するに忍びず」と、『法華経』如来神力品において釈尊が本弟子である地涌菩薩に対して末法の弘通を付属した仏語の通りに『法華経』を伝え、四大法難を受け、「法華経の行者」の使命を背負っているのであることを縷々述べる。

受難に対して法悦を懐く日々のなかで、「日蓮は天に向かって大声で」諸天らは教主釈尊・多宝如来・十方世界の諸仏の前で、法華経の行者が現れた時には、必ず守護したと誓ったではないかと、その責任を糾明するのである。「しかし、それにつけても嘆かわしいことは、梵天・帝釈天・日天・月天・四天王などの神々が、法華経の行者が南無妙法蓮華経と唱えて大難にあうのを見て、守護しなかった罪で……無間地獄《むけんじごく》に堕ちることである……」と、日蓮聖人が『法華経』の行者として、重い責務を果たしていることを門下に理解させ、蒙古来寇に右往左往する社会のなかで、日蓮門下が仏陀釈尊の「未来記」である『法華経』の教えに忠実に生きる意義を鮮明に説いているのである。

〔遺一六八、定八七七、全一―二四五、歴五八二a〕

【一八二】撰時抄《せんじしょう》

系年：建治元年（一二七五）六月。年齢：五十四歳。述作地：甲斐国身延。対告：未詳。真蹟：断片複数散在。所蔵：静岡県玉沢妙法華寺蔵・京都府立本寺蔵・千葉県堀切妙善寺蔵ほか。

本書は「日蓮聖人の五大部」の一つである。冒頭には「仏法を学せん法は必ず先づ時《とき》をならうべし」（仏法を学び修行しようとする者は、必ず「時」を知らねばならない）という言葉が、強い墨色で、いわば墨痕淋漓の墨色で誌《しる》されていることに感動する。

この「時」というのは、単なる過ぎゆく時間という意味ではない。仏陀釈尊御入滅後、「正法・一千年」「像法・一千年」を過ぎて、「末法・万年」を迎える時、「未来記」として『法華経』の深意が明らかにされるという仏教哲学を明らかにする言葉である。

『立正安国論』には、すでに「未来記」という言葉が記されていて、佐渡島に流罪された直後に執筆した『開目抄』に言う「未来記の法華経」の趣旨がすでに包含されていることを知る。『立正安国論』は、天変地異に対する仏教の在り方を説くところから出発するために、いわば社会事象への仏教対応とのみ誤解されることが多い。しかし、今述べたように、異常な社会状況を解決する基本は、仏陀釈尊が「末法」（仏教の深意を忘れて、人びとが自己を見失う時代）のために、「未来記の『法華経』」を予言していることを再発見せよ！という仏教哲学の提唱にある。

周知の通り、日蓮聖人存命の時代には『立正安国論』の本意が理解されることはなく、逆に日蓮聖人は四大法難をはじめとする迫害を相次いで受けた。しかし、その間、日蓮聖人はその所見を貫いて行った。『日蓮聖人全集』第一巻に所収された著作（遺文）は、すべてその点で共通している。そして、『立正安国論』執筆から十四年後の文永十一年（一二七四）四月十二日、ついに蒙古・高麗連合軍の二万五千の兵が壱岐・対馬を侵略し、さらに博多付近に上陸したのであるが、台風のために退散したのであった。この文永の役は大事件であり、また翌年（建治元年）に蒙古より使者が来日したのを幕府が江ノ島の対岸＝龍口《たつのくち》で斬るという推移があり、事態は緊張の最中にあったのである。

このような社会的動揺のなかで、日蓮門下にも大きな動揺が走ったことであろう。この前後には、日蓮聖人の影響を受けた者のうちから脱落する者が多かったのである。そうしたとき、日蓮聖人は、当初から宣告してきた「未来記の『法華経』の教え」について、強調している。すなわち仏陀釈尊の別付属を受けて久遠の弟子（大地から涌き出るように現れた地涌の菩薩）の上首・上行菩薩《じょうぎょうぼさつ》の末法の世への出現を説いてきた日蓮聖人は、龍口法難から佐渡島への流罪を経て、『開目抄』『観心本尊抄』においてそのことを哲理として解明したのである。そうした経緯の上で、「今こそ、未来記の『法華経』が鮮明になる時であることを自覚せよ！」と、日蓮聖人は門下に檄を飛ばしたのである。それが『撰時抄』一篇の趣旨である。なお、『撰時抄』撰述の翌年（建治二年＝一二七六）には、鎌倉幕府は全国の武士を九州に集結させ、筑前の海岸に石塁を築かせて蒙古来寇に備えたのであった。『立正安国論』奏進後、十六年後のことであった。

＊

日蓮聖人の語法の特徴は、まず最初に「テーマ」を力強く掲げるところにある。最初に掲げた「それ仏法を学せん法は必ず先づ時をならうべし」を大きな字で、力強く書きあらわすというのがそれである。ともすれば、それは難解な仏教用語となる。ところが仏教哲学を述べた後に、「時鳥（ホトトギス）は春を送って夏のはじめに鳴き、鶏が暁を待って鳴くように……」と一転して日常の風景を描いて、その理解を体感させるのである。

世の常識に従って、聞く耳を持たない人に何を言ってもはじまらないのでは？という所見に対し、日蓮聖人は「不軽菩薩《ふきょうぼさつ》が「あなたがたは、みな仏であるから、私は敬う」」という礼拝行《らいはいぎょう》を行いつづけたことを挙げ、仏陀の説く「教」「機」「時」を正しく受けとめる必要を説くが、それは凡人では不可能であり、「何物をも明瞭に見透すことのできる仏の智恵の眼を借りて時と機を考え、また日光のように明らかな仏の智恵をもって国土の相を照らして見るがよい」とし、「五五百歳広宣流布の仏法」の意義を明らかにするのである。以下、「法華経広宣流布の釈文」を説き、「正法におけるインドの仏法」「像法における中国の仏法」「像法における日本の仏法」をふりかえり、それらを前提として「末法における日本の仏法」を説く。「大集経の「わが仏法の中において言い争いがさかんに起こり、教法が滅びる」という時に当たっている」今、中国大陸や朝鮮半島に戦乱が起こり、日本では壱岐・対馬や九州への蒙古来寇が現実となっている。「これらの事実から考えても、大集経の白法隠没の時についで、法華経の大白法《だいびゃくほう》である南無妙法蓮華経の題目が、日本国をはじめ全世界に広く弘まることはまったく疑う余地はない」。「末法の衆生を救うために法華経の題目を弘める者は、日本国の一切衆生の父母」であり、「日蓮は日本第一の法華経の行者である」であることは間違いのないことなのであると説くのである。

　末法において、『法華経』の「三つの大事」が弘められねばならないが、それを阻むのは、念仏宗と禅宗と真言宗であるとして、以下、これらへの批判が詳説される。比叡山の天台宗は、もともと『法華経』の真義を標榜するはずなのに、慈覚大師が「真言宗が法華宗よりもすぐれている」と主張した影響により、比叡山は本来の姿を失ったとし、伝教大師の真意を明らかにする。

　このように問答体で進められていくなかで、『立正安国論』奏進の縁由となった「天地の異変と法華経の題目流布」との関係について説く。法華経本門寿量品の肝心である南無妙法蓮華経を末法に弘めるために、この上行菩薩たちを呼び出された深い意味が示されていることを汲み取らねばならないことが縷々詳説されていく。日蓮聖人は、「三度の高名」を誇っている。「三度、未来を予言し、それがすべて的中した」として、①『立正安国論』の奏上。②松葉谷の草庵で「日蓮は日本国の棟梁である、日蓮を失うは日本国の柱を倒す」ことであると警告したこと。③佐渡流罪を赦免されて鎌倉に帰り、平頼綱の質問に対して、蒙古来寇は「今年を越すことはないであろう」と明言したことである。果たして半年後の文永十一年十月五日、文永の役とよばれる、蒙古・高麗連合軍が壱岐・対馬、さらに九州博多を襲撃したのであった。このように誌した後、末文にきわめて信仰的な心情をつぎのように綴っている。

「末法の時代に法華経を弘めるという大任を全うするためには、霊山浄土にまします教主釈尊・宝浄世界の多宝仏・十方分身の諸仏・諸菩薩・諸尊が、陰《かげ》になり陽《ひなた》になって加被力《かびりき》を与え、助勢して下さらなければ、一日片時も日本国にて法華経の題目を弘通できないのである」と。

　以上のように、『撰時抄』は、『立正安国論』から出発した日蓮聖人が数々の法難を乗り越え、さらに内乱・外寇の現実に直面した上で、末法における『法華経』流布を心の内奥において受容する境地を明らかにした遺文なのである。〈末法における『法華経』流布〉とは、南無妙法蓮華経の御題目を受持することによって、久遠釈尊をはじめとする諸仏・諸菩薩・諸尊の在《いま》します「法華経の霊山浄土」に引き入れられる境地である。

実は『撰時抄』には、諸宗派を弾劾する厳しい言葉が列ねられている。そのために、それら諸宗弾劾の断片隻語が取り上げられることが多いが、以上、梗概《こうがい》をたどったように、実に深い日蓮聖人の信仰的境地を綴っていることの認識に立たねばならないことを結語としたい。

〔遺一八一、定一〇〇三、全一―二七五、歴六二三d〕

【二〇〇】強仁状御返事《ごうにんじょうごへんじ》

系年：建治元年（一二七五）十二月二十六日。年齢：五十四歳。述作地：甲斐国身延。対告：強仁。真蹟：八紙完存。所蔵：京都府妙顕寺蔵。

強仁《ごうにん》上人からの「勘状」に対する返書である。『日蓮聖人遺文辞典』（歴史篇）三四一頁によると、強仁（強忍とも書く）は駿河の真言宗の僧とある。日蓮聖人の活動に対してこころよく思わない人物は多数いたであろう。強仁もその一人であった。日蓮聖人が南無妙法蓮華経の『法華経』に仏教の集約を見、仏教思想にもとづいて襲い来る国難への対処を説くのに対して、強仁は建治元年（一二七五）十月二十五日、「諫状」として書状を送り、法論を仕掛けて来たのである。

日蓮聖人は、それを十二月二十六日に受け取り、早速返事を書いた。それが本書である。「強仁上人より送られた十月二十五日付の論難の書状は、十二月二十六日に到着しました。御房の望む法論は、自分日蓮もまた多年の間、公場での対決を望んでしばしば訴えてきたことでありますから、早速に返事を書いて御房や世間の人びとの疑問を晴らしたいと思います」と書状の冒頭に書き出している。だが、「私《わたくし》の法論」は「無益」に終わることを恐れているところですと、丁重な言葉で、あくまで「公場での対決」でなければ無意味であるとたしなめるのである。

「日蓮の真実の言葉もついに用いられることはなく、空しく年月を送ってきたのです。いま幸いにも強仁上人が論難の書状を寄せて日蓮を諭《さと》されました。もし本当に法論を望まれるのならば、この機会に……公場において法の勝劣、邪正を決しようではありませんか。それに御房の書状を見ますに、間違った先入観にもとづくはなはだしい誤りがあります。……」

まったく知らない僧からの書状に対しても、日蓮聖人が丁寧に対応し、理非曲直をきちんとした手続きを踏んで、法の邪正を決するという基本を貫き通した真摯な姿勢に心打たれるところである。

［遺二〇〇、定一一二二、全一―三七九、歴三四一ｂ］

【三九五】諫暁八幡抄《かんぎょうはちまんしょう》

系年：弘安三年（一二八〇）十二月。年齢：五十九歳。述作地：甲斐国身延。対告：未詳。真蹟：三十二紙断片（一部断片曾存）。所蔵：静岡県富士大石寺蔵（十六〜四十七紙）・山梨県身延久遠寺蔵（一〜二十九紙・断欠あり）。写本：朝師本録内御書ほか。

日蓮聖人が松葉谷《まつばがやつ》の草庵で、武装した兵士に取り押さえられ、龍口《たつのくち》に拉致された状景は、日蓮聖人御一代記の白眉として知られるところである。また、龍口へ向かう途上、鎌倉八幡宮への道を横断する際、わざわざ馬を下りて、「なぜ八幡大菩薩は、法華経の行者を守護しないでいるのか。八幡大菩薩は霊鷲山《りょうじゅせん》で『法華経』が説かれた際に、教主釈尊に法華経の行者を守護する約束をしたのではなかったのか」と八幡大菩薩を諫暁したのであった。日蓮聖人は、大曼荼羅を図顕する際に、日本国の国神である天照大神と八幡大菩薩の名を書き入れているが、そうした理由は、これらの国神が霊鷲山会上（霊山会上）で法華経行者守護の誓いを行ったことに由来しているのである。本書に於いて、「教主釈尊が八幡大菩薩と生まれ変わられた」と誌《しる》している。また、「大隅の正八幡宮の石の銘文に「昔は霊鷲山にあって妙法蓮華経を説き、今は正宮の中にあって大菩薩の姿を現わす」」。「法華経譬喩品には「今この三界は、みなこれわがもの……」」。「寿量品には「われは常に娑婆世界の霊鷲山にあって説法教化す……」」などの経文を引用して、「それゆえに、遠くは三千大千世界の一切衆生はすべて釈迦如来の御子であり、また近くは日本国四十九億九万四千八百二十八人は八幡大菩薩の子である」とするのは、八幡大菩薩が必ず法華経の行者を守護することを確信し、それを門下に伝えるためであるとするからである。すなわち、以下のように言う。「今の八幡大菩薩は本地身としては月氏インドで唯一真実の法華経を説かれたが、今、日本国に八幡大菩薩として垂迹《すいじやく》されてからは、かの法華経を正直の二字に収めて、賢人の頂に住むであろうと誓われた……。……この八幡大菩薩はたとえ宝殿を焼いて天上に上がられようとも、法華経の行者が日本国にあるならば、必ず降《くだ》ってその行者の住処を栖《すみか》とされ守護されるに違いない」と。『諫暁八幡抄』を執筆した理由は、蒙古来寇の恐れに政権も、そして地元九州でも神経質になっている折、弘安三年（一二八〇）十一月十四日に、鎌倉の鶴岡八幡宮が炎上して、門下にも動揺が走ったためであろう。周知の通り、鎌倉幕府は八幡宮を祀《まつ》って、その下に幕府（行政府）を置いている。鎌倉政権は、まさに武家の棟梁として、八幡宮の守護を中心としているのである。その八幡宮が焼失したショックは、現代のわれわれには想像を絶することであったろう。日蓮聖人遺文のなかで『立正安国論』関連の遺文を集めた『日蓮聖人全集』第一巻の最後に、本書が収められているのは、『立正安国論』執筆・奏進がそのような状況を背景にしていたことを淵源とし、また『立正安国論』で警告してきた内乱・外寇のうち、蒙古来寇として外寇の警告が具現し、たびたびの蒙古国使の来朝と幕府の理性を逸した対応の挙げ句、文永の役に遭遇し、さらにいつ再びの蒙古来寇があるかも知れないという不安な状況下にあったそのなかで、八幡宮が焼失したことは、まさに大事件であったためである。そこで日蓮聖人は、八幡大菩薩は教主釈尊の『法華経』守護の意を体した国神であることを明らかにしたのである。

鎌倉政権と人びとの恐れは、その翌年、弘安四年（一二八一）六月の蒙古・中国・高麗の連合軍（東路軍）四万と旧南宋の江南軍十万との来寇の現実となったのである。

さらに日蓮聖人は、本書の結びに「月は西から東に向かうが、これは月氏インドの仏法が東方へ流布するという相である。太陽は東より西へ向かうものであるが、これは日本の仏法が月氏インドへ還るという瑞相《ずいそう》である。……太陽の光は月よりもすぐれている。これは第五の五百歳という末法の永い闇を照らす瑞相である」と述べて、インドから中国を経て日本に渡った仏法が、新たな生命を帯びて日本からインドへ還り、大いなる役割を果たすことを予言しているものである。果たして、昭和に入って、藤井日達はインドに渡ってマハトマ・ガンジーと共鳴し、法華経の御題目を共に唱えて大きな刺激を与え、その後、新仏教徒の運動が大きな流れとなっていると聞く。

このように厳しい現実認識、遥かなる未来展望を明らかにする本書であるが、その冒頭には、「馬というものは一、二歳の時は、たとえ関節がのびて円《まる》い脛《すね》で、脛が細長く腕が伸びていても、病気があるようには見えない。……」という出だしで、人間にも成長の経過があり、神々にも成劫《じょうこう》の時代、住劫《じゅうこう》の時代、壊劫《えこう》の時代、空劫《くうこう》の時代を転化していくといい、三災・七難に対処できない時代があるが、しかし「諸天や神々は仏教の力によってふたたび威力を増し、勢力を増す」という大前提から説き始めていることに驚くのである。

日蓮聖人の宗教は『立正安国論』（文応元年（一二六〇））を出発点として『撰時抄』（建治元年（一二七五））で完結するというのが、江戸末期の日蓮教学組織者・優陀那日輝《うだなにちき》（一八〇〇〜一八六〇）の名言である。これに対して小松邦彰（立正大学名誉教授）は、『立正安国論』の意義は今の『諫暁八幡抄』（弘安三年（一二八〇））にいたって完結すると提示しているのである。つまり、『立正安国論』は日蓮聖人の生涯にわたっての大きな課題として一貫していることを知るのである。

【遺三九五、定一八三一、全一―三八五、歴二〇二a】

《第二巻》

【八二】十章鈔《じっしょうしょう》

系年：文永八年（一二七一）五月（または文永二年・六年）。年齢：五十歳。述作地：相模国鎌倉。対告：三位房。真蹟：六紙断片（前二紙・後一紙欠）。所蔵：千葉県中山法華経寺蔵。

「十章」とは、天台大師智顗の『摩訶止観』が大意《たいい》・釈名《しゃくみょう》・体相《たいそう》・摂法《しょうほう》・偏円《へんえん》・方便《ほうべん》・正観《しょうかん》・果報《かほう》・起教《ききょう》・旨帰《しいき》の十章よりなることをいう。そのうち大意から方便までを『摩訶止観』十巻のうちの四巻において『法華経』迹門の解説が展開しているが、肝要なのは本門の心である、として次のように言う。「第七の正観章は「妙解によって正行を立てる」とあるように、『摩訶止観』十巻の中心をなす十境《じゅっきょう》十乗《じゅうじょう》の観法《かんぼう》の説明で、法華経の後半の本門の心を述べたものである。一念三千の法門はこの正観章からはじまる」。

これまでにも『法華題目抄』『唱法華題目抄』などの著作において、題目を受持する意義が述べられているが、今、この『十章抄』において、明確に『摩訶止観』第五巻においてこそ、一念三千という仏教の枢要な教義が明らかにされたことを述べるのである。有名な叙述として、「一念三千の法門は『法華経』の迹門の方便品の略開三顕一《りゃくかいさんけんいち》の段の中の十如実相の経文から出たものであるが、その義は『法華経』の本門に基づいている。……経文に説くままに意義を定めることができるのは、ただ『法華経』の本門に限るのである。

その上で、「真実の円教の修行として、常に口に唱うべきであるのは南無妙法蓮華経であり、心に観ずべきは一念三千の観法である。しかしこの観法と口唱との並修は智者の方途である。今の日本国の在家の信者にはただひたすらに南無妙法蓮華経と唱えさすべきである。名は必ず体に至る徳があるから、南無妙法蓮華経と唱えれば必ず『法華経』の功徳が得られるのである」。このポイントは『観心本尊抄』に引き継がれ、哲学的に高められているのであるが、本書の冒頭では華厳宗の『法華経』理解を批判し、後半では阿弥陀信仰に頼って変質してしまった天台宗・真言宗をはじめ、諸宗に批判を加えている。そして「日本国は大乗ばかりが弘まる国であり、大乗の中でも法華一乗が弘まる国である」ことを強調し、あくまで南無妙法蓮華経の御題目を受持することによって、真実の大乗に生きなければならないと説くのである。

［遺八一、定四八八、全二一〇〇三、歴四六四b］

【九二】寺泊御書《てらどまりごしょ》

系年：文永八年（一二七一）十月二十二日。年齢：五十歳。述作地：越後国寺泊。対告：富木常忍。真蹟：九紙完存。所蔵：千葉県中山法華経寺蔵。

文永八年（一二七一）九月十二日。日蓮聖人は松葉谷《まつばがやつ》の草庵から拉致され、江ノ島の対岸、龍口《たつのくち》という刑場で命を落とす寸前の危機に遭遇したが、辛うじて断罪の危機を脱し、佐渡島に流謫《るたく》されることとなり、佐渡島の領主の本間氏に預けられる身となった。日蓮聖人は相模国依智（現在の神奈川県厚木市）の本間氏の屋敷に留め置かれ、十月十日に本間重連の役宅を出発。二十二日に寺泊に到着。その地から信頼する富木常忍《ときじょうにん》に宛てたのが、この書状である。

山谷を越えて日本海に面した寺泊《てらどまり》（新潟県）という港町に着いた日蓮聖人は、『法華経』法師品の「この法華経は、釈尊が世にお出ましになって活動していた時代でさえも怨《うら》み嫉《ねた》む者が多い。まして釈尊の入滅後にはより多くの困難がある」という経文や安楽行品の言葉や、『涅槃経』の経文を噛みしめ、すべての経文は『法華経』を根幹として存在することを述べている。そして日蓮聖人が苦難に会うのは、日蓮聖人自身に原因があると非難する者が多いとして、四つの非難を挙げている。

その第一は「日蓮は相手の機根をよく知らずに粗末で強引な宗義を立てたから難に遭遇するのだ」という非難。第二は「法華経勧持品第十三に法華経を信奉する修行者は必ず難に遭遇すると説かれているのは、位の高い深位《じんい》の菩薩にあてはまるものであって、日蓮のような位の低い修行者は安楽行品第十四に説かれるような寛容的な布教法によるべき」であるとする非難。第三に「内心では法華経の布教を正しく貫いて行くことが必要なのは知っているが、人目をはばかって述べない」のだという非難。第四に「日蓮の主張は経典の内容からみた教相の面からの検討だけであって、重要な観心《かんじん》の方面の思慮が欠けている」という非難である。

これらについて、日蓮聖人はここで直ちに答を出すことはしない。この翌年には『開目抄』を著して、仏教の枢要が『法華経』に結帰《けっき》していることを明らかにし、さらに翌々年の文永十年（一二七三）に『如来滅後五五百歳始観心本尊抄』（『観心本尊抄』と通称）を著して、「未来記の『法華経』」の「観心」と「本尊」とを明らかに説くのである。

日蓮聖人は、本書後半に於いて『法華経』勧持品第十三の教えに殉じる覚悟を述べ、末尾には、折角、富木常忍が日蓮聖人に随侍する使者を用意したのに、その入道を返すことの決意を明らかにしている。そしてまた、牢に入れられた日朗ら門下の安否についての情報を知らせるように依頼しているのである。

〔遺九二、定五一二、全二―〇一三、歴七六七a〕

【九六】八宗違目鈔《はっしゅういもくしょう》

系年：文永九年（一二七二）二月十八日。年齢：五十一歳。述作地：佐渡国塚原。対告：富木常忍。真蹟：二十四紙完存。所蔵：京都府妙顕寺蔵。

「八宗」とは、国家仏教であった南都・奈良の六宗（倶舎宗・成実宗・律宗・華厳宗・三論宗・法相宗）と平安仏教の天台宗・真言宗のことである。が、その後に次第に普及した浄土宗についても触れている。結論的には、「法華宗よりの外《ほか》の真言宗等の七宗、ならびに浄土宗等は釈迦如来を以て父となすことを知らず」という一言をもって諸宗の存在を否定しているのである。

本書の趣旨と構成は、本書末文において、「諸宗と天台法華宗との是非について考える場合には、ここで述べた一念三千義などによって究明すべきである」と結論的に示されている。

まず本書の当初に、「妙楽大師の法華文句記の九に「寿量品で釈尊の永遠性が説かれる以前においては法身《ほっしん》・報身《ほうじん》・応身《おうじん》の三身《さんじん》が常住であることが示されないが、寿量品で久遠実成が説かれたならば、本門・迹門の一体化した常住の三身も明確となる」……」という内容を図示する。

また、「法華経第二巻の譬喩品第三には、「いまこの世界はすべて私が所有しているのである」とは、釈尊が我々の主人の徳・国王の徳・世の中で最も尊いものである世尊の徳のあることを説いたものであり、「その中に生きる衆生はすべて私の子である」とは、親の徳のことであり、「しかもここには多くのさしさわりがあるが、私こそがそれを救い守る」とは、師の徳を説いたものである」として「主師親三徳」の趣旨を明らかにする。その上で、最初に挙げた八宗と浄土教を仏教全体のなかで位置づけていくのである。さらに、華厳宗が一念三千を述べたことと天台の一念三千との関係を明らかにし、真言宗にも天台の教学が混入していることなどを述べている。

これら諸宗への批判とともに、本書では「摩訶止観に十界三千の諸法は、すべて我が一心一念に本来具わっていると説く文章の意味がわからなければ、どうして「心・仏・衆生の三に差別がない」という経文の意味を理解することができようか」と述べて、結論としているのである。

〔遺九六、定五二五、全二一〇二三、歴九一九b〕

【九八】開目抄《かいもくしょう》

系年：文永九年（一二七二）二月。年齢：五十一歳。述作地：佐渡国塚原。対告：門弟一同。真蹟：六十六紙。所蔵：山梨県身延久遠寺蔵曾存。写本：日乾真蹟対校本（京都府本満寺）、日道写本・日存写本（兵庫県尼崎本興寺）、日意写本（千葉県平賀本土寺）ほか。

「開目」とは、「目を見開いて、釈尊が仏滅後の末法の衆生のために説き遺された「未来記の法華経」の真義を見よ！」というほどの意味であろう。龍口《たつのくち》法難を経て佐渡島に渡った日蓮聖人は、捨て墓の地に建てられていた塚原《つかはら》の三昧堂《さんまいどう》に幽閉された。元来、死者供養のために建てられていた三昧堂であるが、荒れ果てて仏像も無く、小さな堂宇は隙間だらけである。季節は十月（太陽暦の十二月）で、現在よりも雪が厚く降り積もる気候であった。その雪中で、形見（遺言書）として構想し、執筆されたのが『開目抄』である。

日蓮聖人の著述の中で、全体の構成が最も整っているのは、『守護国家論』（正元元年（一二五九））である。とは言え、『立正安国論』をはじめ、多くの著作には、詳細な科段はないにしても、おおらかな構成が想定できる。もちろん、『開目抄』を研究する後世の学匠たちによって、日蓮聖人の意図を探索し、全体的な構成の復元を試みてきた歴史伝統があることは言うまでもない。

『日蓮聖人全集』第二巻所収の『開目抄』現代語訳の試みに於いて、筆者は茂田井《もたい》教亨《きょうこう》博士の科段を踏襲して、できるだけ読者に親しみやすい表現を試みたつもりである。以下に於いても、同書の十八章にわたる科段をもととして、解題を試みることとしたい。

まず、第一章――「儒教・外道と仏教」では、「人類の精神文化として、儒教・インド諸宗教・仏教が伝えられており」「その根幹は主徳・師徳・親徳の三身の徳である」という精神文化論の原点から論を興し、「内道《ないどう》」すなわち仏教の歴史をたどりながら、その真髄に迫って行くのである。そこから全篇が展開されるのであるが、最末には「仏法の流布は時代と適合しなければならないのである。その仏法流布の前には、日蓮の流罪などはただ、今の世で受けたわずかな苦に過ぎないから、憂うべきことではない。〔過去の罪を消滅して〕後の生で大いなる楽しみを受けるのであるから、大いに悦ばしいのである」と結語されている。

第二章――「法華経の根幹にある一念三千の教え」では、「一念三千の法門（教義）はただ法華経の本門・如来寿量品第十六の経文の文底（奥底）に深く秘められている教えである」ことが説かれる。

第三章――「諸宗はなぜ批判されねばならないか」では、諸宗の学者が「天台大師の一念三千の法門（教義）を巧妙に……とりいれ」たことを「後世の人が知らない」でいることを明らかにする。

第四章――「二乗作仏論」では、『法華経』前半（迹門）で、声聞乗・縁覚乗の仏弟子たちが、遥かなる修行の上で、将来において成仏することが相次いで明らかにされるが、これが『法華経』が他の諸経よりもすぐれている特色の第一であることを明らかにする。

第五章――「久遠実成論」では、釈尊が久遠から永遠の導きを続けておいでになったことが「久遠実成論」として説かれたのをふまえて、「地獄界から菩薩界に至る九界は無始の仏界に包まれ、仏界も無始の九界のなかにおのずから備わっている」という「救済の様相が示され、真実の十界互具・百界千如・一念三千が明らかにされた」とする。

第六章――「受難を覚悟しての発願」では、日蓮聖人の発願が受難を覚悟してのものであることを示すのである。

第七章――「法華経の予言の色読」では、日蓮聖人が『法華経』の予言を汲み取ったのは、受難・色読を覚悟してのことであった。
第七章では、日蓮聖人が前項の通り、受難＝色読した生涯の事蹟をふり返り、それ以前の仏教史にはなかったことを確認する。
第八章――「諸天はなぜ法華経の行者を守護しないのか」では、日蓮聖人が法華経の行者として末法の危機的状況に対応しているのに、行者守護の誓いをした諸天善神が守護しないのはなぜかと問い、それを契機として第九章――「迹門の一念三千」では、『法華経』前半（迹門）において、「簡潔に要約して釈尊の御本意である一念三千の法門」が明らかにされた。すでにその基本的理解は第五章で述べられたところであるが、『摩訶止観』の説述を単に修行法として理解するのではなく、仏陀釈尊御入滅二千年後の末法の現実に於いて、久遠釈尊が永遠の仏として永世の教化の中心にある様相を確かめる前提として述べる内容なのである。上記をふまえて第十章――「本門の一念三千」では、「如来寿量品によって釈尊が無縁の過去から教化をつづけてきた仏陀であることを明らかにし、すべての仏陀は久遠の釈尊の分身《ふんじん》であることが認識される」。
十一章――「諸宗が本尊を見失うのを批判する」では、諸宗の高僧たちが、「久遠実成の教主釈尊という意義を知らないため、……本尊に迷っている」ことを指摘する。
第十二章――「一念三千仏種論」では、諸経に示された「諸仏・菩薩」らの仏道成就をたどり、しかしそれらは「実際は法華経に至って正覚《しょうがく》（究極的なさとりの境地）を成じることができた」ことを明らかにする。『日蓮聖人全集』では、茂田井教亨博士の解釈に基づいて「一念三千仏種論」と名づけている。
第十三章――「三箇《さんが》の勅宣《ちょくせん》と二箇の諌暁《かんぎょう》によって法華経の行者を確認」では、世の人びとは、日蓮聖人が法華経の行者であることを理解できないでいる。しかし、そのことを明らかにしなければ、『法華経』が末法の「未来記」（釈尊の予言）であることが明らかにならない。そこで、日蓮聖人が法華経の行者であることを、『法華経』見宝塔品第十一の「三箇の勅宣」と、提婆達多品第十二の「二箇の諫暁」によって確かめるのである。見宝塔品の途上、多宝如来が坐している多宝塔が地下から現れて虚空（空中）にとどまる。そこで釈尊が大衆に向かって「誰かこの娑婆世界において広く妙法蓮華経を説く者はあるか？」と問う。そこで第一に「われ仏陀は、この妙法蓮華経を伝えることを託して、将来、それが実現することを望む」（付嘱有在《ふぞくうざい》）、第二に「今、仏陀の前で（必ず『法華経』を説きますと）自ら誓いの言葉を述べなさい」（令法久住《りょうぼうくじゅう》）、第三に「我れ釈尊が入滅した後に、誰がいったいこの法華経を受けたのち、読誦するのか。今、我れ釈尊の前で自ら誓いを表明しなさい」（六難九易《ろくなんくい》）と三度にわたって、釈尊から『法華経』弘通の使命を託されたことを述べるのである。この「六難九易」について諸経を考究する文章がつづく。次いで提婆達多品の「二箇の諫暁」とは、先ず第一に「提婆達多は（釈尊に敵対し、殺害心を抱いた悪人で）善根を断ち切ってしまったのに、法華経の提婆達多品に至って、突如として釈尊から将来に成仏をなしとげて天王如来となるとの保障を得た」という、悪人提婆達多の将来成仏の保証が明らかにされたことが説かれる。第二に「わずか八歳の竜王の娘が成仏を遂げ」「すべての女性の成仏を象徴的に表している」ことが説かれる。

第十四章――「未来記の明鏡」では、「法華経勧持品に（法華経の行者を妨害する）三類の強敵《ごうてき》」が述べられる。「第一の「諸の無智の人有って」（俗衆増上慢《ぞくしゅぞうじょうまん》）というのは、勧持品の経文の第二の「悪世の中の比丘」（道門《どうもん》増上慢）と、第三の人里離れた静かな場所で律に適《かな》った三衣《さんね》を着し、生き仏のようにあがめられる比丘（僣聖《せんしょう》増上慢）」である。「仏陀の言葉が虚妄でないからこそ、三類の強敵はすでに国中に充満している。しかし、それに対して……法華経の行者は一向に出現していない」。それをどのように解釈したらよいのか？　と繰り返し、その上で諸経論釈によって、『法華経』が「未来記の明鏡」であり、日蓮聖人こそ、日本第一の法華経の行者であることを明らかにするのである。

ついに第十五章――「受難をふりかえり立教を宣言して以来の誓願を確かめる」では、「〔繰り返し体験してきた〕受難をふりかえり」、「法華経の行者を守護するはずの諸天も見捨てよ。あらゆる菩薩よ来たれ！　法華経に身命をかけるのみである」と、立教を宣言して以来の誓願を確かめるのである。

第十六章――「滅罪を果たして解脱を得る」。ところが日蓮聖人は、さらに「疑っていう。どうして汝が流罪・死罪に出会ったことが過去世からの因縁によるものと知ることができるのか」「般泥洹経第四巻にいう、「……現世においてこれらを思いのほか軽く受けるのは教えを護る功徳の力によるものなのである」と。この経文は日蓮の身と照らし合わせると、さながら割り符がぴったりと合うようなもので、受難に対する深い疑いがたちまち氷解した。まことに数多くの疑難も理由のないことである」といい、『摩訶止観』などの文章と照らし合わせ、さらに深い理解に達しているることを明らかにするのである。

第十七章――「摂受と折伏の意義を確かめる」。敢えて邪義が邪義であることを指摘する批判的在り方を、日本人は伝統的に好まない傾向がある。日蓮聖人はそうした雰囲気の中にあっても、毅然とした態度に終始した。その根拠について、涅槃経の「もし仏法を乱す者を見て、……その罪状を挙げてはっきりと処分するならば、これこそ……真実に仏陀の声を聞いて仏教を修行しようとするものである」等の経論を引用し、章安大師の『涅槃経疏』「仏法を乱す者に対して適切に責めさいなむ者は、……我れ仏陀の弟子なのである」という言文について確信的理解を表明している。

第十八章――「三仏の本願に目覚めよ」。日蓮聖人の宗教の根幹は、教主釈尊・法華経証明の多宝如来・十方分身諸仏という「三仏」の本願に目覚め、『法華経』の教えを伝えることにある。教主釈尊・多宝如来・十方分身諸仏を総称して「三仏」とよぶ。その三仏が、「「仏法を久しくこの世界に弘めとどめて〔衆生を利益するために〕ここに来られた……」と説示されている」とするのである。日蓮聖人の仏教理解と行動のすべては、ここから出発していることは、『開目抄』最後の段に簡明に述べているが、そのことに、注意をはらわねばならないのである。

〔遺九八、定五三五、全二―〇四一、歴一六五b〕

【一〇二】富木《とき》殿御《どのご》返事《へんじ》

系年：文永九年（一二七二）四月十日。年齢：五十一歳。述作地：佐渡国一谷。対告：富木常忍。真蹟：二紙。所蔵：千葉県中山法華経寺蔵。

文末の追って書き（尚々書《なおなおが》き）には、「日蓮が死の危機に直面していることは疑いようがありません。頭《こうべ》を刎《は》ねられるようなことになった時は悲しむ必要はありません。……尊い法華経のために命を捨てるのですから」と誌《しる》している。日蓮聖人は佐渡島に流罪された当初、吹きすさぶ寒風にさらされた塚原三昧堂《つかはらさんまいどう》で死に直面していた。その荒れ果てた三昧堂の前で、一月に佐渡島のみならず北陸の各地から参集した諸宗の僧から問答を仕掛けられた。いわゆる塚原問答である。そこで、日蓮聖人はすべての質問を論破し、さらに地頭の本間氏に「あなたはこれからどうする予定であるか」と聞く。本間氏は「田植えが終わった季節にでも鎌倉に行くつもりである」旨、答える。日蓮聖人は「鎌倉に危機が迫っているのではないか。早々に鎌倉に上《のぼ》るべきである」と諌める。果たして評定衆筆頭の北条時章と、同じく評定衆で弟の教時と、さらに京都六波羅南方の北条時輔が謀反を起こしたところ、討手によって殺され、多くの関係者が死んだ「二月騒動」とよばれる北条一門の内訌が起こって大騒動となったのである（宮崎英修編『日蓮辞典』二二頁）。

日蓮聖人は、日蓮聖人を預かった本間氏の配慮により、四月頃に一谷《いちのさわ》に移されて、究極の危機から逃れたと、一般には受けとめられている。しかし、その地も決して安住の地ではなく、御飯を食べるときにも、弟子達と木の葉の上に分けて食べたことが記されている。

本書は、下総国中山に住む富木常忍《ときじょうにん》に宛てた手紙で、『開目抄』を執筆した文永九年（一二七二）二月からほぼ二ヶ月後の四月十日の日付となっている。本文中にも「日蓮自身の生涯については、すでに思い切っておりますから、たとえどんな迫害に遭おうとも、いまさら心をひるがえすはずもなく、いささかの恨みもありません」と誌している。日蓮聖人は、逐次、富木氏に現状報告をしている。『寺泊御書《てらどまりごしょ》』【九二】とよばれる手紙は、佐渡島に渡る直前の文永八年（一二七一）十月二十二日の執筆である。それに対して、本書『富木殿御返事』【一〇二】は佐渡島の塚原三昧堂から一谷に移された時点での手紙である。富木氏は下総の千葉氏に仕えた。千葉氏は源頼朝が房総に逃れた際に家来になったので、頼朝からの信頼が厚かったようである。それが当時の経済状況にも反映していることも想像される。佐渡島一谷の日蓮聖人に、富木常忍は「御志の金子《きんす》」を送り、この書状はその返書でもある。そして遺著として執筆した『開目抄』を鎌倉の四條金吾に届けたこと、「あらかた経文を拝読し……日蓮が法華経の行者であることは疑いない」ことを誌している。

さらに、「〔それにもかかわらず〕いまだに天の御加護がない」理由として三点を挙げる。「一には、諸天善神が法華経不信の者があふれているこの悪国を捨て去ってしまった……」。「二には、善神が法華経の法味を御賞味にならないため、威光勢力を失った」。「三には、大悪鬼が法華経修行者をさまたげる俗衆増上慢・道門増上慢・僭聖増上慢という三類の強敵《ごうてき》の心の中にとりついて梵天・帝釈も力が及ばないこと」と記している。
【遺一〇一、定六一九、全二一一、歴八一〇a】

【一〇六】真言諸宗違目《しんごんしょしゅういもく》

系年：文永九年（一二七二）五月五日。年齢：五十一歳。述作地：佐渡国一谷。
対告：富木常忍および門弟一同。真蹟：七紙。所蔵：千葉県中山法華経寺蔵。

土木殿《ときどの》とは、富木常忍《ときじょうにん》と同じ意味である。下総国中山の富木（＝土木）氏の周辺には、大田金吾・曾谷教信ら富木氏と縁が深く、日蓮聖人の教えに従う人がいた。富木氏からの御供養のものは、富木氏個人からのものもあろうが、これら一門からのものも多いようである。そのため、大書した書状（手紙）がある。これらは日蓮聖人に御供養を捧げた方々一門に見せるために、あえて大きな文字で書したものと考えられている。

本書にも追って書き（手紙の末尾の尚々書《なおなおが》き）がある。「この書を何度も読み諳《そら》んじて、老人達にもよく聞かせてください。日蓮がなかなか流罪を赦《ゆる》されないのを歎いてはなりません。……早く赦免にならないのは、かえって諸天の思し召《おぼめ》しなのである……」。本文中にも「貴殿が法華経の行者である……ならば、どうして諸天の守護がないのであろうか」と問われて、『法華経』勧持品の「悪鬼が法華経をそしる者の身に入って、法華経の行者を妨害する」という経文の意味を尋ね、「〔悪鬼が〕国主や国中の人びと……にとりついて、賢人をなきものにしようとする」ためであると誌《しる》している。

本書は、真言宗批判からはじめられているので、『真言諸宗違目』と名づけられる。が、最初に真言宗が天台大師証得の一念三千法門を巧みに取り入れたことを批判し、次いで華厳宗・法相宗・三論宗に批判を加え、さらに禅宗・浄土宗への批判を論じている。批判に際して、『涅槃経』を引用する。第一には「末代に……仏法を壊《やぶ》る者を見ても、……罪を責めず、居所から追い払おうとしなければ、……その人は……仏法の中の怨敵《おんてき》となる」という経文を挙げる。つぎに「この涅槃経の教えをしない者は世界中の土ほど多いが、五逆罪を犯さず、一闡提《いっせんだい》とならず、善根を断ち切らずに涅槃経を信奉する者は爪の上の土ほども少ない」と述べ、「現在の日本国の人々は、法華経を信奉しないこと世界中の土ほど多く、日蓮のように正しく信仰する者は爪の上の土ほど少ない」といい、さらに『法華経』勧持品・見宝塔品の経文により、日本国の仏教信仰のありようについて、諸宗に批判を加えている。

〔遺一〇六、定六三八、全二―二一三、歴五八五d〕

【一一八】如来滅後五五百歳始観心本尊抄《にょらいめつごごごひゃくさいしかんじんほんぞんしょう》

系年：文永十年（一二七三）四月二十五日。年齢：五十二歳。述作地：佐渡国一谷。対告：富木常忍・大田乗明・曾谷教信および門下一同。真蹟：一冊十七紙表裏記載。所蔵：千葉県中山法華経寺蔵。

詳しくは『如来滅後《にょらいめつご》五《ご》五百歳《ごひゃくさい》始観心本尊抄《しかんじんほんぞんしょう》』であるが、通称して『観心本尊抄』とよばれる。

〈天台三大部と三国四師の説〉

歴史をたどると、『法華経』理解については、インドでも世親《せしん》菩薩（四～五世紀頃の人）の『法華論』がある。が、中国において鳩摩羅什三蔵（三四四～四一三、一説に三五〇～四〇九）が『妙法蓮華経』を漢訳し、その後、天台大師智顗《ちぎ》（五三八～五九七）が『法華玄義』『法華文句』『摩訶止観』の三部作を講じた。天台第六祖妙楽大師湛然《たんねん》（七一一～七八二）を経由して、日本の伝教大師最澄（七六七～八二二）に継承され、比叡山を中心とする天台仏教は平安貴族に普及し、諸宗にも大きな影響を与えた。今日、『法華経』を講義する際には、必ず天台大師の三大部（三部作）が基本となっている。

日蓮聖人は、「三国三師」を重視し、インドに於いて釈尊が『法華経』を説き、中国に於いて、天台大師が『法華経』の深い趣きを明らかにし、それが伝教大師によって日本に伝えられたとする。このように、日本国は『法華経』に有縁の国であることを誇示するのである。

その上に立って、連続する法難を受けた日蓮聖人は、その受難によって『法華経』の説く、日蓮聖人こそ、釈尊の本弟子（本化地涌の菩薩）の再誕であるとの確信を得、伝教大師に次いで、末法の日本に本門の『法華経』を明らかにしたことを明らかにした。その境地を「三国四師《さんごくしし》」として説いている。即ち、インドにおいて釈尊が『法華経』を説き、中国に於いて天台大師が明らかにした『法華経』の深旨が伝教大師を介して日本に伝わり、そのような経緯を経て、日本国の末法の世に、いよいよ釈尊の本意が衆生に伝えられるとするのである。

〈『摩訶止観』第五巻「一念三千論」と末法救済〉

天台三大部のなかでも『摩訶止観』の教えは非常に崇敬された。なかでも、その第五巻に明らかにされる「一念三《いちねんさん》千《ぜん》論」は大きな衝撃を与え、比叡山で学んだ諸僧にとって必須の法門（仏教教理）であった。天台山で修行をかさねた僧は、『摩訶止観』に説く通りに、非常に困難な「止観」の行法を修行した。しかしながら、日本においては、あまりに困難な『摩訶止観』の行法をその通りに行なった修行者の存在を確定し難いとも言われるようである。その反面、『摩訶止観』の理論的研究は盛んで、同書の解釈書は無限にあると言われる。

一方では、法然上人が西方極楽浄土への道を説いた。当初は高貴な女性に限りなき希望を与えた浄土教の教えは、あっという間に日本国中に普及したのであった。

日蓮聖人は、あくまで現実重視をつらぬき、他方の阿弥陀如来に死後の救いを求めることに大きな疑問を持ち、久遠釈尊こそ末法の衆生を救済する仏陀であり、その導きを示しているのが『法華経』であると喝破した。ここに、末法の衆生に、釈尊が与えられた『法華経』の導きは、『法華経』の詳細を知り、修行することが必須条件ではなく、ただひたすら「南無妙法蓮華経」と『妙法蓮華経』に帰依することが肝要であることを確信した。

日蓮聖人は、若き日、比叡山に遊学するが、三十二歳のときに故山・清澄寺に帰郷し、「南無妙法蓮華経」の御題目を末法の世に弘めることを宣言した。即ち建長五年（一二五三）四月二十八日を立教開宗の日とするゆえんである。すぐさま法難を受け、鎌倉に出た日蓮聖人は、時ならぬ天変地《てんぺんち》夭《よう》を契機として、『立正安国論』を執筆し、鎌倉政権の有力者であった最明寺入道（北条）時頼に奏進する。そのことにより、四度にわたって、大きな法難に遭遇した（四大法難。松葉谷《まつばがやつ》の草庵焼き討ち・伊豆流罪・小松原法難・龍口《たつのくち》法難⇒佐渡流罪）。その間に、『法華題目抄』などによって、題目受持の意義を説いているが、その深奥を明らかにする哲学的内容については、公場対決に備えて明らかにしていない。しかし、もはや猶予することを許されない事情に直面しているのである。既に「日蓮聖人が法華経の行者である」ことについては、遺言の書として文永九年（一二七二）二月に『開目抄』を執筆し、鎌倉の四条金吾を経由して門下に伝えられた。さらに日蓮聖人は文永十年（一二七三）四月二十五日に『観心本尊抄』を著し、『法華経』を中心とする仏教受容の哲学的解明を図ったのである。原文の巻頭には、「本朝沙門　日蓮撰す」とある。『日蓮聖人全集』第二巻二二三頁の現代語訳では、これを「日本に仏教を蘇らせる真の仏教僧　日蓮　著す」としている。それだけの抱負を背景として、本書が著されたと考える。とは言え、日蓮聖人の著作は、書斎に一人閉じこもっての思索から生まれた作品ではない。絶えず、受難と闘いながらの労作である。それゆえに、日蓮聖人の著作は、いつも問答体であって、いわば、結論的に言うならば……という筆遣いであったと考える。

『観心本尊抄』は、大きく三段階によって理解される。

一、観心段（または題目段）

二、本尊段

三、弘通段《ぐつうだん》（または流通《るつう》段）

以下、順次、その概要をたどることとする。

〈一、観心段〉

冒頭に天台大師講述の『摩訶止観』第五の巻の「一念三千出処の文」を掲げる。天台大師智顗は、『法華経』の深意は「一念三千」にあるとする。「一念」（修行者の一瞬をよぎる心）には、「三千の法界」がそなわっているのであり、修行者の誰もが、その心に仏界を宿していることを説くのである。天台大師は、日本の聖徳太子より三十七年前、梁武帝大同四年（五三八）、揚子江を望む湖北省に生まれた。修行を重ねて多くの経典を講じた後、三十八歳で天台山中に籠もり、ひたすら「止観」の瞑想修行の境地を深めた。四十八歳のとき、金陵に出て『法華玄義』『法華文句』『摩訶止観』（以上を天台三大部と呼ぶ）を講じた。門下の章安《しょうあん》大師灌頂《かんじょう》（五六一〜六三二）は、戦火を避けつつ、師の天台大師の講述を編纂し、後世に残した。上記の天台三大部はまさにその辛苦の結晶であるという。『摩訶止観』はその最高の教説である。

『摩訶止観』に説く「三千の法界」とは、『法華経』方便品に説く「諸法実相」の境地は、「十如是《じゅうにょぜ》」を究めることによって究明されるとする説である。「如是相《そう》・如是性《しょう》・如是体《たい》・如是力《りき》・如是作《さ》・如是因《いん》・如是縁《えん》・如是果《か》・如是報《ほう》・如是本末究竟等《ほんまつくきょうとう》」（このような「すがた」・このような「可能性」・このような「本体」・このような「潜在的な力」・このような「はたらき」という五つの基本の上に、このような「原因」・このような「間接的縁」・このような「結果」・このような「間接的な果報」という運動性を生む。すべての事象はこれらの要素の緊密的な関係性によって運用されるのであり、そのことが「本末（これら九つの要素の始めから終わりまで）が究極的に緊密に連動し作用している」と説くのである）。

天台宗の学匠であった多田厚隆師は、その著『止観明静』において、「摩訶止観」は著書ではなく、実践にあると説く。平安朝の紫式部らの文学にも投影しているとされるように、日本仏教史上、『摩訶止観』は至極尊重され、その注釈書は万巻に及ぶと言うのである。

日蓮聖人は、三国四師の説を説く。すなわち、久遠釈尊の金口《こんく》から説かれた仏教諸経典の深意は『法華経』において明らかにされ、その意趣は中国の天台大師によって開明され、さらに日本の伝教大師に受け継がれた。しかしながら、『法華経』の深意は仏教伝播のなかで実現していなかったと考える日蓮聖人は、日本の末法において、本門を中心とする『法華経』の「未来記《みらいき》」（釈尊の予言）が明らかにされなければならないとした。日蓮聖人はその実現のために、「大難四箇度・小難数知れず」という法難が連続するなかで、終始、『法華経』に内包された久遠釈尊の「未来記」を顕現する使命に殉じられたのである。

　そうした観点から、日蓮聖人は『摩訶止観』を読み返し、旧来の修行法とされてきた「摩訶止観の行法」を乗り越えて、「南無妙法蓮華経」と唱える唱題の功徳によってこそ、「一念三千」の秘法による末法の凡夫の救いが実現することを説いた。日蓮聖人は三十二歳の立教開宗の直後に清澄寺を追われ、鎌倉・名越の松葉谷の草庵で天台大師講を営み、蒙古来寇に備えて『摩訶止観』を講じた。そうして二十年になんなんとする死身弘法の歳月を経て、佐渡流罪の地で、本門『法華経』の救済を明らかにするために、『摩訶止観』第五巻の「一念三千」出処の文を巻頭に大書し、『法華経』に託された久遠釈尊の深意を説いたのが『観心本尊抄』なのである。

　以下、『観心本尊抄』三十番問答について、第一番問答から第三十番問答までの内容を、順次、追っていくこととする。

第一章　「一念三千」こそは天台大師智顗の究極の教義である（『昭和定本日蓮聖人遺文』七〇二頁〜。『日蓮聖人全集』第二巻二二四頁〜。）

第一番問答——『法華玄義』には、「一念三千」を明らかにしていないと、妙楽大師が説いている。

第二番問答——『法華文句』には、「一念三千」を明らかにしていないと、妙楽大師が説いている。

第三番問答——妙楽大師は『摩訶止観輔行伝弘《ぶぎょうでんぐ》決《けつ》』で、『摩訶止観』だけが「一念三千」を明らかにすると説く。

第四番問答――『摩訶止観』の第一巻から第四巻までには、「一念三千」を説かない。

第五番問答――天台宗第六祖の妙楽大師は、「自己の心の本性を観察し明らかにするため」に、『摩訶止観』第五巻の「第七正修章」で、まず十境十乗の最初の観不思議境を示すため、「一念によってその法界が明らかになる」と説いたことを明らかにする。

第六番問答――『法華玄義』でも『法華文句』でも、一念に一千の法界を具備することを説いているではないか。

第七番問答――『摩訶止観』十巻のうち、前四巻には「一念三千」の名を明かしていないことを断言する。

第八番問答――天台大師が到達した究極の境地は、『摩訶止観』第七章の「正《まさ》しく観心の法を明かす」段で説かれるのであって、それ以前に観心修行の準備として二十五方便の修練を行っているが、それとはレベルが違うことが説かれる。

第二章　百界千如と一念三千とはどのように意味が違うのか（『昭和定本日蓮聖人遺文』七〇三頁五行目～。『日蓮聖人全集』第二巻二二八頁～。）

第九番問答――百界千如の段階は、有情界（生きものの世界）に限定されているのに対し、一念三千の世界は、有情界に加えて、非情（精神作用を持たないもの）まで包含されるのである。

第十番問答――非情（精神を持たないもの）まで、十如是が作用しているというのなら、草木も成仏するのであるか？　という質問に対し、天台大師が「難信難解」（信じることも理解することもできない）とするのに、二段階がある。①教門の難信難解と、②観門の難信難解ということである。①教門の難信難解というのは、釈尊が久遠の導きをしていることが難解であるということである。②観門の難信難解というのは、上述した草木にも「色法と心法」があり、そこに因果がはたらいていることを理解することの困難さを言うのである。

第十一番問答――『摩訶止観』第五巻に国十世間にも十如是のはたらきがあるということへの疑問に答えている。

第三章　法華経の示す十界互具（『昭和定本日蓮聖人遺文』七〇四頁二行目～。『日蓮聖人全集』第二巻二三〇頁～。）

第十二番問答――一念三千の観心とはどういうことなのか？を問う。『摩訶止観』の明鏡《めいきょう》によって、自分の心に十界が具わっていることを見るのである。そこに十如是がはたらき、三世間がはたらいているのであるから、自己の一念に於いて三千の法界を見ることができるのである。

第十三番問答――以上について証拠となる『法華経』の経文が示される。

第十四番問答――「自他面の六根……」とは、自分の顔を見て、眼・耳・鼻・舌・身・意を具備していることを確かめたり、他人の顔を見て、同様なことを確かめたりできるということはわかるが、自分にも、他者に於いても、それぞれ十法界を具備していることを見ることはできないし、それを信じることもむずかしい。という質問を契機として、『法華経』に示される内容を信じることが困難であると説くのである。それが「法華経は最も難信難解である」ということなのである。それは、仏陀の真意が説かれているからである、というのである。釈尊在世に直接教えを受けた方は、優れた機根の方ばかりであったが、それでも完全に信じることは困難であったのであるから、まして末法の衆生が『法華経』を信じることの困難さは言うまでもないことである、というのである。

第十五番問答――質問。『法華経』と天台大師・章安大師の理解には疑問とするところはないが、十界を自分の身に具備していることが、納得が行かない。その質問に対して、自分の顔は見えないが、他者の顔を見れば、喜びや怒りの表情があるではないか、と答える。①怒るのは地獄界。②貪るのは餓鬼界。③愚かなのは畜生界。④へつらいは修羅界。⑤平生なのは人間界。⑥喜びに満ちあふれるのは天界。そのような表情であることは納得できるのではないか、とする。以上は六道輪廻の世界であるが、その延長上に⑦⑧⑨⑩の四聖界《ししょうかい》を推察することは困難とは言え、⑦声聞界、⑧縁覚界、⑨菩薩界、⑩仏界、を尋ね求めることが理解できるのではないか、というのである。

第十六番問答——明確にとは言えないが、お答えを聞いて、納得できた。此の世が無常であることは、誰しも痛感するところであり、それ故に人界に九界を具備していること、さらに仏界を具備しているに疑問を持ってはならないことを理解するところである、とする。

第十七番問答——さらに心ゆくまで納得させて頂きたいと願う質問に対し、あらゆる仏陀は、「一大事の因縁」を衆生に認識させるために出現したことを説くのであると言う。「一大事の因縁」とは、すべての衆生が必ず仏界に至ることを説くことである。およそ仏教に導かれるのには二つの道があるという。第一は、直接、仏陀に面奉して教えを受ける道である。第二は、仏陀入滅後、仏典によって仏陀の導きを受けることである。さらに仏教以前のインド宗教文化や中国の儒教によって、仏教の深意に目覚めるということもある。そうしたなかで、十界互具を信じることは非常に困難である。しかし、『法華経』が示す肝要の教えは、前述の通り、自己も他者も、すべて生きとし生ける者は、その身に十法界を具備していることにあるというのである。「十界」とは、地獄・餓鬼・畜生・修羅・人・天の六道と、声聞・縁覚・菩薩・仏の四聖界を合わせて十界というのである。さらに、一瞬のうちに十法界のいずれかに心がとどまるのではなく、どの法界にあろうとも、さらに瞬時のうちにその法界が十法界を具するという関係性を持ち続けることを「十界が十界を互有する」とし、そのことを「十界互具」と呼ぶことが明らかにされているのである。

第四章　妙法五字を受持する背景――事具の一念三千――（『昭和定本日蓮聖人遺文』七〇七頁一行目～。『日蓮聖人全集』第二巻二四一頁～。）

第十八番問答の問い――尊い仏陀がわれわれのような凡夫の自己の心に住みたもうことがあるのかを⑴から⑺の項目を挙げて問うのである。

第十八番問答の答え――⑷⑸については、釈尊が久遠実成の仏陀であること。⑹の諸論師が「十界互具」を説かなかった理由については、説くべき「時」が来なかったため。⑸に、方便品に「諸法の悪を断じる」というのは十界互具との整合性に欠けるのではないかとの疑問に対し、仏心が清浄であることを示す言葉であるとする。⑴⑵⑶の疑問に対しては、釈尊が『法華経』を説くことを本意とし、『法華経』が難信難解であるとされるのは、その内容が釈尊の御心がそのまま説かれているためであるとする。⑺に対しては、インド・中国・日本の釈尊・天台・伝教の三師だけが正法たる『法華経』を認識していると答えるというふうに、それぞれの疑問に答えているのである。

第十九番問答――インドの龍樹・天親（世親）らの大菩薩達も、内心では『法華経』の真髄を知っていたのだが、説くべき「時」が来なかったために説き表すことがなかったといい、その後の優れた師も同様であったと説き、また『無量義経』『普賢経』に示された真意を述べ、諸大乗経の趣旨について説き明かしている。

第二十番問答――上来の質問事項に応えて、凡夫の心に仏種の妙法が内蔵されているだけでなく、凡夫の心に仏界を具備していることが明らかにされる。『無量義経』十功徳品・『法華経』方便品・『大智度論』を挙げて、「釈尊の因行の法、果徳の法は、すべて妙法蓮華経に具備されている」ことを明かし、『法華経』信解品で、四大声聞が「無上の宝珠、求めざるに自ずから得たり」ということの趣旨を述べる。さらに法師品を挙げ、また如来寿量品によって、久遠実成の釈尊の誓願を明らかにして「我等凡夫の自己の心に宿る菩薩」の意義を説き示している。

〈二、本尊段〉

第五章　絶対の浄土を示す本門の本尊（『昭和定本日蓮聖人遺文』七一二頁八行目〜。『日蓮聖人全集』第二巻二六一頁〜。）

第二十番問答のつづき——いろいろな形で説かれてきた浄土観に対して、「今本時《いまほんじ》の娑婆世界」の意義が明らかにされる。所謂「四十五字法体段《ほったいだん》」である。「〔変転する無常の仏土に対して〕今本時という絶対時間に開き顕された娑婆世界」のイメージを明らかにするのである。普通、浄土というと、現実の娑婆世界を逃れた全く別の場所をイメージするが、日蓮聖人は現実の娑婆世界に即する絶対時間にある娑婆国土を「今本時の娑婆世界」と説いている。どこか遠くへ逃れる天国や浄土とはまったく発想が違うので、理解が困難であると言えようか。広く日蓮門下として、この究極の深意を求めて行く必要のある重大な課題がここに示されているのである。

〈三、流通段《るつうだん》〉

第六章　末法に弘められねばならない法華経（『昭和定本日蓮聖人遺文』七一三頁五行目〜。『日蓮聖人全集』第二巻二六四頁〜。）

第二十一番問答——本門寿量品に明らかにされる久遠実成の釈尊と随侍する四大菩薩の意義について質問される。それを明らかにするために、釈尊御一代の説法である『法華経』が、それまで説かれてきた諸経典の意図を締めくくる重要な意義を持つことが明らかにされる。そのために、「四種三段」が説かれるのである。三段とは、経論の文科に用いられる「序分《じょぶん》」「正宗分《しょうしゅうぶん》」「流通分」のこと。仏教経典がそれぞれの段階で三分化されて理解されるという手法である。

初めは、㈠「一代三段」で、大きく仏教諸経典を三分科に位置づける。爾《に》前《ぜん》経（『法華経』以前に説かれた『華厳経』『阿含経』『方等部諸経典』『般若経』など）を序分とし、『法華経』と開経の『無量義経』・結経の『観普《かんふ》賢菩《げんぼ》薩《さつ》行法経《ぎょうぼうきょう》』（「法華三部経」）を正宗分とし、『涅槃経』等を流通分とする。

第二は、㈡「十巻三段」。①「法華三部経」のうち開経『無量義経』と『法華経』序品までを序分とし、②『法華経』方便品第二から分別功徳品第十七の前半までを正宗分とし、③『法華経』分別功徳品第十七後半から普賢菩薩勧発品第二十八までと、『観普賢菩薩行法経』までを流通分とする。

第三に、㈢「本門三段」である。『法華経』本門十四品と『観普賢菩薩行法経』を三分する。①『法華経』従地涌出品第十五（前半）を序分とする。②『法華経』従地涌出品第十五（後半）から分別功徳品第十七（前半）までの「一品二《いっぽんに》半《はん》」を正宗分とする。③『法華経』分別功徳品第十七（後半）から普賢菩薩勧発品第二十八までと、『観普賢菩薩行法経』までを流通分とする。

第四に、㈣「本法《ほんぽう》三段」である。①十方三世諸仏の説いた微塵の経経を序分とする。②前述の「寿量品の一品二半」を正宗分とする。すなわち、従地涌出品第十五後半と如来寿量品第十六の全体。そして分別功徳品後半の一品二半を正宗分とするのである。③「妙法蓮華経」を受持することが、正宗分を後々に伝播することとなるので、そのことを流通分とするのである。

第二十二番問答――上来、仏教経典を三分科によって位置づける手法によって、「本門の『法華経』就中《なかんずく》、「寿量品の一品二半」にこそ、久遠釈尊の真意が説かれていることを検証したのであった（前述の㈠一代三段、㈡十巻三段、㈢本門三段、㈣本法三段を確認されたい）。

この二十二番問答では、「本門について論ずるならば、ひたすら末法の初めの人々を対象の中心としている」ことを説き、さらに「ひたすら南無妙法蓮華経の五字を受けたもつ教え」として展開する祈りが明らかにされているのである。

第二十三番問答――第二十二番問答で示された結論について、もう一度、『法華経』全体をふり返って確認する内容である。

第七章　末法に法華経を伝える師とは（『昭和定本日蓮聖人遺文』七一六頁一二行目〜。『日蓮聖人全集』第二巻二七八頁〜。）

第二十四番問答――前問の答えの最後に示された如来寿量品第十六の「使いを遣わして還って告ぐ」という経文を解釈して、仏陀釈尊入滅後の「四依《しえ》の導師《どうし》」についての応答が行われる。四依とは衆生が依り所とする導師に初依・二依・三依・四依という四段階があることをいう。さらに第一に小乗教の四依は、正法一千年のうちの前半五百年。第二に大乗の四依は、正法一千年の後半五百年。第三に『法華経』（前半の）迹門（十四品）の四依は、像法一千年にその役目を果たすと言い、第四に『法華経』（後半の）本門（十四品）の四依は、地涌の菩薩が末法の初めに現れてその法を宣布するとする。

結論的に、「如来神力品第二十一で表される十神力とは、妙法蓮華経という五字を上行菩薩・安立行菩薩・浄行菩薩・無辺行菩薩という地涌の菩薩がたを代表する四大菩薩に授け与えることを説く」とする。この十神力は、「釈尊の入滅なさった後に、一心にこの法華経を護持することに対して、諸仏は皆大いに歓喜して無量の神力を現されたのである」ことが説かれたのであるという。すなわち、地涌《じゆ》の菩薩の首導《しゆどう》である上行《じようぎよう》菩薩らが末法の世に出現して、本門『法華経』の教えが説かれる予言を実現したのが日蓮聖人であるという結論を導き出すために、如来神力品に説く十神力の意義が明らかにされたのである。これを釈尊が殊更に久遠の弟子である地涌の菩薩に仏陀入滅後の付属を委嘱したことから、「別付属《べつぷぞく》」とよぶ。なお、これにつづいて、属累品において、本弟子以外のすべての者にも仏陀入滅後の付属が託される。それを総付属《そうふぞく》とよぶ。

第八章 末法衆生の救済はどのように約束されているのか（『昭和定本日蓮聖人遺文』七一九頁一〇行目〜。『日蓮聖人全集』第二巻二八三頁〜。）

第二十五番問答——「釈尊入滅後、正法一千年・像法一千年（計二千年）に至るまでの間に〔法華経の如来神力品に予言された〕釈尊の本弟子である地涌千界の菩薩たちがわれわれの住む世界に出現して、この法華経を世間に広く宣《の》べ伝えたことがあるだろうか」と問い、そうした事実はないと答える）。

第二十六番問答——それに対して、「どうして、正法・像法の時代に出現して法華経を弘めなかったのか」という疑問を提示するが、答は行われない。

第二十七番問答——重ねて、その点を質問する。『法華経』に示される「三止三請《さんしさんしょう》」に倣って、重大な質問であるので、重ねての質問に対して、敢えて答えるということとしたものであろう。

第二十八番問答——「日蓮の弟子たちの中にも、本門法華経の弘通の必然をおおよそのところを説くのを聞いただけで、皆、誹謗することであろう。〔それを恐れるから〕……口をつぐむ以外に方法がない」と答えるのである。

第二十九番問答——これまで繰り返された質問に対して、やむなく口を開き、諄々と『法華経』に説かれた趣旨を解明していく内容である。結論は左記のとおりである。

第一に、「日蓮の弟子たちよ。本化地涌の菩薩が出現する意味をよく噛みしめよ」として、「地涌千界の菩薩は」教主釈尊が初発心して以来の弟子であること。教主釈尊・多宝如来・十方分身諸仏がうち揃われたところで、「末法の初めに」法華経の救いを弘め伝えることを約束したのであるから、必ず末法に出現することを説くのである。

第二に、これら「四大菩薩は、折伏を表にして法華経を弘める時には、世間の賢い国王の姿で愚かな国王を誡め、摂受を表とする時には、出世間の僧の姿で正法を受持し弘める」ことを結論的に示しているのである。

第三十番問答――「釈尊は法華経に未来記（将来への予言）としてどのように予言しているのか」という質問に対して、天台大師・妙楽大師からの関係言辞を紹介する。その上で、地涌の菩薩の出現の様相を次のように説く。「この時、地涌千界出現して、本門の釈尊の脇士となりて、一閻浮《いちえんぶ》提《だい》第一の本尊、この国に立つべし」と言表する。つづいて、この御本尊はインドでも中国でも現わされることはなかった。といい、日本に於いても、聖徳太子・聖武天皇のときにも現わされず、さらに「伝教大師に至ってほぼ法華経の実義を顕示」したが、時未だ至らなかったために、地涌の本門の四大菩薩を現わすことがなかったという。

さらにまた、このように法華経の真意が明らかにされなかったためにこそ、正法・像法の世には見られなかった大地震・大彗星などが現われたのである、とするのである。世間では『観心本尊抄』は内観の書物であり、『立正安国論』のように社会批判とは全く違う内容と思う人が少なくないが、このように『観心本尊抄』は「大彗星・大地震」の出現は、本門『法華経』の真髄が、地涌千界の本化の菩薩が出現せねばならない予兆として現われた現象であることを明らかにしているのである。

さらにまた、天台大師・妙楽大師の言葉を引用して、「天晴れぬれば、地明らかなり。法華を識る者は、世法を得べきか」（天が晴れれば地が明るくなる。それと同じように法華経の真髄を識る者は、天変地夭などの世法（世間法）における出来事の由来の根本を知ることができるのである）と断言している。ちなみに、この文は、御妙判に重んじられる著名な言葉である。

むすび　末法衆生救済の確信（『昭和定本日蓮聖人遺文』七二〇頁一三行目〜。『日蓮聖人全集』第二巻二九一頁〜。）

『観心本尊抄』の結びの言葉である。繰り返して申すように、日蓮聖人の仏教哲学は、きわめて実践的に結ばれる。決して、理論のための理論ではない。あくまで、「今をどう生きるか」という地平から、釈尊の教えを明確に頂くことに主眼が置かれているのである。ここでも、次のような明確な指針が挙げられている。

「一念三千を識《し》らざる者には、仏《ほとけ》大慈悲を起こして、五字の内にこの珠《たま》をつつみ、末代幼稚の頸《くび》に懸けさしめたもう。」（「一念三千」の法門を識ることができない者に対しては、教主釈尊が大いなる慈悲の手を差し伸べ、妙法蓮華経という五字のなかにこの珠をつつみ、末代のいとけなき凡愚の衆生の頸に懸けさせたもうたのである。）

日蓮聖人が御題目の受持を唱えられた時代、比叡山での常識は、「一念三千」の教理は社会的地位が高い方が出家して比叡山に上り、『法華経』の奥義をきわめる修行の標《しるし》として位置づけられていた。その道に進むために、修行者はひたすら天台大師の教説に参究し、その理解のために唐代に天台大師の仏説を復元した妙楽大師の注釈書を学ぶという段階を経て、いよいよ『摩訶止観』の教えの限りなき修行の道に進み、『摩訶止観』第五巻に至って、「一念三千」の深い意義を勉強し、いよいよ『摩訶止観』の深い深い境地を体感していったのである。

枢要な方々や専門学者も、『摩訶止観』十巻という書物を勉強した方は数多くおられるが、おそらく日本で『摩訶止観』の修行をきわめた方はほとんどいないといってよいのではないかという声すら聞こえて来る。それほど高度な仏教瞑想の修行法であったのであろうか。

天台宗の高僧にとってですら、そうした存在であったのであるから、まして一般の仏教信徒にとっては、まるで縁を得ることのできない境地であったろう。『法華経』は、「諸経の王」として、平安貴族を初め、多くの方々に尊崇された。だが、『法華経』の教義がそれほど難しく、難信難解であるとされるのであれば、人びとはどのようにして仏教信仰の道を進んでいったらよいのであろうか。

そこに流入し、天台宗有数の学僧たちにも魅力をもたらしたのが、浄土教の教えであった。そのような難解な仏教は、庶民にとっては縁のないものとされていたのに対して、安養極楽浄土で阿弥陀如来が誰でも（さらに悪人をこそ）待っているよ！という誘いに従うのは当然であろう。

それに対して、日蓮聖人は『摩訶止観』の境地はとてつもなく深く高い境地である。「摩訶止観」の修行は確かに厳しい。だが、一転して仏陀釈尊の『法華経』の予言を識るならば、その『妙法蓮華経』の教えにひたすら帰命することによって、その境地に引き入れられるのであると説かれたのである。

『摩訶止観』は、『法華玄義』『法華文句』とともに、「天台三大部」といわれる。いずれも天台大師智顗の深い探究の境地に立って説かれた内容である。その『法華玄義』には、「妙法蓮華経」という経題には、名玄義《みょうげんぎ》・体《たい》玄義・宗《しゅう》玄義・用《ゆう》玄義・教《きょう》玄義という玄義（深い奥義）が宿されていることが説かれている。その「妙法蓮華経の五字のなかにこの『一念三千』の珠が包まれている」ことを説き、末法衆生救済を結論づけているのである。

【遺一一八、定七〇二、全二―二二三、歴八八七c】

【一一九】観心本尊抄副状《かんじんほんぞんしょうそえじょう》

系年：文永十年（一二七三）四月二十六日。年齢：五十二歳。述作地：佐渡国一谷。対告：富木常忍。真蹟：二紙完存。所蔵：千葉県中山法華経寺蔵。

巻頭にはまず「ひとえもの」の着物と、墨三丁・筆五本の御供養を頂いたことへの謝辞が誌《しる》される。

本状は、下総国中山の富木常忍《ときじょうにん》に宛てた書状で、その趣旨は『如来滅後五五百歳始観心本尊抄』（『観心本尊抄』と通称）として「観心の法門」を注釈して大田乗明《おおたじょうみょう》殿や曾谷教信《そやきょうしん》御房にお届けします、というものである。「観心の法門……」について、『日蓮聖人全集』第二巻、二九三頁には、「自己の心の究明が、南無妙法蓮華経の受持につきるとの教えについて、少々これを説き明かし……お届けします」と、現代語訳を試みた。

「この事、日蓮当身の大事なり……」を現代語訳して、「ここに述べたことは日蓮が命をかけた大事な法門ですから、この教えについては秘密にして、堅固な法華経の信心の人に出会った時にだけ、明らかにして下さい……」と誌している。

さらに「釈尊が入滅してから二千二百二十余年の間、いまだこの書に述べ示した法門が顕《あら》わされたことはありません」と、本書の意義を明らかにし、最後には「どうか、この書を一覧しおわった日蓮の門下は、日蓮とともに法華経が永遠に説かれる霊山浄土《りょうぜんじょうど》に詣《もう》で、かならずや釈迦仏・多宝仏・十方分身《ふんじん》諸仏の三仏のお姿にまのあたりお目にかかる悦びを噛みしめましょう」と結ばれているのである。

[遺一一九、定七二一、全二―二九三、歴二一〇b]

【一二五】顕仏未来記《けんぶつみらいき》

系年：文永十年（一二七三）閏五月十一日。年齢：五十二歳。述作地：佐渡国一谷。対告：未詳。真蹟：十二紙。所蔵：山梨県身延久遠寺蔵曾存。写本：日進写本（山梨県身延久遠寺）。

文永十年（一二七三）四月二十五日、佐渡島の一谷《いちのさわ》において、日蓮聖人は生涯で最重要書である『如来滅後五五百歳始観心本尊抄』（『観心本尊抄』と通称）を著した。日蓮聖人が初めて御題目を唱え出したのは、三十二歳の建長五年（一二五三）四月二十八日である。それから実に満二十年の月日が経過している。この間、文応元年（一二六〇）七月十六日に『立正安国論』を鎌倉幕府の前執権である最明寺入道（北条）時頼に奏進しており、その奏進により翌月以来、文永八年（一二七一）までの十一年間に四箇度の大難（大きな法難）が日蓮聖人を襲ったのである。佐渡島流謫《るたく》の後半は、ややゆるやかな住居状態というが、それでも食事の際、食器などはなく、木の葉に食事をわかちあって食べたことが知られる。『観心本尊抄』は国宝に指定され、現在も中山法華経寺に保管されている大著であるので、日蓮聖人が門下にその趣旨を簡明に誌《しる》す必要を感じたものと思われる。

本書は、まず釈尊御入滅後、次第に宗教的感性が衰えることを明らかにした「末法」の意義を確認する。釈尊入滅後「正法」（それなりに仏法が正しく伝えられる時代）一千年、「像法」（正しい仏法がほとんど「像《かたち》」（形）＝かたちだけ伝えられる時代）一千年を過ぎて、いよいよ「末法」（教法だけが伝わるだけで、修行も「おさとり」も見失われる仏法が伝わらない長い危機の時代）万年に遭遇するという「末法思想」は、平安時代から強く意識されるようになった。法然上人（一一三三～一二一二）は、浄土教によって、死後の西方極楽浄土への往生を説いて大きな影響を与えた。それに対して日蓮聖人は、仏滅後（仏陀釈尊御入滅後）二千二百二十余年を迎えた今日に至って、いよいよ、末法の衆生のために説き遺された未来記の『法華経』の深義が明らかにされる時代に遭遇したことをしっかりと認識し、本門の『法華経』の救いを受けることを説き明かしたのである。『観心本尊抄』こそは、そのことの深い意義を説き明かした重要書なのである。

日蓮聖人は誌している。「日蓮はこの道理を存じてすでに二十一年なり。日ごろの災・月来の難、この両三年の間の事すでに死罪におよばんとす。今年今月、万が一も身命を逃れがたきなり」。それにつづいて言う。「幸いなるかな、一生の内に無始の謗法を消滅せんことよ。悦ばしきかな、いまだ見聞せざる教主釈尊につかえ奉らんことよ」と。

この自覚に立って、日蓮聖人は、自身の生涯を通じての、身命を賭しての『法華経』弘通の意義が、インドの釈尊⇒中国の天台大師智顗⇒日本の伝教大師のあとを継承する重要な意義を持つことを明らかにしているのである。釈尊とともに天台・伝教は「三国三師」として讃えられるが、「安州（安房国）の日蓮は……〔それら〕三〔師〕に一を加えて三国四師《さんごくしし》と号《な》づく」と最後の文章を締めくくっている。有名な「三国四師」の説の典拠となる文章である。

なお、本書の末尾に、「桑門日蓮これを記す」としている。『観心本尊抄』は、巻首の題名のもとに、「本朝沙門日蓮之を撰す」としているのと、ほぼ同意である。こうした記述はきわめて少ない。この一事からしても、本書が「仏陀釈尊の〔末法への〕未来記（予言）を明らかにする書」として、慎重に撰述されたことを思わせるのである。

〔遺一二二五、定七三八、全二―二九五、歴三一七d〕

【一二六】富木殿御返事《ときどのごへんじ》

系年：文永十年（一二七三）七月六日。年齢：五十二歳。述作地：佐渡国一谷。対告：富木常忍。真蹟：四紙完存。所蔵：千葉県中山法華経寺蔵。

富木常忍《ときじょうにん》は、下総国中山に住した千葉氏の有力被官《ひかん》（事務官僚）。旧宅は法華寺として中山門流の基礎を築いた。没する直前の永仁七年（一二九九）三月、日蓮聖人遺文の目録『常修院本尊聖教事』を作成し、万代の世までも護持するよう誌《しる》した「置文」を第二代の日高に譲った。それが、今日まで中山法華経寺が万難を排して御聖教《ごしょうぎょう》を護持する起因となった。

千葉氏は源頼朝の信頼が厚かったことが伝えられている。その被官（大名・小名に直属する武士）であった富木常忍らは教養高く、日蓮聖人はその都度、心情を綴った書状を誌して富木氏らのもとに届けている。本状もその一環をなすもので、四月二十五日の『観心本尊抄』、五月十一日の『顕仏未来記』の後、七月六日に誌した書状である。ちなみにその二日後の七月八日には、「始顕本尊」（初めて図顕された大曼荼羅本尊）が図示されている。

本状には、『観心本尊抄』『顕仏未来記』を筆録した日蓮聖人の心情の延長がみられる。「私が流罪の御赦免にならないことは、歎くには及びません。かねて立正安国論で警告したように、必ず日本国に何事かが起こるにちがいありませんから、それまでは赦免にならないでありましょう」と言い、赦免にならないのは、「今、久遠の本仏……について述べれば、おそらくは天台大師・伝教大師にも超え、龍樹菩薩・天親菩薩にも勝れていることでしょう。日蓮のこの悦びも『法華経』に説かれる未来記という明らかな証拠の経文がなければ、これ以上の大慢（おごり・たかぶりの心）の者はないということになってしまうことでしょう」と言い、末尾には「幸いなるかな、我が身、数数見擯《さくさくけんひん》出《ずい》の文に当たること。悦ばしいかな、諸人の御返事にこれを申す」と誌して、大難を受け続けることにこそ、『法華経』の予言に合致している証拠が示されていることを綴っているのである。

【遺一一二六、定七四三、全一一三一、歴八〇九d】

【一一七】波木井三郎殿御返事《はきいさぶろうどのごへんじ》

系年：文永十年（一二七三）八月三日。年齢：五十二歳。述作地：佐渡国一谷。
対告：波木井実長。真蹟：伝存せず。写本：日興写本（静岡県重須本門寺）。

日蓮聖人が佐渡流罪を赦免《しやめん》された後、一度は鎌倉に帰ったが、間もなく波木井三郎の所領である南部《なんぶ》郷《ごう》の身延山（現在の山梨県南巨摩郡身延町）に身を隠した。鎌倉から富士を越えて、南部郷に身を委ねたのである。その手引きは白蓮日興《びやくれんにつこう》師によるものと想像されよう。果たして本書は白蓮日興師の写本（八紙）として重須《おもす》本門寺《ほんもんじ》に伝えられているのである。

日蓮聖人が佐渡島に流謫《るたく》されて『観心本尊抄』を著し、始顕《しけん》の大曼荼羅を図顕された直後に、波木井氏から日蓮聖人への書状が届いた。それに対する返書として誌《しる》された本書状の内容は、『顕仏未来記』等と同内容である。『種種御《しゆじゆお》振舞御書《ふるまいごしよ》』には、日蓮聖人が佐渡島へ流謫された衝撃は大きく、それまで門下として振る舞っていた信徒が、一千人のうちのほとんどが退転してしまったと誌されているほどである。ところが、そうしたなかにあって、波木井氏は信仰を棄却することがなかった。そのことについて、書状は次のように誌している。

「ただし日蓮法師に度々これを聞きたる人々、なおこの大難に値《あい》ての後、これを捨つるか。貴辺はこれを聞きたもうこと一両度、一時二時《ひとときふたとき》か。しかりといえども、いまだ捨てたまわず、御信心の由これを聞く。偏《ひとえ》に今生《こんじょう》の事にあらじ。妙楽大師の云く、故に知んぬ、末代一時聞くことを得、聞き已て信を生ずること宿種なるべし等云々。……」

末尾に「甲《か》斐国《いのくに》南部《なんぶ》六郎三郎《ろくろうさぶろう》殿《どの》御返事」とあるから、前述の通りの領主であったことが確認できよう。さらに追って書き（尚々書《なおなおが》き）に「鎌倉に筑後房・弁阿闍梨・大進阿闍梨と申す小僧等これあり。これを召して御尊《たっと》びあるべし。御談議《ごだんぎ》あるべし。大事の法門等ほぼ申す。彼等は日本にいまだ流布せざる大法少々これを有《ゆう》す。随て御学問注し申すべきなり」とあることから、波木井氏が鎌倉に上る機会があったことを思わせ、また筑後房日朗・弁阿闍梨日昭という六老僧の筆頭の二人の名を挙げていることから、門下との緊密な連絡があったことを確かめることができよう。日蓮聖人は、大進阿闍梨にも期待していたことがわかるが、その後、大進阿闍梨は退転《たいてん》（棄教）してしまったのである。

［遺一一二七、定七四五、全二―三一五、歴九〇六c］

【一三六】小乗《しょうじょう》 大乗《だいじょう》 分別鈔《ふんべつしょう》

系年：文永十年（一二七三）。年齢：五十二歳。述作地：佐渡国一谷。対告：富木常忍か。真蹟：断片複数散在。所蔵：千葉県小湊誕生寺蔵・山梨県大野本遠寺蔵・静岡県村松海長寺蔵・神奈川県鎌倉妙本寺蔵・山梨県身延山久遠寺蔵ほか。

大乗とは、簡潔に言えば、「大いなる乗り物のように、すべての衆生を導き、救う教え」とされる。それに対して、小乗とは、「限定された修行者のみが、悟りに到達する教え」ということになる。元来、出家修行者のみが悟りに到達するとされていたのに対して、出家・在家を問わず、すべての修行者・仏道帰依者が仏陀の救いに導かれるとする信仰運動が大乗仏教を興起させたとされる。

『大乗小乗分別鈔』は、さらに一歩を進めて、『法華経』本門こそが大乗であって、その他はすべて小乗であるということを説いているのである。

冒頭には「夫《そ》れ大小定めなし」という文章から始められる。一尺に対すれば一寸は小である。五尺の男に対すれば六尺・七尺の男は大男であるという例から始めて、仏教でも、小乗経の名があるという。大と小という分け方は相対的なものであるとして、常識的な大乗・小乗の知識でなく、末法の衆生を救う仏陀釈尊の本懐《ほんかい》（真意）が『法華経』本門に示されていることを重視したのである。その基本は末法の衆生は「下種《げしゅ》の機」であって、『法華経』には「一念三千仏種」が内包され、それを受持することによって、救済が果たされることが強調されているのである。

すなわち、常識では阿含経が小乗経である。一般には華厳経は大乗とされる。しかし、日蓮聖人は華厳経は大乗の中の小乗であるとする。その根拠は天台大師・智証大師らの詳細な論説に基づくとする。そうした仏教観をさらに進めて、『法華経』如来寿量品第十六こそが真実の大乗の教えであり、それ以外の諸経は小乗であり、未得道教《みとくどうきょう》であるとするのである。

［遺一三三六、定七六九、全二一―三二九、歴五四二d］

【一三九】其中衆生御書《ごちゅうしゅじょうごしょ》

系年：文永十年（一二七四）。年齢：五十三歳。述作地：佐渡国一谷。対告：未詳。真蹟：伝存せず。写本：延山録外御書。

『法華経』「譬喩品第三」に説かれる「其の中の衆生はことごとくこれわが子なり。しかも今この処は諸の患難多し。ただ我《われ》一人のみよく救護《くご》をなす」の趣旨を説いた著述。

娑婆国土は、実にさまざまな憂い患いに悩まされる世界である。そうした環境のなかで、仏陀釈尊（久遠にわたって人々を救済する仏陀であるお釈迦さま）のみが、苦悩する衆生《ひとびと》を救い護ることを宣言した経文である。

この経文に日蓮聖人は注目し、そこに釈尊の慈愛を感じ取り、終始、門下に釈尊の恵みの意義を説いた。日蓮聖人は釈尊が「主・師・親の三徳」を具有していることを強調しているが、ここでは「釈尊が三義を具している」とのみ述べて、その詳細には触れない。その「三義」とは「三徳」のことで、すなわち、釈尊は「主の徳」「師の徳」「親の徳」という三方面のお徳をお持ちで、それによって娑婆国土の衆生、殊に末法の衆生への救いを確かなものとしていると説いたのである。「主の徳」とは、この国土を安定させる大いなる徳をお持ちである、ということである。「師の徳」とは、人は崇高な哲学・哲理に導かれてこそ救済される、ということが示されているのである。そうした思想上の師（導き手）という意味である。「親の徳」とは、我々人間は血の繋がった親子関係を通じて温かな慈愛を感じ取り、ゆたかな人生を送るのである。とはいえ、現今の世相にも見る通り、単なる生物学的な親子関係による慈愛には心許《こころもと》ないものがある。ここに説かれる「其《そ》の中の衆生はことごとくこれ吾が子なり」というのは、生物学的な血縁を超えた久遠の慈愛を意味している。このような三義＝三徳に結ばれて、我々は釈尊のめぐみに包まれて生きていることへの認識を迫っているのが、この経文の意味であるというのである。

『法華経』（前半）迹門の化城喩品第七には、釈尊がまだ菩薩として、三千塵点劫《さんぜんじんでんごう》にわたる永遠の修行期にあったときから、釈尊は娑婆国土の衆生を救済する誓願を立てられたことを確かめ、その時点から、既に釈尊の衆生救済の誓願が一貫していることが説かれている。

さらに『法華経』（後半）本門のうち、如来寿量品第十六に説かれている通り、釈尊が久遠の導きを展開して来たこと、いま衆生救済が説かれるのもその一環であることが明らかにされる。そのことが確認されている。

そうした久遠釈尊への帰依の意味が確認される中で、当時、日本国中を席捲していた阿弥陀信仰がその真実を阻害するものとして、批判を加えているが、そのことについて、『法華経』薬王菩薩本事品第二十三で阿弥陀仏の浄土を説いているのではないか？との疑問についての応答が誌《しる》されている。その答えは「薬王品に説かれる阿弥陀如来は法華経以前の浄土三部経や、迹門の化城喩品の弥陀ではない。名前が同じであるが実体は異なるのである」と誌されている。

【一四五】法華取要抄《ほっけしゅようしょう》

〔遺一三九、定七九五、全二一―三四七、歴三六六d〕

系年：文永十一年（一二七四）五月二十四日（文永九年（一二七二）一月二十四日か）。年齢：五十三歳。述作地：甲斐国身延または佐渡国一谷か。対告：富木常忍。真蹟：二十四紙完存。所蔵：千葉県中山法華経寺蔵。

日蓮聖人は文永八年（一二七一）九月、龍口《たつのくち》法難に遭遇し、同年、佐渡島に流罪。しかし、文永十一年（一二七四）流罪を赦免され、三月に佐渡島を発ち、四月八日には幕府の要人・平左衛門と面談。質問に答えて、「蒙古来寇が近づいている」ことを警告（第三度目の諫暁《かんぎょう》とされる）。五月に鎌倉を離れて、甲州南部の郷、身延山に入った。その七日後に本書が執筆された。

本書は、佐渡島で執筆された『観心本尊抄』の深意をあらためて簡潔に記している。後半に、つぎのような問いと答えが述べられている。

問い――釈尊が入滅してから二千年余りの間に、正法の一千年間に出現した龍樹菩薩・天親菩薩も、次の像法の時代の一千年に出現した天台大師・伝教大師も秘して弘めなかった秘法とは何なのであろうか。

答え――それは「本門の本尊」「本門の戒壇」と「題目の妙法五字」（本門の題目）という「三大秘法」である。像法に弘めなかった理由については省略する。

問い――仏法を滅し尽くしてしまうような法を、どうして末法の世に弘めようとするのであろうか。

答え――末法の時代には、大乗も小乗も、権大乗も実大乗も、顕教も密教などのすべての仏法も、その教えだけは残って伝わっているが、その教えのとおりに修行して成仏した人は一人もなくなってしまったからである。娑婆世界のすべての人々は法をそしる謗法《ほうぼう》の重罪を犯している。したがって法をそしり背く者（逆縁の衆生）に対しては、強いて妙法蓮華経の五字を聞かしめて、成仏のもととなる種を植え付けなければならない。

このように、『観心本尊抄』の枢要を述べつつ、以上に述べた「三大秘法」をたからかに明らかにしたところに、本書の特色がある。

【遺一四五、定八一〇、全二―三五三、歴一〇三七a】

【一五八】立正観鈔《りっしょうかんじょう》

系年：文永十一年（一二七四）十二月十五日（建治元年（一二七五）・建治三年（一二七七）か）。年齢：五十三歳。述作地：甲斐国身延。対告：最蓮房。真蹟：伝存せず。写本：日進写本（山梨県身延久遠寺）・日朝写本（茨城県富久成寺）。

本書の巻頭には、「法華止観同異決」と題され、「当世、天台の教法を習学するの輩、多く観心《かんじん》修行を貴《とうと》んで、法華《ほっけ》本迹《ほんじゃく》二門を捨つと見えたり」という文言から書き出されている。以下の内容は、佐渡島で日蓮聖人の教えに帰依した最蓮房《さいれんぼう》が、京都に帰り、当時、比叡山の天台宗で流行していた「止観は法華に勝る」という法門についての所見を、日蓮聖人に尋ねたのに対して、日蓮聖人がそのような仏教理解は邪義であると断じられた内容であることがわかる。

当時の天台宗の学徒が、「教外別伝《きょうげべつでん》」を説く禅宗の教義に影響されて、天台の『摩訶止観』の観法の実践を重視し、『法華経』を軽んじた教説が流行していたと想定される。言うまでもなく『摩訶止観』の法門は『法華経』に基づくものである。が、内観を重んじるあまり、『法華経』の文字として伝えられている教相《きょうそう》よりも、まだ文字となっていない段階の本迹未分《ほんじゃくみぶん》の境地を明らかにした『摩訶止観』の方が勝れているという論説が展開され、それが流行となったのであろう。

こうした理解に対して、本書では、「そもそも観心の修行とは、天台大師智顗が『摩訶止観』の中で示した、心の中に自ら修行し体験した独特の法門の一心三観《いっしんさんがん》や一念三千の観法を指すのか、はたまた現在流行している達磨大師の弘めた禅宗流の観法によるのであろうか。もし達磨大師の禅の観法によるというのならば、楞伽経《りょうがきょう》・首楞厳経《しゅりょうごんきょう》による禅は、法華経がいまだ真実を明らかにする以前の、方便をまじえた不確かな禅の観法と言うべきである……」と示し、以下に縷々その内容を述べた上で、さらにQ＆Aを展開しているのである。

【遺一五八、定八四四、全二―三七七、歴一一八一a】

【一六五】立正観鈔《りっしょうかんじょう》　送状《そうじょう》

系年：文永十二年（一二七五）二月二十八日。年齢：五十四歳。述作地：甲斐国身延。対告：最蓮房。真蹟：伝存せず。写本：日進写本（山梨県身延久遠寺）・日朝写本（茨城県久成寺）。

『日蓮宗事典』四一九頁上段「立正観鈔」の項目の記述によれば、『立正観鈔』で批判された「止観勝法華劣」の論調が比叡山において旋風となっていたのであろうか。最蓮房《さいれんぼう》から身延の日蓮聖人のもとへ御供養のものが届けられたことへの感謝が、まず巻頭に誌《しる》されている。おそらく書状に、「止観勝法華劣」についての質問内容が誌されていたことが想像される。すでに前年、文永十一年（一二七四）に『立正観鈔』で述べてはいるが、この『立正観鈔送状』において、あらためてその趣旨を確かめているのである。

まず天台の学流にもいろいろあるが、所詮、恵心流《えしんりゅう》と檀那流《だんなりゅう》に属しており、その主張に異なりはあるが、「どちらもともに止観は本門《ほんもん》（『法華経』の後半）・迹門《しゃくもん》（『法華経』の前半）との関係によって成り立っている」点では同じなのである。「それなのに、昨今の天台宗の学徒はどこから相承して、止観は法華経よりすぐれているなどと主張するのであろうか」と言い、詳しくは、送り届ける『立正観鈔』を披見するようにと指示している。

［遺一六五、定八七〇、全二一―四〇三、歴一一八一b］

【二七五】三沢鈔《みさわしょう》

系年：建治四年（一二七八）二月二十三日。年齢：五十七歳。述作地：甲斐国身延。対告：三沢某。真蹟：伝存せず。写本：日興写本（静岡県重須本門寺）。

三沢氏は駿河国（静岡県）の人で、身延の日蓮聖人のもとに、柑子《こうじ》（蜜柑）百個、昆布、海苔（おご海苔）、その他の供養物を届けた。本書状はそれに対する返書である。加えて、内房《うつぶさ》の尼からの小袖が同時に届けられたことも、誌《しる》されている。

「三沢入道」については、『高祖年譜』『本化別頭統記』に基づけば、鎌倉時代に駿河国富士郡大鹿に移り住み、富士十七騎の一人として活躍したという。日蓮聖人に帰依し、戴髪の弟子十七人の一人という（『日蓮宗事典』七二〇頁）。また、内房の尼は駿河国内房に住む日蓮聖人の檀越という（同、四五〇頁）。なお、三沢氏は、四条金吾が不退転の信仰を貫き通したのとは異なり、摂受《しょうじゅ》的、消極的であったとされる（同、三九〇頁）。

本書状で日蓮聖人が『法華経』を信奉することによって多くの法難を受け、ついに龍口法難によって身命の危機に及んだが、不思議なことにそのもっとも有名な言葉は、「また法門の事は、さど（佐渡）の国へながされ候し已前の法門は、ただ仏の爾前《にぜん》の経とをぼしめせ」という文言である。ここから江戸時代の教学者・一妙日導が著した『祖書綱要』に「佐前佐後法門異相章」が説かれ、日蓮聖人の教義が佐渡流罪以前の段階から、佐渡流罪以降の『開目抄』『観心本尊抄』をはじめとする諸御遺文で、日蓮聖人が久遠の本弟子（本化の菩薩）の自覚に立っての位相へと昇華したことが、日蓮聖人理解の上での常識とされるようになったことを付記しておく。

【遺二七五、定一四四三、全二―四〇九、歴一〇八一a】

【二七七】始聞仏乗義《しもんぶつじょうぎ》

系年：建治四年（一二七八）二月二十八日。年齢：五十七歳。述作地：甲斐国身延。対告：富木常忍。真蹟：九紙完存。所蔵：千葉県中山法華経寺蔵。

富木常忍《ときじょうにん》は、千葉氏の文書官で、教養に秀で、日蓮聖人が心を許して、折々の心境を伝えたという親密な関係があった。また、その背後には、源頼朝以来、千葉氏との関係が厚かったこともあるのではないか、と筆者は感じている。

本書状は、母の第三回忌にあたって、富木常忍が身延の日蓮聖人に御回向料《ごえこうりょう》をお届けしたことへの返書であるが、文末に「問う、かくのごとくにこれを聞いてなんの益あるか」との問いに対して「答えて云く、始めて法華経を聞くなり……」と誌《しる》されているのに基づく。

巻頭に、天台大師の『摩訶止観』に説く、「止観の明静なることは前代未聞である」という趣旨はどういうことでしょうか？　という問答について、それは「円頓止観」ということなのだと答える。その心とは？　という問いに対して「法華三昧」のことであると答える。それはどういうことですか？　という質問に対して、末代の凡夫が修行するこころには、①就類種《じゅるいしゅ》の開会《かいえ》と、②相対種《そうたいしゅ》の開会とがあり、①は「心ある者は正因を宿す」という一般的な励ましであるのに対して、②は「生死即涅槃《しょうじそくねはん》・煩悩即菩提《ぼんのうそくぼだい》・結業即解脱《けつごうそくげだつ》」で、苦に生きる身に即して「おさとり」を得ることができ、悩み憂いに即して「仏の正智のはたらき」を得ることができ、「煩悩によって起こす善悪の業」に即して「苦しみから解放される」こととなることを明らかにするものと説くのである。②の教えは「三道即三徳」と説かれ、あたかも勝れた大薬師が「毒をもって薬とする」ように、『法華経』の教えは、衆生の迷いを転じて上述の「三徳」に昇華させる教えであることを明らかにするのである。

『法華経』は日本に於いてしきりに讃仰されたが、肝心なことは、『法華経』は「三道即三徳《さんどうそくさんとく》」の教えであるということをしっかり認識することであると説いている。それを確かめてこそ、「始めて『法華経』の教えを聞く」こととなることを明らかにしているのである。

〔遺二七七、定一四五二、全二―四二一、歴四七九b〕

【二九四】富木入道殿御返事《ときにゅうどうどのごへんじ》

系年：弘安元年（一二七八）六月二十六日（弘安五年か）。年齢：五十七歳。述作地：甲斐国身延。対告：富木常忍。真蹟：十三紙および上書完存。所蔵：千葉県中山法華経寺蔵。

別名を『治病抄《ちびょうしょう》』、『治病大小権実違目《ちびょうだいしょうごんじついもく》』とも称する。

前掲『始聞仏乗義』【二七七】は、同年の健治四年（一二七八）二月に同じ富木常忍《ときじょうにん》に与えているが、重要な法門が説かれているので漢文体として記したのであろうか。それに対して本書状は和文である。

富木氏からの書状に、疫病が流行している悩みが訴えられていた。それに対して日蓮聖人は、人間には「身の病《やまい》」と「心《こころ》の病」があることを説き、『法華経』を真摯に信奉するならば病に打ち勝つことができると誌《しる》している。そのことを明らかにするために、『法華経』の迹門（前半のおしえ）・本門（後半のおしえ）について述べ、さらに末法に於ける『法華経』信奉の在り方を述べる。天台大師が説いた『摩訶止観』に、正直に仏教を行ずると、必ず「三障四魔」が現れると説かれているが、末法において『法華経』を説く日蓮聖人とその門下たちには、天台大師や伝教大師の時代よりも、激しい妨害が出現することを克服する覚悟をしなければならないことを強調しているのである。別名『治病大小権実違目』などと呼ばれるのも、上述のようなことが綴られていることによる。

なお、追って書き（尚々書《なおなおが》き）に「四条金吾殿の御用事につけて託された帷子《かたびら》確かに頂戴しました」と述べ、太田金吾にも触れており、門下同士の交流の一端を知るよすがとなっている。

［遺二九四、定一五一七、全二一―四二九、歴八一一d］

【三〇七】本尊問答抄《ほんぞんもんどうしょう》

系年：弘安元年（一二七九）九月。年齢：五十八歳。述作地：甲斐国身延。対告：浄顕房。
真蹟：伝存せず。写本：日興写本（静岡県重須本門寺）・日源写本（静岡県岩本実相寺）。

浄顕房《じょうけんぼう》と義浄房《ぎじょうぼう》とは、清澄で是聖房蓮長《ぜしょうぼうれんちょう》（日蓮聖人の初期の僧名）の兄弟子であったとされる。日蓮聖人は安房《あわ》から遠ざけられたが、清澄寺山内に日蓮聖人の教えを奉ずる弟子たちがいたことが確認されている。既に日蓮聖人は、佐渡島で文永十二年（一二七五）四月二十五日に『観心本尊抄』（詳しくは『如来滅後五五百歳始観心本尊抄』）を著して、『法華経』の説く「本尊」「題目」の意義を明らかにし、「戒壇」についても密釈《みっしゃく》した。その後、『法華取要抄』等の諸遺文に「本尊・戒壇・題目」の三大法門（三大秘法＝三秘）を説いた。さらに建治二年（一二七六）七月二十一日、亡くなられた旧師道善房の菩提を念じて、『報恩抄』を著し、聖人の本弟子「六老僧」のひとり、日向《にこう》を清澄に遣わして、森林に向かって二度、『報恩抄』を朗読すること、さらに道善房の墓前で一度朗誦することを命じたのであった。

既にそのように「本尊」についての所見は、日蓮聖人の著作・書状によって知悉しているはずであるが、浄顕房は根っからの天台宗義に浸かっている人なので、さらに聖人の本意を聞きたいということであったのであろうか。『本尊問答抄』の質問は、「問い。末代悪世に生きる凡夫の身として、なにを本尊として定めるべきなのか？」ということであった。それに対する日蓮聖人の答は、「答え。法華経の題目を本尊として崇敬するべきである」という文言であった。しかし、その後、問答を交わしていくうちに、「答え。釈尊と多宝如来と十方世界の諸仏の御判定によれば、

「已《い》」(法華経以前の諸経)・今《こん》(法華経の開経の無量義経)・当《とう》(法華経の結経の観普賢経・涅槃経)の釈尊の御生涯におけるすべての経典を超えて、法華経が第一である」と説かれている。日蓮聖人が「法華経を本尊とする」という意味は、南無妙法蓮華経を中央に掲げて、久遠の教主・釈尊を中心とする『法華経』の世界への帰敬を意味するものであったことがわかるのである。

しかも末尾に、「この本尊は、釈尊がお説きになってから二千二百三十余年の間、一閻浮提《いちえんぶだい》(世界中)に、未だ伝えた者が一人もいない」という内容であることが、明示されているのである。

【遺三〇七、定一五七三、全二―四四一、歴一〇五五b】

【三一〇】富木《とき》入道殿《にゅうどうどの》御《ご》返事《へんじ》

系年:弘安元年(一二七八)十月一日(建治三年か)。年齢:五十七歳。述作地:甲斐国身延。対告:富木常忍。真蹟:十紙完存。所蔵:千葉県中山法華経寺蔵。

別名を『稟権出界鈔《ほんごんしゅっかいしょう》』とも称する。

富木常忍《ときじょうにん》が日蓮聖人に、天台宗の僧・了性房《りょうしょうぼう》と対論して論破したことの報告をすると共に、あわせて法門に関する指南を仰いだのに対し、日蓮聖人が認《したた》めた書状である。別名『稟権出界鈔』とよばれるのは、『法華文句記』九巻にある「稟権出界名為虚出《みょういこしゅつ》」(寿量品を釈した箇所に「権を稟《う》けて界を出づるを名づけて虚出となす。三乗は皆三界を出でずということなし。人天は三途《さんず》を出でんがためならずということなし。並びに名けて虚となす」）についての解釈をめぐっての対論であったことによる。

富木常忍は、『法華文句記』の「法華経以前の方便をまじえた権教《ごんきょう》（仮の教え）を稟けて、三界（欲界・色界・無色界）の迷いを離れたと思ったとしても、それは虚像の出離《しゅつり》である」という文を証拠とした。ところが了性房は、『法華経』以前の方便の権教によっても、真実のさとりに入らない者はない」と反論した。そのような理解を、富木常忍が論破したのである。ちなみに了性房は下総国真間・天台宗檀林化主で関東天台の一大学匠であったという（『日蓮宗事典』「了性」の項を参照）。

日蓮聖人は、『法華文句』同『記』について詳説し、『法華経』の真実の法門（教え）について明らかにしている。が、文中に於いて、「今回の問答は首尾よく行ったけれども、今後は下総の地で法論をしてはならない」と誡めている。「彼等は……獅子王ともいうべき日蓮の法門を聞いたことも見たこともないのに、ただぼんやりと批判」を加える者で、「さながら蚊《か》や虻《あぶ》と同じ程度の者」にすぎないとし、そうした者を論破したとて、貴殿の見識があさはかなものになってしまうではないかと警告しているのである。

［遺三一〇、定一五八八、全二―四六五、歴八一一d］

【三六七】諸経与法華経難易事《しょきょうとほけきょうとなんいのこと》

系年：弘安三年（一二八〇）五月二十六日。年齢：五十九歳。述作地：甲斐国身延。対告：富木常忍。真蹟：十紙完存。所蔵：千葉県中山法華経寺蔵。

題名は「諸経《しょきょう》と法華経と難易の事」と読む。富木常忍《ときじょうにん》は絶えず日蓮聖人に書状を送り、日蓮聖人からの示教を受けた。日蓮聖人からは、折々の聖人の御心境が漏らされた。富木氏からの質問は、『法華経』法師品に「法華経は難信《なんしん》難解《なんげ》（法華経は信じがたく理解しがたい仏陀の随自意のおしえである）」と説かれていることの意味についてであった。本書は、『昭和定本日蓮聖人遺文』では、わずかに二頁半であるが、真蹟は十紙である。つまり、かなり大きな字で書かれていることがわかる。富木氏らへの書状には、大きな字で書かれたもの、漢文体で法門を詳細に説いたもの、などの変化が見られる。そのような視点から推測すると、本書は、大勢の人の前に掲げて、日蓮聖人の深意を多くの信徒に周知徹底する目的で書かれたものと推測できようか。

「南無妙法蓮華経」を一心に唱えて『法華経』を信奉しなさいというのが、日蓮聖人の教えである。いかにもたやすいことのように思われるが、実際は『法華経』を信奉することによって、法難を受けたり、幾多の困難に遭遇する。なぜ『法華経』を信奉すると困難が伴ってくるのか？　という疑問は、なかなかぬぐえなかったのではなかろうか。そのことは、既に多くの著述に日蓮聖人が綿密に明らかにしてきた内容であるが、ここにあらためてその法門の深意を、簡潔に示して頂きたいという富木氏からの要望に応えての返書である。

日蓮聖人は、『法華経』が仏陀釈尊の御入滅後の衆生に大いなる導きを与えることを、三人の先師が解明していると説く。①はインドの龍樹菩薩が『大智度論』に「大薬師は毒をもって巧みに薬と転換する」という言葉で、仏陀の「随自意《ずいじい》」の法門はほんらい難解であるが、それを巧みに受け容れる教えとして解明された。②中国の天台大師は、(1)『法華経』以前に説かれた諸経・(2)今説かれた『無量義経』・(3)将来に説かれる『涅槃経』等は、すべて劣った機根に対応した「随他意《ずいたい》」の教えであるから受け容れやすい「易行のおしえ」であるとし、それに対して随自意（本意）を説く『法華経』は難信難解であることを自覚した上で、しっかり信奉しなければならないことを明らかにされた。③日本の伝教大師は、②の趣旨に沿って「(1)『法華経』以前・以後に説かれた諸経典、(2)今説かれた『無量義経』、(3)『法華経』以降に説かれた『涅槃経』」、これらは、相手に応じた「随他意」の教えであるから、信じることが容易で理解しやすい「易信易解」である。それに対して、「『法華経』は仏陀釈尊の「随自意」（深い御心をそのまま説いた教え）であるから、「難信難解」（信じにくく、理解に困難が伴う）」であると述べているのである。「南無妙法蓮華経」と、『法華経』を簡明に信奉することはいとも容易《たやす》いことのように思いがちであるが、仏陀釈尊の「随自意」という深意を真摯に受けとめていかねばならないことを、仏教史をたどりながら、解明していくのが本書の趣旨である。最後に、「幸いなことには私（日蓮聖人）の一門だけは釈尊の本意である『法華経』に拠っているので、自然に涅槃の海に流れ込み成仏することができるのである」と結論を示している。

〔遺三六七、定一七五〇、全二―四七五、歴五六九a〕

【四〇三】三大秘法稟承事《さんだいひほうほんじょうじ》

系年：弘安四年（一二八一）四月八日。年齢：六十歳。述作地：甲斐国身延。対告：大田乗明。真蹟：伝存せず。写本：日親写本（京都府本法寺）。

本書は『三大秘法抄《さんだいひほうしょう》』と通称され、いわゆる国立戒壇論《こくりつかいだんろん》の拠り所となる文言があることで著名で、日蓮聖人入滅後二百年頃の久遠日親上人の写本が京都の本法寺に護持される。国立戒壇論の典拠とされる文言が、「戒壇とは王法〔が〕仏法に冥《めい》し、仏法〔が〕王法に合《がっ》して王臣一同に本門の三大秘密の法を持《たも》ちて、有徳王《うとくおう》・覚徳比丘《かくとくびく》のその乃往《むかし》末法濁悪《じょくあく》の未来に移さん時、勅宣《ちょくせん》並びに御教書《みきょうしょ》を申し下して、霊山浄土に似たらん最勝の地を尋ねて、戒壇を建立すべきものか」と述べられている。

日蓮聖人は、身延入山後に著した『法華取要抄』をはじめとして、「本門の三つの法門」「本門の三大事」などの用語で、「本門の本尊」「本門の戒壇」「本門の題目」について明らかにしたが、「三大秘法」という名称は本書にあるのみなので、それゆえに本書が注目されて来たという経緯がある。

素直に本書の内容をたどると、巻頭に『法華経』「如来神力品」の「如来の一切の法、如来の自在の神力、如来の一切の秘要《ひよう》の蔵、如来の一切の甚深の事、皆この経において宣示顕説す」の経文を挙げ、これを釈した「経中の要《よう》説《せつ》」について、「説く所の要言《ようごん》の法」について質問する。答えは、この要説は「久遠称揚の本眷属、上行等の四菩薩を、寂光の大地の底よりはるばると召し出して付属」した内容であるとする。その教えが仏の滅後＝正法・像法・末法のそれぞれの時代（これを「正法・像法・末法の三時」とよぶ）において展開されることを説いた上で、正法時代の龍樹菩薩・天親菩薩の段階、像法時代の南岳・天台等の題目は「理法の題目」であり、「末法に入りて今日蓮が唱うるところの題目は、前代に異なり、自行化他《じぎょうけた》に亘《わた》りて南無妙法蓮華経なり。妙体宗用教《みょうたいしゅうゆうきょう》の五重玄《ごじゅうげん》の五字なり」と説く。こうした論理展開の上に、先述の勅宣・御教書に基づく戒壇建立の「時を待つべきのみ……」という文言に展開されるのである。

【遺四〇三、定一八六二、全二一―四八一、歴四二〇c】

《第三巻》

【一二三】報恩抄《ほうおんしょう》

系年：建治二年（一二七六）七月二十一日。年齢：五十五歳。述作地：甲斐国身延。対告：故道善房（浄顕房・義城房）。真蹟：四巻二十九紙・断片複数散在。所蔵：山梨県身延久遠寺蔵（曾存）・東京都池上本門寺蔵（断片）　高知県要法寺蔵（断片）ほか。写本：日乾真蹟対校本（京都府本満寺）。

建治二年（一二七六）六月ごろに死去した旧師道善房へ報恩回向のために撰述され、清澄の浄顕房《じょうけんぼう》・義城房《ぎじょうぼう》に送り、弟子の日向《にこう》上人を使者として派遣して墓前で読誦させた。撰述の直接の目的は恩師道善房への追善報恩にあったが、浄顕房・義城房への法門教示としても重要な意義があった。日蓮聖人の生涯にわたる『法華経』信仰の功徳を旧師に追善回向し、報恩の思想について体系的に論じている。まず、人間の根本道徳としての知恩報恩についてとりあげ、仏法における報恩とはどのようなものであるかを検討し、それが世俗的な倫理を超えたところに存在することを論じて、真実の報恩とは『法華経』のお題目を布教することによって、父母・師匠をはじめ日本国の人々を成仏へと導くことにあるとしている。また、インド・中国・日本の三国にわたる仏教流伝の歴史について概観し、『法華経』が末法に弘まることの必然性を論じている。さらに、日蓮聖人独自の歴史観に立って三国仏教史観が再説されて、天台大師智顗《ちぎ》・伝教大師最澄《さいちょう》の功績を賞揚し、一方で真言密教に対する厳しい批判を展開している。そして、お題目の重要性と、末法における日蓮聖人の仏使としての自覚、三大秘法（本門の本尊・本門の戒壇・本門の題目）について述べ、「日蓮が慈悲曠大《こうだい》ならば、南無妙法蓮華経は万年の外《ほか》未来までもながるべし」と、法華経の行者として歩んできた道によって、真実の報恩を実践し体現してきたという日蓮聖人の自負の心情が明らかにされている。道善房は日蓮聖人の清澄における師であったが、浄土教を信奉しており、建長五年（一二五三）の立教開宗に際して日蓮聖人が清澄を退出するときにも、清澄寺内の念仏者や念仏者である地頭の東条景信の権勢にはばかって、消極的な姿勢に終始した。その後、文永元年（一二六四）十月に西条華房の蓮華寺において日蓮聖人と対面して、『法華経』信仰を強くすすめられたが、佐渡在島中にも一度も訪問しなかったことなどから、道善房は『法華経』の信仰を貫くことができなかったようである。しかし、本書の結びには「この功徳は故道善房の聖霊《しょうりょう》の御身《おんみ》にあつまるべし」とあり、日蓮聖人が得た宗教的な功徳のすべてによって、亡き師の聖霊を回向し救済したいという願いが表明されている。なお、日蓮聖人の重要著作として五大部の一つとされている。

〔遺二二三、定一一九二、全三―〇〇三、歴一〇〇一c〕

【一二四】報恩鈔送文《ほうおんしょうそうもん》

系年：建治二年（一二七六）七月二十六日。年齢：五十五歳。述作地：甲斐国身延。
対告：浄顕房・義城房。真蹟：伝存せず。写本：平賀本録内御書・本満本録内御書。

日蓮聖人は、建治二年（一二七六）六月ごろに死去した旧師道善房への報恩回向のために『報恩抄』を撰述したが、本書は弟子の日向《にこう》上人を遣わして『報恩抄』を旧師の墓前に捧げるための副状《そえじょう》である。宛名に「清澄御房」とあり、本文中に「御まへと義城房と二人」とあるので、清澄御房（浄顕房《じょうけんぼう》）と義城房《ぎじょうぼう》に送られたことがわかる。真蹟は伝わらない。浄顕房等の書状についての返信であり、法門についての心得が示され、願い出のとおりに本尊を授与することを述べ、日蓮聖人が法華経の行者であることが示されている。世の人々は遁世とみていることなど、日蓮聖人自身が弔問に行くことのできない理由と、「此御房《このごぼう》」日向上人を使者とすることについて述べ、嵩《たか》が森《もり》および道善房の墓前で『報恩抄』を読むように指示している。嵩が森は清澄寺境内か周辺にある森、あるいはその地名のことを指すと考えられている。また、『報恩抄』に説き示した法門の重要性を強調し、よくよく聴聞するように述べている。

〔遺二二四、定一二五〇、全三―一〇五、歴一〇〇三b〕

【一〇】一代聖教大意《いちだいしょうぎょうたいい》

系年：正嘉二年（一二五八）二月十四日。年齢：三十七歳。述作地：安房国または駿河国岩本か。対告：未詳。真蹟：伝存せず。写本：日目写本（千葉県保田妙本寺）。

真蹟は現存しないが、日目上人の写本が保田の妙本寺（千葉県）に存する。著作地は房州の説があるが、おそらく駿河岩本であろうと考えられている。題号の一代とは釈尊の一代のことで、五十年の説法の趣旨について述べたものである。日蓮聖人は天台大師智顗《ちぎ》の一代五時教判《きょうはん》に基づき、釈尊のすべての説法のなかでも『法華経』がもっとも勝れた教えであり、『法華経』を説き示すことが釈尊が世に出現した本来の目的であることを明らかにしている。まず、蔵教・通教・別教・円教の化法の四教（釈尊が衆生を教化した法門の内容）を説いて、諸経典を教理的な内容から検討している。そして、釈尊一代の説法を時間的に検討して、華厳時・阿含時《あごんじ》・方等時《ほうどうじ》・般若時《はんにゃじ》は『法華経』に誘引するための教えであり、『法華経』が一切衆生の成仏を説き明かした最勝真実の教えであることを論証して、その功徳がはかりしれなく大きいことを述べている。日蓮聖人の初期の著述であるため、諸宗の教義については比較的寛容な態度が示されている面がある。

【遺一〇、定五七、全三―一〇九、歴五六d】

【二九】教機時国鈔《きょうきじこくしょう》

系年：弘長二年（一二六二）二月十日。年齢：四十歳。述作地：伊豆国伊東。対告：未詳。真蹟：伝存せず。写本：日朝写本（山梨県身延久遠寺）。

真蹟は現存しないが、末法の衆生を救済する『法華経』の法門である五義について論じられた著述として古来から重んじられている。署名も自題とされる。仏法を弘める者は、「教」教の内容、「機」衆生の機根、「時」弘まるべき時、「国」弘まる場所、「序」法の前後関係（教法流布の前後）を弁えるべきであるとする。まず「教」については、インド・中国・日本に流布する経律論に大小・権実《ごんじつ》・顕密《けんみつ》などの区別があることを述べる。二に「機」については仏教を弘めるためには衆生の機根を知らねばならないことを示し、不軽菩薩《ふきょうぼさつ》の但行礼拝《たんぎょうらいはい》（出会う人ごとにひたすら礼拝したこと）や毒鼓《どっく》の縁（信じない人にも強いて法を説いて縁を結ばせること）の喩えによって、不信の者も多い末法の衆生であるが、あえてすべての衆生に『法華経』を説いて下種とするべきであるとする。三に「時」については、仏法も説かれる時代によって法が有益であるか、無益であるかの違いがあるとして、末法の時代には権経《ごんきょう》（方便を交えた仮の教え）を説くべきではなく、釈尊の真実の教えである『法華経』を説くべきことを明らかにする。四に「国」については、仏教には弘まるべきふさわしい国があるので、日本国は小乗の教えが弘まる国か、大乗の教えが弘まる国か、大乗・小乗を兼学する国かをよく弁《わきま》えなければならないとする。五に「序」については、すでに仏法の弘まっている国ならば、すでに弘まっている法を知って、その後に法を弘めなければならないとする。そして『法華経』が諸経典の中でも最も勝れるという立場から五義の真意を明かし、どのような法敵が出現しても身命を捨てて『法華経』を弘めねばならないことを、『法華経』法師品・安楽行品・勧持品・寿量品の経文を引用して強調する。なお、第五の「序」については、後に、日蓮聖人の迫害受難の体験を通して「師」として末法の規範を明示することへと発展展開していく。

【遺二九、定二四一、全三―一五一、歴二四四c】

【三二】顕謗法鈔《けんほうぼうしょう》

系年：弘長二年（一二六二）。年齢：四十一歳。述作地：伊豆国伊東。対告：未詳。真蹟：二十五紙。所蔵：山梨県身延久遠寺蔵曾存。写本：日乾真蹟対校本（京都府本満寺）。

真蹟二十五紙が身延山に曾存していたとされ、寂照院《じゃくしょういん》日乾《にちけん》上人の真蹟対照本がある。謗法とは正法をそしることで、仏法における最大の罪悪である謗法の真意について論じている。大きく四段に分けることができる。第一段は、八大地獄の様相と地獄に堕ちることの業因について述べる。恵心僧都《えしんそうず》源信《げんしん》（九四二～一〇一七）の『往生要集《おうじょうようしゅう》』の地獄の描写と照応する部分がみえる。平安時代の天台僧の源信は『往生要集』を著作して日本における念仏往生が流布する淵源となった人物であるが、一方で『一乗要決《いちじょうようけつ》』を著述して『法華経』の一乗思想を高揚している。第二段は、八大地獄のなかでも、最下層にあって最も苦しい責めを受けるという無間地獄《むけんじごく》に堕ちる業因に軽重があることを明らかにする。そして、無間地獄に堕ちる業因は五逆罪（父を殺すこと・母を殺すこと・阿羅漢という聖者を殺すこと・僧団の和合を乱すこと・尊い仏の身を傷つけること）であるが、釈尊入滅後、父母を殺すことは世の法によって厳しく誡められ、その他の罪については末法においては五逆罪を犯す対象がない。このため、日蓮聖人は末法における重罪とは何かを問いかけ、正法（真実の教え）をそしることであるとし、『法華経』をそしることが最も重い罪であるという結論を導き出す。第三段は、謗法の行為とはどのようなものかについて検討し、それは法に背くこと、正法を人に捨てさせること、すぐれた経を批判することであるとして、悪しき指導者に従うべきではないことを明示する。第四段は、仏法を弘めるときには、かならず教・機・時・国・序の五義を弁えねばならないことを述べ、信と解のありようを『涅槃経』を基調としつつ検討して謗法の本質を明確にしている。

〔遺三一、定二四七、全三―一六七、歴三二〇c〕

【三八】南条兵衛七郎殿御書《なんじょうひょうえしちろうどのごしょ》

系年：文永元年（一二六四）十二月十三日。年齢：四十三歳。述作地：安房国。対告：南条七郎。真蹟：断片複数散在。所蔵：京都府妙覚寺蔵・本満寺蔵・本隆寺蔵・千葉県法蓮寺蔵ほか。

駿河国富士郡上方上野郷に住した鎌倉幕府の御家人であった南条兵衛七郎に宛てた書状で、七郎の病気見舞いにかねて『法華経』の信仰を堅持することの大切さを説き示している。真蹟の断片が京都本禅寺ほか十ヶ所、日興上人の写本が北山本門寺（静岡県）に所蔵されている。七郎は鎌倉在勤の折に日蓮聖人に接し、念仏信仰を捨て『法華経』を信仰するようになった。しかし、周囲の者たちは念仏を信仰しており、駿河に帰った兵衛七郎にも信仰を勧めていた。このため、日蓮聖人は七郎の病気にふれて、後世の安心も『法華経』信仰によって約束されるものであると諭し、そのためには釈尊の教えを本とすべきことを強調して、五義の法門を説く。主師親三徳を兼ね備えた釈尊の真実の教えである『法華経』のお題目を唱えない者は不孝第一の者であり、末法にはただ実大乗の機のみがあるから、末代濁世《じょくせ》の我らには念仏信仰は時があわないことを説き、日本国にはどのような教えがふさわしいかを考え、仏法流布の先後をわきまえるべきであると、『法華経』のお題目を根本とすべきことを教える。また、この年（文永元年）

の十一月十一日に起こった東条景信ら念仏者による襲撃事件（小松原法難）について述べ、『法華経』の教えを色読《しきどく》（経文に説かれた内容を身をもって体験すること）したのは日蓮聖人ただ一人であるとして「日本第一の法華経の行者」との自覚を表明している。

【遺三八、定三一九、全三―二一九、歴八四〇a】

【一七〇】曾谷入道殿許御書《そやにゅうどうどのがりごしょ》

系年：文永十二年（一二七五）三月十日。年齢：五十四歳。述作地：甲斐国身延。対告：曾谷教信・大田乗明。真蹟：上巻二十六紙・下巻十九紙完存。所蔵：千葉県中山法華経寺蔵。

身延の日蓮聖人が下総の曾谷教信《そやきょうしん》・大田乗明《おおたじょうみょう》に宛てた書状。曾谷教信と大田乗明は日蓮聖人と血縁関係にあったようで、遊学のころから日蓮聖人に助力した篤信者であり、その教義もよく理解していたとされる。真蹟は上巻二十六紙・下巻十九紙からなり中山法華経寺に格護されている。経典章疏の蒐集《しゅうしゅう》を依頼するのによせて、日蓮聖人の重要教義である五義の法門を教示しており、日蓮聖人の五大部につぐ重要書とされている。重病の者は良薬によって治療しなければならないのと同様に、末法の重病者である正法をそしる罪（謗法逆機《ほうぼうぎゃくき》）を療治するためには、南無妙法蓮華経のお題目という良薬によらなければならないことを明らかにする。そして、救済されるべき末法の人々と、救済する導師について論じ、南無妙法蓮華経の題目こそ衆生を救済する一大良薬であり、その法の弘まるべき時代と国土について論述している。さらに、『法華経』の肝要な法門であるお題目を布教するためには、釈尊の聖教《しょうぎょう》全般を研鑽する必要があるとして経典章疏の蒐集を依頼して、曾谷・大田両氏の外護の功徳に感謝し、如来使として『法華経』の布教に身命を捧げる決意が示される。佐渡流罪以前に示された五義の「序」が、本書では「師」へと転換されており、日蓮聖人の色読《しきどく》（『法華経』の実践）の体験に立脚した自覚と使命が表明されたものと考えられている。

〔遺一七〇、定八九五、全三―二三五、歴六六三b〕

【五】諸宗問答鈔《しょしゅうもんどうしょう》

系年：建長七年（一二五五）か。年齢：三十四歳。述作地：相模国鎌倉か。対告：未詳。真蹟：伝存せず。写本：日代写本（静岡県西山本門寺）。

諸宗と問答するときに心得るべきことについて述べている。はじめに天台法華宗との問答をしつらえて、天台大師智顗《ちぎ》が爾前の諸経と『法華経』の勝劣を明らかにするために立てた「三種教相《さんじゅきょうそう》」を取りあげ、根性の融不融《ゆうふゆう》の相（諸経典の説法によって聴衆の機根がととのったので『法華経』が説かれるに至ったこと）・化導の始終不始終《しじゅうふしじゅう》の相（化導の始まりが大通智勝仏《だいつうちしょうぶつ》の『法華経』会座の下種結縁《げしゅけちえん》にあること）・師弟の遠近不遠近《おんごんふおんごん》の相（釈尊の永遠性が明らかにされたこと）について約教《やくきょう》（教義の浅深を区別した「教」の方面について論じること）・約部《やくぶ》（釈尊の教説を時間的に竪に順序立てた「部」の方面について論じること）による仏教の勝劣についての考え方があることを示すなど、権実《ごんじつ》（方便の教えと真実の教え）を明確にすべきことを述べる。また、禅宗については教外別伝《きょうげべつでん》・仏祖不伝・即身即仏の法門を天魔の教えであるとし、華厳・法相・三論・倶舎・成実・律の南都六宗については伝教大師最澄に帰伏した宗であるとみる。さらに、真言宗については、真言三部経が大日如来の説か、釈迦如来の説かを問い、釈尊の説であるとするならば已今当《いこんとう》（已《すで》に説かれた四十余年の諸経・今説かれた『無量義経』・当《まさ》に説かれるであろう『涅槃経《ねはんぎょう》』に比較して『法華経』が最も勝れるとする法師品の語）・未顕真実《みけんしんじつ》（四十余年の諸経が方便であることを明らかにした『無量義経』の語）の義において方便権教《ほうべんごんきょう》であるとし、念仏については有名無実にして、阿弥陀仏も有為無常《ういむじょう》（永遠常住ではないこと）の仏であって、名のみあってその体はないと批判する。建長七年（一二五五）の撰とされているが、本書に真言宗批判がみえるのは、この時期の他の遺文とは違う特徴を示しており、撰述時期については検討を要する面もある。日代上人の写本が西山本門寺に所蔵されている。

〔遺五、定二二、全三―二八一、歴五七〇b〕

【九四】法華浄土問答鈔《ほっけじょうどもんどうしょう》

系年：文永九年（一二七二）一月十七日。年齢：五十一歳。述作地：佐渡国塚原。対告：未詳。真蹟：断片複数散在。所蔵：京都府妙覚寺蔵ほか。

佐渡塚原における浄土宗の僧の弁成《べんじょう》との問答を筆録したものと伝えられる。真蹟断片九紙が京都妙覚寺ほか六ヶ所に所蔵されている。まず、法華宗の六即《ろくそく》（修行者の位階について段階的に理即・名字即《みょうじそく》・観行即《かんぎょうそく》・相似即《そうじそく》・分真即《ぶんしんそく》・究竟即《くきょうそく》の六つに分けたもの）と浄土宗の六即を示して、修行の位階の違いについて図示する。そして、弁成が『法華経』などの聖道門《しょうどうもん》の教えは、末代の機根の劣った凡愚の人々は修行することができないので捨閉閣抛《しゃへいかくほう》すべきと述べて、浄土門に帰して弥陀の極楽浄土に往生し、そこで『法華経』を聞いて無生忍《むしょうにん》（不生不滅を覚り得た境地）の悟りを得るべきと主張したことを示す。これに対して、日蓮聖人は経文の典拠について問いただし、弁成が『観無量寿経《かんむりょうじゅきょう》』の経文を挙げると、已今当《いこんとう》三説超過（法師品）の考え方に立脚して、同経は已《すで》に説かれた爾前の諸経（方便の仮の教え）に属するのであるから、どうして釈尊の晩年八ヶ年の円熟の境地が説かれた『法華経』を捨閉閣抛することができようかと論破する。そして、いっそう確かな証拠を示さなければ、聖道門の教えを捨閉閣抛せよと説いた源空（法然・浄土宗の開祖）は、無間地獄《むけんじごく》に堕《お》ちて救われないという。浄土宗では、『法華経』などの諸経典の教えを聖道門と位置づけて「捨てよ、閉じよ、閣《さしお》け、抛《なげう》て」としりぞけ、ただ念仏の浄土門だけが衆生を救うと主張する。

〔遺九四、定五一八、全三―三〇三、歴一〇三八c〕

【一五四】曾谷入道殿御書《そやにゅうどうどのごしょ》

系年：文永十一年（一二七四）十一月二十日。年齢：五十三歳。述作地：甲斐国身延。対告：曾谷教信。真蹟：三行断片。所蔵：京都府本圀寺蔵。

『与富木曾谷両氏書《よときそやりょうししょ》』という異称もあり、有力檀越《だんのつ》の曾谷教信《そやきょうしん》・富木常忍《ときじょうにん》の両氏に与えられた書状とも考えられている。真蹟断簡三行が京都本圀寺に所蔵されている。日蓮聖人は文応元年（一二六〇）に前執権《さきのしつけん》の北条時頼に奏進した『立正安国論』に自界叛逆難《じかいほんぎゃくなん》（内乱）と他国侵逼難《たこくしんぴつなん》（外国からの侵略）の興起を予言した。その二難が現実となったことにより、『立正安国論』の主張が的中したことを説いて、二つの大難が興起した原因は誤った仏法信仰にあることを力説する。とくに東寺の真言宗や比叡山の僧徒が間違った見解に立って『法華経』をおとしめたことに大きな要因があるとする。なかでも、弘法大師空海（七七四〜八三五）が『大日経』は勝れ『法華経』は劣ると主張し、第三世天台座主《ざす》の慈覚大師円仁《じかくだいしえんにん》（七九四〜八六四）が『大日経』と『法華経』の教理内容について比較検討して、「理同《りどう》事勝《じしょう》」と主張し、『法華経』と『大日経』は理論の面では同様な教義を説いているが、より実践的な事相《じそう》（印と真言）を説く点において『大日経』が勝れるとしたことを批判する。日蓮聖人は真言密教を尊重する当時の学風を批判した上で、『法華経』が最も勝れた教えであることを教示するのである。

［遺一五四、定八三八、全三―三一一、歴六六四b］

【一五九】大田《おおた》殿許御《どのがりご》書《しょ》

系年：文永十二年（一二七五）一月二十四日。年齢：五十四歳。述作地：甲斐国身延。対告：大田乗明。真蹟：十紙完存。所蔵：千葉県中山法華経寺蔵。

冒頭に新春の祝意を表した上で、『法華経』が諸経の中で最も勝れる第一の経典であり、諸経の大王であることを明らかにする。真蹟十紙が中山法華経寺に格護されている。『法華経』と『大日経』との勝劣について取り上げ、証拠となる経文等を引用して薬王品の十喩に言及するなどして、『法華経』が最も勝れることを明らかにしていく。日本における天台宗の開創者である伝教大師最澄（七六七～八二二）は法華・真言の勝劣について、決定的な結論を出さずにすませたと述べる。また、中国真言宗の開祖である善無畏《ぜんむい》三蔵（六三七～七三五）は、陳・隋の時代の天台大師智顗《ちぎ》（五三八～五九七）より以降の人物なので、天台大師が批判するところではないとする。そして、高野山の弘法大師空海（七七四～八三五）・第三世天台座主《ざす》の慈覚大師《じかくだいし》円仁《えんにん》（七九四～八六四）・第五世天台座主の智証大師《ちしょうだいし》円珍《えんちん》（八一四～八九一）は最澄の寂後にその見解を提示した人々であるから、最澄が知ることがないとする。そのように述べた上で、これらの人々が『法華経』と『大日経』について「理同事勝《りどうじしょう》」であるとみて、実践的な事相（印と真言）を説く『大日経』が『法華経』より勝れると主張したことを批判する。空海の東寺真言に対する日蓮聖人の批判は『法華真言勝劣事《ほっけしんごんしょうれつじ》』や『曾谷入道殿御書』などに比較的早い時期から示されているが、台密《たいみつ》（天台宗に伝承されている密教）についての批判は身延入山以降に示されているという特徴がある。本書において日蓮聖人は、『法華経』の思想を正しく継承している師として尊重していた最澄・智顗の見解を通して、東密《とうみつ》・台密に対する批判を展開するのである。

［遺一五九、定八五二、全三―三一五、歴一四三a］

【一八三】三三蔵祈雨事《さんさんぞうきうのこと》

系年：建治元年（一二七五）六月二十二日。年齢：五十四歳。述作地：甲斐国身延。対告：大内安清。真蹟：十四紙断片（全十六紙中第一・十六紙欠）。所蔵：静岡県富士大石寺蔵。

身延の山中から駿河の西山氏に宛てた書状。真蹟は富士の大石寺に所蔵されている。西山氏は駿河国（静岡県）富士郡西山郷の地頭、大内太三郎平安清のこと。西山氏から身延の日蓮聖人に、ささげ豆と青大豆の供養があったことの礼状である。仏道を歩むうえでは善知識（正しい道に導いてくれる善き師や友人）について習い学び、修行することが大切であるが、善知識にはなかなか出会うことがむずかしいことを説く。そして、仏法の勝劣を弁えるには道理と証文（典拠）が大切であるが、そのうえさらに現証が重要であると述べる。すなわち、インドから中国に渡ってきた善無畏《ぜんむい》・金剛智《こんごうち》・不空《ふくう》の三人の三蔵が、祈雨に失敗して、前代未聞の大風雨が起こり大きな被害があったことを例にあげて、真言密教が恐ろしい亡国の法であることを論じる。さらに、日本の弘法大師空海が十二日間にわたって祈雨を行ったが雨が降らなかったのに対して、天台大師智顗《ちぎ》や伝教大師最澄《さいちょう》は『法華経』によって祈雨の効験を示すことができたと述べる。最後に、『法華経』信仰を堅持することを勧め、供養に対する感謝の気持ちを示している。

【一八六】大学《だいがく》三郎《さぶろう》殿《どの》御書《ごしょ》

［遺一八三、定一〇六五、全三―三二七、歴四一四c］

系年：建治元年（一二七五）七月二日。年齢：五十四歳。述作地：甲斐国身延。対告：大学三郎。真蹟：九紙完存。所蔵：千葉県平賀本土寺蔵。

身延から大学三郎に宛てた書状で、外道（仏教以外のインドの宗教）ならびに仏教諸宗の教えについて概観した書状。真蹟九紙が平賀本土寺に所蔵されている。とくに華厳宗と真言宗を取り上げてその伝来と所論について述べ、『法華経』が最も勝れた経典であることを確認する。とりわけ真言宗が『法華経』を「劣」、『大日経』を「勝」としている点について、善無畏三蔵・弘法大師空海（七七四〜八三五）を批判し、さらには第三世天台座主《ざす》の慈覚大師《じかくだいし》円《えん》仁《にん》（七九四〜八六四）・五大院安然《ごだいいんあんねん》（八四一〜八八九／八九八・寛平年間）などの誤りを指摘する。また、大乗・小乗・権教《ごんきょう》（仮の教え）・実教《じつきょう》（真実の教え）を弁別することが重要であり、持経即持《じきょうそくじ》戒《かい》を説く『法華経』見宝塔品・『涅槃経』を引用して、これを弁別できることそのものが持戒であるという考えを示している。本書は日蓮聖人の書状のなかでは数少ない漢文体であり、大学三郎が能書の人で、日蓮聖人が『立正安国論』を執筆した折にも種々の助言をしていたといわれるほどの、学識のある有力檀越《だんのつ》であったことをよく示している。なお、安然は円仁・円珍の後を受け日本天台の円密一致の教義を宣揚して台密（天台宗の密教）を大成した人物である。

【三六二】慈覚大師事《じかくだいしじ》

［遺一八六、定一〇八一、全三―三四一、歴六七一b］

系年：弘安三年（一二八〇）一月二十七日。年齢：五十九歳。述作地：甲斐国身延。対告：大田乗明。真蹟：十三紙完存。所蔵：千葉県中山法華経寺蔵。

大田乗明から銭三貫・絹の袈裟一帖の供養があったことについての礼状である。真蹟十三紙が中山法華経寺に格護されている。はじめに、供養の品々を受領したことの礼を述べるが、法門のことは秋元太郎への返信に書き記したので閲覧するようにという。そして、最も第一の経典である『法華経』と出会うことができた喜びを述べ、これに対して最も嘆かわしいことは『法華経』を下し真言を最勝とする慈覚大師円仁（七九四～八六四）の間違った見解であるとする。比叡山では第一世座主の義真（八七一～八三三）・第二世の円澄（七七一～八三六）までは『法華経』を「正」とし、真言を「傍」としていたが、第三世の円仁にいたっては真言を第一としてしまい、『法華経』を正法とする最澄の法流を乱して代々密教化が進み、第五十五・五十七代の座主となった平安時代末期の明雲《みょううん》（一一一五～一一八三）の後の三十余代・百年ほどは、もっぱら真言密教の山となってしまったという。日蓮聖人の門下の人々は、このことをよく心得て法門を考えていかなければならないと結んでいる。

［遺三六一、定一七四一、全三―三四九、歴四三五a］

【一七】爾前二乗菩薩不作仏事《にぜんにじょうぼさつふさぶつじ》

系年：正元元年（一二五九）。年齢：三十八歳。述作地：相模国鎌倉または駿河国岩本。対告：未詳。真蹟：一篇（紙数未詳）。所蔵：山梨県身延久遠寺曾存。写本：日朝写本（山梨県身延久遠寺）。

爾前経《にぜんきょう》（『法華経』以前に説かれた諸経）には成仏得道の義があるかどうかという問題について、種々の経典や各宗の説を取りあげて、最終的に『法華経』以外には成仏の義がないという結論を導き出す。真蹟は身延山に曾存。はじめに、声聞乗《しょうもんじょう》と縁覚乗《えんがくじょう》の二乗は成仏できないとされているが、菩薩は成仏できるだろうかという問題を提起し、これをうけて、二乗や一闡提《いっせんだい》が成仏しないならば、衆生を救うという誓願を達成しようとする大悲の菩薩は成仏しないことについて検討している。そして、爾前諸経による菩薩の不成仏の義を明らかにした後に、提婆達多《だいばだった》・龍女《りゅうにょ》の成仏などを示して、『法華経』によってすべての生きとし生けるものが成仏することを明らかにする。一闡提は「信不具足」「断善根」と漢訳されるが、釈尊の教えに従わずに、正法をそしって成仏の縁を欠いてしまう人々のことを指す。本書では、『楞伽経《りょうがきょう》』に説かれる二種の一闡提（「すべての善根を焼き尽くした者」「衆生を憐れみ救いたいという誓願からあえて一闡提となった菩薩（大悲闡提《だいひせんだい》）」）について検討して、衆生の成仏の問題を論じている。そこには、『涅槃経《ねはんぎょう》』や恵心僧都源信（九四二〜一〇一七）の『一乗要決』および慈覚大師円仁（七九四〜八六四）の『速証仏位集記《そくしょうぶついしゅうき》』などを参考として、仏性論（仏となる可能性を衆生のすべてが具えているか否かを検討すること）に取り組む日蓮聖人の姿勢がみえる。

［遺一七、定一四四、全三—三五五、歴八五四d］

【一九】二乗作仏事《にじょうさぶつじ》

系年：正元二年（一二六〇）か。年齢：三十九歳。述作地：相模国鎌倉か。対告：未詳。真蹟：伝存せず。写本：日朝本録外・延山録外（山梨県身延久遠寺）。

行学院《ぎょうがくいん》日朝《にっちょう》上人の『日朝本録外《ろくげ》』、『延山《えんざん》録外』の写本が身延山久遠寺に所蔵される。版本としては『縮刷遺文《しゅくさついぶん》』がはじめて続集として収録した。述作年次・宛名は記載されていない。問答形式で論述されており、二乗作仏《にじょうさぶつ》（声《しょう》聞《もん》・縁覚《えんがく》の成仏）を説かない爾前《にぜん》の諸経（『法華経』以前に説かれた諸経）では、成仏することができないことを明らかにしている。まず、爾前の諸経には二乗の成仏が説かれていないので、十界互具《じっかいごぐ》（仏・菩薩・縁覚・声聞・天・人・修羅・畜生・餓鬼・地獄の十界それぞれに十界をそなえていること。この理念によって、すべての生きとし生けるものに、仏となる可能性があることが確証される）も説かれない。したがって、菩薩界の成仏を説いているとしても、それは有名無実であるとする。また、諸宗諸師の種々の見解を提示して、その間違っている点について論じ、『法華経』だけが円教（完全円満で欠けるところのない教え）であるとみた天台大師智顗《ちぎ》の見解が正しいことを明確にする。そして、性悪《しょうあく》（本来、悪を具えていること）の法門は天台宗だけのものであって諸宗にはないことを論じる。すなわち、この法門がなければ九界の因果を仏界のうえに現わすことができないとみて、仏が性悪を断ち切ってしまったならば、いったいどのようにして仏の種々の身をありとあらゆる姿に現じることができようかという。さらに、当時の天台宗の学説では、『法華経』と『華厳経』はともに円教であって同一であると主張することに反論する。すなわち、『華厳経』の円（経の内容が蔵・通・別・円と深まっていくという考え方に基づく）と『法華経』

迹門《しゃくもん》（前半十四章）の相待妙《そうだいみょう》（他と比較相対して妙法がすぐれることを明らかにする）の円とは同じとする解釈である。日蓮聖人は、天台大師智顗や中国天台第六祖の荊渓尊者湛然《けいけいそんじゃたんねん》（七一一～七八二）の著述を引用して、『法華経』には開権顕実《かいごんけんじつ》（権〈仮の教え〉を開いて実を顕わす。諸経の方便の教えを開いて『法華経』の真実を明らかにすること。『法華経』迹門の重要思想）・開迹顕本《かいしゃくけんぽん》（迹を開いて本を顕わす。垂迹《すいじゃく》〈人々を救うために種々の姿で現れて教化すること〉の仏身を開いて久遠の本地身《ほんじしん》（本来の仏のありかた）を明らかにすること。『法華経』本門〈後半十四章〉の教え）の二つが説かれており、これらの法門によって『法華経』が他の諸経に勝れることは明らかであり、爾前の諸経が無得道《むとくどう》（成仏できない）の教えであることを強調する。日蓮聖人の三十七～三十九歳のころの遺文には、二乗の成仏を説かない爾前の諸経では、得道することができないとすることを論じている著述が多くみられるが、本書はそのなかの一つである。

［遺一九、定一五二、全三―三六五、歴八五三d］

【図二〇】一代五時鶏図《いちだいごじけいず》

系年：建治元年（一二七五）（または文永九年（一二七二）・十年（一二七三）か）。年齢：五十四歳。述作地：甲斐国または佐渡国か。対告：未詳。真蹟：十五紙完存。所蔵：静岡県西山本門寺蔵。

釈尊一代の教説を、五時という五つの時期に分けて理解する天台大智顗《ちぎ》の五時教判《きょうはん》に示された仏教観を継承して、日蓮聖人がその仏教観を図示したもの。弟子・信徒たちに法門を教示するために図示したものと考えられている。『昭和定本日蓮聖人遺文』に収録される『一代五時図』『一代五時継図』『一代五時鶏図』には左の九図がある。

図録九『一代五時図』　文応元年（文永八年）（真蹟正中山法華経寺蔵）
図録一三『一代五時図』　文永五年（建治二年）（真蹟正中山法華経寺蔵）
図録二〇『一代五時鶏図』　建治元年（文永九年または十年）（真蹟西山本門寺蔵）
図録二二『一代五時鶏図』　建治二年（真蹟京都妙覚寺蔵）
図録二四『一代五時鶏図』　弘安元年或いは二年（文永三年）（真蹟京都本満寺蔵）
図録二五『一代五時鶏図』　弘安三年頃（真蹟京都本圀寺蔵）
図録二八『一代五時鶏図』　不詳
図録二九『一代五時継図』　不詳
図録三〇『釈迦一代五時継図』　不詳

これらはいずれも自題（日蓮聖人が自ら付した書名）であるが、「鶏図」としたのは佐渡流罪以降の教義と関係があると推測されており、そこに本門（後半十四章）を中心とした『法華経』の意義を明らかにしたという自負がこめられていると考えられている。本書、『一代五時鶏図』【図二〇】については、成立年次を『昭和定本日蓮聖人遺文』は建治元年（一二七五）とするが、文永九年（一二七二）とする説（『日蓮大聖人御真蹟対照録』）もある。『大智度論』に基づき、釈尊が十九歳で出家して、三十歳で成道し、八十歳で入滅したことを記して、一代五十年の説法の順序次第について図示していく。華厳・阿含《あごん》（小乗）・方等《ほうどう》（大乗）・般若《はんにゃ》・法華涅槃《ほっけねはん》の五時のそれぞれについて、関連する経典や論疏の名・説法の期間・法門の内容・依経とする宗派の名・代表的な論師や人師の名をあげている。また、『法華経』が爾前（『法華経』以前の諸経）に勝れることを解説するためだと思われるが、『無量義経』、『法華経』方便品・法師品、『法華玄義』『法華文句記』および『涅槃経』の法四依《ほうしえ》（依法不依人《えほうふえにん》・依義不依語・依智不依識・依了義経《えりょうぎきょう》不依不了義経）などが記されている。さらに、釈尊が三徳（主徳・師徳・親徳）を具備することや、化城喩品の十六王子に関説して阿閦仏《あしゅくぶつ》・阿弥陀仏・釈迦牟尼仏を図示して、『涅槃経疏《ねはんぎょうしょ》』『法華文句』『法華文句記』『法華玄義』などの証拠の文を列挙している。最後に、華厳宗の盧舎那《るしゃな》報身《ほうじん》、真言宗の大日如来、浄土宗の阿弥陀仏など、各宗の本尊を図示して、天台宗の本尊が久遠実成《くおんじつじょう》・実修実証《じつしゅうじつしょう》の釈迦如来であることを明示している。

【遺二〇、定二三三三、全三―三八三、歴五五a】

《第四巻》

【一三】唱法華題目鈔《しょうほっけだいもくしょう》

系年：文応元年（一二六〇）か。年齢：三十九歳。述作地：相模国鎌倉か。対告：未詳。真蹟：伝未詳。写本：日興抄写（『南条兵衛七郎殿御書』【三八】二紙行間）。

『立正安国論』は文応元年七月十六日に奏進されたが、その稿了は五月二十六日（小湊誕生寺所蔵の日祐上人筆目録）とされるので、文応元年（一二六四）五月二十八日に鎌倉で著作された本書は、ほとんど時を同じくして成立したものといえる。真蹟は現存しないが、文永元年（一二六四）十二月十三日の『南条兵衛七郎殿御書《なんじょうひょうえしちろうどのごしょ》』【三八】の真蹟二紙の行間に、直弟子の日興上人が本書から抜き書きした記載がみえることにより、本書が真撰であることがわかる。身延の行学院《ぎょうがくいん》日朝《にっちょう》上人の写本がある。『立正安国論』は、当時の最高権力者であった前執権《さきのしっけん》北条時頼に奏進することを目的としていたため、論点を浄土教批判に絞って著述されている。これに対して、本書は『法華経』の題目を唱えることの功徳について述べていることが特徴である。日蓮聖人は『立正安国論』の提言について、鎌倉幕府要人の立会いのもと、公の場で他宗の僧たちと論議することを想定していたようである。このため、『法華経』が諸経に勝れることや、題目の功徳については詳しく論述していなかったと推測されている。本書は「唱法華」という題号が示すとおりに、唱題の功徳について示すための十五問答から成り立っている。法然房源空の念仏往生義を信奉する者からの「難解な『法華経』よりも易行の念仏の法が勝れているのではないか」との疑念について、『法華経』を聞いて随喜する功徳は無量であることを述べ、正法である『法華経』をそしる人は、はるか永遠の時間にわたって迷苦を受けることになると反論する。また、『法華経』こそが釈尊の真実の教えであり、浄土宗がよりどころとしている『観無量寿経』が方便権教《ごんきょう》（衆生を導くために、その理解能力に応じて巧みなる手だてを用いて説く仮の教え）であることを明らかにし、さらに『法華経』の修行について本尊と儀式の様式や、唱題の功徳について述べて、『法華経』の信仰を持《たも》つことを勧め、『法華経』が末世の衆生を救うことについて不軽菩薩《ふきょうぼさつ》の但行礼拝《たんぎょうらいはい》（出会った人ごとにひたすら礼拝すること）を例に挙げて、布教にあたる人には正邪《せいじゃ》（正しいか間違っているか）の判断が重要であることが説かれる。なお、日蓮聖人の初期の部類に属する御書であるため、佐渡流罪を経て身延時代に入ってからの著述と比較すると、教義ならびに唱題に関する表現上の微妙な差が感じられる。

〔遺二三、定一八四、全四―〇〇三、歴五五九b〕

【四二】薬王品得意抄《やくおうぼんとくいしょう》

系年：文永二年（一二六五）。年齢：四十四歳。述作地：相模国鎌倉または安房国清澄。対告：女性信徒宛か。真蹟：断片複数散在。所蔵：千葉県保田妙本寺蔵・長崎県大村本経寺蔵・栃木県佐野妙顕寺蔵ほか。

文永二年（一二六五）の書状であるが、弘安三年（一二八〇）とする説もある。真蹟七紙が保田の妙本寺（千葉県）に格護されているが、さらに断片が数カ寺に現存している。ただし、巻末の数紙が散逸して伝わっていない。女人成仏について述べられている内容から、南条時光の妻あるいは大学三郎の妻など女性へ宛てたものと推測されるが確証はない。まず『法華経』の分科について取り上げて、寿量品などと比較した薬王品の位置づけについて検討する。そして、薬王品では十喩によって『法華経』が諸経にすぐれることを説くが、十喩のうち大海・須弥山《しゆみせん》（仏教で宇宙の中心にそびえたつとされる巨大な山）・月・日の四つの喩えについて論じる。すなわち『法華経』以外の諸経は、大河・中河・小河のようなものであるが、それに対して『法華経』は大海のようなものである。十の宝の山があるが、なかでも須弥山が最も優れた山である。月にたとえてみると、星たちはその光が半里・一里、あるいは八里・十六里に達するとしても、月は八百里余にも及ぶものである。日にたとえてみると、星のまたたく夜空に月が出れば、星の光よりも月光のほうが優れているが、星の光を消してしまうことはできない。太陽は星の光を消すだけでなく、月の光も奪って光らなくさせてしまう。このように『法華経』以前に説かれた諸経は星のようなものであり、『法華経』の迹門《しやくもん》（前半十四章）は月のようなものであり、如来寿量品は日のようなものであるという喩えである。さらに、薬王品に「渡りに船を得た」というのは、生死の大海を渡るのに、爾前《にぜん》の諸経は小船のようなものであるが、『法華経』は大船のようなものであることを説き、また「貧しき中で宝を得たようなものである」と説かれているのは、爾前の諸経は貧しい国のようなものであるが、『法華経』は宝の山であり、そこに住む人々が富を得た人々であるといえるという。本書の後半では、女人成仏の問題について検討して、爾前諸経（『法華経』が説かれる以前の諸経）の女人往生説の誤りを指摘して、『法華経』の女人成仏の思想が正しいことを強調する。薬王品には「もし如来の滅後に、後の五百歳（末世）の中で、この経を聞く女人が説の通りに修行すれば、その女人の命が尽きたとき、ただちに安楽世界の阿弥陀仏が菩薩たちに囲まれている浄土へ往生して、蓮華の中の宝座の上に生まれかわることができる」

と説かれるが、日蓮聖人は薬王品に女人往生を許されたことは不思議なことであると述べ、仏教でも仏教以外の教典でも禁じられてきた女人の成仏について、『法華経』だけに限られることを力説する。

〔遺四一、定三三七、全四―〇五一、歴一一三九a〕

【四四】法華題目鈔《ほっけだいもくしょう》

系年：文永三年（一二六六）一月六日。年齢：四十五歳。述作地：安房国清澄。対告：女性信徒宛か。真蹟：断片複数散在。所蔵：茨城県久昌寺蔵・石川県金沢真成寺蔵・京都府本圀寺蔵・本満寺蔵・妙覚寺蔵ほか。

文永三年（一二六六）には、房総方面を日蓮聖人は布教していたので、清澄寺へも足を運び、述作の機会を得たものであろう。真蹟断片が京都本圀寺・水戸久昌寺等に所蔵され、身延山・駿河三沢寺にも曾存していたことが知られる。具体的な宛所は明瞭ではないが、女人成仏について説かれており、熱心な女性の信徒に宛てたものと考えられている。「日蓮聖人の母君」「母君ならびに光日尼」「日蓮聖人の伯母」に宛てたという説もあるが確定しない。はじめは念仏を信仰していた女性だと思われ、法華信仰との対比が説かれている。文永元年（一二六四）十一月十一日に、日蓮聖人は東条松原大路《おおじ》において東条景信《とうじょうかげのぶ》たち念仏信奉者の襲撃を受けている（小松原法難）。弟子一人は即座に討ち取られ、日蓮聖人も重傷を負うという法難であったが、文永三年正月に清澄寺において本書を著述していることは、東条景信が死去するなど、念仏信奉者になんらかの勢力衰退の兆候があったことをうかがわせる。題号の下に「根本大師門人日蓮撰」と自署しており、自己の思想的系譜を伝教大師最澄（七六七〜八三二）に求めている。比叡山延暦寺の座主については、最澄の次の義真（七八一〜八三三）から第一代と数えて、最澄を入れずに根本というのである。最澄以後の日本天台宗が慈覚大師《じかくだいし》円仁《えんにん》（七九四〜八六四）・智証大師《ちしょうだいし》円珍《えんちん》（八一四〜八九一）・五大院安然《ごだいいんあんねん》（八四一〜八八九／八九八・寛平年間）によって密教化し、恵心僧都《えしんそうず》源信《げんしん》（九四二〜一〇一七）によって念仏が盛んになったことなどを指摘して、日蓮聖人は『法華経』を中心思想としていた最澄の法脈を継承する者としての意識を表明したものである。日蓮聖人は佐渡流罪を契機として、天台沙門から本朝沙門へと如来使としての意識を飛躍的に高めるが、題目についての検討も『開目抄』を経て『観心本尊抄』に完成されるのであって、日蓮聖人の法華経観、題目に関する見解を知るうえでは重要な御書の一つといえるが、一方でその過渡的段階であることがわかる。本書は、題号の示すとおり、南無妙法蓮華経の題目の利益について、四番の問答によって論じている。第一問答では、唱題の功徳について説き、末代の凡夫は信仰心を持って唱題することによって、悪道を離れ広大な利益を得ることが示される。第二問答では、『法華経』の題目はすべての聖教の肝心であるから、それを受持する功徳がとても大きいことを示し、末世に出会うことがなかなか難しい妙法の真実の教えに出会ったことの意義と信仰心の大切さを強調する。第三問答では、妙法を受持し唱題する功徳を説く証拠の経文などを挙げて、題目が最も重要な修行の方法「要法《ようぼう》」であることを明らかにする。第四問答では、妙法蓮華経の五字が具足する功徳を明らかにして、『法華経』は諸経中の最尊であり、題目受持によって衆生の成仏、なかでも悪人・女人・一闡提《いっせんだい》（信不具足・断善根）などの成仏が達成されることを強調している。

［遺四四、定三九一、全四―〇六五、歴一〇四〇b］

【四六】善無《ぜんむ》畏鈔《いしょう》

系年：文永三年（一二六六）。年齢：四十五歳。述作地：安房国清澄か。対告：女性信徒宛か。真蹟：断片複数散在。所蔵：大阪府和泉佐野妙光寺蔵・京都府妙顕寺蔵・本満寺蔵・神奈川県鎌倉本覚寺蔵ほか。

中国真言の三祖の一人である善無畏三蔵（六三七～七三五）について、善無畏は『法華経』をそしった罪で地獄に堕ちたが、のちに『法華経』に帰依した功徳によって、地獄の苦しみからのがれることができたことを述べる。真蹟は京都の妙顕寺ほか七カ所に断片が所蔵されている。文永元年（一二六四）から同三年にかけて、『女人成仏鈔』『薬王品得意抄《やくおうぼんとくいしょう》』『女人往生鈔』『法華題目鈔』など女人成仏を課題とした遺文が続けて述作されており、宛名は記されていないが、本書もその系列に属す女性宛てのものと考えられている。善無畏は立派な人物であったが、ある時ふとしたことでにわかに死んでしまった。やがて蘇生すると「私が死んだ時に、地獄の使いが来て鉄の縄でしばり、鉄の杖でさんざんに打ちすえ、閻魔王の宮廷に引き出された。どうしたことか、覚えていた八万もの仏教の全経典の経文を、一字一句すべて忘れてしまい、『法華経』の題名だけは覚えていた。そして方便品の〈今此三界《こんしさんがい》　皆是我有《かいぜがう》　其中衆生《ごちゅうしゅじょう》　悉是《しつぜ》吾子《ごし》〉（この世界の衆生は、ことごとく釈尊の子である。ただ釈尊だけが衆生を救い護ることができる）と唱えると、閻魔王からこの世にもどされた」と人々に語って聞かせたという。日蓮聖人は、善無畏が『法華経』と『大日経』とは「理」は同一であるが、「事相」（印と真言）において『大日経』が勝れているとする点を批判する。そして、善無畏をはじめ金剛智《こんごうち》（六七一～七四一）や不空《ふくう》（七〇五～七七四）、ならびに三論宗の教学を大成した吉蔵《きちぞう》（五四九～六二三）たちも、実はみな『法華経』を誹謗《ひほう》（そしること）することの罪が大きいことを知って恐れ、その心は天台に帰伏しているのに、末流の人々はそのことを知らないで謗法《ほうぼう》（正しい法をそしること）の罪をつくっていると述べる。さらに、浄土宗が念仏を易行《いぎょう》として『法華経』などの聖典を難行《なんぎょう》としりぞけ、禅宗で「教外別伝《きょうげべつでん》」（仏の悟りの奥旨《おうし》は経文によるものではなく、別に伝えるところである）と主張することなどを批判する。また、天台大師智顗《ちぎ》の『法華文句』に「『法華経』以外の諸経典では、男性の成仏について記して、女性の成仏については記載していない」とあることなどを引用して、女人の成仏の問題を検討する。そして、提婆達多品の龍女の成仏を始めとして、勧持品で摩訶波闍波提比丘尼《まかはじゃはだいびくに》や耶輸陀羅《やしゅだら》比丘尼をはじめ、多数の比丘尼が将来成仏できると釈尊から保証されていることを示して、男女を問わず成仏は『法華経』にかぎることを論じて、その教えに帰依することを勧めている。

〔遺四六、定四〇八、全四—〇九三、歴六三九c〕

【一一三】祈禱鈔《きとうしょう》

系年：文永九年（一二七二）。年齢：五十一歳。述作地：佐渡国一谷。対告：最蓮房か。真蹟：三十紙。所蔵：山梨県身延久遠寺曾存。写本：日王写本・日朝写本（山梨県身延久遠寺）。

本書は、一般に『祈禱抄』といわれている御書と、『御祈禱抄奥』と『真言宗行調伏秘法還著於本人《げんじゃくおほんにん》御書』と称される三書が、結合して一鈔となったもの。真蹟は『祈禱抄』ならびに『御祈禱抄奥』の部分など合計三十紙が身延山に曾存。最蓮房《さいれんぼう》（〜一三〇八）に宛てたものとする説もあるが不詳。最蓮房は京都の人、比叡山の学僧で、文永元年（一二六四）の山門諸堂炎上の件に連座して佐渡に流され、配流された日蓮聖人にたまたま出会って帰依し門下となった人物とされる。内容は三書の合成なので、おのずと大別して三段からなる。第一段では、華厳・法相《ほっそう》・三論・小乗三宗（倶舎《くしゃ》・成実《じょうじつ》・律）・真言宗・天台宗の祈禱について、仏説なので一往は祈りとはなるが、本当の祈りは『法華経』に限ることを論じている。そして、二乗（声聞《しょうもん》・縁覚《えんがく》）・菩薩・諸天・龍女《りゅうにょ》・提婆達多《だいばだった》などの成仏は『法華経』によるものなので、これらの諸尊は報恩のために必ず法華経の行者を守護するだろうという。第二段では、天台・真言の高僧たちの祈りがなぜ叶わないかについて、創立以来、比叡山の仏教と朝廷は松が枯れれば柏も枯れるように深い関係にあったが、今や世は関東に移ったのであり、このことを比叡山や朝廷はどのように捉えているのだろうかと問題を提起する。第三段では、承久の乱のときの祈禱を例に挙げて、真言による祈禱に効験がなかったことを指摘する。そして、諸宗を信じていては、国土の安穏は期しがたいことを論じている。なお、慈覚大師円仁は日輪（太陽）を射て動転させた夢をみて、これを吉夢と判断したが、これはかえって日本では忌むべき夢であると述べており、佐渡在島中に円仁を批判している数少ない例の一つである。

〔遺一一一三、定六六七、全四―一〇五、歴二三六a〕

【一一三】諸法実相鈔《しょほうじっそうしょう》

系年：文永十年（一二七三）五月十七日。年齢：五十二歳。述作地：佐渡国一谷。対告：最蓮房。真蹟：伝存せず。写本：古写本なし、他受用御書（録外御書）。

最蓮房に与えたとされるが、真蹟は伝わらない。最蓮房の伝記については疑問点も多く一定していない。天台宗から日蓮聖人に帰依した最蓮房に諸法実相の法門について教示したもの。方便品の諸法実相・十如是の経文について、これは十界の一番下の地獄から上は仏界に至るまで、十界のすべてはことごとく妙法蓮華経のすがたであると述べる。そして、一念三千の法門について闡説して、諸法実相とは妙法蓮華経にほかならないことを明らかにする。続いて、末法において『法華経』の題目を弘める者は、地涌出現の菩薩であることを明らかにして、『法華経』の布教と如来使の問題を日蓮聖人の宗教的自覚の立場から論述している。さらに、「行学《ぎょうがく》の二道《にどう》をはげみ候《そうろう》べし。行学たへなば仏法はあるべからず。我もいたし人をも教化《きょうけ》候へ。行学は信心よりをこるべく候。力あらば一文一句《いちもんいっく》なりともかたらせ給ふべし」と述べ、修行と学問の二道に励むことが肝心であり、得たことはただちに他の人々に教えていくべきであるとして、行学二道が信仰心から起こり始まっていくことを強調している。追伸には、この書が日蓮聖人の大事な法門を書き付けたものであることを明らかにして、最蓮房のさらなる信心増進を勧めている。

［遺一一二八、定七二三、全四―一三七、歴五七二a］

【一二四】如説修行鈔《にょせつしゅぎょうしょう》

系年：文永十年（一二七四）五月。年齢：五十三歳。述作地：佐渡国一谷。
対告：門下檀越か。真蹟：伝存せず。写本：日尊写本（茨城県富久成寺）。

文永十年（一二七三）四月二十五日に日蓮聖人は流罪地の佐渡の一谷《いちのさわ》で『観心本尊抄』を述作しているが、さらに同年五月十七日の『諸法実相鈔』に続いて本書を著述している。真蹟は現存しないが大夫《たいふ》阿闍梨《あじゃり》日尊《にちぞん》上人（一二六五〜一三四五）が永仁五年（一二九七）に書写した古写本が茨城県富久成寺に所蔵される。本書末に「人々御中へ」とあり、特定個人ではなく佐渡から広く門下檀越《だんのつ》の人々に宛てたものとされる。「如説修行」とは、『法華経』に説き示されているとおりに、少しの違いもなく修行することをいう。まず、末法に『法華経』を布教することは容易なことではなく、さまざまな苦難を覚悟しなければならないことを示す。そして、釈尊の在世のときでさえも怨嫉《おんしつ》（うらんで迫害すること）が多く、釈尊は九度の大きな難に値《あ》っているのであり、『法華経』の思想を正しく伝えた師である天台大師智顗《ちぎ》や伝教大師最澄が受難した歴史的事実を示す。これらのことによって、末法に『法華経』を弘める者は、勧持品の説示のとおりに必ず三類の強敵《ごうてき》（〈俗衆増上慢《ぞくしゅうぞうじょうまん》〉正法を弘める師を迫害する在家の男女。〈道門《どうもん》増上慢〉出家・沙門《しゃもん》であっても、心が曲がっていて、正法を弘める者に対して、俗衆を煽動して危害を加えたり、軽蔑したりする。〈僭聖《せんしょう》増上慢〉道門の中でも名誉欲・うぬぼれの強い僧のことで、世の人々からは生き仏のように尊敬されて、あたかも聖者のようであるが、正法を弘めるものを迫害する）の出現に直面するだろうことを述べる。そして、『法華経』を布教したがために日蓮聖人のように大きな法難に値った者はいないと述べて、受難の人生をふりかえり、日蓮聖人と弟子・檀越たちこそが、まさしく如説修行の行者であり、南無妙法蓮華経と唱えることによって即身成仏を達成し、時間と空間を超越した本仏釈尊が住む霊山浄土《りょうぜんじょうど》（永遠の寂光土《じゃっこうど》）に往詣《おうけい》すべきことを力説している。

【遺一二四、定七三一、全四―一四九、歴八八二d】

【一三八】木絵《もくえ》二《に》像開眼之《ぞうかいげんの》事《こと》

系年：文永十年（一二七三）（文永元年か）。年齢：五十二歳。述作地：佐渡国一谷。対告：四条頼基か。真蹟：十八紙。所蔵：山梨県身延久遠寺曾存。写本：平賀本録内御書ほか。

真蹟は十八紙が身延山に曾存。四条金吾に宛てたもので、追善供養のために釈尊像を造立したという手紙についての返事だと考えられる。本尊として木像や絵像の仏像をつくり信仰の対象とするにあたり、木絵の二像は仏の三十二相（徳相）のなかで、三十一相はそなえているが、梵音声《ぼんのんじょう》という慈悲のこもった仏の音声が表わされていないので、真の仏像たりえないことを明らかにする。経巻を仏像の前に安置することによって、梵音声が揃ったとみることができるとするが、それは、経文が単なる文字ではなく仏の意であり、仏の音声を文字に表わしたものであって、梵音声と同じであるからとする。そして、置くべき経典にも大乗・小乗・権教《ごんきょう》（仮の教え）・実教（真実の教え）があり、置かれた経典に応じて二像も種々の意味を持つとする。『阿含経《あごんきょう》』（小乗）を置けば声聞《しょうもん》となり、『方等経』（大乗）『般若経』を置けば縁覚《えんがく》にひとしく、『華厳経』などの経を置けば菩薩になり、時には草木であったり、時には魔・鬼になったりするのであり、これらは仏とは別の像であるという。また、『大日経』『金剛頂経《こんごうちょうきょう》』『蘇悉地経《そしつじきょう》』の仏眼、印・真言によって加持したとしても、これも名は仏眼・大日といっても、その実際は仏眼でも大日でもないとする。すなわち、二像の前に『法華経』を安置することにより、初めて真の仏像となり、その本尊を信仰することによって即身成仏することができることを明らかにしている。

【遺一三八、定七九一、全四―一六三、歴一一二七a】

【二一七】宝軽法重事《ほうきょうほうじゅうじ》

系年：建治二年（一二七六）五月十一日（弘安二年か）。年齢：五十五歳。述作地：甲斐国身延。対告：大内安清。真蹟：八紙完存。所蔵：静岡県富士大石寺蔵。

身延山の日蓮聖人から富士の麓（静岡県富士郡芝川町西山）に住んでいた西山入道（大内安清《おおうちやすきよ》）への書状。真蹟は全八紙が富士の大石寺に格護されている。この人は、西山に住していた地頭の大内氏だと考えられているが詳細は不明。もとは山法師であり、俗人とも出家者とも見分けがつかず、なにかの縁によって日蓮聖人の法門を聴講して弟子になったようである。筍百二十本と芋一駄《いちだ》（馬一頭に背負わせるほど）の供養についての礼状。題名をみてもわかるように、財宝は貴重なものではあるが、最も大切な仏法の重さに比較すれば、軽いものであることを明らかにしている。西山入道が多くの供養を届けたという事実のもとで「その布施は軽いけれども、その志はとても重いものであるる」と日蓮聖人は称賛する。内容は、薬王品を引用して、三千大千世界に満ちあふれるほどの七宝によって、仏・菩薩・辟支仏《びゃくしぶつ》・阿羅漢《あらかん》に供養したとしても、『法華経』の一句一偈を受持することによって得られる功徳の方が、はるかに勝れることを説く。「法は重し」というのは『法華経』のことをさしており、釈尊の教えの中でも真実が説かれた『法華経』が最も福徳が大きいとする。そして、この『法華経』は釈尊の入滅後、二千二百余年にわたって、いまだ経文に説かれているとおりに弘めた人はいないとし、天台大師智顗《ちぎ》・伝教大師最澄《さいちょう》も『法華経』が優れていることは知っていたが、時期がいまだ至らず、教えを受ける衆生の機根（理解能力）も調《ととの》っていなかったので説き示さなかったとする。しかし、日蓮聖人の弟子となった人々は『法華経』を簡単に知ることができるとし、その喜びについて述べ、一閻浮提《いちえんぶだい》（インドの世界観ではるか高くそびえる須弥山《しゅみせん》を中心とした人間界のこと）のなかで寿量品に説かれている久遠実成《くおんじつじょう》（釈尊が永遠の本仏であること）の像を書いたり木像に作ったりして堂塔に祀っている所はいまだにないので、末法の今こそ現わして本尊とすべき時であるとする。寿量品の久遠本仏を本尊として信行を続けることが肝要であることを強調するのである。

［遺二一七、定一一七八、全四―一七一、歴一〇〇六a］

【一三〇】事理供養御書《じりくようごしょ》

系年：建治二年（一二七六）。年齢：五十五歳。述作地：甲斐国身延。対告：未詳。真蹟：十紙（後欠か）。所蔵：静岡県富士大石寺蔵。

白米や芋を一俵、河海苔一籠《ひとかご》などを供養した檀越に宛てた書状。真蹟九紙が富士の大石寺に所蔵されており、富士方面の信徒に宛てたものと考えられるが、後半が闕失しているので年次・宛名は明確ではない。人間には二つの財物が必要だとして、一つには衣類であり、二つには食物であるという。けれども、生きている者にとって、衣類・食物は大切なものではあるが、すべての物の中で第一に大切な財宝は生命であると説く。命は燈火のようなものであり、食物は油のようなものであって、油が尽きると燈火が消えてしまうように、食物がなければ命は断たれてしまうと述べ、供養された白米はただの白米ではなく、すなわち命であるという。そして、これはきっと教主釈尊のすすめによるものか、あるいは過去世からの縁が熟したのか、とても手紙では表現しきれないと感謝の念を示す。また神・仏を敬う時は必ず「南無」という言葉で始まるが、南無とは帰命《きみょう》（命がけで信じていくこと）であるとし、昔の聖人・賢人（雪山童子《せっせんどうじ》・薬王菩薩など）といわれる人々は、自分の命を仏に奉って、その功徳で仏になったが、末法の世における凡夫は「志ざし」という文字を心得て、それで仏になることができると説く。そして、「志ざし」とは「観心の法門」のことであるとして、ただ一つしかない食物を仏に供養することが、身命を仏に差し上げることであると、信仰心が最も大切であるという観心についての具体的な実践方法を挙げている。なお、聖人・賢人の身命を惜しまない供養は「事《じ》」（現実的ではなくとも理想とする仏法実践の姿）の供養であり、凡夫の志ざしの供養は「理《り》」（仏の教えに従うこと）の供養であるとして、ここに本書の題名の由来がある。

〔遺二三〇、定一二六一、全四―一七七、歴五七四d〕

【二四二】四《し》信五品鈔《しんごほんしょう》

系年：建治三年（一二七七）四月十日。年齢：五十六歳。述作地：甲斐国身延。対告：富木常忍。真蹟：十三紙完存。所蔵：千葉県中山法華経寺蔵。

真蹟は十三紙が中山法華経寺に所蔵されている（重要文化財）。建治三年（一二七七）三月二十三日に有力檀越の富《と》木常忍《きじょうにん》が、六老僧（日蓮聖人の高弟六人）の一人である弁阿《べんあ》闍梨日昭《じゃりにっしょう》上人を通して、日常生活のなかで信仰を実践するうえでの心構えや、信行のありかた、『法華経』の題目や法門についての質問状を提出したが、それに対する答えが本書である。本書には、富木常忍の筆で建治三年四月十日とあるが、これは執筆年月日ではなく、富木常忍のもとに届いた年月日とも考えられ、同年三月一日の執筆とする説もある。富木氏の「不審状」では、どのように修行すれば仏道の理が得られるか、肉食《にくじき》のあと行水をして読誦することはどうか、不浄の身でも経を読誦し袈裟をつけることはどうか、不浄時の観念はどうかなどの課題についての厳正な教示を求める内容である。このような質問に対して日蓮聖人は本書を執筆している。内容は大きく三段に分かれており、第一段には末世の『法華経』を修行する者の位階、第二段には末世に『法華経』を修行する者の心得、第三段には仏教と国家の関係について論じている。まず青蚨《せいふ》（穴のあいた銭）一結《ひとゆい》を送り届けられた礼を述べた上で、第一段では、戒定慧《かいじょうえ》（戒律・禅定《ぜんじょう》・智慧）について当時の学者たちの誤りを指摘して、末世の修行者にとっての「信」（信仰心を持つこと）と「解」（経典の内容を知的に理解すること）のありようについて取り上げ、分別功徳品《ふんべつくどくほん》の四信五品を挙げて、一念信解《いちねんしんげ》（『法華経』を聞いて心から信仰し受持すること）と初随喜《しょずいき》（『法華経』を聞いて心から喜びの念を起すこと）が大切であることを論じる。すなわち、機根（理解能力）の劣った末法の凡夫であって、たとえ理解する力（慧）がなかったとしても、信仰する心（信）によって、それに代えることができるとして、信心受持が最も肝要であることを強調する。第二段では、三学（戒・定・慧）と六度（布施・持戒・忍辱《にんにく》・精進《しょうじん》・禅定・智慧）について末代の修行者の心得について論じて、前の五度を制止して後の智慧を修するのであり、ひたすらに南無妙法蓮華経と題目を唱えることが大切であるとする。この証拠として『法華経』の経文ならびに天台大師智顗《ちぎ》・妙楽大師湛然《たんねん》・伝教大師最澄の著作などを引用して、唱題の功徳と修行者の福が無量であることを明らかにする。第三段では、国家と仏教の関係について論じて、どのような仏法が流布するかという問題と、国家の興亡が密接な関係があることを力説する。末世の修行はひたすら唱題によるべきことを明らかにして、それが立正安国の実践となっていくことを論じているのである。

〔遺二四二、定一二九四、全四―一八三、歴四五五a〕

【二四六】上野《うえの》殿御《どのご》返事《へんじ》

系年：建治三年（一二七七）五月十五日。年齢：五十六歳。述作地：甲斐国身延。対告：南条時光。真蹟：断片複数散在。所蔵：静岡県富士大石寺蔵・京都府寂光寺蔵ほか。

南条時光が芋の頭《やつがしら》一駄《いちだ》（馬一頭に背負わせたほどの荷）を身延の日蓮聖人に供養して、信仰に関する質問をしてきたのに対する返事。真蹟は六紙断片が富士大石寺など五カ所に散在する。南条時光は駿河国富士郡上方上野郷に在住した檀越。いまの芋は人手が忙しい時期なので、さながら珠のごとく、また薬のごとくに尊いものであると厚いお礼を述べている。南条時光の周辺には、日蓮聖人に帰依することは、まことにうまくないことであり、主君の機嫌もわるくなるだろうと、親切をよそおって忠告してくる人物がいたようである。このような忠告について、日蓮聖人は古くからの例を挙げて、『法華経』の信仰を捨てさせることが目的で忠告してくる者に対しては、はっきりとした態度で決然としりぞけるようにと教えている。すなわち、中国に尹吉甫《いんきつぽ》という人がいて伯奇《はくき》という一人の子があった。父も子も賢い人たちであり、だれも二人の仲を引きさく者はいないであろうと思われていたが、継母がことあるごとに仲たがいを起こさせようとしたという。またインドの頻婆沙羅王《びんばしゃらおう》は賢い王のうえに、篤い信仰を持っていた摩竭提《まかだ》国《こく》という大国の王であった。しかし、提婆達多《だいばだった》はこの国で『法華経』が説かれるのをなんとか妨害しようとして、頻婆沙羅王の太子であった阿闍世王《あじゃせおう》に近づいて、父と子の仲を悪くさせてしまった。そして、阿闍世王をおだてて、ついに父の頻婆沙羅王を殺させてしまったという。また、波瑠璃王《はるりおう》は阿闍世王にだまされて、釈尊に付き従っていた数百人の仏教徒を切り殺してしまい、さらに阿闍世王は酒を飲ませて酔わせた象を仏弟子の列に放ち、多数の死傷者を出したとする。

【二五五】富木殿御書《ときどのごしょ》

[遺二四六、定一三〇五、全四―二〇一、歴八三b]

系年：建治三年（一二七七）八月二十三日（建治元年か）。年齢：五十六歳。述作地：甲斐国身延。対告：富木常忍。真蹟：八紙完存。所蔵：千葉県中山法華経寺蔵。

有力檀越の富木常忍《ときじょうにん》が銭一結を届けたことについての礼状。弘安元年（一二七八）とする説もある。真蹟八紙が中山法華経寺に格護されている。富木氏に謗法者《ほうぼうしゃ》（正法をそしるもの）には親しくつきあったり近づいてはならないことを説き示している。また、同じ信仰の志をもった人々は集まって、この旨を聞くべきであろうと述べており、富木氏を通して広く一門の人々に教え諭そうとしたことがわかる。『法華経』『涅槃経《ねはんぎょう》』『宝性論《ほうしょうろん》』『菩提資糧論《ぼだいしりょうろん》』などを引用して、謗法の罪が大きいものであることを論じている。そして、『法華経』を戯論《けろん》（無益な言論）とそしり、人々を『法華経』の信仰から引き離す者は、最も厳しい責め苦を受けるといわれる無間地獄《むけんじごく》に堕《お》ちて永く苦しみを受けるだろうと述べる。そして、我が一門の人々は、夜は眠る時間を惜しみ、昼間は少しの時間であっても無駄にしないようにして、仏法について充分に学び考えるべきであって、一生を空しくすごして、後悔するようなことになってはならないと誡めている。

【二六二】崇峻天皇御書《すしゅんてんのうごしょ》

［遺二五五、定一三七二、全四—二一一、歴八〇九b］

系年：建治三年（一二七七）九月十一日。年齢：五十六歳。述作地：甲斐国身延。対告：四条頼基。真蹟：十紙断片。所蔵：山梨県身延久遠寺曾存。写本：朝師本録内御書。

篤信の檀越であった四条金吾《しじょうきんご》が、身延の日蓮聖人に白小袖《こそで》（小さい袖の衣服、大袖の下に着用する）・銭・柿・梨・生ひじきなどの供養の品々に、富木氏からの書状を添えて送り届けてきたことに対する礼状。このころの四条金吾は、同僚からの嫉みを受けて、信仰上の面でも主君の不興を買う結果となっており謹慎を命ぜられていた。ところが、九月に疫病が流行して思いがけなく主君が病気に倒れたので、四条氏の治療が必要になり、召し出されたのである。四条氏を非難する意見によって一旦は閉門を命ぜられ所領も没収されたが、四条氏が正しかったことがわかって許されたうえに、治療の功績も認められて以前よりも好遇されることになったようである。しかし、日蓮聖人は許され好遇されることになったからといって、決して自慢したり油断したりしてはいけないとして「髪をつくろわず衣服もそまつなものを着て、さっぱりとした小袖や色付きの着物なども使用せずに、しばらくの間は辛抱していたほうがよい」「かたきは日暮や早暁などの時を選んでねらってくるものであり、家の出入口の脇や、位牌堂・縁の下・天井などは充分に注意しておいたほうがよい」と細々と注意している。崇峻天皇（〜五九二）は第三十二代の天皇で、欽明天皇の皇子。母は蘇我稲目の娘小姉君《こあねのきみ》。蘇我・物部両氏争乱のあと蘇我馬子に擁立されて即位したが、在位五年で馬子に暗殺された。本書で日蓮聖人は天皇暗殺の経緯にふれて、あるとき崇峻天皇が献上された猪の子の眼を突きさして「いつの日にか憎らしい者をこのようにしてやりたい」と言ったのが、馬子の耳に入り、馬子は自分のことを言われたと思い込み、天皇を殺害してしまったという。このようなこともあるので、思う事をたやすく口に出してしまってはならないと、四条金吾の短気を誡めている。

［遺一二六二、定一三九〇、全四―二一七、歴六〇二c］

【二七六】上野殿御返事《うえのどのごへんじ》

系年：建治四年（一二七八）。年齢：五十七歳。述作地：甲斐国身延。対告：南条時光。真蹟：伝存せず。写本：日興写本（静岡県富士大石寺）ほか。

南条時光からの里芋の親芋、串にさした柿、焼米《やきごめ》、栗、竹の子、酢を入れた筒などの供養についての礼状。真蹟は伝わらないが、直弟子の日興上人の写本が富士の大石寺に所蔵されている。月氏（インド）の阿育大王《あいくだいおう》が過去世に徳《とく》勝童子《しょうどうじ》・無勝童子《むしょう》であったとき、土でつくった餅を供養した功徳により百年ののちに大王として生まれたことを喩えとして、信仰の志の大切さを力説する。そして、『法華経』へ供養することの功徳が大きいことを述べ、その人には必ずや釈迦仏・多宝仏・十羅刹女《じゅうらせつにょ》の守護があるだろうとする。また、『法華経』を信じるにあたり、火や水のように信じる人があるが、熱しやすく冷めやすいような信心であってはならないとし、水のように脈々と信心することこそが大切であるとする。このことによって、いつも変わらず供養の品々を身延に届けてくる時光の信仰心を貴いことであると称賛するのである。また、文面によると時光の家庭になにか悩みごとがあったようであるが、それは十羅刹女が信仰の厚薄を試みるものであると諭している。

【遺二七六、定一四五〇、全四―二二九、歴八三b】

【二八二】上野殿御返事《うえのどのごへんじ》

系年：弘安元年（一二七七）四月一日。年齢：五十六歳。述作地：甲斐国身延。
対告：南条時光。真蹟：伝存せず。写本：日興写本（静岡県富士大石寺）ほか。

駿河国富士郡重須《おもす》に住した檀越の石河兵衛入道《いしかわのひょうえのにゅうどう》には、南条時光の姉が嫁いでいた。本書は、石河氏の娘の姫御前が病死したことを身延の日蓮聖人に伝えてきて、追善のために白米一斗・芋一駄《いちだ》（馬一頭の背負えるほどの荷）・こんにゃく五枚などの供養の品々が届けられたことについての礼状である。直弟子の日興上人の写本が富士の大石寺に所蔵されており、その「四月一日」の肩に到来年次の弘安元年の書き入れがある。臨終のときに南無阿弥陀仏と唱えれば、極楽へ往生できると思っている人が多いが、釈尊は『法華経』の教えこそが真実であることを説き、多宝如来・十方の諸仏もそれを証明していることを述べる。そして、姫御前が臨終に際して南無妙法蓮華経と唱えたことは、天上界から糸を一本垂れ下して、大地の上に立った針の穴にその糸を通すようなもので、まったく稀有なことであるとその信仰を称賛している。なお、石河氏は鎌倉幕府の御家人で駿河・甲斐・信濃に所領を持っていたとされ、南条氏とは義兄弟として姻戚関係にあったことがわかる。このような縁によって日蓮聖人に帰依するようになり、このため本書に石河氏について言及されるのである。

〔遺二八二、定一四九〇、全四―二三三、歴八三b〕

【一八三】檀越某御返事《だんのつぼうごへんじ》

系年：弘安元年（一二七八）四月十一日。年齢：五十七歳。述作地：甲斐国身延。対告：四条頼基か。真蹟：四紙完存。所蔵：千葉県中山法華経寺蔵。

真蹟四紙が中山法華経寺に格護されている。系年には異説がある。他の四条金吾宛ての遺文との関係から、古来から四条金吾に宛てたとされている。弘安元年（一二七八）のころには、三たび日蓮聖人を流罪にしようとする動きがあったようで、鎌倉からそのことについての報が身延へあったと思われる。それについて日蓮聖人は、今度もし流罪となれば、三度目ということになるので、そうなれば『法華経』もまさか私（日蓮）のことを怠けた行者だとは思わないであろうと述べている。そして、釈尊・多宝如来・十方の諸仏や、大地から涌き出た本化《ほんげ》（久遠の釈尊の弟子）の大菩薩の加護と利益があるだろうから、今度は必ずそれを見届けようと思うと、『法華経』のためにわが身を捧げる不退転の決意を披瀝している。また、四条金吾に対しては「御みやづかい（仕官）を法華経とをぼしめせ」と述べ、今まで通りにおつとめし主君に仕えることが、『法華経』をいつも信行していることであり、それはまことに尊いことであるとして、自分に与えられた仕事を一心に果たしていくことこそが、『法華経』を実践することになると教示している。

［遺二八三、定一四九三、全四―二三九、歴七三二b］

【二九三】日女《にちにょ》御前《ごぜん》御返事《ごへんじ》

系年：弘安元年（一二七八）六月二十五日。年齢：五十七歳。述作地：甲斐国身延。対告：日女。
真蹟：断片複数散在。所蔵：静岡県岩本実相寺蔵・京都府妙覚寺蔵・本圀寺蔵・本能寺蔵ほか。

日女御前については古来から、平賀《ひらが》忠治《ただはる》の女で池上《いけがみ》大夫志《たゆうさかん》の室であるとする説と、松野殿御家尼の女で窪《くぼ》の持妙尼とする説もあるが、ともに確実な根拠はない。つねに多くの品々を供養していることから経済的に豊かであった女性信徒であったことがわかる。本書は日女御前が『法華経』の各品（各章）ごとに供養をしようという願いによることから「日女品々供養抄」とも称される。真蹟は京都本能寺・千葉県土気本寿寺ほか五カ寺に散在している。日女御前が布施七貫文を届けてきたのに対して、その返報として『法華経』の嘱累品《ぞくるいほん》第二十二から最後の普賢《ふげん》菩薩《ぼさつ》勧発品《かんぼっぽん》第二十八までの大意について解説している。特に陀羅尼品《だらにほん》第二十六について詳しくとりあげ、『法華経』の行者を諸天が守護すると説かれているのに、どうして迫害にあったり疫病にとりつかれたりするのかという問題について、そのころ日本の国内で大疫病が流行していたが、それは『法華経』の行者を迫害することが要因となって十羅刹女の責めを蒙っている総罰であると述べている。そして、『法華経』の行者を迫害するような者が多い中で、日女御前が『法華経』に供養することはとても尊いことであると称賛している。ここで、十羅刹女とは十人の大鬼神女のことであり、四天下のすべての鬼神の母にあたり、十羅刹女には鬼子母神という母があったと述べ、鬼子母神を母、十羅刹女をその子と定めて母子の間柄としていることに着目できる。

〔遺二九三、定一五〇八、全四―二四三、歴八六三a〕

【三〇一】妙法尼御前御返事《みょうほうあまごぜんごへんじ》

系年：弘安元年（一二七八）七月十四日。年齢：五十七歳。述作地：甲斐国身延。
対告：妙法尼。真蹟：断片複数散在。所蔵：東京都池上本門寺蔵・千葉県福正寺蔵。

宛所の妙法尼は、日蓮聖人の信頼が篤かった女性信者の一人であり、駿河国岡宮に住していたとされる。弘安元年（一二七八）に夫に先立たれ、自身も同五年（一二八二）二月二十二日に逝去しており、その地に妙法寺が建立されている。真蹟七紙断が池上本門寺・千葉県福正寺に格護される。なお、妙法尼と名乗る女性には、駿河国の岡宮に住していた尼、中興《なかおき》入道の母、四条金吾の母、伊豆国走湯山権現《そうとうさんごんげん》（今の伊豆山神社）に住して『法華経』を行じていた尼の四人がいたと伝えられている。本書は妙法尼が夫の臨終の様子を身延に報じてきたことへの返書である。いよいよ臨終が近づくと二声高声《ふたこえこうしょう》に題目を唱え、逝去した後も顔色は生きていた時より白く、穏やかであったと伝えてきたことに対し、臨終に色の黒いのは地獄へ堕ちる相であると言うが、白いのは仏になる相であるとし、故人の成仏は疑いないものと述べている。そして、人生最後の臨終にあたり、南無妙法蓮華経と唱えたということから考えて、一生の間ないし無限の過去からの長きにわたる善悪の行いも、みなすべて変じて仏の種子となると、故人の即身成仏が疑いないことを強調し、このような人と夫婦としての縁を結んだのだから、妙法尼の女人成仏も疑いないものであるとしている。また、人の寿命は無常（永遠不滅のものはないこと）で、吐く息は吸いこむ息を待つ間もないほどであり、風の吹く前の露のようにはかなく、いつ散ってしまうかもわからず、賢い人も、そうでない人も、老人も若い人も、いつ死を迎えるか定めのないことであるから、まず臨終の事をよくよく習ってから他の事を考えるべきであると諭している。なお、日蓮聖人が無常観を出発点として、幼少の時から仏法を修学し、釈尊一代の聖教を解釈した論師や人師の典籍を検討し、これを明鏡《めいきょう》（真実を照らし出す鏡）として、勉学に励んできたことについて述懐されていることが着目できる。

［遺三〇一、定一五三五、全四―二五九、歴一〇九九d］

【三〇二】千日尼《せんにちあま》御前《ごぜん》御返事《ごへんじ》

系年：弘安元年（一二七八）七月二十八日。年齢：五十七歳。述作地：甲斐国身延。対告：千日尼。真蹟：二十四紙完存。所蔵：新潟県阿仏房妙宣寺蔵。

真蹟二十四紙が佐渡妙宣寺に格護されている。真蹟の末紙に「佐渡国府阿仏房尼御前」と宛名が記されているので「佐渡阿仏房御書」とも称される。佐渡の阿仏房日得《あぶつぼうにっとく》上人（一一八九〜一二七九）は、古来の寺伝などによれば俗姓を遠藤為盛といい、承久の乱で佐渡に遷された順徳上皇に随従した北面の武士であった。仁治三年（一二四二）に上皇は崩御したが阿仏房夫妻は入道・尼となって上皇の冥福を祈り念仏する毎日を送っていた。文永八年（一二七一）十一月一日、佐渡配流となった日蓮聖人は塚原三昧堂に住することになったが、阿仏房は法論のためにそこを訪れ、かえって論破されて教化に浴し檀越となった。妻の千日尼は、阿仏房とともに日蓮聖人に帰依し佐渡における有力な外護者となっている。やがて、日蓮聖人は赦免されて身延に入山することとなるが、阿仏房は日蓮聖人を追慕し三度までも、佐渡から九十歳という高齢にもかかわらず身延山を訪ねている。本書は身延山から千日尼へ宛てた書状であるが、内容からわかるように、夫の阿仏房が身延へ参詣したおりに、千日尼の書状を持参して来たので、それに対する返事を記したものである。千日尼の書状によると、夫の阿仏房を三たび身延に遣わして、日蓮聖人の様子をたずね、あわせて尼の父の十三回忌追善のために布施　貫文などの供養を届け、女人成仏について質問してきたことに対する心あたたまる返書である。『法華経』の弘通史について検討しつつ、女人成仏について論じ、『法華経』が唯一の女人成仏の教えであることを明らかにして、尼の篤い信仰を称賛しつつ、安穏な後世を約束するのである。

［遺三〇二、定一五三八、全四—二六五、歴六三四a］

【三一七】九郎太郎殿御返事《くろうたろうどのごへんじ》

系年：弘安元年（一二七八）十一月一日。年齢：五十七歳。述作地：甲斐国身延。対告：南条九郎太郎。真蹟：二紙断片。所蔵：山梨県身延山久遠寺蔵。

九郎太郎（生没年未詳）は富士の南条兵衛七郎の一門であり、その子息であるとも考えられている。本書は九郎太郎から身延の日蓮聖人に芋一駄《いちだ》（馬一頭が背負えるほどの荷）・栗・焼米《やきごめ》・はじかみ（生姜）などの供養の品々が届けられたことについての礼状である。真蹟は二紙断簡が身延山久遠寺に格護されている。山深い身延では手に入りにくい食糧品などを届けてもらったことに感謝しつつ、唱題の重要性について力説している。すなわち、山を見れば高い峰より次第に低くなり、海を見れば浅い岸から次第に沖に深くなるように、人の心も同じで、末世になると『法華経』を信仰することは少なくなるものであると、信仰の大切さをわかりやすく説明している。また、星はいくら多くても大海を照らすことができないし、草はいくら多くても御殿の柱とはならないように、念仏をいくら唱えても成仏はできないのであり、戒律ばかりをいくらたもっても浄土へ参る種とはならないとする。そして、ただ南無妙法蓮華経と唱えることこそ、成仏の種となるべきことを強調するとともに、供養の志を称賛して、『法華経』の守護神である十羅刹女が守護するであろうと、たのもしく思えると述べている。

【三一一】随自意御書《ずいじいごしょ》

［遺三一七、定一六〇二、全四―二八一、歴二八八a］

系年：弘安元年（一二七八）。年齢：五十七歳。述作地：甲斐国身延。
対告：未詳。真蹟：二十七紙（末尾欠）。所蔵：静岡県富士大石寺蔵。

本書は冒頭に「衆生の身心をとかせ給《たま》ふ」とあることから「衆生身心御書」ともいわれている。真蹟は第一紙から第二十七紙まで富士大石寺に格護されている。執筆の年月日や宛所は末尾が欠失のため不明であるが、古来より弘安元年（一二七八）とされる。また、建治三年（一二七七）とする説もある。『法華経』以前に説かれた諸経は、衆生の身と心について説かれたものであり、衆生の心の望むところに随って説かれた教えなので、仏の説法ではあっても結局は衆生の心を出ない随他意の教えであるとする。一方で、『法華経』は仏の心を素直に説かれた随自意の教えであることを明らかにする。そして、仏の心は良き心であるため、たとえ深く意味がわからなくても、『法華経』を読めば利益《りやく》を限りなく得られることを力説する。それは、ちょうど麻の畠の中に生じた蓬《よもぎ》のようであり、筒の中へ入った蛇が自然にまっすぐになるようなもので、良き人と仲良くなると何となく心や行ない、そして言葉づかいまで、素直に良くなっていくようなものであるとする。『法華経』もこれと同様であり、この経を信じる人を、仏は自然と良き人へと導くものであるという。さらに、仏滅後の正法《しょうぼう》・像法《ぞうぼう》・末法《まっぽう》のインド・中国・日本の三国仏教史を概観して、仏法は機根（教えを受ける人）と時代と国土によりふさわしい説き方があることを明らかにして、随自意の『法華経』を正直に実践する人、および法華経の行者に供養する人は、釈尊の深大な功徳を得ることができると述べている。

【遺三三一、定一六一〇、全四—二八五、歴五九七d】

【三五〇】上野《うえの》殿《どの》御《ご》返事《へんじ》

系年：弘安二年（一二七九）十一月六日。年齢：五十八歳。述作地：甲斐国身延。対告：南条時光。真蹟：五紙完存。所蔵：静岡県富士大石寺蔵。

凡夫が成仏するためには、とかく困難がつきまとうことについて故事をあげて述べている。真蹟は五紙が富士大石寺に格護されている。中国山西省の黄河の上流には龍門という高さが十丈（約三十メートル余）ほどの大きな滝があり、水の落ちる早さは、強兵が矢で射落とすよりも早いという。この滝に数多くの鮒《ふな》が集まって来て、滝をのぼろうとするが、この滝をのぼりきると龍になるという。また、日本国の武士の中で源氏と平家の二家があったが、平氏は貞盛から正盛、そして忠盛の時にようやく昇殿することが許され殿上人《てんじょうびと》となり、権勢をふるったことなどを例に挙げて、成仏の道がとても困難であることを説き示す。このような説示がみえるのは、弘安二年（一二七九）九月に熱原《あつわら》法難《ほうなん》が生起し、富士郡の一帯で『法華経』を信仰していた人々に迫害が加えられ、神四郎《じんしろう》らが処罰されたことによる。日蓮聖人の直弟子で六老僧の一人の日興上人《にっこうしょうにん》らを中心にして、駿河方面にて盛んに布教が行なわれ信徒が増加していった。一方で、天台宗寺院上層部と日興上人およびその弟子たちとの対立抗争が生じていった。ついに熱原滝泉寺《りゅうせんじ》の念仏者であった同寺院主代平左近入道行智により二十名の信徒たちが捕えられ、神四郎ら三名は斬首、他は禁獄という重い処断が下されたのである。このとき南条時光は退転することなく信仰を貫き、日蓮聖人はそれを称賛するとともに、さらに信仰に励むことを勧めるのである。

【遺三五〇、定一七〇七、全四―三〇一、歴八三b】

【三七〇】大田《おおた》殿女房御返事《どのにょうぼうごへんじ》

系年：弘安三年（一二八〇）七月二日（建治元年か）。年齢：五十九歳。述作地：甲斐国身延。対告：大田乗明女房。真蹟：二十一紙完存。所蔵：千葉県中山法華経寺蔵。

下総（千葉県）における日蓮聖人の有力檀越《だんのつ》（信徒）の一人である太田金吾（大田左衛門尉《おおたさえもんのじょう》乗明《じょうみょう》・一二二二～一二八三）の妻に宛てた書状と考えられている。真蹟二十一紙が中山法華経寺に格護されている。金吾というのは衛門府の唐名で、平城《へいぜい》天皇のとき衛門を左右の衛士に合わせ、嵯峨天皇のとき左衛門・右衛門とし、鎌倉時代には一般に衛門尉を金吾といったようである。月々の供養米の八ヶ月分の一石を身延の日蓮聖人のもとへ送り届けてきたことの礼状である。即身成仏について説かれているので「即身成仏抄《そくしんじょうぶつしょう》」「即身成仏事」とも称される。即身成仏の法門については、諸経や『大日経』にも説かれているが、文字としてはあっても名目だけで真実の道理はないとする。けれども、弘法大師空海・慈覚大師《じかくだいし》円仁《えんにん》・智証大師《ちしょうだいし》円珍《えんちん》たちは不空三蔵が翻訳した『菩提心論《ぼだいしんろん》』の間違った説をそのまま信じてしまい、『大日経』に即身成仏が説かれると主張するに至ったとしている。そして、即身成仏は久遠実成《くおんじつじょう》（釈尊の永遠性）・二乗作仏《にじょうさぶつ》（声聞《しょうもん》と縁覚《えんがく》の二乗が成仏すること。一切衆生悉皆成仏《いっさいしゅじょうしっかいじょうぶつ》を明らかにした法門）を説く『法華経』に限ることを論じている。『菩提心論』は龍樹《りゅうじゅ》の作とされるが、不空の所造であるという説もある。日蓮聖人は、『菩提心論』をたとえ龍樹の作とみたとしても、龍樹の真撰である『大智度論《だいちどろん》』の論旨にそむいているので、どうしてそこから真言の即身成仏を立てたのであろうかと疑問を提示している。

［遺三七〇、定一七五四、全四—三〇七、歴一四三c］

【三七四】盂蘭盆御書《うらぼんごしょ》

系年：弘安三年（一二八〇）七月十三日（建治三年か）。年齢：五十九歳。述作地：甲斐国身延。対告：治部房祖母。真蹟：十七紙完存。所蔵：京都府妙覚寺蔵。

日蓮聖人が身延山から駿河（静岡県）在住の治部房《じぶぼう》うば御前（祖母）に宛てた書状。真蹟は十七紙が京都の妙覚寺に格護されている。治部房とは日蓮聖人の弟子で中老僧の一人である治部房日位上人（一二五七～一三一八）のことで、祖母は妙位尼とよばれたというが、詳しいことは伝わっていない。日位上人は駿州（静岡県）庵原郡の南条平七郎の子といい、はじめ蒲原四十九院の天台宗の僧で承賢と称していたが、日興《にっこう》上人・日持《にちじ》上人ら日蓮聖人の直弟子たちの教化で改宗したとされる。本書は、日位上人の祖母から盂蘭盆会の供養として白米一俵・焼米《やきごめ》・瓜・茄子などを送ってもらったことへの礼状である。供養の品々を仏前にお供えして、その志を言上したと述べた上で、盂蘭盆会《うらぼんえ》についての由来を書き送っている。その昔、釈尊の弟子に目連尊者《もくれんそんじゃ》という人があり、智慧第一といわれた舎利弗《しゃりほつ》と並んで、神通第一《じんづうだいいち》といわれていた。父は吉懺師子《きっせんしし》といい、母は青提女《しょうだいにょ》といったが、母は物惜しみの心が強く自分の持っている物を他人に与えようとしなかったので、その罪により死後には餓鬼道へ堕《お》ちてしまっていた。目連尊者は天眼を開いて三千大千世界《さんぜんだいせんせかい》（全宇宙）を鏡に映し出すように見透したところ、餓鬼道にあった母が飲むものも食べる物もなく、痩せ細って皮は雉《きじ》の羽根をむしり取ったような状態で、骨はすっかり磨り減って丸い石を並べたようになっていたのを見た。目連尊者はあまりの悲しさに、神通力によってご飯をそこへ届けると、母は喜んで右の手でご飯を握り、左の手でご飯をかくしながら口へ入れたところ、どうしたことかご飯はたちまち変じて火となり燃え上がった。目連尊者はこの様子を見てびっくりし、再び神通力によって、たっぷりと水をかけたところ、その水がどうしたことか薪となって、ますます母の身を焼いてしまったという。困った目連尊者が釈尊に相談すると「七月十五日に各地から聖僧を集めて、百味の飲食物を供養し、布施を行ない、法会を修して母の苦しみを救うべきである」と教えられた。そこで目連尊者は釈尊の教えの通りに実行したところ、母はついに餓鬼道の永い若しみからのがれることができたという（『盂蘭盆経』）。日蓮聖人は、『法華経』に「正直に方便を捨てよ」とあるように、目連尊者が小乗の二百五十戒をたちどころに捨て、「南無妙法蓮華経」と唱えて仏に成り、その功徳によって母を救うことができたのであると述べている。

［遺三七四、定一七七〇、全四―三一七、歴一〇四c］

【三八八】上野《うえの》殿母尼御前《どのははあまごぜん》御返事《ごへんじ》

系年：弘安三年（一二八〇）十月二十四日。年齢：五十九歳。述作地：甲斐国身延。
対告：南条時光母。真蹟：断片複数散在。所蔵：静岡県重須本門寺蔵・富士久遠寺蔵。

上野母尼御前とは、富士の上野に住していた南条兵衛七郎の妻で、南条時光・七郎五郎の母である。父は日蓮聖人の檀越であった松野六郎左衛門入道。真蹟三紙断が愛知県長存寺・富士久遠寺・重須本門寺に格護されている。故南条七郎五郎の四十九日忌の菩提のためとして、布施の銭二結《ゆ》い、白米と芋を一駄《いちだ》（馬一頭が背負えるほどの荷）ずつ、すり豆腐・こんにゃく・柿を一籠《かご》・柚子《ゆず》五十個などを届けられたことの礼状で、供養のために『法華経』一部八巻と自我偈《じがげ》数回、題目を百千返唱えたことが記されている。南条七郎五郎（一二六五〜八〇）は、父の在世中には母の胎内にあり、その死後に出生した。日蓮聖人と会っていたかは不明であるが、遺文の記述によると優れた青年であったようである。しかし、弘安三年（一二八〇）九月五日に十六歳で世を去った。母尼の嘆きがいかに大きかったは、供養の品々の多さによっても示されている。本書では、『法華経』が釈尊一代の数多くの経典の中でも最もすぐれた経典であることを明らかにし、『無量義経《むりょうぎきょう》』（『法華経』の開経）に「仏は最初に法を説かれてからこのかた四十余年になるが、いまだ方便の教えしか説いていないのであって、真実の教えは説かれていない」という経文が、故南条七郎五郎が死出の山や三途の河を渡ろうとする時には、大きな意義を果たすであろうことを説く。そして、幼少の時から賢い父のあとを継ぎ、まだ二十歳にもならないのに、南無妙法蓮華経と唱えて仏に成ったことを述べ、母として亡き子を恋しく思ったならば、題目を唱えて、先に逝去した夫の南条七郎と七郎五郎がいっしょに久遠釈尊の霊山浄土《りょうぜんじょうど》に往詣《おうけい》できることを願いましょうと、思いやりのこもった暖かい言葉をかけている。

〔遺三八八、定一八一〇、全四―三三九、歴八九c〕

【四二九】法華証明鈔《ほっけしょうみょうしょう》

系年：弘安五年（一二八二）二月二十八日。年齢：六十一歳。述作地：甲斐国身延。対告：南条時光。真蹟：断片複数散在。所蔵：大阪府梶原一乗寺蔵・京都府妙蓮寺蔵ほか。

南条時光が病気で伏していることを聞いた日蓮聖人が、自らも病気療養中に新年を迎えたという状況であったがあえて筆をとり、日朗《にちろう》上人に時光の病気平癒の護符の祈禱の作法を教えて、看病していた伯耆房《ほうきぼう》（日興《にっこう》上人）を通して送った書状である。本書の直前の二月二十五日に記された『伯耆公御房御消息《ほうきこうごぼうごしょうそく》』【四二八】と一連のもの。真蹟は九紙が西山本門寺ほか二寺に散在している。第一紙に「法華経行者日蓮」と署名されているように、法華経の行者であることに大きな意義を持たせて、釈尊入滅後の世も末となり濁った悪い世に、『法華経』の一字でも二字でも信仰して、経文の通りに実践する人の功徳がとても大きいことを強調する。そして、南条時光の篤い信仰を称賛し、時光を悩ます病気の根源となっている鬼神たちに、時光の病気をたちまちのうちに治して、逆に守護神となって鬼病の大苦を抜き去るべきであると諫めている。『伯耆公御房御消息』では、病気平癒の方法として、午前四時から八時までの間に精進河の清水を取り寄せて、『法華経』薬王品の「病即消滅　不老不死」の経文を焼いて灰にし、水一合に入れ

日蓮聖人が病気平癒のために護符を作って飲むませることを勧め、て飲むようにと、護符《ごふう》についての指示をしている。祈願をしていることがわかる。

［遺四二九、定一九一〇、全四―三四五、歴一〇三八d］

《第五巻》

【三】不《ふ》動《どう》愛染《あいぜん》感見記《かんけんき》

本書二五頁写真掲

系年：建長六年（一二五四）六月二十五日。年齢：三十三歳。述作地：安房国か。対告：新仏か。真蹟：全二紙。所蔵：千葉県保田妙本寺蔵。

「愛染不動感見記」とも呼ばれる。立教開宗の翌年、建長六年（一二五四）正月一日に生身《しょうしん》の愛染明王を、同月十五日より十七日には生身の不動明王を感見《かんけん》したという特異な宗教体験を表明した書。「日蓮」の署名が認められ、年月日の記年のある真蹟遺文では、現存最古のものである。掛軸二幅《ふく》で、縦三〇・〇センチメートル、横五九・四センチメートルの二紙からなる。昭和四十三年（一九六八）四月二十五日に、国の重要文化財に指定されている。

本書は、一枚ずつ紙央に日と月とを表す円を描いて、それぞれ愛染明王と不動明王の図像を描画する。日輪の中に描かれた愛染明王は、一面八臂で、飛馬に跨る跨像《こぞう》形態。口を開いた三目忿怒形《さんもくふんぬぎょう》で、条帛《じょはく》を纏い、五鈷《ごこ》鉤《こう》を頂く宝冠をかぶり、左手に弓・羂索《けんじゃく》・三鈷《さんこ》鈴《れい》（金剛鈴）と思われる持物を、右手に五鈷杵《ごこしょ》・箭《や》・開蓮・宝剣と思われる持物をそれぞれ把持する。愛染明王の後光の光背は、日輪を象徴したものか、七つの小さな光輪をその周囲に配し、更に光背の外に一段と大きな光輪がひとつ描かれる。像の左右には中国・日本では太陽（日）の象徴（日精）とされた黒烏（三足烏《さんそくう》・八《や》咫烏《たがらす》）のほか、水瓶、獅子と推測される四足獣、愛染明王と思われる三目忿怒形の明王尊の頭部の図像などが確認できる。なお、愛染明王外周の日輪は三重の同心円状に描かれ、周囲に日蝕時等に見られる光冠に似た複数の発光現象が鮮明に図示されている。軸装の際に表具の関係で裁断されたためか、日輪の上端は欠けている。

一方、不動明王は一面四臂の忿怒形で、片足で立つ立像形態で描かれる。条帛・天衣を纏い、左手には羂索・開蓮を、右手には宝剣（三鈷剣か）をそれぞれ持す。明王像の足下には兎が、明王像の左には月桂樹と思われる樹木と人物坐像が配置され、また上空には飛雲がたなびいている。不動明王像に特有の火焔後背はみえない。不動明王が月中に描かれていることの根拠は、本書の文面からは読みとれないが、図中に太陰（月）の象徴（月精）とされる月兎・月桂樹などが描かれていること、感見の日付が十五夜に相当することなどをふまえて、同図の円形は満月を表顕するものと推察される。また、人物坐像に関しては、月にまつわる神話・伝説として知られる、玄奘の『大唐西域記』「兎王本生譚《とおうほんじょうたん》」の帝釈天、または中国神話『酉陽雑俎《ゆうようざつそ》』「天咫《てんし》」の呉剛《ごごう》であるとも推測できるが確証はない。

近年、本書の図像に関して、京都府宇治市三室戸寺（修験宗別格本山）所蔵の、十五世紀室町時代頃の作と推定される「摩尼宝珠曼荼羅」一幅に、本書と酷似した図様の不動明王図と愛染明王図が確認され、国内外の研究者の注目を浴びている。

本書は、その記載から同年六月二十五日に「新仏《しんぶつ》」なる人物に授与されたことが読み取れるが、授与された「新仏」が誰であるかは詳《つまび》らかではない。「新たに仏弟子となった者」をさす「新仏子《しんぶつし》」の意とも推測できるので、日蓮聖人のもとに新たに入門した弟子に授与されたものであろうか。

なお、本書には、日蓮聖人自身が大日如来より密教（恐らくは天台密教）の相承であろう二十三代に至る嫡々《ちゃくちゃく》相《そう》承《じょう》を承けたことが記されるところから、日蓮聖人の密教相承の系譜を明らかにする書としても注目されている。この愛染・不動の感見が、その後の日蓮聖人の宗教にも大きな影響を与えたことは、晩年に図示される大曼荼羅《だいまんだら》の多くに、必ずこの二明王の種子《しゅうじ》とされる梵字《ぼんじ》を添えていることからも知られる。

【遺三、定一六、全五―三、歴九八〇a】

【三二】論談敵対御書《ろんだんてきたいごしょ》

系年：弘長二年（一二六二）。年齢：四十一歳。述作地：伊豆国伊東。対告：未詳。真蹟：断片一紙。所蔵：山梨県大野本遠寺蔵。

弘長元年（一二六一）五月十二日の伊豆法難の日時を示すと推察される本書末尾の「去年《こぞ》五月十二日戌時《いぬ》」の記述、および筆蹟から、弘長二年（一二六二）の述作とされる。本書は、文応元年（一二六〇）の『立正安国論』【二四】上奏後の鎌倉浄土教徒の行動を示す貴重な文献である。

建長五年（一二五三）の立教開宗後のまもない頃より、相模国鎌倉での日蓮聖人の布教は、浄土教批判が主流であった。このため、日蓮聖人の言動に憤慨した鎌倉浄土教の代表者、新善光寺の道阿道教念空《どうあどうきょうねんくう》と長安寺の能安《のうあん》らは、日蓮聖人に法論を挑んだといわれる。その時期は定かではないが、日蓮聖人の伊豆流罪の直前という可能性が考えられている。

本書によると、この法論では、日蓮聖人は一言二言で彼らを論破したという。その結果、かえって浄土教徒の反感をかうことになり、論破された念空らは、徒党を組み、刀杖をもって日蓮聖人の草庵を襲い、また権力者に訴えたという。

なお、本書の記述によれば、五月十二日の夜半、戌の時（午後八時頃）、「□師・□師・雑人《ぞうにん》等」が何かを起こしたという記述がある。実は、その後の文章が欠落しているので詳らかではないが、五月十二日という記述から、おそらくは日蓮聖人の伝記でいうところの弘長元年（一二六一）の伊豆法難の事件をさしていると思われる。「□師・□師」の部分は『昭和定本日蓮聖人遺文』では判読されていないが、真筆を確認すると「塗師《ぬりし》・薄《はく》（箔《はく》）師《し》」ではないかと読み取れ、すわなち、漆を塗る職人、金箔をはる職人をさすものと思われる。

当時、鎌倉では、新しい寺院が相次いで建立されるなど、奈良・京都に続く一大仏教都市化計画が進められていた。とくに建長四年（一二五二）からは鎌倉大仏の金銅仏化、もしくはそれにともなう大仏殿の改装が行われていたところで、彼ら職人は鎌倉幕府の命で大仏改修の事業に参画していた可能性が考えられる。ところが、日蓮聖人が浄土教批判を痛烈に展開した『立正安国論』を上奏したところから、浄土教教主であるところの阿弥陀仏の大仏改修を幕府の事業として手がけていた職人たちは、これに憤慨し、念空らに荷担して五月十二日の夜半に鎌倉の草庵に押しかけてきたということなのかもしれない。この草庵襲撃が、所伝では文応元年（一二六〇）八月二十七日に起きたと伝えられる松葉谷《まつばがやつ》法難に比定されるか否かは定かではないが、この事件が伊豆法難の発端であった可能性が、本書の記述から想定されるのである。

［遺三二一、定二七四、全五―四、歴一二一九d］

【八三】行敏御返事《ぎょうびんごへんじ》

系年：文永八年（一二七一）七月十三日。年齢：五十歳。述作地：相模国鎌倉。対告：行敏。真蹟：全一紙。所蔵：静岡県鷲津本興寺蔵。

文永八年（一二七一）七月八日付、日蓮阿闍梨《あじゃり》御房宛ての「難状《なんじょう》」と、七月十三日付、日蓮聖人の「行敏御房御返事」の二通を一括したものが、『行敏御返事』である。

行敏《ぎょうびん》（生没年未詳）は鎌倉浄土教の僧で、その「難状」には、日蓮聖人の言動に対する批判が示されている。行敏は、当時の日蓮聖人の教説を、（1）法華経以前に釈尊の説いた爾前の経々では成仏できないとしたこと、（2）大小の戒律は世間を惑わし、悪道に堕す教えであるとしたこと、（3）念仏は無間地獄に堕ちる業因であるとしたこと、（4）禅宗は天魔の所説で、これを行ずるものは悪見を増長するとしたこと、の以上四点に集約し、日蓮聖人に対決を迫った。これに対して日蓮聖人が、私的な問答は意味がなく、鎌倉幕府へ上奏を経て是非を決するならば願うところであると返答したのが、七月十三日付の「行敏御房御返事」である。

なお、行敏の難状の充所に「日蓮阿闍梨御房」と記されていることから、当時、日蓮聖人は「阿闍梨」号で呼ばれていたことがわかる。これは、恐らくは天台宗の阿闍梨の地位をさす称号と思われ、日蓮聖人が『不動愛染感見記《ふどうあいぜんかんけんき》』【三】に記されるような台密《たいみつ》（天台密教）の嫡々相承を承けた阿闍梨であった可能性が考えられている。

従来より、日蓮聖人在世中に日蓮聖人について言及している教団側の史料（内部史料）は多く存在するのに対して、教団外部の史料が少ないことが指摘されているが、本状や次項に解説する『行敏訴状御会通《ぎょうびんそじょうごえつう》』【八四】の存在は、そうした意味でも貴重な史料であるといえる。

【八四】行敏《ぎょうびん》訴状《そじょう》御会《ごえ》通《つう》

〔遺八三、定四九六、全五―五、歴二五三b〕

系年：文永八年（一二七一）。年齢：五十歳。述作地：相模国鎌倉。対告：忍性・良忠・念空。真蹟：全十九紙。所蔵：山梨県身延久遠寺曽存。写本：朝師本録内御書。

本書冒頭に挙げられた良観房忍性《りょうかんぼうにんしょう》・然阿良忠《ねんありょうちゅう》・道阿道教念空《どうあどうきょうねんくう》らの訴状に対する日蓮聖人の弁明の陳状であるから、「日蓮陳状」と呼ぶべき内容のものである。

無年号であるが、その内容から文永八年（一二七一）頃、恐らくは、『行敏御返事《ぎょうびんごへんじ》』【八三】が送られた同年七月十三日以降と推定される。日蓮聖人の行敏への返事に対応するかのように、極楽寺の律僧であった忍性らは、鎌倉幕府に日蓮聖人を訴えたようである。

忍性らは、日蓮聖人の主張と門弟の行為を、（1）是一非諸《ぜいっぴしょ》の主張（法華経の一経のみを是とし、法華経以外の諸経をすべて非とすること）、（2）念仏無間（浄土教念仏は無間地獄に堕する業となること）、（3）禅天魔（禅は天魔の所為であること）、（4）大小の戒律は世間を惑わす法、（5）本尊の弥陀・観音などの像を燃やしたり水に流した、（6）凶徒を集めている、（7）兵杖《ひょうじょう》（武器）を貯えているとして、訴状をもって訴えたのに対し、日蓮聖人が逐一答えたものである。本状は、この時期の日蓮聖人の思想や行動、門弟の動向などを考察する上でも貴重な資料となっている。

いま、これらの主張の一々を見てみると、（1）から（4）は、先の『行敏御返事』【八三】と共通しており、当時の日蓮聖人の諸宗批判が念仏・禅・律の三宗に対して向けられていたことが読み取れる。

また、（5）については、専ら法華経を信じ釈迦牟尼仏を本尊と仰ぐ専持《せんじ》法華の日蓮信者たちが、かつての信仰を捨てた際に、それまで本尊としていた阿弥陀如来や観世音菩薩の像を廃棄したことは想像に難くない。ただし、日蓮聖人は、このことに関しては冤罪であると退け、確かな証人を出せと反論している。

（6）に関しては、（5）のように釈迦仏以外の仏像を焼き、法華経以外の経典を捨てる行為に及ぶ日蓮信者たちが、日蓮聖人に対峙する側からすれば、凶悪な暴徒に映ったことは当然と思われる。

（7）は、日蓮信者たちが武装していることについての非難であるが、日蓮聖人はこの事実を明かな論拠をもって肯定している。すなわち、『大般涅槃経《だいはつねはんぎょう》』金剛身品《こんごうしんほん》（『正蔵』第十二巻三八三頁b）に「正法を護持する者は、まさに刀剣弓箭鉾槊《とうけんきゅうせんむさく》を持って持戒清浄の比丘《びく》を守護すべし」とみえる所謂「執持刀杖《しゅうじとうじょう》」の論を展開するのである。これは、釈尊が在家（特に国王）の正法護持の為の武装化を肯定した教説であり、日蓮聖人も本状において「法華経守護の為の弓箭兵杖《きゅうせんひょうじょう》は、仏法の定むる法なり」と答えている。日蓮聖人の門弟の中には、幕府の得宗被官《とくそうひかん》や下級武士の御家人《ごけにん》も多く入信していたことから、松葉谷《まつばがやつ》の草庵を訪れた彼らが武器を帯していても不思議ではない。彼らは在家の身として、法華経を護持する役目を担っていると解釈されているのである。

なお、この執持刀杖論は、『立正安国論』【一四】第七番問答の中心的命題としても引用されており、そこに引用される数々の経証《きょうしょう》からは、謗法禁断のためには斬罪も辞さないような強烈な印象を受けるが、日蓮聖人の目指すところは、そのような過激な処罰ではなかった。続く第八番問答において、「全く仏子を禁《いま》しむるにあらず、ただ偏《ひと》へに謗法を悪《にく》むなり」と述べている通り、謗法の人を斬罪するのではなく、謗法という罪そのものを責めることが日蓮の主張である、と明言している。

【遺八四、定四九七、全五―七、歴二五三c】

【八六】土木殿御返事《ときどのごへんじ》

系年：文永八年（一二七一）九月十四日。年齢：五十歳。述作地：相模国依智。対告：富木常忍。真蹟：全二紙。所蔵：京都府本満寺蔵。

本状は、九月十三日未明の龍口法難《たつのくちほうなん》の翌日に執筆され、鎌倉から遠い下総国の檀越で、日蓮聖人が若い頃から世話になっている恩人の富木《とき》（富城・土木）常忍《じょうにん》に事件の第一報を報じた書である。

律僧の忍性、念仏僧の良忠・道教らの告訴によって、九月十二日申刻《さるのこく》（午後四時頃）、日蓮聖人は逮捕された。その指揮者は、侍所《さむらいどころ》（鎌倉武士集団の統轄機関）の所司《しょじ》の平左衛門尉頼綱《へいのさえもんのじょうよりつな》であった。日蓮聖人の草庵は蹂躙《じゅうりん》され、釈迦像や経巻も踏みにじられた。その際、平頼綱によって、日蓮聖人はこのとき懐中していた法華経の第五巻《だいごのまき》をもって、さんざんに打ちのめされたという。この法華経第五巻には、法華経の行者の値難《ちなん》（法難にあうこと）と忍難弘経《にんなんぐきょう》（その難を耐え忍んで法華経を弘めるを使命とすること）とを説いた勧持品《かんじほん》二十行の偈《げ》が収められており、日蓮聖人は後にこの時の法難を回顧して、自身の受難の体験は、まさにこの時の経文に合致していると述懐している。

逮捕された日蓮聖人は、あたかも朝敵・謀反人のごとく鎌倉の小路をひきまわされた。逮捕の指導者が平頼綱であったから、侍所に連行されたのであろうが、酉刻《とりのこく》（午後六時頃）になって佐渡への流罪が決まった。しかし、その裁決は、日蓮聖人によれば「外には遠流《おんる》と聞こえしかども内には頸を切」るというものであった（『下山御消息《しもやまごしょうそく》』【二四七】）。つまり、表向きの罪名は佐渡遠島であったが、実質は日蓮暗殺が目的であったと述懐している。

流謫地の佐渡の守護《しゅご》は、大仏宣時《おさらぎのぶとき》（北条宣時）で、佐渡への連行はその守護代の本間《ほんま》六郎左衛門重連《しげつら》が任じられた。日蓮聖人の身柄は、重連の代官に預かられ、翌十三日丑刻《うしのこく》（午前二時頃）に鎌倉を出発し、本間邸のある相模国依智《えち》に向かった。不自然な時刻に出発しているが、「内には頸を切」ることを考えてのことであったと思われる。

十三日深夜未明の龍口刑場（頸《くび》の座《ざ》）での斬首の危難は、幸いにも檀越の大学三郎《だいがくさぶろう》らの助命運動などの甲斐もあって脱れはしたが、日蓮聖人は、公の罪名通り佐渡流罪となり依智の本間邸に送られることとなる。依智に到着した日蓮聖人は、数日ここに身柄を拘束されたのち、佐渡へ出立するはずであったが、依智滞在は意外に長く、実に当地を発つのは約一ヶ月後の十月十日のことであった。

本状は、龍口頸の座の翌日に、この間《かん》の事件の推移を、鎌倉での日蓮聖人の身の上を常に案じていた富木常忍《ときじょうにん》に真っ先に報告するために執筆されたことがわかる。本状にはまた、日蓮聖人の法華経色読《しきどく》（法華経の経説を身をもって読むこと）の喜びと、この功徳によって自身の過去謗法《ほうぼう》の重罪を消滅したとの法悦《ほうえつ》が簡潔に述べられている。なお、今生に法華経を弘通《ぐづう》することで受難に値《あ》うのは、過去に法華経を誹謗あるいは退転したり、法華経の行者を迫害した謗法行為があったとする罪意識は、翌冬、佐渡在島中に執筆される『開目抄《かいもくしょう》』【九八】において理論的考究をもって明かされることとなる。

[遺八六、定五〇三、全五―一六／五―一七、歴八〇九c]

【一二二】正当此時御書《しょうとうしじごしょ》

系年：文永十年（一二七三）四月頃。年齢：五十二歳。述作地：佐渡国一谷か。対告：未詳。真蹟：断片一紙。所蔵：京都府妙覚寺蔵。

筆蹟とその内容から文永十年（一二七三）四月頃に系《か》けられる。近時発見され、冒頭の四字をもって書名が付けられた。一紙十一行という断片で、末尾を欠失しているため、全体の内容は不明瞭な部分も多いが、蒙古牒状（国書）の到来、伊豆・佐渡配流という二度の王難などについて触れ、世間の憚りから今まで相当の弟子等に語らなければならない正義《しょうぎ》を述べなかったが、今はまさしくその時にあたり、ここに正義を書き記すとして、その著書の閲読・聴聞についての注意を与えたもの。

本書にいう「正義」を註した書とは、『観心本尊抄』【一一八】を指すものと考えられている。その理由として、『観心本尊抄』の送状である『観心本尊抄副状《そえじょう》』【一一九】の「観心の法門少々これを註す」の文と、本書の「今粗《ほぼ》これを註す」の文との表現の共通性、また『観心本尊抄副状』の「この書（『観心本尊抄』）は難《なん》多く答《こたえ》少なし（中略）たとい他見に及ぶとも三人四人座《ざ》を並べてこれを読むことなかれ」の文と、本書末の「ことごとく三度を以て限りとして聴聞をなすべし」などの文との類似性が指摘されている。

［遺一一二一、定七二三、全五―一八、歴五四八b］

【一四〇】法華行者値難事《ほっけぎょうじゃちなんじ》

系年：文永十一年（一二七四）正月十四日。年齢：五十三歳。述作地：佐渡国一谷。対告：富木常忍・四条頼基・河野辺・大和阿闍梨・弟子一同。真蹟：全八紙。所蔵：千葉県中山法華経寺蔵。

平等で平和な世界の実現は、人類がいまだ到達していない理想の境地であるが、法華経は、二千年以上も前にその理念を示した釈尊の究極の教えである。それ故、法華経は、差別・戦乱の世には受け容れがたい難信《なんしん》（信じがたい）・難解《なんげ》（理解しがたい）な教えでもあった。法華経の真意に対して正しい理解が得られず、時にはその教えに反感をもつ者さえ現れた。釈尊も法華経の中で、難信・難解の法華経は、難持《なんじ》（持《たも》ちがたい）であることを示し、この経を弘める者（法華経の行者）には数々の迫害・弾圧がふりかかることを随所に記《き》しているのである（法師品・見宝塔品・勧持品ほか）。

本状において日蓮聖人は、これまで世に現れた「法華経の行者」には、釈尊・天台大師智顗《ちぎ》・伝教大師最澄《さいちょう》の三人がいることを明かし、釈尊は、仏道（究極的には法華経）の故に在世中に「九横《くおう》の大難」をはじめとする数々の受難を被ったこと、智顗・最澄も法華経弘通《ぐづう》の生涯の中で敵対する教団からしばしば論難を受けたが、末法《まっぽう》の時代に当たらなかったため身命《しんみょう》に及ぶほどの受難ではなかったことを指摘し、いま末法に入ったことにより仏説に相応する値難《ちなん》

（難に値《あ》うこと）が起きるであろうこと、その値難によって真に法華経を色読《しきどく》（身をもって読むこと）する行者が出現するであろうことを断言する。

そして、鎌倉幕府が日蓮を弾圧した迫害こそ、『法華経』法師品の「如来の現在すらなお怨嫉多し、いわんや滅度の後をや」の文に符合するものと受けとめ、法華経の行者の値難の意義を明確にし、日蓮こそが末法に「三大秘法《さんだいひほう》」を弘める法華経の行者であることが披瀝され、門弟の不惜身命《ふしゃくしんみょう》の信仰を激励するのである。

文永九年（一二七二）二月、北条時宗《ときむね》の異母兄（時頼《ときより》の庶長子《しょちょうし》）の北条時輔《ときすけ》らが鎌倉・京都で相次いで謀反を起こした二月騒動が、『立正安国論』に予測された自界叛逆難《じかいほんぎゃくなん》の的中と受けとめられたこともあってか、この頃より鎌倉では直弟子六老僧《ろくろうそう》の日朗《にちろう》を中心に門弟が再び結束を始め、日蓮聖人の流罪赦免運動を展開していた（『真言諸宗違目』【一〇六】）。佐渡での日蓮聖人の活動もめざましく、聖人は多くの信者を獲得し、次第に教線を拡大していった。これに脅威を感じた幕府は、佐渡での日蓮聖人の布教活動を禁止する御教書《みぎょうしょ》（本来は三位《さんみ》以上の公卿が発行する公文書。のちに将軍の命で幕府より発給される文書）を度々下したようである。

本状には、前武蔵守《さきのむさしのかみ》北条宣時《のぶとき》が佐渡での日蓮聖人の活動を圧伏せんとして三度にわたり発給した御教書（日蓮聖人はこれを「偽御教書《にせみぎょうしょ》」と言う）のうち、第三回目の文永十年（一二七三）十二月七日付けの文書の全文を書き写して、これを鎌倉の人々に披見・告知して、卑劣な謀略を暴露するよう門下に指示している。佐渡から鎌倉までの所要日数を十四日（『種種御振舞御書』【一七六】などによる）と推定すると、正月十四日に出された本状は、正月末には鎌倉に届く計算になる。その後、鎌倉の門弟が日蓮聖人の指示に従って行動を起こしたとして、これが功を奏したかは定かではないが、その約半月後の二月十四日には、日蓮聖人に対する佐渡流罪赦免状が幕府から出されている。

なお、本状には、後に「三大秘法」あるいは「三秘《さんぴ》」と呼ばれる秘要の法門の一端が示される。三大秘法は、法華経本門《ほんもん》の教主である久遠の釈迦牟尼仏が久遠の弟子たる本化《ほんげ》の菩薩に付嘱した南無妙法蓮華経の一大秘法《いちだいひほう》に立脚して開出《かいすい》された法門である。日蓮聖人は、この一大秘法をもととして、「本門の本尊」「本門の題目」「本門の戒壇」を開示した。これを三大秘法と呼ぶ。しかし、この三つは最初から整っていたわけではなく、本門の題目・本門の本尊については、主著の『開目抄』【九八】や『観心本尊抄』【一一八】において既に理念的に開示されていたが、これに戒壇が加わって三秘（三大秘法）の要素が揃うのは、本状『法華行者値難事』を待たなければならない。本状執筆後、ほどなくして脱稿したと思われる『法華取要抄』【一四五】では、初めて「本門の本尊と戒壇と題目」の語が用いられ、これを総称して日蓮聖人自ら「本門の三《みっ》の法門」と呼んでいる。なお、「三大秘法」の名目《みょうもく》（呼称）自体は、『三大秘法稟承事《さんだいひほうほんじょうじ》』【四〇三】のみに見えるところであるが、本書の真蹟は伝わらない。いずれにせよ、日蓮聖人の思想や教義の深化という側面においても、本状『法華行者値難事』の位置づけは重要であるといえる。

〔遺一四〇、定七九六、全五―一九、歴一〇二九b〕

【一四三】未驚天聴御書《みきょうてんちょうごしょ》

系年：文永十一年（一二七四）四月頃か。年齢：五十三歳。述作地：相模国鎌倉か。対告：未詳。真蹟：断片一紙。所蔵：京都府本圀寺蔵。

佐渡流罪を赦免され、鎌倉に帰り着いた日蓮聖人を待っていたのは、侍所所司《さむらいどころしょじ》の平左衛門尉頼綱《へいのさえもんのじょうよりつな》であった。文永十一年（一二七四）四月八日、幕府は日蓮聖人を、恐らくは侍所に召喚し、蒙古問題について話し合った。侍所は、当時の侍所別当《べつとう》が執権の北条時宗《ときむね》、その次官たる所司が平頼綱であった。侍所は、御家人《ごけにん》とよばれる武士集団を統轄する得宗家《とくそうけ》（北条一族の正嫡の家系）直属の機関で、御家人は対蒙古防衛策の要であったから、当然のことであろう。日蓮聖人は、蒙古襲来の近きことについて進言したが、その対策については、日蓮聖人と平頼綱の意見は対立した。頼綱が、政治的・外交的・軍事的解決を目指したのに対して、日蓮聖人は、あくまでも宗教者として、宗教的問題の解決を迫ったものと思われる。殊に、当時の幕府がとりわけ真言師に蒙古調伏《ちょうぶく》の祈禱を命じていたことに対しての批判があったと推察される。しかし、頼綱は日蓮聖人の進言を聞き入れなかった。五月十二日、幕府にみかぎりをつけた聖人は、鎌倉を後にする。

日蓮聖人のこの時の進言は、文応元年（一二六〇）の『立正安国論』の上奏、文永八年（一二七一）の龍口《たつのくち》での平頼綱への諫言に続く第三回目の国家諫暁という意味で、「第三国諫《だいさんこっかん》」と呼ばれている。

本書は、その筆跡と、自身の国家諫暁が三度に及ぶとの内容から、文永十一年（一二七四）四月八日以降の執筆と推定される。真筆は断簡の二行のみが伝わるだけで、前後が欠失しているため全体の内容は詳らかではない。京都の朝廷すなわち天皇への諫暁は一度も実行していないが、鎌倉幕府への諫暁は三度に及んだことを述べ、国家諫暁はこれで止めるが、これによっていかなる迫害があろうとも後悔しないとの決意が、短い文中に表明されている。

〔遺一四三二、定八〇八、全五―二二五、歴一〇七九b〕

【一四四】富木殿御書《ときどのごしょ》

系年：文永十一年（一二七四）五月十七日。年齢：五十三歳。述作地：甲斐国身延。対告：富木常忍。真蹟：全一紙。所蔵：千葉県小松原鏡忍寺蔵。

文永十一年（一二七四）四月八日、鎌倉幕府への三度目の諫暁も聞き容れられずと見た日蓮聖人は、五月十二日に鎌倉を出立し、檀越南部《なんぶ》実長（波木井《はきい》実長）らの招きもあってか、同月十七日に甲斐国身延に入った。身延は、檀越の南部実長の所領の一隅にあった。実長は、文永六（一二六九）・七（一二七〇）年頃、日蓮聖人の直弟子六老僧《ろくろうそう》のひとり日興《にっこう》の弟子となり、日蓮門下に入信した檀越である。一説に、南部鉄の産地で知られる奥州南部氏の出といわれる。実長は、幕府の御家人として鎌倉番役に出仕していたので、その折りに日蓮聖人にまみえていた可能性が高い。日蓮聖人が三度目の国家諫暁の後に鎌倉を離去して身延を目指したのは、日興や南部実長らの取り計らいがあったものと推測できる。特に日興は、駿河国富士を中心に教線を張っていたので、富士にほど近い身延の地に日蓮聖人を招くことに対して積極的であったと推測される。

なお、一説には、日蓮聖人は佐渡流罪を赦免されはしたが、依然罪人として刑余の身であったとも考えられ、そこで、御家人でもあった南部氏が、幕府側の指示で日蓮聖人を監視下に置くよう命じられていたとも考えられている。

鎌倉時代の甲斐国は、配流地でもあり、かつて幕府に登用され、建長五年（一二五三）に時の執権北条時頼《ほうじょうときより》によって鎌倉に招かれた蘭渓道隆《らんけいどうりゅう》も、日蓮聖人の身延入山後しばらくして勃発した蒙古襲来（文永の役）の際に、南宋《なんそう》（蒙古によって滅ぼされ、後に国号は「元《げん》」となる）の亡命渡来僧という理由で幕府から嫌疑を受けて甲斐国甲府に流されている。

本状は、十七日に身延に到着した日蓮聖人が最初にしたためた書状で、身延安着の第一報を真っ先に富木常忍《ときじようにん》に通知したことがわかる。鎌倉から身延にいたる道程を記し、身延山中の様子が自分の心情に合うので、しばらくはこの身延に滞在しようと思うが、「結句は一人になて日本国に流浪すべき身にて候」と流浪の身となった当時の心懐を吐露している。

［遺一四四、定八〇九、全五―二六、歴八〇九b］

【一五七】聖人知三世事《しょうにんちさんぜじ》

系年：文永十一年（一二七四）。年齢：五十三歳。述作地：甲斐国身延。対告：富木常忍。真蹟：全五紙（ただし末尾欠損）。所蔵：千葉県中山法華経寺蔵。

冒頭に「委細に三世を知るを聖人《しょうにん》と云ふ」と、過去・現在・未来の三世を知る者が聖人であることを定義し、内外《ないげ》（内道と外道、仏教とそれ以外）の教えにおいて「聖人」の定義は異なるが、末法における法華経の広宣流布《こうせんるふ》を予記した釈尊こそが真の「聖人」であるとし、また釈尊の末法の世に自界叛逆難《じかいほんぎやくなん》と他国侵逼難《たこくしんぴつなん》を的中させた日蓮こそが「法華経の行者」であり、「一閻浮提第一の聖人」であると位置づける。

更に、文永十一年（一二七四）の蒙古来襲（文永の役）は、日本国の万人が法華経の行者日蓮に迫害を加える故に、法華経守護の諸天が隣国に命じてこの日本を譴責させたものであるとする。最後に、これら未だ起こらざること（未萌《みほう》）を知る力は日蓮の力ではなく、法華経の威力《いりき》であることを述べ、法華経に生きる法悦を表明している。

［遺一五七、定八四二、全五─二一八、歴五五三c］

【一七六】種種御振舞御書《しゅじゅおんふるまいごしょ》

系年：建治元年（一二七五）または二年（一二七六）。年齢：五十四歳または五十五歳。述作地：甲斐国身延。対告：光日房か。真蹟：「種種御振舞御書」十九紙＋「佐渡御勘気抄」二十一紙＋「阿弥陀堂法印祈雨事」十紙。所蔵：山梨県身延久遠寺曾存。写本：朝師本録内御書、平賀本録内御書。

本書は、「種種御振舞御書」「佐渡御勘気抄《ごかんきしょう》」「阿弥陀堂法印《ほういん》祈雨事（阿弥陀堂加賀法師祈雨事）」「光日房御書《こうにちぼうごしょ》」の四篇として個別に伝承されてきた遺文を一書に括ったものである。これら諸本を整理して現行の『種種御振舞御書』の内容に纏めたのは、明治十三年（一八八〇）に『高祖遺文録』全三十巻を編纂・刊行した幕末の宗学者小川泰堂《おがわたいどう》である。このうち『光日房御書』【二一三】については後述する。

本書の一部は、日興《にっこう》が身延久遠寺の住職をした関係からか、早くは孫弟子の日道《にちどう》（一二八一～一三四一）がその著書と伝えられる『日蓮聖人御伝土代《ごでんどだい》』に引用し、中山法華経寺第三祖日祐《にちゆう》（一二九八～一三七四）が法華経寺所蔵の霊宝の目録を記した「本尊聖教録《ほんぞんしょうぎょうろく》（日祐目録）」にもその書名が見える。なお、本書の真偽、ならびに四書を一篇とするに文体の変化から不一致とする考えもあるが、いずれも断片的であり、論理的な考証をもって本書を偽撰とする説は現在のところ呈示されていない。

本書は、文永五年（一二六八）正月の蒙古国書の到来と、その九年前の『立正安国論』【二四】に予言した他《た》国侵逼難《こくしんぴつなん》の的中から筆を起し、幕府要路・諸大寺への十一通の書状をもっての主張、その後の諸宗批判ならびに幕府に対する言動の激化から、諸宗高僧の讒言《ざんげん》、次いで幕府の弾圧による龍口法難・佐渡流罪の経緯、佐渡塚原での塚原《つかはら》問答《もんどう》、自界叛逆難《じかいほんぎゃくなん》の的中となった二月騒動、鎌倉に帰還してからの第三国諫、次いで身延入山後の懺悔滅罪の内省生活に至る心境を、前文は雄渾・躍動する文章で、最末は叙情的な文体をもって叙述した自叙伝的著述である。

特に、文永八年（一二七一）九月に起きた龍口法難《たつのくちほうなん》の顚末については、日蓮聖人の危難を救ったとされる「ひかりもの」の奇跡、依智《えち》の本間邸での「星下り《ほしくだり》」の奇瑞についても劇的な表現を以て詳述がなされるなど、他の遺文には見られない特徴を有する。

〔遺一七六、定九五九、全五―三二一、歴五一四d〕

【一一三】光日房御書《こうにちぼうごしょ》

系年：建治二年（一二七六）三月。年齢：五十五歳。述作地：甲斐国身延。対告：光日房。真蹟：十八紙および末尾若干曾存・断片六紙現存。所蔵：山梨県身延久遠寺曾存・新潟県本成寺蔵。写本：平賀本録内御書。

前掲の『種種御振舞御書《しゅじゅおんふるまいごしょ》』【一七六】の編集作業から、「阿弥陀堂法印《ほういん》祈雨事（阿弥陀堂加賀法師祈雨事）」の末文「此等《これら》はさて置き候ぬ」以下四百余字を、この「光日房御書」の末尾に移し、本書の末文「されば鹿は味ある故に人に殺され」以下の四百余字を、「阿弥陀堂法印祈雨事」の末尾に改置した。このように本書を現行の内容に整えたのは、『高祖遺文録《こうそいぶんろく》』全三十巻を編纂・刊行した幕末の小川泰堂《おがわたいどう》である。

本状を与えられたのは、安房国天津《あまつ》在住の女性信徒光日房《こうにちぼう》（光日尼《こうにちあま》）である。その子弥四郎《いやしろう》は、文永十一年（一二七四）春に佐渡より帰還し鎌倉に滞在していた日蓮聖人の許を訪れて面会したようで、この時、武士の所従として死の不安と未亡人の母に先立ちかねない不孝とを日蓮聖人に相談し、万一の折には聖人の弟子からその教えを母に伝えて欲しいと依頼していたようである。その後、程なくして、弥四郎は死去している。

本状は、光日房が子の弥四郎の死去を報じたことに対する弔意を述べたものである。生国である故郷安房を懐《おも》うことを述べながら、文永八年（一二七一）九月以降の佐渡流罪とその赦免後の行動を語り、三度諫《いさ》めて容れられなければ山林にまじわるとして身延に入山した理由を述べる。そして、日本国に法華経を弘めるという面目も果たせずに故郷に帰るは不孝の者であると思い、いまだ帰らずにいたが、故郷の人からの手紙と聞き、懐かしく開いて読めば、弥四郎の訃報であったことを嘆いている。そして、かつて法門談義の際に弥四郎の悩みを教え諭したことを回想し、子に先立たれた母の心痛を思いやり、光日房にたいして子のための追善菩提を勧め、弥四郎の後生善処《ごしょうぜんしょ》を教示している。

なお、光日房が弥四郎の訃報を死後二年も経って報知した理由は不明であるが、そこには安房国での教導にあたっていた弟子の明慧房《みょうえぼう》の働きかけがあったものと推察される。日蓮聖人は本書を弟子の三位房《さんみぼう》・日向《にこう》に託して届けさせ、この書状をふたりが当地に滞在中に度々読ませて聞くように光日房に指示しているが、ふたりが帰ったあとは、明慧《みょうえ》房《ぼう》に預けるように指示している。

なお、本状には、佐渡流罪、鎌倉帰着、平頼綱との会見、鎌倉離去などについて触れていて、日蓮聖人の伝記考察に資する遺文であると同時に、当時の武士やその家族・周辺の者の宗教観を伝える貴重な史料でもある。

〔遺二一三、定一一五二、全五—七七、歴三三九c〕

【一三六】破良観等御書《はりょうかんとうごしょ》

系年：建治二年（一二七六）。年齢：五十五歳。述作地：甲斐国身延。対告：光日房。真蹟：伝来未詳（延山録外写本）。

充所はないが、本文に故弥四郎《いやしろう》のことに触れている点から、安房国天津《あまつ》在住の女性信徒光日房《こうにちぼう》（光日尼《こうにちあま》）に与えられた書状と推定されている。

法華経を誹謗《ひほう》する人々は、現世では蒙古襲来のような他国の侵逼《しんぴつ》を蒙り、来世には無間地獄（阿鼻地獄）に堕ちるであろうが、法華経を信じた子息弥四郎の成仏は疑いないと断言する。ついで、問答体をもって、弘法《こうぼう》大師空海《くうかい》・慈《じ》覚《かく》大師円仁《えんにん》・智証《ちしょう》大師円珍《えんちん》ら密教・真言の三大師が、法華経を大日経《だいにちきょう》より劣るとしたため無間地獄に堕ちたから、今の幕府の命で蒙古調伏《ちょうぶく》を行っている真言師もまたそうであるとし、法華経と真言三部経との勝劣を論じる。

なお、本状は、日蓮聖人幼少の頃の虚空蔵《こくうぞう》菩薩への誓願、諸国学問求道、松葉谷《まつばがやつ》夜討、伊豆流罪など、真筆こそ伝えられていないが、日蓮聖人の行動を知る上で注目すべき遺文である。

【二三九】現世無間御書《げんぜむけんごしょ》

〔遺二三三六、定一二七八、全五―九二、歴九二四d〕

系年：建治三年（一二七七）二月十三日か。年齢：五十六歳。述作地：甲斐国身延。対告：未詳。真蹟：全十七紙中現存断片二紙。所蔵：京都府本能寺蔵。

無年号の二月十三日付書状で、建治三年（一二七七）に推定される。全十七紙のうち最末の第十六・十七紙の二紙だけが現存し、それ以前を欠くため内容は明瞭でないが、法華経とこれを弘める日蓮に怨をなす謗法の日本国は、現世に他国から攻められ、来世に無間《むけん》地獄の大苦を受けるだろうことを述べ、誤った真言の修法などで国家安泰の祈禱をするならば、さらに亡国の災いを増すであろうことを警告したもの。

〔遺二三三九、定一二九二、全五―一〇六、歴三二四a〕

【二四七】下山御消息《しもやまごしょうそく》

系年：建治三年（一二七七）六月。年齢：五十六歳。述作地：甲斐国身延。対告：下山兵庫五郎光基。真蹟：断片四十二紙。所蔵：千葉県小湊誕生寺ほか二十九箇寺蔵。

建治三年（一二七七）六月、日蓮聖人が弟子因幡《いなば》房日永《ぼうにちえい》にかわって筆をとり、父の下山兵庫五郎光基《しもやまひょうごごろうみつもと》に提出した弁明書。真筆は分断され、七紙が小湊誕生寺《こみなとたんじょうじ》に、ほか三十五紙が二十九箇所に現存する。

下山光基（生没年未詳）は、甲斐国下山郷在住の武士で、当地の地頭である。熱烈な念仏信者の家系で、光基の子息であった平泉寺の因幡房も、父親や己のために『阿弥陀経』を読誦してきたが、近隣の身延に日蓮聖人の在住していることを知り、密かに身延に登詣し聖人の説法を聞いて改信、念仏を捨てて聖人の弟子となった。この時、聖人より日永（日栄）の法号を授与された。父の光基は、これを咎め、日永を追放する。

本書は、勘当を受けた日永に代わり、日蓮聖人が父光基に対して陳弁した弁明の書で、はじめに日永が念仏を捨てて法華経を信ずるにいたった経緯を述べ、ついで聖人による諸宗の誤りの指摘とその破折、聖人の弘教活動と迫害、そして身延入山後の生活が述べられ、最後に父は『阿弥陀経』を読誦せよと責めるが、『阿弥陀経』を読まないのは真実の報恩のためであり、その指示に随うことはできないとしてこの長文を結ぶ。光基は、日蓮聖人が日永に代わって執筆した本書『下山御消息』によって法華経に帰依し、ついには聖人の信者となった。

本書には、古来より弘長元年（一二六一）に起きたと伝えられる鎌倉名越の松葉谷《まつばがやつ》草庵の襲撃、文永元年（一二六四）の安房東条松原大路の襲撃、文永八年（一二七一）の祈雨をめぐる忍性との対立、同年の龍口法難、文永十一年

（一二七四）の流罪赦免後の平頼綱との会見、その後の身延入山の心境の叙述など、日蓮聖人の回想的部分もあって、日蓮伝研究の上でも重視されている。

なお、残存断片の漢字の部分に多くの振り仮名を傍書するが、日永《にちえい》または日蓮聖人の弟子（日興《にっこう》か）の筆と考えられ、当時の読様《よみよう》を示して貴重なものである。

［遺二四七、定一三一二、全五―一〇八、歴四七七d］

【二四九】頼基陳状《よりもとちんじょう》

系年：建治三年（一二七七）六月二十五日。年齢：五十六歳。述作地：甲斐国身延。対告：江馬光時または親時か。真蹟：伝来未詳。

日蓮聖人が四条頼基《しじょうよりもと》にかわって筆をとり、江馬氏へ提出した弁明書。日興《にっこう》写本が静岡県北山本門寺に現蔵。

鎌倉武士の御家人《ごけにん》は将軍家《しょうぐんけ》の家来であるのに対して、北条氏嫡流（得宗家《とくそうけ》）の武士である四条頼基は、非御家人の武士で、鎌倉桑ケ谷《くわがやつ》に施療所を営む医師でもあった。中務左衛門尉《なかつかさえもんのじょう》、四条三郎左衛門尉、四条金吾《きんご》などと称された。初め蘭渓道隆《らんけいどうりゅう》の門に参禅したが、康元元年（一二五六）、二十七歳のとき日蓮聖人に帰依して法華経の信奉者となり、鎌倉で最も有力な日蓮聖人の外護者となった。日蓮聖人が佐渡で著した『開目抄』【九八】が、まずもって鎌倉の頼基のもとに遣わされたことは、頼基が当時鎌倉における日蓮門下の中心的人物であったばかりでなく、教学的にも理解力のすぐれた指導者であったことを物語る。また頼基は、佐渡の流地にあった聖人に、必要な品物を取り揃えて度々使者に届けさせており、その強盛な信仰心がわかる。

頼基が父の代より仕えた主君の江馬《えま》光時《みつとき》は、北条泰時《やすとき》・重時《しげとき》・政村《まさむら》らの甥に当る。文永八年（一二七一）の龍口法難の時、日蓮門下にまで及んだ弾圧によって、頼基は、所領没収・御内追放の危機に直面したが、主君の江馬光時の庇護によってこれを救われている。

北条時宗《ときむね》が執権職を継いだことに不満をもつ異母兄（時頼の庶長子《しょちょうし》）の北条時輔《ときすけ》らによって引き起こされた文永九年（一二七二）の二月騒動では、江馬氏一族が時輔側に加担したことから、江馬光時も同類の嫌疑をうけた。このとき伊豆の所領地にいた四条頼基は、主君の一大事に驚き、一気に鎌倉に帰り、主君に殉死すべき八人の家臣のうちに加わった。この事でも彼が実直・至誠な性格の武人であったことをうかがうことができる。

文永十一年（一二七四）、日蓮聖人が身延に入山した直後、頼基は主君光時に面談して忍性《にんしょう》への信仰をやめ、法華の正法に帰依するように諄々と説いた。しかし光時はそれを聞きいれず、かえって不興をかい、同輩からは讒言《ざんげん》され、受難の日々が続いた。翌年四月の鎌倉の大火で、鎌倉長谷《はせ》にあった頼基の邸宅も類焼し、災難が重なった。その間、聖人は頼基に対し、主君への奉公と信仰の両立関係について、『王舎城事《おうしゃじょうじ》』【一七三】、『崇峻天皇御《すしゅんてんのうご》書《しょ》』【二六二】等において訓戒されている。

しかし、建治三年（一二七七）六月九日、鎌倉桑《くわが》ケ谷《やつ》の愛染堂《あいぜんどう》で、比叡山の学僧龍象房《りゅうぞうぼう》を日蓮聖人の弟子三位《さんみ》房《ぼう》が論破した桑ケ谷問答に頼基が同席したことにより、江馬氏（光時または親時か）より勘気を蒙ることとなった。この時、良観房忍性《りょうかんぼうにんしょう》や周囲の讒言を信じた江馬氏は、頼基に対して、法華経と日蓮を捨てるという起請文《きしょうもん》を提出するよう命じたという。頼基は事の顚末を身延の日蓮聖人に知らせた。ここに至り、頼基にかわって聖人が作成した弁明の草稿が本書『頼基陳状』である。

本書では、まず、江馬氏からの詰問の条々に対し逐次答弁し、頼基が武器を携え徒党を組み説法の場に臨んだことは、誰人かの虚構であること、忍性・龍象房を批難したことに対する詰問は、江馬氏の認識不足であり主命に従い難いこと、これに従えば主君は無間地獄に堕ち、さすれば頼基の成仏も意味がないから主命に随う起請文は書かないことを断言して、讒言者との対決を求め結ばれている。

日蓮聖人は、頼基に対して、本書を大学三郎《だいがくさぶろう》か瀧太郎《たきのたろう》か富木常忍《ときじようにん》かに浄書してもらった上で提出するよう指示している。この陳状が江馬氏への最後の諫言となることを予測したらしく、頼基に慎重に用意を促し、待機せしめた。

しかし、その後、九月に江馬氏は悪疫にかかり、頼基を讒言した同輩も病気となり、医薬・祈禱など手をつくしたが治らなかった。そこで逼塞中ではあるが、医術にたけている頼基を召して治療をうけることになった。その結果、頼基の誠意ある加療で快方に向い、同時に江馬氏の頼基に対する勘気も氷解したようである。このような経緯もあってか、陳状は、ついに提出されずに終わったようである。

〔遺二四九、定一三四六、全五—一六三、歴一一七〇c〕

【二六八】庵室修復書《あじちしゅうふくしょ》

系年：建治三年（一二七七）冬。年齢：五十六歳。述作地：甲斐国身延。対告：南条時光あるいは南条九郎太郎。真蹟：断片四紙。所蔵：山梨県身延久遠寺曾存。写本：本満寺本録内御書、妙覚寺本録内御書。

身延に入った日蓮聖人は、当初、西谷に庵室《あじち》（草庵《そうあん》）を結んだと伝えられる。文永十一年（一二七四）に完成した仮の庵室は、わずか四年にして柱朽ち四壁が崩れる状態となり、建治三年（一二七七）冬、門下・檀越とともに修復をおこなった。この時の修理の状況を、供養の礼に託して報じたのが本状である。南条氏に対して、弟子（学生《がくしょう》）を庵室の修復に従事させていたが、食糧不足で難渋していたことを明かし、南条氏の芋の供養により救われたことなどが記されている。

なお、身延の草庵は、聖人在世中に二度にわたり増改築等がなされたようで、建治三年（一二七七）に庵室の修復（『庵室修復書』【二六八】）、弘安四年（一二八一）に大小僧坊・厩《うまや》等の造作（『地引御書《じびきごしょ》』【四一六】）が行われている。これらの造営にたずさわったのは、駿河・甲斐の檀越たちであったと推察されるが、彼らを手配・動員したのは、六老僧の日興《にっこう》であったと考えられ、また身延でこれらの人足の指揮にあたったのが、日興の弟子の南部（波木井《はきい》）氏であったと考えられる。また、彼ら駿河・甲斐の門弟が、身延の日蓮聖人に直参《じきさん》した際に授与されたのか、日興門下には日蓮聖人の大曼荼羅《だいまんだら》が数多く伝えられる。

［遺二六八、定一四一〇、全五―一八八、歴一四a］

【二七八】弘安改元事《こうあんかいげんじ》

系年：弘安元年（一二七八）。年齢：五十七歳。述作地：甲斐国身延。対告：未詳。真蹟：断片一紙。所蔵：静岡県西山本門寺蔵。

断片一紙三行のみで、前後を欠くため全文の内容は詳らかではない。新しく元号が「弘安《こうあん》」と改元され、その理由を疫病が流行するためであろうかとするもの。ちなみに、弘安に改元されたのは、二月二十九日のことである。

〔遺二七八、定一四五四、全五—一九〇、歴三三四b〕

【二八〇】諸人御返事《しょにんごへんじ》

系年：弘安元年（一二七八）三月二十一日。年齢：五十七歳。述作地：甲斐国身延。対告：門弟一同。真蹟：全三紙。所蔵：千葉県平賀本土寺蔵。

鎌倉在住の門下から、真言・禅宗などとの公場対決《こうじょうたいけつ》の気運が高まっているとの風聞が身延に急報され、日蓮一生の所願成就《しょがんじょうじゅ》であるとの悦びと、もし宗論《しゅうろん》がおこなわれるならば、法華経を天下に弘め、上下ことごとく帰伏せしめることができるだろうとの自信を即刻返書したもの。しかし、この公場対決の噂は実現をみることなく終わる。

ほかにも本状には、三月十九日付の書簡が二十一日に到来したことが記される。

〔遺二八〇、定一四七九、全五―一九一、歴五七一b〕

【三三四】一大事御書《いちだいじごしょ》

系年：弘安二年（一二七九）五月十三日か。年齢：五十七歳。述作地：甲斐国身延。対告：未詳。真蹟：断片一紙。所蔵：東京都常泉寺蔵。

無年号の五月十三日付の書状であるが、弘安二年（一二七九）とされる。真筆は最末一紙が現存するのみで、ひたむきに申し述べよ、日蓮一身上の大事だとする文意であるが、前紙を欠き詳細は読み取れない。

〔遺三三四、定一六四六、全五―一九三、歴五六d〕

【三四三】聖人御難事《しょうにんごなんじ》

系年：弘安二年（一二七九）十月一日か。年齢：五十七歳。述作地：甲斐国身延。対告：門弟一同。真蹟：全十二紙。所蔵：千葉県中山法華経寺蔵。

建治・弘安期は、日蓮聖人の教説が門弟の中に定着をしていった時期であるが、それ故に、門弟の信仰に対して周辺から抑圧が加えられたり、衝突が起こった時期でもある。日蓮聖人は檀越のために弁明をしたり、書状や弟子を遣わして檀越を慰め、かつこれらの抑圧と闘うことを勧めた。このような教化に浴した日蓮聖人の信奉者たちが、団結して集団化した場合、これを驚異に感ずる者も当然いたはずである。弘安二年（一二七九）、駿河国でおきた熱原法《あつわらほう》難《なん》もそのひとつである。

六老僧日興《にっこう》は、日蓮聖人が『立正安国論』【一四】の準備にあたり岩本実相寺《いわもとじつそうじ》の一切経蔵《いっさいきょうぞう》を閲蔵した時からの縁で日蓮聖人のもとに入門し、駿河国を中心に活動を展開、当地の天台寺院四十九院《しじゅうくいん》の僧でありながら、一方で日蓮聖人の教説を弘めていた。特に、聖人の佐渡帰還以後の日興の活動はめざましく、同地方の僧侶の弟子化につとめた。その結果、四十九院・岩本実相寺・下方滝泉寺《しもがたりゅうせんじ》などの住僧の中から、日興を通じて日蓮聖人の門弟に名を連ねる者もできたし、彼らは檀越の創出に努力してゆく。こうして、身延の日蓮聖人を支える強力な駿河の門弟が形成されてゆく。ところが、日興の弟子たちが、彼らの住む寺内を拠点として諸宗批判を展開したことが問題となり、結果、実相寺では、日興の弟子と他の住僧との間で論争が起き、日蓮聖人も身延から諸宗批判の論拠を教示し支援している。四十九院では、遂に日興ら門弟の住坊・田畠《でんばた》を没収した上、彼らを追放している。最も緊迫したのは、滝泉寺の問題であった。

滝泉寺では、下野房《しもつけぼう》・越後房《えちごぼう》・河合房《かわいぼう》が日興の弟子になり、それぞれ日秀《にっしゅう》・日弁《にちべん》・日禅《にちぜん》の名を与えられた。滝泉寺の実権を掌握していたのは、院主代の平行智《へいのぎょうち》入道であったが、彼は念仏者であったため、日秀らとの衝突は避けられなかった。平行智は、三河房頼円《みかわぼうらいえん》・日秀・日弁・日禅に対して法華経読誦を禁止し、念仏を強要、更にはそれを行うことを誓約させた起請文《きしょうもん》と交換に、所職・住坊の安堵を約束した。頼円はこれに屈したが、日禅は富士郡河合に去り、日秀・日弁は従わないまま、同寺にふみとどまった。平行智は、日秀らを支える基盤である日興門下の檀越を抑圧することで、日秀らの力をそごうとした。当地の檀越の代表者は、上野《うえの》郷の南条時光《なんじょうときみつ》ら武士であり、また下方熱原《しもがたあつわら》の百姓農民である。

弘安二年（一二七九）四月、行智は、幕府の得宗領に置かれた富士郡下方政所《まんどころ》と結託して、熱原浅間《せんげん》神社の神事の最中に日秀の檀越らに傷害事件を起こさせるようしむけ、八月には、檀越の弥四郎《いやしろう》を斬首に処した（『滝泉寺申状《りゅうせんじもうしじょう》』【三四五】）。

更に、同年九〜十月にかけて、日秀らとその支持者に対する弾圧がおこった。行智の主張によれば、このとき、日秀は、熱原百姓を引き連れ、紀次郎という男の所有する田畠の作物を刈り取り、横領したという。その結果、百姓二十名が逮捕され、鎌倉に身柄を送致された（『滝泉寺申状』【三四五】）。

ここで、事件の舞台は鎌倉に移る。事件の知らせは、ただちに身延の日蓮聖人のもとに届き、聖人はすぐさま鎌倉の弟子・檀越に連絡をとり、逮捕された熱原百姓たちを激励するよう指示している（『聖人御難事』【三四三】）。同時に、日秀・日弁の名において彼らを弁明する陳状を起草し、裁判闘争の用意をした。日蓮聖人は、『滝泉寺申状』【三四五】において、刈田狼藉《かりたろうぜき》は行智の非法であると非難している。得宗領《とくそうりょう》で起こった事件のため、鎌倉では得宗被官《とくそうひかん》の平頼綱《へいのよりつな》が審理にあたった。頼綱は、百姓二十名のうち、神四郎《じんしろう》・弥五郎の兄弟と弥次郎との三名を斬罪に処した。このとき、頼綱らは、神四郎らに退転を要求したが、神四郎らはかえって題目を唱えたという（『変毒為薬御書《へんどくいやくごしょ》』【三四六】）。こうして事件は三人の斬首、十七名の禁獄という結果をもって終わった。日蓮聖人は、残る十七名の釈放を求めて日興に訴訟を起こすよう命じているが、これが功を奏したか、時期は不明であるが、十七名は釈放された（日興筆『白蓮弟子分 与申 御筆御本尊 目録事』《びゃくれんでしぶんにあたえもうすおんふでのごほんぞんのもくろくのこと》）。日秀・日弁は、日蓮聖人の配慮で富《と》木常忍《きじょうにん》のもとに匿われた（『富城殿女房尼御前御書』【三五二】。これが、富士郡下方熱原を舞台にしておこった熱原法難《あつわらほうなん》の顚末である。

本状『聖人御難事』は、無年号の十月一日付書状で、その内容から弘安二年（一二七九）に比定される。熱原法難について触れた遺文としては、事件の直後に著された九月二十六日付の『伯耆殿竝諸人御中《ほうきどのならびにしょにんおんちゅう》』【四三八】に次いで比較的早い時期の書で、熱原の危機的状況に対し、四条頼基《しじょうよりもと》を介して門下一同に激励、教誡したものである。日蓮聖人が建長五年（一二五三）四月二十八日の立教開示から弘安二年（一二七九）に至るまでの二十七年の間、『法華経』法師《ほっし》品《ほん》の「況滅度《きょうめつど》後《ご》（仏滅後に法華経を弘通《ぐづう》する者には釈尊在世中を上回る敵対者が現れること）」の経文を色読《しきどく》（身をもって読むこと）して、伊豆法難・小松原刃難《じんなん》・佐渡配流などの種々の大難に遭いながら、諸天善神《しょてんぜんじん》の加護によって今日まで法華経の弘通につとめてきたことを述べ、さらに日蓮門下に対する迫害が強まるであろうが、法華経の行者には必ず諸天の守護があるから、獅子王のごとき不退《ふたい》の心をもって信仰を貫徹することと、迫害に対する覚悟とを教示している。

〔遺三四三、定一六七二、全五—一九四、歴五五三a〕

【四〇四】大風御書《たいふうごしょ》

系年：弘安四年（一二八一）五月頃。年齢：六十歳。述作地：甲斐国身延。対告：未詳。真蹟：断片一紙。所蔵：京都府本圀寺蔵。

かつての文永十一年（一二七四）四月十二日の大風と、この度の四月二十八日夜の大風とどちらが被害が大きかったか、世間ではどのように評判になっているか急ぎ知りたいというもの。日蓮聖人は、『報恩抄』【二二三】において、文永十一年の大風が真言師による謗法の祈禱の結果であり、その結果、同年十月に蒙古が九州を襲ったという認識を示しているが、本書では、この度の大風は、第二の蒙古襲来の前兆であるとした。他国侵逼の近きを推知する意図があって執筆されたものと思われる。

なお、弘安四年（一二八一）五月二十六日の『八幡宮造営事《はちまんぐうぞうえいのこと》』【四〇五】にみえる大風の記述と共通点が多く、これらのことから、本書を弘安四年の作に推定する。

［遺四〇四、定一八六六、全五—二〇一、歴七〇四b］

【四一六】地引御書《じびきごしょ》

系年：弘安四年（一二八一）十一月二十五日か。年齢：六十歳。述作地：甲斐国身延。
対告：南部実長。真蹟：全五紙。所蔵：山梨県身延久遠寺曾存。写本：朝師本録内御書。

無年号の十一月二十五日付書状で、弘安四年（一二八一）とされる。弘安四年（一二八一）十一月、身延西谷《にしだに》の地に十間四面・重層屋根の大坊が、小坊・馬屋（厩）などの付属建造物とともに完成し、同月二十四日の天台大師智顗《ちぎ》の命日にあてて落慶式がおこなわれ、当日は大師《だいし》講《こう》・延年舞《えんねんのまい》・一日経《いちにちきょう》（頓写経《とんしゃきょう》）・堂供養を修したことなどを、鎌倉の南部（波木井）実長《さねなが》に報告したもの。地均《じなら》し（地引）には実長の息子の次郎をはじめ、藤兵衛・右馬入道・三郎兵衛尉ら一族の協力を得たことを感謝する。

【遺四一六、定一八九四、全五―二〇二、歴四七三a】

【四一七】老病御書《ろうびょうごしょ》

系年：弘安四年（一二八一）十一月頃。年齢：六十歳。述作地：甲斐国身延。対告：富木氏または大田氏か。真蹟：断片一紙。所蔵：千葉県中山法華経寺蔵。

檀越（富木氏または大田氏か）に充てた書状の追申で、その冒頭に、老病の上、食欲もなくそのまま果ててしまうのではないかと、病の悪化と近況を報じたもの。文中に、三島の左衛門次郎に法門書を書き送ったので書写するよう指示している。文字・筆致の特色と、その内容から同年十一月頃と推定される。

［遺四一七、定一八九六、全五―二〇五、歴一二〇五d］

【四一二】身延山御書《みのぶさんごしょ》

系年：弘安四年（一二八一）八月二十一日か。年齢：六十歳。述作地：甲斐国身延。対告：未詳。真蹟：伝来未詳。

真蹟は伝わらず、写本の平賀本《ひらがぼん》・日意本《にちいぼん》録内御書などに収録される。身延山の風光が流麗な名筆で叙述され、ついで身延における生活を、釈尊の過去世の師である阿私仙人《あしせんにん》（『法華経』提婆達多品《だいばだったほん》に示される提婆達多の前生）になぞらえ、また法華経弘通《ぐづう》の人生を回想して法悦の心境を描き、末法の人びとはこの法華経によってこそ成仏することを明かす。

真蹟こそ伝わらないが、本書は、日蓮聖人の身延霊山《りようぜん》思想説を知る上で重要な遺文である。霊山は、また霊鷲山《りようじゆせん》と呼ばれ、印度の摩《ま》竭《が》提《だ》国王舎城《おうしやじよう》の東北に位置する耆闍崛山《ぎしやつくせん》のことをいう。山頂の岩肌が鷲の頭部に似ているところから鷲頭《じゆとう》・鷲峰山《じゆぶせん》とも呼ばれる。『大方等大集経』『大般若波羅蜜多経』『妙法蓮華経』などの実に多くの経典が説かれた釈尊説法の一大聖地で、特に釈尊が晩年の八箇年をかけて説いたといわれる『妙法蓮華経（法華経）』は、同山における釈尊の最後の説法となったところから、日蓮聖人の霊山に対する思いは強かった。そのこともあってか、日蓮聖人は、自身が晩年九箇年を過ごしたこの身延の山を法華経説法の会座となった霊鷲山に見立てたのである。

なお、この霊鷲山が、娑婆に即して顕現された浄土を霊山浄土《りようぜんじようど》といい、また、霊山浄土へ往き久遠の釈尊に詣でることを霊山往詣《りようぜんおうけい》という。いずれも『法華経』への絶対的信仰によってのみ実現すると、日蓮聖人は力説する。

本状には、日蓮聖人が詠んだ和歌の一つとされる、「立《たち》わたる　身の浮雲《うきくも》も　晴ぬべし　たえぬ御法《みのり》の　鷲《わし》の山嵐《やまかぜ》」の一首が末尾にしたためられている。

【遺四三二、定一九一五、全五―二〇六、歴一〇八八c】

【四三三】波木井殿御報《はきいどのごほう》

系年：弘安五年（一二八二）九月十九日。年齢：六十一歳。述作地：武蔵国池上。対告：南部実長。真蹟：不詳。所蔵：山梨県身延久遠寺曾存。写本：朝師本録内御書、平賀本録内御書ほか。

建治三年（一二七七）頃に発病した日蓮聖人の病は、小康状態を繰り返しつつも悪化の一途をたどった。ついに弘安五年（一二八二）九月八日、門弟の薦めもあってか、常陸国へ湯治・療養すべく身延を下山した。旧暦の九月八日は、新暦（グレゴリオ歴換算）の十月十七日にあたり、次第に秋も深まり、冬が到来する前に、弟子達の勧めで山を下りたことが想像される。

九月十八日、池上に到着した聖人は、もはや常陸には進発しなかった。翌日、直弟の日興《にっこう》に代筆を命じて南部（波木井）氏に充てて書き送った書状が、本状『波木井殿御報』である。確実な遺文としては日蓮聖人の最後の書状となる。

池上安着を南部実長《さねなが》に報じるとともに、身延在山九箇年にわたる実長の給仕《きゅうじ》を謝し、自分の墓を身延の沢に建てることを依頼したもの。また、身延から池上までの道中を共にした栗毛の馬に愛着を覚え、いつまでも傍に置いておきたいと語った言葉は、聖人の最後の愛情の発露となった。日蓮聖人の心情を吐露した情味あふれる書状である。

〔遺四三三、定一九二四、全五―二二一、歴九〇七b〕

【一三】武蔵殿御消息《むさしどのごしょうそく》

系年：正元元年（一二五九）七月十七日。年齢：三十八歳。述作地：相模国鎌倉。
対告：武蔵公。真蹟：一紙。所蔵：山梨県身延久遠寺曾存。写本：延山録外御書。

無年号の七月十七日付書状であるが、正元元年（一二五九）とされる。一紙十六行の書簡のため、詳細は明らかではないが、借用している無著《むじやく》の『摂大乗論《しょうだいじょうろん》』理解のため「釈論《しやくろん》」（『大智度論《だいちどろん》』をさすか）等の借覧を依頼するとともに、某氏との会見がいつか、法華八講の日程がいつかを問い合わせたもの。受取人の武蔵公（武蔵房）は日蓮聖人の弟子ではなく、鎌倉在住の天台僧と考えられている。当時の日蓮聖人の学問的環境を理解する上で、貴重な史料のひとつである。

［遺一三、定八七、全五―二三三、歴一一一一b］

【一四】十住毘婆沙論尋出御書《じゅうじゅうびばしゃろんたずねいだしごしょ》

系年：正元元年（一二五九）十月十四日か。年齢：三十八歳。述作地：相模国鎌倉。対告：武蔵公。真蹟：伝来未詳。

無年号の十月十四日付で、正元元年（一二五九）に系《か》けられる。充所から、『武蔵殿御消息』【一三】同様、武蔵公宛ての書状であると思われる。真筆は伝わらず、写本の延山録外御書《えんざんろくげごしょ》に収録される。念仏者と論談したことを報じ、加えて『十住毘婆沙論《じゅうじゅうびばしゃろん》』の探書を依頼したもの。龍樹《りゅうじゅ》の『十住毘婆沙論』には、浄土教の教義のひとつである難行道《なんぎょうどう》・易行道《いぎょうどう》に関する論拠があるので、当時、日蓮聖人が著作（『守護国家論《しゅごこっかろん》』か）等の筆耕にあたり浄土教批判を展開するために披閲を望んだものと推察される。

【遺一四、定八七、全五―二二四、歴四九九d】

【六四】御輿振御書《みこしぶりごしょ》

系年：文永六年（一二六九）三月一日か。年齢：四十八歳。述作地：相模国鎌倉。対告：三位房。真蹟：断片一紙。所蔵：高知県要法寺蔵。

無年号の三月一日付書状であるが、文永六年（一二六九）とされる。真筆は末尾一紙のみが現存。

文応元年（一二六〇）、三井園城寺《みいおんじょうじ》に三摩耶戒壇《さんまや》が勅許されたのを比叡山《ひえいざん》が憤り、文永元年（一二六四）正月、それに抗議して比叡山の講堂・戒壇院などの諸堂に放火、文永六年（一二六九）祇園社等の御輿《みこし》を奉じて入洛し強訴した。本書はこの諸堂焼亡と御輿強訴を京都にいた弟子の三位房《さんみぼう》が鎌倉にいた日蓮聖人に報じたことに対する聖人の返書で、これは天台宗の山門破滅の時節かとの三位房からの問いに対し、印度・中国の先例を引いて、滅亡の根源が、権実雑乱《ごんじつぞうらん》（当時の叡山において実教の法華経と権教の爾前経とが混用されている状態）に起因することを知らない比叡山に警告するとともに、滅するは生まれるため、下るは登るためで、比叡山が繁栄するためにこのような留難が起こったものとされる。

対告の三位房については、遺文中に三位公、三位殿、三位阿闍梨、三位などと記されており、これらが同一人物と考える場合、日蓮聖人は本人に数通の書状を送っていることになり。建治三年（一二七七）の桑ケ谷《くわがやつ》問答で知られる三位房日行《にちぎょう》に送った書状としては、文永六年（一二六九）の本書『御輿振御書』や『法門可被申様之事《ほうもんもうさるべきようのこと》』【七〇】が、比較的早い史料となる。

三位房は、生来頭脳明晰で理解力に優れていたようで、比叡山に遊学し天台教学を始め諸学の勉強に励んでいた。『法門可被申様之事』【七〇】によると、この間に公家らより厚遇を受けて喜んだり、京都貴族の風に染まり、言葉まで「京なまり（なめり）」になったので、その気持の弱いことを日蓮聖人は注意している。

三位房の才能は、桑ケ谷問答でも発揮された。桑ケ谷問答は、建治三年（一二七七）の春、比叡山より鎌倉に下り良観房忍性《りょうかんぼうにんしょう》の庇護を得て桑ケ谷の愛染堂《あいぜんどう》に住んだ天台僧龍象房《りゅうぞうぼう》との間で交わされた法論で、この時の三位房の論難はするどく、数次の問答で龍象房は閉口屈伏し、その夜のうちに鎌倉を逐電した。なお、この問答の座に同席した四《し》条頼基《じょうよりもと》が、忍性や周囲の讒言《ざんげん》を信じた江馬氏によって勘気を蒙ったことは、『頼基陳状《よりもとちんじょう》』【二四九】に詳しい。

三位房の行為は信仰心より発露したものでなく、才能と高慢とによっていたため、強い力の前には弱い面があった。強権の弾圧の前にも動揺しないようにと、『佐渡御書《さどごしょ》』【一〇〇】などで門下一同に申し渡していたが、『聖人御難事《しょうにんごなんじ》』【三四三】によれば、三位房はそれに耐えることができず退転者の一人となったようで、弘安二年（一二八〇）五月の『四菩薩造立鈔《しぼさつぞうりゅうしょう》』【三三五】によれば、三位房は弘安二年（一二七九）の熱原法難《あつわらほうなん》が始まろうとするときに世を去ったようである。

［遺六四、定四三七、全五―二二六、歴一〇七九d］

【六五】弁殿御消息《べんどのごしょうそく》

系年：文永六年（一二六九）三月十日。年齢：四十八歳。述作地：相模国鎌倉。対告：日昭。真蹟：全二紙。所蔵：東京都池上本門寺蔵。

無年号の三月十日付書状であるが、文永六年（一二六九）と推定される。書名に付けられた「弁殿」とは、直弟六老僧《ろくろうそう》の筆頭弁阿闍梨《べんあじゃり》（大成弁《たいじょうべん》 阿闍梨）日昭《にっしょう》（一二二一～一三二三）のこと。日蓮聖人の比叡山修学時代の学友で、建長五年（一二五三）の聖人の立教開宗後、鎌倉松葉谷《まつばがやつ》に聖人を尋ね、弟子となり日昭と名づけられたという。聖人亡き後は、百三歳という長寿で没するまで、教団を統率した。

宗門に伝わる史書によって、その所伝はまちまちであるが、下総国《しもふさ》（千葉県）の生まれで、一説には、父は印東祐昭《いんどうすけあき》（または祐照）・母は工藤祐経《くどうすけつね》の娘（桟敷尼《さじきあま》あるいは妙一尼《みょういちあま》か）とされる。姉は池上康光《いけがみやすみつ》の妻となり、池上宗長《むねなが》・宗仲《むねなか》の母にあたる。兄は印東祐信《すけのぶ》といい、後年、日昭の弟子となった日祐《にちゆう》・日成《にちじょう》の父にあたる。妹は平賀有国《ありくに》の妻となり、日朗《にちろう》を産んだが有国が早世したので、平賀忠治《ただはる》の許に再嫁して日像《にちぞう》・日輪《にちりん》を生み、妙朗尼《みょうろうに》と呼ばれた。なお、伊豆法難の際に日蓮聖人に帰依した伊東祐光《すけみつ》（旧所伝では朝高《ともたか》）、小松原法難の際に殉教した工藤吉隆《よしたか》も縁戚にあたるといわれる。

本書は、日昭に対し、千観《せんがん》著『五味義《ごみぎ》』、および『盂蘭盆経《うらぼんぎょう》』の疏《しょ》（注釈書）、智顗《ちぎ》著『法華玄義《ほっけげんぎ》』巻六の本末の差配を指示し、また日昭を介して少輔房《しょうぼう》から智顗著『法華文句《ほっけもんぐ》』巻十の借用を依頼したもの。当時の日蓮聖人の学問的環境を理解する上で、貴重な史料のひとつである。

【遺六五、定四三八、全五―二二八、歴九九七a】

【七〇】法門可被申様之《ほうもんもうさるべきようの》事《こと》

系年：文永六年（一二六九）。年齢：四十八歳。述作地：相模国鎌倉。対告：三位房。真蹟：全三十五紙。所蔵：千葉県中山法華経寺蔵。

『法門可申抄《ほうもんかしんしょう》』等と略称される。対告の三位《さんみ》房《ぼう》については、『御輿振御書《みこしぶりごしょ》』【六四】を参照。

本書は、京都留学中の弟子三位房がある高位の公卿の持仏堂で法門を説いたことを「身の面目」として報告し、念仏破折の法門の教示を仰いだ書簡に対して、聖人が三位房の修学態度を激しく教諭し、法華経と諸宗との法門異目《いもく》を問答する場合の心得や注意を申し送った書状である。

内容は、まず三位房の念仏批判の質問に答えて、釈尊が一切衆生の慈父であり、法華経は一切経中の実語であることを明らかにし、この主師《しゅし》親三徳《しんさんとく》具備の釈尊と、その釈尊の本懐が示された法華経に背いて、我ら娑婆《しゃば》世界の衆生と無縁の阿弥陀仏《あみだぶつ》や方便権教《ほうべんごんきょう》の浄土三部経に依る念仏は謗法であり堕獄の業であると教示し、当時の日本国は念仏の盛行によって不孝・謗法の罪を犯し、種々の国難が起ると説いて、この主張に対して生ずるであろう質疑三カ条を挙げてその解答を委細に教示している。

次に三位房の報告に対し、世俗の権威に屈した不甲斐ない態度や、「京なまり（なめり）」など言語風俗の都会化したことを叱責し、質実剛健の生活態度を要求し、法華経の行者としての権威の自覚を確認させている。

更に当時の叡山仏教《えいざんぶっきょう》が念仏・禅・真言等の諸宗を導入し権実雑乱に陥り、法華の正法を失い隠した状況を指摘し批判して、かかる叡山仏教の祈禱に効験はなく得道の益《やく》もないことを示し、すみやかに天台法華宗《てんだいほっけしゅう》の開祖たる伝教大師最澄《さいちょう》の法華中心の精神に復帰すべし由を勧告せよと、禅・念仏等を破折すべき論法を教授している。

そして、叡山仏教は念仏・禅の流行を黙認した謗法のために滅亡すると説き、叡山仏教の滅亡はやがて日本国の滅亡となることを示し、この亡国の危機を救う者はただ法華経の行者日蓮一人であるとして、立正安国の教旨が示されている。

本書は聖人門下の法華経の行者としての精神と態度、法門の説き方や諸宗批判の姿勢などについて細かに教示した遺文として注目すべきものである。

【八八】五人土籠御書《ごにんつちろうごしょ》

［遺七〇、定四四三、全五―二二九、歴一〇一九d］

系年：文永八年（一二七一）十月三日か。年齢：五十歳。述作地：相模国依智。対告：日朗他五人。真蹟：全二紙。所蔵：京都府妙覚寺蔵。

無年号の十月三日付、日朗ら五人の弟子に宛てた書状であるが、その内容から、文永八年（一二七一）九月の龍口《たつのくち》法難の半月後の執筆と思われる。

文永八年（一二七一）九月の弾圧は、日蓮聖人のみならず、門弟の間にも広がっていた。何よりも、九月十二日以降、転向者が続出し、『新尼御前御返事《にいあまごぜごへんじ》』【六四】によれば、多少誇張した表現ではあろうが、「千が九百九十人は堕ちて候」といわれるほどの状況であった。その中には、かつて日蓮聖人が味方した領家尼《りょうけのあま》（大尼）がいたし、能登房《のとぼう》のように世間の恐ろしさに負けて退転したり、少輔房《しょうぼう》のように他人もそそのかして一緒に退転した者もでてきた。逆に、信仰を捨てなかった門弟も多くいた。聖人逮捕とほぼ時を同じくして、門弟五人が逮捕され、寺社奉行の宿屋最信《さいしん》（行時《ゆきとき》）・光則《みつのり》父子の邸宅（現、行時山光則寺）の裏手の牢獄（土籠《つちろう》）に拘留された。宿屋最信は、文応元年（一二六〇）に『立正安国論』上奏の取り次ぎをした人物でもある。

土籠に幽閉された五人のうちひとりは、鎌倉での指導的地位にあった六老僧の日朗《にちろう》であるが、他の四人について日蓮聖人は詳しく語らない。光則寺の所伝によれば、五人のうちには日進《にっしん》のほか南条平七郎・四条頼基《しじょうよりもと》らの名がみえる。うち四条頼基は、この時幽閉されたばかりではなく、『貞永式目《じょうえいしきもく》（関東御成敗式目《ごせいばい》）』の定めによるものか、『四条金吾殿御返事』【三一二】によれば、所領没収と身内追放《みうちついほう》も適用されたようである。

国内における悪党鎮圧を蒙古防衛政策の一環として重視した鎌倉幕府は、日蓮教団を不穏分子とみなし、その弱体化を図るために、鎌倉在住の弟子の主導的立場にあった日朗と、鎌倉在住の檀越の主導的立場にあった四条頼基を中心として、逮捕・幽閉・所領没収など根こそぎ弾圧を加えていったものと考えられる。事実、幕府は、龍口法難と同日の九月十三日に、諸国に「軍勢催促御教書《ぐんぜいさいそくみぎょうじょ》」を発令し、鎮西《ちんぜい》に所領のある御家人の西下を命じ、対蒙古政策を整えている。かくして、当時勢力を拡大していた初期日蓮教団は、潰滅的打撃をうけ、力を削がれていった。

本書『五人土籠御書《ごにんつちろうごしょ》』は、日蓮聖人が、土籠（土牢）に幽閉されている五人に対して、五人がこの値難によって、法華経を身にも心にも読んだこと故、その功徳は自分自身や父母兄弟らの精霊にも回向されるだろうと述べ、籠中の寒苦を慰め、法華信仰の堅持を励ましたものである。文意を理解しがたいところもあるが、弟子の安否を気づかう日蓮聖人の心情が書き綴られている。

なお、本状執筆の六日後にも、日蓮聖人は依智の本間邸から日朗に充てて、本状とほぼ同じ内容を名文に綴った『土籠御書《つちろうごしょ》』【九〇】を送り届けているが、こちらの真蹟は伝わらない。

【遺八八、定五〇六、全五―二五一、歴三六九c】

【一〇九】弁殿御消息《べんどのごしょうそく》

系年：文永九年（一二七二）七月二十六日。年齢：五十一歳。述作地：佐渡国一谷か。対告：日昭・大進阿闍梨・三位房。真蹟：全一紙。所蔵：山梨県甲府信立寺蔵。

無年号の七月二十六日付書状であるが、文永九年（一二七二）とされる。日昭《にっしょう》・大進阿闍梨《だいしんあじゃり》・三位房《さんみぼう》の三者に宛てて日蓮聖人が送った「秘書」の添状。その「秘書」については、同年執筆の『真言見聞《しんごんけんもん》』【一一〇】とする説もあるが、本書を日蓮聖人の真撰とするのは若干の疑義もあり断定はできない。

対告の大進阿闍梨は、下総国の檀越曾谷教信《そやきょうしん》の弟といわれるが詳しいことは判らない。富木《とき》氏・曾谷氏に重縁があったものと推察される。日昭・日朗らとともに鎌倉で初期日蓮教団を支えた人物で、阿闍梨号で呼ばれているところから、門下の高足であったと思われる。龍口《たつのくち》法難では逮捕を免れ、門下に対する連絡業務にあたった。その後、門下からの離反・帰来を繰り返し、弘安二年（一一七九）の熱原法難《あつわらほうなん》では迫害者に与《くみ》し、また浅間《せんげん》神社祭礼の際に信者に対して傷害事件を起こすが、この時の落馬で死亡したようである。

なお、対告の日昭については、『弁殿御消息《べんどのごしょうそく》』【六五】、三位房については、『御輿振御書《みこしぶりごしょ》』【六四】などを参照のこと。

［遺一〇九、定六四八、全五―二五三、歴九九七ａ］

【一二九】弁殿尼御前御書《べんどのあまごぜんごしょ》

系年：文永九年（一二七二）九月十九日か。年齢：五十一歳。述作地：佐渡国一谷。対告：日昭の母（または姉か）。真蹟：二紙。所蔵：千葉県中山法華経寺蔵。

無年号の九月十九日付の書状であるが、文永九年（一二七二）とされる。佐渡の一谷から日昭を通じて日昭の母尼（あるいは姉とも）へ与えたもの。日昭の母尼が佐渡の日蓮聖人のもとへ召使いの滝王丸《たきおうまる》を遣わしたことへの礼状。文永八年（一二七一）の龍口法難以後、多くの人びとが法華信仰を捨てたなかで、尼が信仰を貫徹したばかりでなく、使用人を佐渡まで送り日蓮を扶けた志は、釈迦・多宝も賞讃されるであろうと称え、日昭には天台大師講を続けて行なうことを指示するとともに、四条頼基のもとにある『涅槃経』の後分、『法華文句』巻五の本末、『授決集抄』上巻などを届けるように申しつけたもの。

なお、対告の「弁殿尼」は、古来より弁阿闍梨日昭の母または姉、あるいは出家前の妻など所説があり、定かではない。鎌倉桟敷《さじき》に住した女性信徒で、またの名を妙一尼《みょういちあま》ともいい、また桟敷尼《さじきあま》とも呼ばれた人物と同一人物とも言われるが、確証はない。

〔遺一一二九、定七五二、全五―二五四、歴九九六d〕

【一四八】聖密房御書《しょうみつぼうごしょ》

系年：文永十一年（一二七四）五・六月頃。年齢：五十三歳。述作地：甲斐国身延か。対告：聖密房。真蹟：全十四紙（一紙欠）。所蔵：山梨県身延久遠寺曾存。写本：金綱集（山梨県身延久遠寺）、朝師本録内御書。

無年号であるが、文永十一年（一二七四）五・六月頃とされる聖密房《しょうみつぼう》宛て書状。聖密房は、安房国清澄寺《せいちょうじ》の住僧で密教信仰をもつとされるが未詳。

真言宗に対する批判を中心に、天台・真言二宗の諸師の『大日経』と『法華経』に対する理解の誤りについて、善無畏《ぜんむい》の理同事勝《りどうじしょう》（『大日経』は、『法華経』と教理は同じであるが、実践面で勝れているとする義）と弘法大師空海《こうぼうくうかい》の第三戯論《だいさんけろん》（十住心判《じゅうじゅうしんはん》の教相判釈《きょうそうはんじゃく》に基づけば、天台宗および『法華経』は、第三番目の一道無為心《いちどうむいしん》に相当する戯れの論にすぎないとする義）の邪義を示し、ついで華厳・真言二宗の祖が天台の一念三千《いちねんさんぜん》の法門を盗用《とうよう》して自宗の理としたことを批判する。そして天台宗がその理を奪われながら、かえって真言宗に同《どう》じたことを批判して、釈尊の本意は法華経にあることを説かれたもの。ただし、空海に対する批判はあるが、本書ではまだ慈覚大師円仁《じかくだいしえんにん》・智証大師円珍《ちしょうえんちん》に対する批判には及んでいない。この点から、身延入山早々の書と推察される。

［遺一四八、定八二〇、全五―二五六、歴五六一a］

【一四九】別当《べっとう》御《ご》房《ぼう》御《ご》返事《へんじ》

系年：文永十一年（一二七四）五・六月頃。年齢：五十三歳。述作地：甲斐国身延か。
対告：清澄寺別当。真蹟：全四紙。所蔵：山梨県身延久遠寺曾存。写本：延山録外御書。

無年号であるが、文永十一年（一二七四）五・六月頃とされる清澄寺《せいちょうじ》別当御房宛て書状。『聖密房御書《しょうみつぼうごしょ》』【一四八】とともに書かれたものと思われるが、『聖密房御書』は真言宗所立《しょりゅう》の教義の問題点について聖密房に教示した書簡であるのに対して、本状はその所用《しょゆう》を清澄の別当に弁ずる書簡である。

本状の内容から推するに、清澄寺の別当が日蓮聖人を後継者として招請したようで、日蓮聖人はこれを断わり、聖《しょう》密房《みつぼう》こそ相応しいと推薦している。なお、『報恩抄《ほうおんしょう》』【二二三】および『報恩鈔送文《そうもん》』【二二四】によれば、道善房《どうぜんぼう》が死去した後の建治二年（一二七六）頃の清澄寺の別当は浄顕房《じょうけんぼう》であったことが知られるが、本状『別当御房御返事』執筆当時の清澄寺の別当が誰であるかは詳らかでない。

本状において、日蓮聖人は、自分にとって清澄別当の件は小事にすぎず、題目を大陸・半島（中国と朝鮮三韓）に弘通《ぐづう》せんとする大願こそ大事であるとする。その兆として蒙古国の国書が日本に到来したが、このことは早くから自分が予測していたところであり、心服しない人々も最後には日蓮に帰依するであろうとし、これは天が日蓮に与えた道理だと説き示している。

【遺一四九、定八二七、全五—二六七、歴九九三b】

【一八四】浄蓮房御書《じょうれんぼうごしょ》

系年：建治元年（一二七五）六月二十七日か。年齢：五十四歳。述作地：甲斐国身延。対告：浄蓮房。真蹟：伝来未詳。

無年号の六月二十七日付書状であるが、建治元年（一二七五）とされる。真筆は現存しないが、直弟日興《にっこう》の写本を静岡県重須《おもす》北山本門寺に所蔵。

供養の品に対する浄蓮房《じょうれんぼう》への返書で、主として中国浄土教の大成者である善導《ぜんどう》の浄土教を、『観無量寿経《かんむりょうじゅきょう》』と『法華経』、阿弥陀仏と釈迦仏の相違からその誤りを示し、浄蓮房の法華経を受持する功徳が、そのまま念仏の信奉者であった亡父精霊の功徳となることを説いたもの。

対告の浄蓮房については、駿河国在住の檀越で、弘安二年（一二七九）九月の熱原法難《あつわらほうなん》に功績のあった高橋六郎兵衛入道とは俗縁にあたる。父は念仏の信者であったが、日蓮聖人を信奉し、熱原法難の際には他の門弟とともに日蓮聖人を外護したといわれる。

［遺一八四、定一〇七二、全五―二七〇、歴五六六ｄ］

【二〇五】清澄寺大衆中《せいちょうじだいしゅちゅう》

系年：建治二年（一二七六）正月十一日か。年齢：五十四歳。述作地：甲斐国身延。対告：清澄寺大衆。真蹟：十三紙(末尾欠)。所蔵：山梨県身延久遠寺曾存。写本：平賀本録内御書ほか。

無年号の正月十一日付書状であるが、建治二年（一二七六）とされる。真筆は身延曾存で、写本録内御書の平賀本などに収録される。

充所の「清澄寺大衆《だいしゅ》」とは、清澄寺の住僧等をさしており、端書には、本状を佐渡阿闍梨日向《にこう》・助《すけ》阿闍梨某（伝未詳）を読み手として清澄寺の虚空蔵菩薩の宝前で大衆ごとに読み聞かせるよう指示している。

はじめ新春の慶賀を述べ、清澄寺の僧某が去年身延に来なかったのは何故かと問い、真言宗との対論のため伊勢公《いせこう》が所持する空海の『十住心論《じゅうじゅうしんろん》』『秘蔵宝鑰《ひぞうほうやく》』『弁顕密二教論《べんけんみつにきょうろん》』などを借用して持参するように依頼する。

これより先、建治元年（一二七五）十月二十五日に駿河国富士在住の真言僧強仁《ごうにん》が日蓮聖人に勘状を送り法論を挑んだことに対して、聖人は、同年十二月二十六日に『強仁状御返事《ごうにんじょうごへんじ》』【二〇〇】を執筆し、公場対決を望む旨の返答を行っているが、『清澄寺大衆中』執筆の背景には、こうした真言師蜂起への対処があったものと推察される。なお、弘安元年（一二七八）三月二十一日の『諸人御返事』【二八〇】では、当時、公場対決実現の報に日蓮一生の所願成就であると悦んでいることからも、身延入山後の日蓮聖人は、諸宗との対論を切望していたことが読み取れる。

本状にはまた、日蓮聖人による往事の回想など、日蓮伝の貴重な資料となる記述が多く見られる。すなわち、日蓮が流刑に遭い殺害されようとしたことは、世間の科《とが》ではなかったことを説明し、仏法の邪正を糺《ただ》してきた自身の生涯を振り返り、幼少期に「日本第一の智者」となし給えと清澄寺の虚空蔵菩薩《こくうぞうぼさつ》へ誓願し、生身《しょうしん》の虚空蔵菩薩（恩師道善《どうぜん》房《ぼう》を暗に示すか）から智慧の宝珠をたまわったこと、この時の恩に報ずるために建長五年（一二五三）には清澄寺道善房持仏堂《じぶつどう》において宗旨建立《しゅうしこんりゅう》を宣言（立教開宗《りっきょうかいしゅう》）したこと、更に安房国東条郷の地頭東条景信《とうじょうかげのぶ》と東北庄《とうほくのしょう》の荘園領主領家《りょうけ》の尼（大尼か）との所領を巡る係争にあたり自分の両親が領家の尼に重恩を蒙っていることから味方して勝利に導いたことなどが綴られる。

　このうち、立教開宗の時と所に関して、本状の真蹟は失われており確認がとれないものの、写本である平賀本《ひらがぼん》録内御書《ろくないごしょ》の『清澄寺大衆中』には「建長五年三月二十八日（略）清澄寺道善之房持仏堂の南面」とあり、真蹟の伝わる『聖人御難事《しょうにんごなんじ》』【三四三】の「建長五年癸丑（太歳）四月二十八日（略）清澄寺と申す寺の諸仏房の持仏堂の南面」と記述が異なる点が指摘されている。『昭和定本日蓮聖人遺文』では、これを誤写とみなし、「四月二十八日」に改めているが、一説には、三月と四月にそれぞれ別の場所で二度にわたり永年の研鑽の成果を発表する機会が与えられたとも考えられている。つまり、三月二十八日は清澄寺の大衆つまり僧侶たちを対象にして道善房の持仏堂にて、四月二十八日には清澄寺の信徒・檀越を対象として諸仏房の持仏堂において、それぞれ聴衆を変えて実施されたとも推測されるのである。念仏者でもあった地頭の東条景信の怒りを蒙ったのは、後者の時であったと思われる。

　なお、本状にみえる地頭と荘園領主との所領争いについては、鎌倉時代のやや複雑な諸国の支配体制について知っておく必要がある。鎌倉時代は、律令時代に朝廷の公領を定めた荘園制の上に、幕府の支配体制である守護・地頭制度が成り立っていた。このため、幕府と朝廷がともに諸国の土地を支配していた。その結果、幕府の御家人と荘園領主との間で所領をめぐる係争が絶えなかったという。安房国も例外ではなかった。

　安房国においては、『吾妻鏡《あずまかがみ》』寿永元年（一一八二）八月十一日条に東条郷の白浜御厨《しらはまのみくりや》が伊勢神宮外宮《げぐう》に寄進された記録が、寿永三年（一一八四）五月三日条には東条郷の東条御厨《とうじょうのみくりや》が寄進された記録がそれぞれみえる。「御厨」とは、伊勢神宮に産物等を納める役割を担った神宮の直轄地のことである。

白浜（阿摩津《あまつ》・天津《あまつ》）御厨は、荘園の区画上は東北庄の中、行政区画上は東条郷《とうじょうのごう》の中にあって、二間川《ふたまがわ》を挟んだ東側で、東端は小湊《こみなと》まで至り、領家の知行地であった。東条御厨は、この反対の、東条郷のうち二間川を挟んだ西側にあたり、西端は金山川《かなやまがわ》・加茂川（鴨川）に至り、地頭の東条景信の知行地であった。清澄山《きよすみさん》のあった東北庄は、荘園であって、御厨とは別格で、もともと東条景信の所轄地ではなかった。ちなみに二間寺《にけんじ》は、現在は廃寺となっているが、当時は二間川の河口の東側にあったと推測される。景信は、領地を拡張しようとして、東北庄と白浜御厨に進出し、これが領家との所領争いに発展した。その時期は、立教開宗の翌年の建長六年（一二五四）頃と推定され、また一説には文永元年（一二六四）の小松原法難《こまつばらほうなん》の直前とする説もある。本状『清澄寺大衆中』によれば、東条景信は東北庄を領有しようとしたのみならず、清澄寺・二間寺の住僧を念仏者にしようとしていたという。なお、東条郷は、その後、東条郡《とうじょうのごおり》に格上げされ（『新尼御前《にいあまごぜん》御返事』【一六四】）、清澄寺もその後、東条郡に吸収され、「東条郡清澄山」（『報恩抄《ほうおんしょう》』【二二三】）となっている。

【遺二〇五、定一一三二、全五―二八一、歴六一一d】

【四三六】覚性御房御返事《かくしょうごぼうごへんじ》

系年：建治二年（一二七六）五月五日か。年齢：五十四歳。述作地：甲斐国身延。対告：覚性房。真蹟：全一紙。所蔵：千葉県随喜文庫蔵。

無年号の五月五日付書状であるが、建治二年（一二七六）とされる。端午の節句に覚性房を介して送られた清酒・ちまきの供養に対し、謝意の伝達を覚性房に依頼したもの。ただし、供養の施主《せしゅ》が誰人であるかは未詳。対告の覚性房は、聖人書簡の『筍御書《たけのこごしょ》』【一、一六】、『覚性房御返事《かくしょうぼうごへんじ》』【二三一】、『霖雨御書《りんうごしょ》』【二八九】等にその名がみえる人物で、これらの諸書の内容から推測すると、日蓮聖人と物品のやりとりをするような比較的親しい関係の人物に随従し、両者の間に立ってたびたび遣いを任された者と思われる。

【遺四三六、定二八七三、全五―二八八、歴一七三三c】

【二一六】筍御書《たけのこごしょ》

系年：建治二年（一二七六）五月十日か。年齢：五十四歳。述作地：甲斐国身延。対告：覚性房。真蹟：全一紙。所蔵：京都府妙覚寺蔵。

無年号の五月十日付書状で、建治二年（一二七六）とされる。宛名がないが、内容から覚性房宛としてよい。覚性房を介して送られた筍二十本の供養に対し、謝意の伝達を覚性房に依頼したもの。供養の施主が誰人かは未詳。なお、覚性房については、『覚性御房御返事』【四三六】を参照。

［遺二一六、定一一七七、全五―二八九、歴七一七b］

【二一二】覚性房御返事《かくしょうぼうごへんじ》

系年：建治二年（一二七六）七月十八日か。年齢：五十四歳。述作地：甲斐国身延。対告：覚性房。真蹟：全一紙。所蔵：京都府妙蓮寺蔵。

無年号の七月十八日付書状で、建治二年（一二七六）とされる。弥源太《やげんた》入道に心配すべき事柄があるようなので、覚性房よりその旨を主君に報ずるよう依頼したもの。対告の覚性房については、『覚性御房御返事』【四三六】を参照。

弥源太入道は、所謂「十一通御書《じゅういつつうごしょ》」のひとつ『与北条弥源太書《よほうじょうやげんたしょ》』【五五】を与えられた人物で、これによれば北条氏一門につらなる人（北条時盛か）と考えられ、一説には、大学三郎《だいがくさぶろう》・安達泰盛《あだちやすもり》らとともに日蓮聖人の佐渡流罪赦免を斡旋した人物とも言われる。

ちなみに、大学三郎は、鎌倉在住の有力檀越大学允《だいがくのじょう》の子と伝えられ、日蓮伝にしばしば登場する比企能本《ひきよしもと》と同一人物とする説もある。日蓮聖人より「板東《ばんどう》第一のてかき」（『大学三郎御書』【三二二】）と賞揚された能書家で、書を通じて安達泰盛と親交があり、日蓮聖人の佐渡流罪の赦免運動に貢献したひとりとして知られる。

一方の安達泰盛は、幕府の御家人《ごけにん》で、ほかならぬ八代執権《しっけん》北条時宗《ときむね》の妻の父、子貞時《さだとき》の祖父にあたる。文永八年（一二七一）九月の龍口法難の折にも、大学三郎とともに日蓮聖人の助命運動に奔走したと言われる。なお、外様《とざま》御家人の代表である安達泰盛と、得宗家《とくそうけ》の代表である平頼綱《へいのよりつな》は、弘安五年（一二八二）頃より権威を争うようになり、ついに弘安八年（一二八五）、霜月騒動《しもつきそうどう》にて安達泰盛一族は平頼綱に滅ぼされる。一方の平頼綱も永仁元年（一二九三）、泰盛の外孫にあたる北条貞時（時宗の子）の討手に急襲され、鎌倉の自邸で一族九十余人と自害している（平頼綱の乱、平禅門の乱）。二度の元寇とこれらの内乱は、のちに鎌倉幕府崩壊の直接的原因となった。

〔遺二三二、定一一八九、全五―二九〇、歴一七四b〕

【二二二】弁殿御消息《べんどのごしょうそく》

系年：建治二年（一二七六）七月二十一日か。年齢：五十四歳。述作地：甲斐国身延。対告：日昭。真蹟：全一紙。所蔵：京都府本能寺蔵。

無年号の七月二十一日付書状で、建治二年（一二七六）の書状とされる。滝王童（滝王丸）が身延より帰るのに托して鎌倉の弟子弁阿《べんあ》闍梨《じゃり》日昭《にっしょう》に宛てたもの。門下の動静を尋ね、とりわけ熱心な信仰者である河野辺ら四人の事につき、祈願に験のないのはその中に信心退転の者がいるからで、伊東祐光《すけみつ》・能登房《のとぼう》・少輔房《しょうぼう》の実例をあげ、祈り自体の誤ちでないことを日昭から伝えるよう申しつけ、さらに筑後房《ちくごぼう》（大国阿《だいこくあ》闍梨《じゃり》日朗《にちろう》）・三位房《さんみぼう》・帥阿《そつあ》闍梨《じゃり》日高《にちこう》らに大事の法門を申し伝えたいので、『十住毘婆《じゅうじゅうびば》沙論《しゃろん》』の要文などの書籍を持参し身延に来るよう依頼したもの。

〔遺二二二、定一一九〇、全五―二九一、歴九九七a〕

【二六三】石本日仲聖人御返事《いわもとにっちゅうしょうにんごへんじ》

系年：建治三年（一二七七）九月二十日か。年齢：五十五歳。述作地：甲斐国身延。対告：石本日仲。真蹟：一紙断片（未確認）。所蔵：静岡県富士大石寺か。

無年号の九月二十日付書状で、建治三年（一二七七）とされる。真蹟は、断簡一紙が静岡県富士大石寺《たいせきじ》に伝わるとされてきたが、『大石寺蔵日蓮大聖人御真筆聚』には掲載されておらず、確認がとれていない。

本状では、近年の念仏者は釈迦仏を捨て、阿弥陀仏を信奉するという誤った教えを弘めているが、今まで修めてきた学問はこの誤りを破し、正義を立てるためであると励まし、さらに真言師が奏問したとの噂に言及している。

なお、宛所の石本日仲なる人物は他の遺文に見られず、その事蹟は未詳である。一説に、その「石本」の姓より静岡県岩本実相寺《いわもとじっそうじ》に関係する人物で、日蓮聖人から「聖人」号を許され、駿馬一頭を供養することのできる相当の地位にあった在俗篤信の信者とも考えられている。


［遺二六三、定一三九八、全五―二九四、歴七七b］

【二七二】実相寺御書《じっそうじごしょ》

系年：建治四年（一二七八）正月十六日。年齢：五十六歳。
述作地：甲斐国身延。対告：豊前公日源。真蹟：伝来未詳。

真蹟は伝わらず、六老僧日興《にっこう》写本が静岡県重須《おもす》北山《きたやま》本門寺に伝わる。

駿河国の天台宗岩本実相寺《いわもとじっそうじ》に住する弟子豊前公日源《ぶぜんこうにちげん》の問い合わせに対する返書。実相寺住僧の尾張阿闍梨が豊前公に、『法華玄義《ほっけげんぎ》』巻四に『涅槃経』を引用し小乗経をもって大乗経を破し、大乗経をもって小乗経を破すのは、経意を理解していない原因であるといっているが事実かとの問い合わせに、日蓮聖人が実教をもって権教を破すのを何も理解していない人というのならば、釈尊も智顗《ちぎ》・最澄《さいちょう》も何も理解していない人師《にんし》なのかと反論せよと指示したもの。この時期の天台宗実相寺内の日蓮聖人の弟子と他の住僧との間の確執を示す史料として注目される。

〔遺二七一、定一四三三、全五―二九五、歴四六五a〕

【二八九】霖雨御書《りんうごしょ》

系年：弘安元年（一二七八）五月二十二日か。年齢：五十六歳。述作地：甲斐国身延。対告：覚性房。真蹟：全一紙。所蔵：京都府妙満寺蔵。

無年号の五月二十二日付書状で、弘安元年（一二七八）とされる。身延山中の梅雨時の長雨のもの寂しい状況と、覚性房《かくしょうぼう》を介し送られた豌豆《えんどう》豆の供養に対し、謝意の伝達を覚性房に依頼したもの。供養者が誰人かは未詳。対告の覚性房については、『覚性御房御返事』【四三六】を参照。

〔遺二八九、定一五〇四、全五―三〇〇、歴一一九五d〕

【四三七】越後公《えちごこう》御房《ごぼう》御返事《ごへんじ》

系年：弘安二年（一二七九）正月八日。年齢：五十七歳。述作地：甲斐国身延。対告：越後公。真蹟：全二紙。所蔵：福井県敦賀本妙寺蔵。

無年号の正月八日付書状で、弘安二年（一二七九）とされる。去年から今年と続く飢饉・疫病・戦乱の中を、身延の山中まで大餅・長芋などの供養を送られたことに対する礼状。

対告の越後公は、駿河国熱原滝泉寺《あつわらりゅうせんじ》の住僧であった越後房日弁《にちべん》（一二三九〜一三一一）のこと。六老僧の日興《にっこう》の教化に浴して入門し、熱原法難では滝泉寺院主代の平行智《へいのぎょうち》に訴えられた。日蓮聖人没後は、上総方面に教線を張る。

なお、熱原法難の顚末については、『聖人御難事《しょうにんごなんじ》』【三四三】を参照のこと。

〔遺四三七、定一六七四、全五—三〇一、歴一一五a〕

【三四二】伯耆《ほうき》殿御書《どのごしょ》

系年：弘安二年（一二七九）九月二十日。年齢：五十七歳。述作地：甲斐国身延。対告：伯耆房日興。真蹟：伝来未詳。

真蹟は伝わらず、直弟の日興《にっこう》写本の末尾が静岡県北山本門寺に現存。日付の肩に日興の筆による「弘安二年」の記入があるが、九月二十日は熱原法難《あつわらほうなん》の発端となった苅田狼藉《かりたろうぜき》事件の前日である。本状は末尾のみで文意は不明だが、妙楽大師湛然《みょうらくだいしたんねん》の『五百問論《ごひゃくもんろん》』の「不受余経一偈（法華経以外の諸経の文は一偈たりとも受持しないこと）」の語を引いて教示するのは、同年十月の『滝泉寺申状《りゅうせんじもうしじょう》』【三四五】と対応する。

〔遺三四二、定一六七一、全五―三〇二、歴一〇〇五ａ〕

【四三八】伯耆殿並諸人御中《ほうきどのならびにしょにんおんちゅう》

系年：弘安二年（一二七九）九月二十六日か。年齢：五十七歳。述作地：甲斐国身延。対告：日興および諸人。真蹟：全十九紙中最末一紙。所蔵：和歌山県了法寺蔵。

無年号の九月二十六日付書状であるが、日付の肩に直弟日興《にっこう》による「弘安二年」の記入があるところから、同年に系《か》けられる。本書は熱原法難《あつわらほうなん》に触れた最も早い遺文でもある。

弘安二年（一二七九）九月二十一日、日蓮聖人の弟子下野房日秀《しもつけぼうにっしゅう》とその信奉者が駿河国富士郡の滝泉寺領において苅田狼籍を働いたとして、関係した農民二十名が逮捕、うち三名が処刑されるという、いわゆる熱原法難がおこった。本書は、そうした事件の最中にしたためられたものであり、日蓮聖人から事態への対応の指示と日興らの決意を求めたものである。最末には、ある出来事を日蓮は天の計らいとして受けとめるので、日興らも同様に受け取るようにとしているが、それは恐らく『聖人御難事《しょうにんごなんじ》』【三四三】にみえる太田親昌・長崎時綱・大進房らの落馬の一件を指すであろうと考えられる。

本状は全十九紙にも及ぶ長文の書であるばかりでなく、日興をはじめとする諸人すべてを充所としていたところに、事態を日蓮一門全体への弾圧と受けとめた日蓮聖人の法難に対処する姿勢がうかがえる。

なお、熱原法難の顛末については、『聖人御難事』【三四三】を参照のこと。

【遺四三八、定二八七四、全五―三〇三、歴一〇〇五c】

【三四四】伯耆殿御返事《ほうきどのごへんじ》

系年：弘安二年（一二七九）十月十二日。年齢：五十七歳。述作地：甲斐国身延。対告：日興・日秀・日弁ら。真蹟：伝来未詳。

真蹟は伝わらず、日興写本が静岡県重須《おもす》北山本門寺に現存。冒頭の「大体この趣を以つて書き上ぐべきか」の文章から、同年十月付の『滝泉寺申状《りゅうせんじもうしじょう》』【三四五】の草案に添えられた書状とされる。

『滝泉寺申状』の草案を届けるとともに、逮捕された熱原《あつわら》の農民が釈放されるならば裁判の必要はないこと、大進房・弥藤次入道らの狼藉（浅間神社での傷害事件）は、平行智の指示によって行われたことなどを主張すべきことを教え、これに背くような行動をとる者は日蓮の弟子にあらずとまで厳戒している。自身が直接関わることのできない状況下で熱原法難が進展していくことに危惧を抱き、裁判闘争への的確な指示を下していることがうかがえる。

本状は『滝泉寺申状』【三四五】と併せ見るべき書状であるといえる。

［遺三四四、定一六七六、全五―三〇四、歴一〇〇五b］

【三四五】滝泉寺申状《りゅうせんじもうしじょう》

系年：弘安二年（一二七九）十月。年齢：五十七歳。述作地：甲斐国身延。対告：未詳。真蹟：全十一紙。所蔵：千葉県中山法華経寺蔵。

本状は、富士下方滝泉寺《しもがたりゅうせんじ》院主代の平行智《へいのぎょうち》が、弘安二年（一二七九）に同寺の住僧日弁《にちべん》・日秀《にっしゅう》らを訴えた訴状に対して、同年十月、日弁・日秀らが弁明した陳状で、正しくは「日弁日秀等陳状」とでも呼ぶべきものである。下方は得宗領《とくそうりょう》（北条氏正嫡の家系である北条得宗家《とくそうけ》の所領）であったことから、行智の訴状と日秀の陳状は、いずれも得宗領の家務機関である得宗家公文所に提出されたと考えられる。

中山法華経寺現蔵のものは、実際に提出された本書ではなく、本書の草稿（下書き）で、内容的にも二分され、前半は日蓮聖人によって書かれ、後半の第八紙〜第十一紙は、恐らく日興《にっこう》が書いて、両書をそのまま継ぎ合わせた形状となっている。

日弁・日秀らは、平行智が得宗領であった同地の政所代《まんどころだい》（北条得宗家公文所の出先機関か）と結託して、滝泉寺の法華信仰の寺家衆に弾圧を加えたことに対し、日興とともに陳状の草案を書き、身延の日蓮聖人に教示を仰いだようで、日蓮聖人はこれを添削して日興に送り「この趣を以って書き上げるべし」との指示を与えた。諸所に聖人の加筆・削除が見られるのも、こうした事由による。

本状は、平行智の訴状に対して弁明を行いつつ、滝泉寺内における行智のさまざまな非法を訴えるものである。すなわち、（1）法華経の読誦をやめなければ所職の住房を奪うと圧力を加え、応じなかった日秀・日弁の住房を奪い取ったこと、(2)法華三昧供僧《くそう》の和泉房蓮海《れんかい》をして法華経の経巻を柿紙《こけらがみ》にさせ堂舎・仏具の修理に充てたこと、(3)寺用の葺榑《ふきくれ》を私用したこと、(4)四月の熱原浅間《あつわらせんげん》神社の神事の最中に法華経信者の四郎を刃傷させ、八月には神四郎《じんしろう》の男の頭を斬らせたこと、(5)無智無才の盗人である兵部房静印《じょういん》から過料《かりょう》を取って罪を許し、器量ありとして供僧に補佐したこと、(6)寺内の百姓を動員して狩猟などの殺生を行ったことなどを訴え、行智の処罰と院主代罷免を強く主張し、日弁・日秀らの安堵を要請する。

なお、熱原法難の顚末については、『聖人御難事《しょうにんごなんじ》』【三四三】を参照のこと。

[遺三四五、定一六七七、全五―三〇六、歴一一八六c]

【三四六】変毒為薬御書《へんどくいやくごしょ》

系年：弘安二年(一二七九)十月十七日。年齢：五十七歳。述作地：甲斐国身延。対告：日興・日秀・日弁ら。真蹟：伝来未詳。

真蹟は伝わらないが、日興写本が北山本門寺に現存する。

弘安二年(一二七九)九月に起きた熱原法難《あつわらほうなん》について、鎌倉へ護送された熱原の神四郎《じんしろう》らは十月十五日に斬首されたが、日蓮聖人は彼らが唱題しつつ最期をとげたという日興の知らせを聞き、これは十羅刹女《じゅうらせつにょ》が法華経の行者であることをためされたのか、悪鬼が平頼綱《へいのよりつな》の身に入って法華経の行者を迫害したのか、いずれにしても龍樹《りゅうじゅ》や智顗《ちぎ》が

「妙」の一字を解釈して、「変毒為薬（毒を変じて薬となす）」と述べたのはこのことで、『法華経』が広宣流布《こうせんるふ》する時ととらえて、日興らに今後の訴訟の指示と赦免運動の指示を行ったもの。

なお、熱原法難の顚末については、『聖人御難事《しょうにんごなんじ》』【三四三】を参照のこと。

【遺三四六、定一六八三、全五―三一七、歴九九六b】

【三八五】両人御中御書《りょうにんおんちゅうごしょ》

系年：弘安三年（一二八〇）十月二十日。年齢：五十九歳。述作地：甲斐国身延。対告：日朗・池上宗仲。真蹟：全二紙。所蔵：京都府妙顕寺蔵。

無年号の十月二十日付書状で、弘安三年（一二八〇）とされる。日朗《にちろう》・池上宗仲《いけがみむねなか》の両人に対し、故大進阿闍梨《だいしんあじゃり》の住坊は譲状《ゆずりじょう》の通り、その用材を日昭《にっしょう》の住坊へ運ぶこと、火災にもなれば世間の物笑いとなるだろうと二・三日以内に決定し連絡すべきことを命じ、くり返し大進阿闍梨の譲状に違背してはならないことを厳命したもの。

対告の池上右衛門太夫志宗仲《えもんのだゆうさかんむねなか》は、武蔵国池上郷に住した武士池上康光《やすみつ》の子で、弟の兵衛志宗長《ひょうえさかんむねなが》とともに日蓮聖人を外護した檀越。所伝では、池上家は、幕府の作事奉行《さくじぶぎょう》を務めていた。父は極楽寺忍性《にんしょう》の信者で、兄弟が康元元年（一二五六）頃に日蓮聖人に帰依すると、両者の間で宗教的対立が高まり、文永十二年（一二七五）兄弟は勘当される。その後、一旦勘当が解かれるが、建治三年（一二七七）頃に再度勘当され、この間、弟の宗長が信仰に動揺をきたしたことは、遺文の多くが宗長に送られていることからも推察される。その後、兄弟は弘安元年（一二七八）に至って父を改心させた。

大進阿闍梨の事蹟については、『弁殿御消息《べんどのごしょうそく》』【一〇九】の解説を往見《おうけん》されたいが、本状『両人御中御書』によれば、死去した大進阿闍梨の坊がそのまま放置されているので、日昭のもとに解体移築し、日昭住坊の修補に役立たせるよう日朗と池上宗仲に命じている。本状には、大進阿闍梨が生前に日昭に対して譲状を遺しておいたと記しているが、その時期については詳らかではない。晩年の大進阿闍梨は日蓮門下を離反していたはずなので、それ以前ということになる。恐らくは、弘安元年（一二七八）末から翌正月の頃、大進阿闍梨が駿河の口興のもとに援助に向かった際に、かの地で法敵によって落命するかも知れないことを覚悟して、門下の長老である日昭に譲ることを置文《おきぶみ》したのではないかと推察されている。

［遺三八五、定一八〇二、全五―三一九、歴一一九四c］

【三九三】智妙房御返事《ちみょうぼうごへんじ》

系年：弘安三年（一二八〇）十二月十八日か。年齢：五十九歳。述作地：甲斐国身延。対告：智妙房。真蹟：全七紙。所蔵：千葉県中山法華経寺蔵。

無年号の十二月十八日付書状で、弘安三年（一二八〇）とされる。鎌倉の智妙房《ちみょうぼう》が銭一貫文の供養をしたことに対する礼状。供養の謝辞に加えて、鎌倉の大火で源頼朝の御廟と北条義時の墓が焼けたことを弔い、さらに鎌倉八幡宮が炎上したことをいたみ、八幡大菩薩の本地が釈尊であることを明かして、今の念仏者がその釈尊を捨て、阿弥陀仏を本尊とするゆえに、八幡大菩薩は社を焼いて天に上《のぼ》ったとし、そのために蒙古国が侵略するという正法違背と邪法充満の国情を警告したもの。

【遺三九三、定一八二六、全五―三二一、歴七四二b】

【四二八】伯耆《ほうき》公御房消息《こうごぼうしょうそく》

系年：弘安五年（一二八二）二月二十五日。年齢：六十一歳。述作地：甲斐国身延。対告：日興。真蹟：なし（日朗代筆）。所蔵：静岡県富士大石寺蔵。

日付の肩に日興が記した到来年の年次が「弘安五年」となっているところから、同年に系《か》けられる。日朗《にちろう》の代筆とされているが、『波木井殿御報《はきいどのごほう》』【四三三】と異なり日朗の自署・花押《かおう》があるところから、日朗（伯耆公）が日蓮聖人の意志を日興《にっこう》へ伝達したものと見なすべきで、よって正しくは「日朗書状」と呼ぶべきもの。

南条時光《なんじょうときみつ》の大病を聞いた日蓮聖人が、日朗に命じて時光の当病平癒《とうびょうへいゆ》のため、『法華経』薬王菩薩本事品の「病即消《びょうそくしょう》滅《めつ》不《ふ》老《ろう》不《ふ》死《し》」等の経文二十八字を焼いた灰と、精進河《しょうじがわ》（駿河国富士郡を流れる河）の水一合を交ぜて与えよという護付の作法を教え、時光の看病をしている日興に送らせたもの。

ちなみに、聖人が三日後の二月二十八日に、更に時光に充てて信心堅固に病悩を克服するよう励ました書状が、『法華証明鈔《ほっけしょうみょうしょう》』【四二九】である。

［遺四二八、定一九〇九、全五―三二五、歴一〇〇四d］

《第六巻》

【一】富木殿御返事《ときどののごへんじ》

系年：建長五年（一二五三）十二月九日か。年齢：三十二歳。述作地：相模国鎌倉か。対告：富木常忍。真蹟：全一紙。所蔵：千葉県中山法華経寺蔵。

無年号の十二月九日付で、下総の檀越富木常忍《ときじょうにん》に与えられた書状。日蓮聖人が、夕方から夜にかけて、人目を忍びながら、富木邸を訪れ法門を談義していたことがうかがえる。

対告の富木常忍（一二一六〜一二九九）は、下総国若宮《わかみや》在住の日蓮聖人の有力檀越。幕府の御家人であり、かつて豪族として房総半島を席巻した千葉《ちば》氏に仕えた家臣でもあった。同じく千葉氏に仕えた下総中山《なかやま》在住の大田乗明《おおたじょうみょう》や下総曾谷《そや》在住の曾谷教信《そやきょうしん》らとともに、早くから日蓮聖人を外護し、聖人からその同心ぶりを賞賛されている。なかでも富木常忍は、日蓮聖人の立教開宗当初からの檀越であったことが知られ、聖人没後は、聖人の著作や書状の蒐集・格護に尽瘁し、今日その多くが中山法華経寺の聖教殿《しょうぎょうでん》に保護され、信仰の対象となるのみならず、日蓮研究に貴重な資料を提供している。

本状の執筆年について、『昭和定本日蓮聖人遺文』では、建長五年（一二五三）十二月九日としているが、それ以降の年時とする説もある。仮に建長五年（一二五三）であるとすれば、現存最古の日蓮書状であり、富木氏に充てたうちでは初期の手紙ということになる。ただし、本状には「日蓮」の自署はあるが、花押《かおう》はない。

なお、述作地については、日蓮聖人の鎌倉進出を建長八年（一二五六）頃とする説もあり、その場合は、房総半島（清澄寺近隣の安房国内あるいは富木邸近隣の下総国内か）やその周辺に滞在していた可能性も考えられる。本状の存在は、立教開宗直後の日蓮聖人の足取りを知る手掛かりにもなるものである。

近年の研究で、富木常忍は、国衙《こくが》にあった千葉氏の屋敷に奉仕していたことが分かっており、中山法華経寺の「天台肝要文」紙背文書第三十五号（本書二七頁写真掲載）には、富木常忍が奉行人的政務をこなしていることが読み取れる。千葉氏は、平安時代以来の豪族で、相模の三浦氏と強い結束をもっており、鎌倉時代の守護《しゅご》として下総国を治めていた。中世の各国の本拠地は、古代律令時代から踏襲された国府《こくふ》であり、本来そこには守護の拠点としての守護所《しゅごしょ》が置かれて各国の政務が執行されていた。しかし、東国には守護所が置かれた形跡はなく、かわりに国衙（府中）の守護の屋敷（館）が、守護所の機能を兼ね備えていたと考えられている。下総の国衙は、市川（市河）にあったことが想定され、千葉氏の本拠地も国衙内の屋敷（館）に置かれていたと思われる。国衙には、各国の総社《そうじゃ》が置かれ、市川にも一宮香取社が造営されているところから、古代以来の国衙機能が中世にも存続していたことが読み取れる。

富木氏の主君は、千葉頼胤（一二三七〜一二七四。『本土寺過去帳』によると、頼胤は、弱冠三十七歳で対蒙古戦で戦死）であったといわれる。浄土系の信仰をもっていたそれまでの千葉一族と異なり、法華経を信仰した頼胤は、国衙を重視し、市川の館に常住した。

すると、立教開宗直後の日蓮聖人は、富木氏の館にほど近い市川の国衙近傍に潜伏していたことが推測される。聖人にとって市川の地は、下総国内における避難所でもあったと考えられるのである（湯浅治久説）。

なお、本状は、『天台肝要文集《てんだいかんようもんしゅう》』（千葉中山法華経寺蔵）と呼ばれる日蓮聖人直筆の要文抜き書きの裏面に発見され、

『昭和定本日蓮聖人遺文』に収載された。本状は、富木氏に与えられた後に、常忍から日蓮聖人の手許に返されたのか、日蓮聖人が本状を反故《ほご》にして、その裏面（反故裏《ほごうら》）を利用して天台章疏《しょうじょ》の要文《ようもん》抜き書き（抄出《しょうしゅつ》）を行ったようである。紙が貴重だった時代でもあり、富木氏は、不要になった書類を取りまとめて日蓮聖人に提供していたようで、本状の存在は、聖人がこうした反故紙を覚え書きに利用していた形跡を伝える史料としても注目される。

〔遺二、定一五、全六―三、歴八〇九d〕

【六六】問注得意鈔《もんちゅうとくいしょう》

系年：文永六年（一二六九）五月九日。年齢：四十八歳。述作地：相模国鎌倉。対告：富木常忍他。真蹟：全五紙。所蔵：千葉県中山法華経寺蔵。

蒙古の国書が到来した翌年、日蓮聖人の檀越三人が問注所《もんちゅうじょ》に召喚されて、法門上の取り調べをうけるにあたり、その心得を記した手紙。三人とは、上書に「土木入道殿」とあることから、その一人が下総の富木五郎常忍であることは明らかであるが、他の二人は大田氏と曾谷氏、あるいは大田氏と四条氏との説がみられる。日蓮聖人は三人に対して、問注所においては、雑談を慎み、丁寧な言葉を使い、立派な態度で臨み、従者たちも喧嘩など起こさないようにと、懇切な指示を与えている。

なお、ここで言う「問注所」とは、中央の出先機関（守護の職権により裁判権の執行が可能な機関）ではなく、千葉氏の裁判権（豪族領主の裁判権）が執行できる機関で、市川（市河）にあったと想定される下総の国衙《こくが》にあったことが推測されている。国衙については『富木殿御返事《ときどのごへんじ》』【二】を参照。

【遺六六、定四三九、全六—四、歴一一三五d】

【六七】富木殿御消息《ときどのごしょうそく》

系年：文永六年（一二六九）六月七日。年齢：四十八歳。述作地：相模国鎌倉。対告：富木常忍。真蹟：全二紙。所蔵：京都府立本寺蔵。

日蓮聖人は、文永三年（一二六六）の頃から、天台大師智顗《ちぎ》の命日である十一月二十四日にちなみ、毎月二十四日に門下を集めて「天台大師講《てんだいだいしこう》」を開き、『法華経』や『摩訶止観』の談義を行ったようである。本状は、文永六年（一二六九）六月の大師講の当番は明性房《みょうしょうぼう》であるが、不都合があるため、富木常忍に都合をつけてもらいたいと依頼したもの。短文で要件のみがしたためられているため、詳細な理由などについては未詳。

明性房は、もと天台僧であったが、『弁殿御消息』【一二二】によると、弘長元年（一二六一）に伊豆国伊東の地頭伊東《いとう》八郎左衛門祐光《すけみつ》（従来の所伝では朝高《ともたか》）の当病平癒が成就した時、祐光から念仏者になるまじき由を申し送られたといわれるところから、伊東祐光と何らかの関係にあった人物と思われる。

【遺六七、定四四〇、全六—七、歴八〇九c】

【一三二】土木《とき》殿《どの》御《ご》返事《へんじ》

系年：文永十年（一二七三）十一月三日。年齢：五十二歳。述作地：佐渡一谷。対告：富木常忍。真蹟：末紙一紙断片。所蔵：京都府本圀寺蔵。

佐渡から富木常忍に与えられた手紙であるが、末尾の一紙のみが現存するだけで、その全容を知ることができない。富木常忍の養子である伊予《いよ》房《ぼう》日頂《につちよう》の器量をほめ、来年正月に大進阿闍梨と一緒に越中へ派遣することを記す。さらに富木氏からの供養である白小袖の謝礼を述べ、当時の日本国の飢饉と、佐渡国における石灰虫《いしばいむし》による農作物への被害、疫病のありさまがつづられている。文中の「石灰虫」は、害虫の一種かと思われるが、『阿蘇郡誌』などに記録される阿蘇山の噴火に起因する降灰・噴石等の類かも知れない。

なお、近年の研究で、本状は、『越州《えつしゆう》嫡男《ちやくなん》並《ならびに》妻尼《さいに》事《のこと》』【四一四】と接合する一遺文の前半と後半部分であったことが明らかとなった。詳細は、『越州嫡男並妻尼事』【四一四】を往見。

日頂（一二五二～一三一七）は、日蓮聖人の高弟である六老僧《ろくろうそう》の一人。伊与房・伊予房、のちに伊与阿闍梨と称された。駿河国（静岡県）重須《おもす》に生れ、富木常忍の養子となり、幼くして当時天台宗に属した真間《まま》弘法寺《ぐほうじ》で出家、のち日蓮聖人の門に入り行学に励む。文永八年（一二七一）には、佐渡流謫中の日蓮聖人に随侍するため、日興《につこう》と共に渡島したと言われる。聖人は早くから日頂の資質を認めていたようで、佐渡では、のち日頂門下の一人である但馬阿闍梨日宣《につせん》という天台僧を教化改宗させたという。身延入山後も日蓮聖人に常随給仕《じようずいきゆうじ》して修学に励んだが、聖人は、日頂の修学ぶりと資質の開花を富木常忍に対してしばしば報じている。

日蓮聖人は、示寂《じじゃく》に先立つ弘安五年（一二八二）十月八日、のちに六老僧と呼ばれる本弟子《ほんでし》六人（弁《べん》阿闍梨日昭《にっしょう》・大国《だいこく》阿闍梨日朗《にちろう》・白蓮《びゃくれん》阿闍梨日興《にっこう》・佐渡《さど》阿闍梨日向《にこう》・伊与《いよ》阿闍梨日頂《にっちょう》・蓮華《れんげ》阿闍梨日持《にちじ》）を定めた。この時の六老僧の年齢は、日昭六十二歳、日朗三十八歳、日興三十七歳、日向三十歳、日頂三十一歳、日持三十三歳といわれ、日頂も若くしてその一人に加えられたが、それは日頂の資質と共に有力檀越のいる下総教団の中心に日頂を据えることを意図されたのではないかと考えられている。

聖人亡き後は、真間弘法寺を拠点に、大田乗明《おおたじょうみょう》・曾谷教信《そやきょうしん》・金原法橋《かなはらほっきょう》らの助力を得て、下総日蓮教団の主力としてその教線を拡大。正応四年（一二九一）三月には申状を捧げて幕府に諌暁し、同五年には、浄土宗良実《りょうじつ》に公場対決を迫るなど活躍した。しかし、その後、富木常忍との関係が悪化したため、常忍と訣別し弘法寺を去っている。

なお、大進阿闍梨については、『弁殿御消息《べんどのごしょうそく》』【一〇九】を往見。

［遺一三一、定七五四、全六—八、歴八〇九c］

【一六二】富木《とき》殿御《どのご》返事《へんじ》

系年：文永十二年（一二七五）二月七日。年齢：五十四歳。述作地：甲斐国身延。対告：富木常忍。真蹟：全四紙。所蔵：千葉県中山法華経寺蔵。

富木氏から、身延の日蓮聖人に送られた帷子《かたびら》の供養に対する礼状。飢饉の世に一人の比丘が自分の袈裟を売って、その代金を釈尊に供養しようとしたが、釈尊は受け取らず、弟子の生母に供養するように諭されたという故事を引いて、九十歳を迎える富木氏の母尼が、わが子のために老眼をしぼり、身命を尽くして仕立てた帷子を、あえて日蓮に供養した富木常忍の志の篤さに感謝し、その功徳の甚大さを讃歎している。富木常忍と日蓮聖人の契りの深さをしのばせる書状である。

〔遺一六二一、定八六〇、全六―一〇、歴八〇九d〕

【一九五】御衣《おんころも》並《ならびに》単衣《ひとえ》御《ご》書《しょ》

系年：建治元年（一二七五）九月二十八日。年齢：五十四歳。述作地：甲斐国身延。対告：富木常忍。真蹟：全四紙。所蔵：千葉県中山法華経寺蔵。

富木氏の夫人（富木尼）が、身延の日蓮聖人に法衣用の布と単衣の着物とを供養したことに対する礼状。無年号の九月二十八日付の書状であるが、その花押《かおう》の形から建治元年（一二七五）の筆と推定される。

衣の供養にちなんで、鮮白比丘尼《せんびゃくびくに》の故事を記し、鮮白比丘尼が『法華経』勧持品で一切衆生喜見《いっさいしゅじょうきけん》如来という記別《きべつ》を授かった学無学《がくむがく》の比丘尼たちのひとりであること、『法華経』を説く人は法師品に示されるように柔和忍辱《にゅうわにんにく》の衣（柔和と忍耐の心を具えた衣）を必要とすること、法衣・単衣の供養はそのまま『法華経』への供養であるから、その功徳は甚大であること、仏滅後に『法華経』を信じる人は「無一不成仏（一人として成仏しない者はない）」と説かれていることなどを説明し、布施供養の功徳によって成仏は疑いないことを教示する。

富木尼は、南条伊予守《いよのかみ》橘定時《たちばなさだとき》に嫁し一子（後の伊予房日頂）をもうけたが、定時が没して後に常忍と再婚し、常忍の出家入道とともに尼となったとされている。夫によく仕え、日蓮聖人からもしばしば称讃の書状が送られているが、病弱であったようで、聖人はことのほか尼の容態を気に掛けていた。

［遺一九五、定一一一一、全六―一三、歴一五五d］

【一九八】尊霊御菩提御書《そんれいごぼだいごしょ》

系年：建治元年（一二七五）十一月か。年齢：五十四歳。述作地：甲斐国身延。対告：富木常忍か。真蹟：一紙断簡。所蔵：京都頂妙寺蔵。

一紙五行からなる断簡で、富木常忍宛の書状と考えられている。断簡のため全体の文意は詳らかでないが、亡くなった故精霊が悟りを得られることは疑いないと記し、さらに大田乗明《おおたじょうみょう》・曾谷《そや》二郎教信《じろうきょうしん》に対する法門については、「観心の法門」を説明するときに述べるということが記されている。また、大田氏の病気に触れて、歎かわしいことではあると記し、さらに転重軽受《てんじゅうきょうじゅ》の法門（現世の受苦は過去世の謗法の重罪に起因するものであって、現世に苦難を受けることによってこの重罪を滅除し、来世の得脱につながるという思想）について示そうとしていることがうかがえる。

転重軽受については、『転重軽受法門《てんじゅうきょうじゅほうもん》』【八九】を参照。

なお、尊霊が、誰人を指すかは未詳。もし富木氏の母尼とすれば、建治二年（一二七六）二月の死去であるから、本抄は建治二年以降の筆となる。また、「観心の法門」を『観心本尊抄』【一一八】と関連させれば、文永十年（一二七三）の書状と推定される（『日蓮大聖人御真蹟対照録』）。しかし、『昭和定本日蓮聖人遺文』では、大田乗明の病気を、建治元年（一二七五）十一月三日の『太田入道殿御返事』【一九七】にみられる病状と関連させ、さらに筆跡から、建治元年十一月と推定している。

［遺一九八、定一一一九、全六―一六、歴六六六c］

【二一二】忘持経事《ぼうじきょうじ》

系年：建治二年（一二七六）三月。年齢：五十五歳。述作地：甲斐国身延。対告：富木常忍。真蹟：全九紙。所蔵：千葉県中山法華経寺蔵。

建治二年（一二七六）三月、富木常忍に宛てられた書状。この年の二月下旬、富木常忍の母が九十歳を越えて死去した。常忍は亡母の遺骨を首に掛け、はるばる身延の日蓮聖人を訪れ、教主釈尊の宝前に遺骨を安置して追善の供養をうけ、聖人とともに母を偲ぶ語らいがあった。このように、心ゆくまで亡母の供養の仏事を営んだのち常忍は身延を去ったのであるが、その折、常に所持・携行している『法華経』の経巻（持経《じきょう》）を忘れたので、日蓮聖人は修行中の弟子を遣わして本状を添えて届けさせた。遺文名の由来は、このことによる。原文は漢文体で、対句法を用いた叙情と叙景と教訓とを具えた名文である。

冒頭には中国帝王学の書とされる『貞観政要《じょうがんせいよう》』の一節を引いて、中国の歴史上の物忘れの酷い人は夏《か》王朝最後の皇帝の桀王《けつおう》と殷《いん》王朝最後の皇帝の紂王《ちゅうおう》で、彼らは政《まつりごと》を誤り自分の身を喪ったことを記し、また仏弟子の中では須梨槃特《すりはんどく》は自分の名前を忘れるほどであるから世界一の忘れん坊であるが、いまの富木氏は持経を忘れたのであるから日本第一の忘れん坊か、と揶揄を交えて教訓している。

また、『法華経』の教説に従えば、三千塵点劫《さんぜんじんでんごう》・五百億塵点劫《ごひゃくおくじんでんごう》の昔から仏種《ぶっしゅ》（成仏の種）を植えられても、これらをすべて忘失《もうしつ》し、いまの諸宗の人々も釈尊の本意を忘れていることを批判する。さらに、過去の聖者たちは身命を捨てて法を求めたが、いまの常忍は末代の愚者の身であって、主君への勤めと、母への孝養を怠ることなく、死後は遺骨を身延にまで奉じ、懇ろな供養をささげた。そのことによって深い信仰的な悦びに満たされたのであるから、親と子の同時の成仏は間違いない、と富木常忍を讃えている。

なお、亡母の遺骨を教主釈尊の宝前に安置し、五体投地《ごたいとうち》してその尊容を拝したとの記述が見えるところから、当時の身延西谷《にしだに》の草庵には、釈迦像を奉安する宝前が設えられていたことが想像される。この釈迦像は、伊豆配流の際に伊東祐光《すけみつ》（従来の所伝では朝高《ともたか》）より譲られた海中涌現《ゆげん》の立像釈迦《りゅうぞうしゃか》像（日蓮聖人の随身仏《ずいじんぶつ》）であった可能性が高い。

［遺二一二、定一一五〇、全六―一七、歴一〇〇九c］

【二三二】道場神守護事《どうじょうじんしゅごじ》

系年：建治二年（一二七六）十二月十三日。年齢：五十五歳。述作地：甲斐国身延。対告：富木常忍。真蹟：全五紙。所蔵：千葉県中山法華経寺蔵。

富木常忍から銭五貫文の供養がなされたことに対する礼状。この供養のとき、『法華経』の守護神である十羅刹女《じゅうらせつにょ》の託宣について常忍から報じられたようで、それは災をはらい、幸福がもたらされる前兆であるから、信心堅固に『法華経』の修行に精進するように励ましている。なお、本書には、『摩訶止観《まかしかん》』『止観輔行伝弘決《しかんぶぎょうでんぐけつ》』『妙法蓮華経文句《もんぐ》』等の文によって、帝釈天堂等の道場には、それぞれ道場を守護する善神があり、人には生まれながらに同生天《どうしょうてん》（右肩に宿って人の悪業を記録する女性の天部衆生）・同名天《どうみょうてん》（左肩に宿って人の善業を記録する男性の天部衆生）と呼ばれる倶生神《ぐしょうじん》（生まれながらに宿っている神）がその人を守護していることが述べられ、十羅刹女も守護神として、護りの強いことを説かれている。

〔遺一二三一、定一二七四、全六―二二一、歴七九四c〕

【二五一】鼠入鹿事《ねずみいるかのこと》

系年：建治三年（一二七七）頃。年齢：五十六歳。述作地：甲斐国身延。対告：富木常忍。真蹟：二紙断簡。所蔵：京都立本寺蔵。

二紙の断簡で、筆跡から建治三年（一二七七）頃の書状としている。『昭和定本日蓮聖人遺文』に初めて収録される。

はじめに、富木氏からの報せとして、安房国で鼠入鹿《ねずみいるか》（クジラ目ネズミイルカ科の「ねずみいるか」か）が捕らえられ、鎌倉に送られて油をしぼられたが、その香りは悪臭であったことが記されている。日蓮聖人は、『扶桑略記《ふそうりやつき》』や仏典（出典未詳）に基づいて、悪臭が悪鬼を招来することになることを警告している。

本抄は、銭一結と古酒一筒の供養に対する礼状で、それに添えられた手紙に上記の鼠入鹿のことが記されている。

〔遺二五一、定一三六四、全六―二一五、歴八九六b〕

【二五二】富城入道殿御返事《ときにゆうどうどのごへんじ》

系年：弘安二年（一二七九）十一月二十五日。年齢：五十八歳。述作地：甲斐国身延。対告：富木常忍。真蹟：全一紙。所蔵：千葉県平賀本土寺蔵。

日蓮聖人の日々不断の『法華経』読誦に対する供養として、富木入道から聖人のもとに来年三ヶ月分の供養料銭三貫文と米二斗とが送られたことに対する礼状。病身の富木尼のために寿命長遠《ちょうおん》の祈願をしている由が追記されている。

本状は、六老僧の日頂《にっちょう》に付けて送られたものであるが、同日付の『富城殿《ときどの》女房《にょうぼう》尼御前《あまごぜ》御書《ごしょ》』【三五二】の存在から、常忍と富木尼の許に同時に与えられた一対の書状であることが読み取れる。ちなみに、『富城殿女房尼御前御書』【三五二】は、弘安二年（一二七九）九月の熱原法難《あつわらほうなん》にあたり、越後房《えちごぼう》（日弁）と下野房《しもつけぼう》（日秀）とを義子の伊予房《いよぼう》（日頂）につけて富木入道のもとに避難させるべく、富木氏の尼に与えられたものである。

なお、本状執筆の前日の十一月二十四日は天台大師智顗《ちぎ》の忌日にあたり、恐らく身延において大師講が営為されたものと思われ、常忍が大師講にあてて日蓮聖人の許に供養を届けたことが推察される。

〔遺三五一、定一七一〇、全六—一一七、歴八一〇c〕

【三六四】富城《とき》入道《にゅうどう》殿《どの》御《ご》返事《へんじ》

系年：弘安三年（一二八〇）四月十日。年齢：五十九歳。述作地：甲斐国身延。対告：富木常忍。真蹟：全二紙。所蔵：千葉県中山法華経寺蔵。

富木入道が、鵞目一結《がもくひとゆい》（銭一貫文）を供養したことに対する礼状。法華経の行者を守護する十羅刹女《じゅうらせつにょ》の守護の確かなことを述べ、さらに夫人の病気を心配して、慰めの言葉を記している。

富木尼は、南条伊予守《いよのかみ》橘定時《たちばなさだとき》に嫁し一子（後の伊予房日頂）をもうけたが、定時が没して後に常忍と再婚し、常忍の出家入道とともに尼となったとされている。夫によく仕え、日蓮聖人からもしばしば称讃の書状が送られているが、病弱であったようで、聖人はことのほか尼の容態を気に掛けていた。『可延定業御書《かえんじょうごうごしょ》』【一六三】等参照。

なお、本状執筆の二日前の四月八日は釈尊降誕会《ごうたんえ》にあたり、恐らくこれにあてて供養が届けられたものと推察される。

［遺三六四、定一七四六、全六―二八、歴八一二b］

【三八九】富木《とき》殿《どの》御《ご》返事《へんじ》

系年：弘安三年（一二八〇）十一月二十九日。年齢：五十九歳。述作地：甲斐国身延。対告：富木常忍。真蹟：全五紙。所蔵：千葉県中山法華経寺蔵。

富木氏が十一月二十四日の天台大師講（霜月会《しもつきえ》）の供養として鵞目《がもく》一結《ひとゆい》（銭一貫文）を送ったのに対する礼状。『法華経』が諸経の王であることを法師品と薬王菩薩本事品の文に基づいて示され、さらに『法華経』を讃歎する功徳の莫大なことと、それを謗る罪の深きことを説くことによって、富木氏の法華信仰を讃えている。

また、夫人である富木尼の病気のことに筆を進め、昼夜に諸天善神に対して当病平癒《とうびょうへいゆ》の祈りをささげていること、また万が一忘れてはならないので、夫人の実子伊予房日頂《いよぼうにっちょう》に母の祈願を怠ることのないように申しつけていることを記し、心強く思うように励ましている。

【四一三】富城入道殿御返事《ときにゅうどうどのごへんじ》

［遺三八九、定一八一八、全六―二九、歴八〇九d］

系年：弘安四年（一二八一）十月。年齢：六十歳。述作地：甲斐国身延。対告：富木常忍。真蹟：門下代筆。所蔵：千葉県中山法華経寺蔵。

富木氏から日蓮聖人のもとへ、閏《うるう》七月十五口付の手紙、十月十四日付の手紙をはじめ、しばしば手紙が送られたようであるが、日蓮聖人は病床にあったため返書を出されることはなかった。本状は、十月二十二日付で聖人が口述して門下が代筆し、聖人自らが署名と花押《かおう》（書き判《かはん》）を加えたものである。

末尾には、富木氏からかねて供養のあった銭四貫文を、天台大師智顗《ちぎ》の恩に報いるために新たに建立される法華堂の建築費とすることが記されている。事実、翌十一月二十四日には大師講、延年《えんねん》の舞、『法華経』の一日頓写《とんしゃぎょう》行などが営為され、これをもって十間四面の法華堂ならびに小坊・厩《うまや》等の落成《らくせい》の祝としている（『地引御書《じびきごしょ》』【四一六】参照）。

本状は、蒙古軍（元軍《げん》）が弘安四年（一二八一）七月に来襲し、閏七月一日に大風が吹いて敗退したこと（弘安《こうあん》の役《えき》）に対する、聖人の考え方が主題となっている。富木氏は閏七月の手紙に、九州では大風が吹いて蒙古（元）の破船が浜辺や島々に充満しているとか、京都で恩円《えん》（叡尊《えいぞん》）が蒙古降伏《ごうぶく》の祈禱を行なったということをしたためてきたようである。そこで日蓮聖人は、これらの出来事は重大事であるということで、承久三年（一二二一）の承久の変を例として、真言師による調伏《ちょうぶく》の祈禱が朝廷方を敗北に導き、後鳥羽《ごとば》・土御門《つちみかど》・順徳《じゅんとく》の三上皇が配流に処せられたことを明示する。そのうえで、今回の蒙古軍（元軍）の敗退は秋風が吹いて船が破損したのを、いかにも祈禱による法験であると主張しているのは、烏滸《おこ》がましいことであって、もしあくまでもそのように言うのであれば、蒙古の大王の頸は来たのかと尋ねよと教諭し、しかしそれ以上の問答は控え、門下にもそのように伝えよと厳命している。

なお、本状の記述から、蒙古国王の頸を取ったのではない限り、蒙古（元）の侵攻はこれで終わった訳でなく、第三の元寇《げんこう》がいずれ起きるであろうことを、日蓮聖人が想定していたことが看取できる。

［遺四一三、定一八八六、全六―三三一、歴八一二b］

【四一四】越州《えっしゅう》嫡男《ちゃくなん》並《ならびに》妻尼事《さいにのこと》

系年：文永十年（一二七三）十一月三日か。年齢：五十二歳か。述作地：佐渡国一谷か。対告：富木常忍。真蹟：断簡一紙。所蔵：大阪府個人蔵。

これまで本状は、弘安四年（一二八一）十月二十七日、甲斐国身延での述作と考えられていたが、厳密には本状には年記はなく、後述するように、系年・述作地には異論がある。

従来は、富木氏が身延の日蓮聖人に、越州（北条時盛《ときもり》）の嫡男（北条時光《ときみつ》）の陰謀が露見して、時光とその母尼が北条幕府から佐渡遠島の処罰を受けたことを報じた手紙に対する返書とされ、これらの事件は弘安四年（一二八一）七月八日のこととされてきた。

　述作地を身延とすると、富木氏の手紙は九月九日付で、身延には十月二十七日に到着し、四十九日もかかっている。加えて、聖人は、この事件について鎌倉在住の四条頼基からの便りがとどかないのは、どうしたことであろうか、きっと何かの連絡があるであろう、と記している。また、伊予房（日頂）が学問に精進していることが報じられている。

　ところで、近年の研究で、文永十年（一二七三）に系年される『土木殿御返事《ときどのごへんじ》』【一三一】と本状『越州嫡男並妻尼事』に関して、両書は接合する一遺文の前半と後半部分であったことが明らかとなった。『土木殿御返事』は、日蓮聖人が佐渡から富木常忍に充てた書状とされ、真蹟末紙十三行断簡が京都本圀寺《ほんこくじ》に蔵されている。内容は、富木氏からの白小袖の供養に対する返礼で、当時の日本国の飢饉と佐渡の飢饉疫病の惨状がつづられている。

『越州嫡男並妻尼事』は、『土木殿御返事』の欠失した前半部分にあたる十一行で、『昭和定本日蓮聖人遺文』ではその系年は、弘安四年（一二七一）とされてきたが、『越州嫡男並妻尼事』『土木殿御返事』両書が接合することが明らかとなったことにより、系年ならびに述作地に再考の余地が生じてきた。

『土木殿御返事』には、充所に「土木」と書いており、文永十一年（一二七四）以降は「富木」「富城」を用いて「土木」の用例はないこと、更に花押の形態からも、両書の系年は文永十年（一二七三）の書状であることは動かせないと推定されている。つまり、両書とも文永十年（一二七三）十一月三日のものであることが明らかとなった。当時、日蓮聖人は佐渡にいたことになる。また、九月九日の富木氏の書状が、一ヶ月半かかって十月二十七日に到来したことも頷ける。もし、弘安四年（一二八一）、つまり聖人が身延にいたのであれば、手紙の到着には数週間もかからないはずである。

本書が文永十年（一二七三）十一月に佐渡で執筆されたことが事実となると、前半の『越州嫡男並妻尼事』にみられる越州嫡男の流罪事件が、いつの、誰の流罪事件をいったものかも推測が可能となる。結果として、それが金沢実《さね》村《むら》母子の流罪事件をさすことがわかり、その事件の起こった年月が文永十年（一二七三）頃であることが明らかとなり、本文書の存在が、日本史にまた新たな一頁を書き加える史料的価値を有することとなった。

従来は、本状にみえる越州嫡男と妻尼とは、北条時光とその母に比定されていた（山川智応《やまかわちおう》説）。北条時光の流罪事件は、弘安四年説（『保暦間記』）と弘安七年説（『鎌倉年代記』）とがあったが、かつては『越州嫡男並妻尼事』が弘安四年に系年されていたので、前者が妥当と考えられてきた。弘安四年当時の越後守《えちごのかみ》が北条時村《ときむら》なので、その嫡子が北条時光と考えられたのである。

ところが、本書が文永十年（一二七三）に系《かか》るとなると、これらの説は白紙撤回の必要性が生じてきた。文永十年の事件であるとすれば、文永十年当時の越州つまり越後守は、北条（金沢《かねざわ》）実時《さねとき》（金沢文庫《かねざわぶんこ》の創設者）であり、そうすると越州の嫡男とはその長男の北条実村《さねむら》、越州の妻尼とは北条実時の前妻、との推測が可能となる（坂井法曄《さかいほうよう》説）。

金沢実時の長男実村は側室の子（庶子《しょし》、しかも長男なので庶長子《しょちょうし》）、次男顕時は正妻の子（嫡子《ちゃくし》）であったが、その正妻は前執権政村の娘であったため、顕時は政村の孫にあたる。執権職は、すでに時宗《ときむね》に譲られていたが、いずれ顕時の血筋に執権を引き継がせたいという思惑が金沢一族の間にあった可能性は高い。この内紛は、後に騒動となった北条時輔と時宗の関係と非常に酷似している。

なお、『尊卑分脈《そんぴぶんみゃく》』という文献によれば、「実村」の項に、「越後太郎配流」と記されている。この配流が、「越州嫡男並妻尼」の「異島流罪」と考えられる。その時期は、富木常忍が日蓮聖人に供養の品と書状を送った文永十年（一二七三）九月九日（『越州嫡男並妻尼事』冒頭の記述による）から、さほど遠くはないはずである。

では、実村とその母は、何故配流に遭ったのか。『越州嫡男並妻尼事』には、「謀反よりの外は（略）過分の事か」とみえるので、謀反の罪ではなさそうである。その理由は定かではないが、文永十年（一二七三）五月二十七日に北条政村《まさむら》が没していることが、重要な意味をもっていると考えられる。政村は、実時の嫡子実村の異母弟である顕時《あきとき》の外祖父で、政村の死によって顕時は政治的後ろ盾を失ったと推察できる。すると、実村と顕時の異母兄弟の嫡庶抗争（金沢北条《かねざわほうじょう》氏の内訌《ないこう》）を招き、結果、実村母子の異島流罪となったのではなかろうかと推測できる。

富木常忍が、そのことを日蓮聖人に報告した意図は何であったか。翌年の文永十一年（一二七四）二月に、五代執権北条時頼《ときより》の正嫡子《せいちゃくし》で八代執権となった時宗と、時頼の庶長子で執権を継げなかった時輔《ときすけ》との内紛（二月騒動《にがつそうどう》・北条時輔の乱）が起きるが、本状執筆はその前年の十月、つまり自界叛逆難が現実となった二月騒動の勃発する前に起きた内訌であった。『立正安国論』で予測した自界叛逆難の前兆として、富木常忍が日蓮聖人に報じたとは考えられないであろうか。

［遺四一四、定一八八九、全六―三八、歴一一六b］

【八九】転重軽受法門《てんじゅうきょうじゅほうもん》

系年：文永八年（一二七一）十月五日。年齢：五十歳。述作地：相模国依智。対告：大田乗明、曾谷法蓮、金原法橋。真蹟：全八紙。所蔵：千葉県中山法華経寺蔵。

文永八年（一二七一）九月十二日の龍口法難後、相模国依智《えち》の本間《ほんま》邸に預かりの身となった日蓮聖人が、十月五日付で大田乗明《おおたじょうみょう》・曾谷《そや》（蘇谷）法蓮（教信《きょうしん》）・金原法橋《かなはらほっきょう》の三氏に宛てた書状。冒頭の文から推察すると、三氏が依智の聖人を慰問するために、その一人が代表して出掛けたようである。「一人も来らせ給へば三人と存じ候なり」とは、そのことを指している。大田乗明については『太田入道殿御返事《おおたにゅうどうどのごへんじ》』【一九七】、曾谷法蓮については『法蓮鈔《ほうれんしょう》』【一七五】を参照。

本抄には、はじめに「転重軽受《てんじゅうきょうじゅ》の法門」が記されていることから、この名称がつけられた。「転重軽受の法門」は、涅槃《ねはん》部の経典に属す『大般泥洹経《だいはつないおんぎょう》』四依品（『正蔵』第十二巻八七七頁c）、北本『大般涅槃経』梵行品（『正蔵』第十二巻四六二頁b）等の所説で、「重きを転じて軽《かろ》きを受く」と読み下す。現在世の受苦を、過去世の重罪・謗法の行業がもたらしたものとしてとらえ、今生の重苦を耐え忍んで正法を弘通《ぐづう》することで、未来世に成仏の果報が待っていると受けとめる法門である。

この教説は、龍口法難を契機に表白されてくるもので、法華経の行者がなぜ迫害を受けねばならないのかという門下の動揺と疑念に答えるものであった。聖人はそのために『法華経』『涅槃経』の所説によってこれを弁証し達成しようとした。本抄でも、法華経の行者が法難を受ける宗教的意味を三つの側面から究明している。

まず、第一は、「転重軽受」の視点に基づき、前世からの重罪が今世でも尽きず、未来世に堕地獄の苦しみを受けねばならないのを、今世でそれに代わる苦しみを受けて、未来世は果報を得ることが示される。それは、常不軽菩薩《じょうふきょうぼさつ》の受難が過去世の謗法罪に起因するものであったことと同じで、その受難によって常不軽菩薩の謗法罪が消え、未来世には仏果を得たことになぞらえている。

第二には、釈尊の教えが順次伝えられるにあたり、その法門を伝えた人々（付法蔵《ふほうぞう》）の中にも法難に値った聖者がいたことが提示され、いま日蓮は、末法辺土・謗法充満の国であるこの日本国において『法華経』を弘めるのであるから、大難に値《あ》うことは当初から覚悟の上であったことが示される。

第三は、『法華経』には法難の予言の文（未来記《みらいき》）が明記されているが、日蓮の受難はこの予言を日本国において検証しているという自覚と、この法華色読は成仏の証しにほかならないということが明かされる。

これらの三つの観点を記したのち、日蓮は自己一身の成仏だけでなく、国土全体の成仏を願っているという誓願を示し、しかしながら自己の主張を国主が用いないので、残念ながら力が及ばないことであると記して筆を置いている。なお、本状冒頭で、転重軽受の法門に次いで、釈尊本生譚《しゃくそんほんじょうたん》としての常不軽菩薩の故事が引かれるのは、値難忍受《ちなんにんじゅ》によって過去謗法の重罪を滅除する先例を示すためである。

常不軽菩薩は、『法華経』常不軽菩薩品に登場する菩薩で、釈尊がかつて菩薩行を積んでいた時の名。略して不軽ともいう。はるか無量阿僧祇劫の昔、威音王仏《いおんのうぶつ》の滅後像法《ぞうぼう》の世に増上慢《ぞうじょうまん》の比丘《びく》たちが大いに勢力を得るに至った。時に常不軽菩薩と名づける菩薩が現れ、四衆《ししゅ》（比丘・比丘尼《びくに》・優婆塞《うばそく》・優婆夷《うばい》）に出逢うごとにこれを但行礼拝《たんぎょうらいはい》して「我深敬汝等、不敢軽慢。所以者何。汝等皆行菩薩道、当得作仏（我れ深く汝等を敬う。敢えて軽慢《きょうまん》せず。所以《ゆえ》は何《いか》ん。汝等は皆菩薩の道を行じて、当《まさ》に作仏することを得《う》べければなり）」と讃歎し、経典を読誦することを専らにはしなかった。四衆の中にはこの但行礼拝に対して瞋《いか》りの心を起して悪口罵詈し、甚だしきに至っては杖木をもって打ち、瓦石を投ずる者さえあったが、それでも常不軽菩薩はこれを忍受し、礼拝讃歎の行を止めようとはしなかった。常不軽菩薩は命終せんとする時、空中に『法華経』の偈を聞き、これを受持したので、六根清浄《ろっこんしょうじょう》の功徳を成就し、その結果、更に寿命が二百万億那由佗《なゆた》歳延びて、広く人々のために『法華経』を説き、これを聞いた増上慢の比丘たちは皆信伏し随順したのである。常不軽菩薩は命終の後、二千億の日月燈明仏及び二千億の雲自在燈王仏に仕え、『法華経』を受持・読誦して他説し、かつ諸仏を供養したので、遂に成仏することを得た。一方、増上慢の比丘たちは常不軽菩薩を軽賤《きょうせん》したため、二百億劫もの間、三宝の名を聞かず、千劫にわたって無間地獄の大苦悩を受けたのであるが、「この罪を畢《お》えること已《おわ》りて」のち、常不軽菩薩の教化を受けて成仏することができたという。

日蓮聖人は、値難・受難が、法華経の行者としての使命自覚につながる一方で、凡夫としての過去罪業の滅罪行であることの確認を転重軽受の教説に拠った。かくして今生の受難を、過去世において法華経ならびに法華経の行者に対して行った悪業の報いとしてとらえ、これを現世において甘受することによって滅罪を成就すべしとの境界に到達したのである。

【遺八九、定五〇七、全六―三九、歴七七二b】

【一九七】太田入道殿御《おおたにゅうどうどのご》返事《へんじ》

系年：建治元年（一二七五）十一月三日。年齢：五十四歳。述作地：甲斐国身延。対告：大田乗明。真蹟：十一紙断簡。所蔵：大分県鶴崎法心寺・京都府本圀寺等七箇所散在。

対告の大田《おおた》左衛門尉　乗明《じょうみょう》（一二二二〜一二八三）は、下総国中山の檀越で、富木常忍《ときじょうにん》ならびに日蓮聖人の早くからの外護者であった。曾谷教信《そやきょうしん》（法蓮《ほうれん》）・金原法橋《かなはらほっきょう》らと知友・同朋的関係にあったことがわかる。

日蓮聖人の直檀の一人で、大田金吾・大田五郎左衛門尉ともいう。乗明《のりあき》と称していたが入道して俗名のまま乗明《じょうみょう》と名乗った。弘安元年（一二七八）の『太田左衛門尉御返事』【二八五】によると、この年に五十七歳の厄年を迎えたことがわかる。従って聖人と同年であり、貞応元年（一二二二）に誕生していることになる。『本化別頭仏祖統紀』によると、乗明の祖先は源三位頼政で、丹州五箇の庄、太田城に住していたので「大田」と名乗ったといい、文応元年（一二六〇）富木五郎常忍が法華堂を造った時、日蓮聖人に帰依することになったと伝え、富木常忍の妻は乗明の姉であるとも記している。また建治元年（一二七五）、嫡子太郎を日蓮聖人の弟子としたのが、帥阿《そつあ》闍梨《じゃり》日高《にちこう》である。乗明は老後、夫婦別居して葷肉《くんにく》を遠ざけ、袈裟をまとい精進したので、日蓮聖人からも「乗明上人」とよばれるようになった。

本状は、大田乗明が、病痛に悩んでいることを身延の日蓮聖人に報じたのに対する返書。聖人は『維摩経《ゆいまきょう》』『法華経』『涅槃経《ねはんぎょう》』『大智度論《だいちどろん》』『摩訶止観《まかしかん》』等の諸経論によって、病気の原因や病気の様相などを示されたのち、一番重い病気は『法華経』を誹謗《ひほう》した結果によって得るところの業病で、この重病を治療できる医師は、釈尊一仏であり、

『法華経』の良薬によってのみ治癒できることを教諭する。また、正法の謗った罪を改悔した例として、世親《せしん》（天親《てんじん》）菩薩、馬鳴《めみょう》菩薩、嘉祥《かじょう》大師吉蔵《きちぞう》の故事を例記する。しかし、これに対して、中国・日本の真言師たちは釈尊の教えを謗り、釈尊をないがしろにしており、これによって日本は滅亡の危機に瀕していると指摘する。

ところで大田氏は、真言宗の家に生まれ、真言の教えに帰依をした人であるから、『法華経』と釈迦仏に対する謗法罪を犯してきた。ところが、仏の慈悲によって『法華経』に出会い、改悔の心を起こしたことから、未来世には堕地獄の重罪を受けられるべきであったのが、それを償うために、現世に軽い瘡病にかかられたのであろうと述べる（転重軽受《てんじゅうきょうじゅ》）。

結びに、釈尊在世中の中印度摩竭陀《まがだ》国の王で、父の頻婆沙羅《びんばしゃら》王を殺害した阿闍世《あじゃせ》王が瘡病に苦しんだのは、殺父をはじめとする五逆罪と、正法を謗るという謗法罪の二つの重科によるもので、後に釈尊に随順することによって悪瘡は消え、四十年もの寿命を延ばすことができたように、大田氏の病の原因である謗法の業も、『法華経』の信仰によって消滅し、長寿を得られるに違いないと諭して、法華信仰の堅固なることを勧奨している。

［遺一九七、定一一一五、全六—四四、歴一四四a］

【二〇二】除病御書《じょびょうごしょ》

系年：建治元年（一二七五）。年齢：五十四歳。述作地：甲斐国身延。対告：大田乗明か。真蹟：伝来未詳。

建治元年（一二七五）の大田氏宛の書状と考えられている。前文を欠き、充所・記年・署名などはない。真蹟は伝わらず、身延山久遠寺の『延山録外』に写本として収録される。

日蓮および弟子たちは、過去世謗法という重罪は消しがたいが、今生の種々の法難によってようやくその罪から脱却できることが記される（転重《てんじゅう》　軽受《きょうじゅ》）。

ついで、檀越某氏が謗法による病に罹ったと聞いたので、日蓮が昼夜に諸天善神に祈願をしたところ、このたび恢復平癒の報を受け、喜んでいるという内容が綴られる。本状には、充所が記されていないが、当時その状況に当てはまると考えられるのは、大田乗明が最も相応しいところから、大田氏を対告とするものと推定されている。

なお、大田乗明については『太田入道殿御返事《おおたにゅうどうどのごへんじ》』【一九七】を、転重軽受については『転重軽受法門《てんじゅうきょうじゅほうもん》』【八九】を参照のこと。


［遺二〇一、定一一二四、全六―五四、歴五七一d］

【一四三】乗明　聖人御返事《じょうみょうしょうにんごへんじ》

系年：建治三年（一二七七）四月十二日。年齢：五十六歳。述作地：甲斐国身延。対告：大田乗明。真蹟：全四紙。所蔵：千葉県中山法華経寺蔵。

建治三年（一二七七）四月、大田乗明（妙日）とその妻とが、鎌倉から身延の日蓮聖人に銭二結（二貫文）を送ったことに対する礼状。
『法華経』への供養の功徳が甚大なることを説くにあたり金珠女《こんじゅにょ》の前生譚《ぜんしょうたん》を引き、仏弟子の迦葉《かしょう》の妻は、過去世には金珠女といい、黄金を仏像修補のために布施した功徳によって、九十一劫という永い間、金色の身に生まれ、そのときの夫は鍛冶師で、それがいまの迦葉尊者であるという。この夫妻の供養は仏に対するものであるのに対し、大田夫妻は『法華経』への供養であって、法は諸仏の師であるから、法である『法華経』を供養するのは仏への供養よりも勝れていることを『涅槃経』や『法華経』薬王菩薩本事品等によって示す。その上で、金珠女は供養の功徳で九十一劫の間、金色の身をうけたのであるから、『法華経』に供養された大田夫妻は、かならず成仏するであろうと力説する。しかし、『法華経』を信じない謗法の人々の供養は、成仏から除外されると、謗法者の供養をいましめている。
なお、大田乗明については『太田入道殿御返事《おおたにゅうどうどののごへんじ》』【一九七】を往見。

［遺二四三、定一三〇〇、全六―五五、歴五六二b］

【三三七】乗明上人御返事《じょうみょうしょうにんごへんじ》

系年：弘安二年（一二七九）七月二十七日。年齢：五十八歳。述作地：甲斐国身延。対告：大田乗明。真蹟：全一紙。所蔵：大阪府長久寺蔵。

一紙三行からなる短い手紙。大田左衛門尉《おおたさえもんのじょう》乗明《じょうみょう》が、米一石を供養したことに対して、その供養によって得られる功徳は、如来の十号（「如来」の別称で、応供《おうぐ》・正遍知《しょうへんち》・明行足《みょうぎょうそく》・善逝《ぜんぜい》・世間解《せけんげ》・無上士《むじょうじ》・調御丈夫《じょうごじょうぶ》・天人師《てんにんし》・仏《ぶつ》・世尊《せそん》）よりも素晴らしいものであると讃える。

なお、大田氏は入道して、俗名の乗明《のりあき》をそのまま乗明《じょうみょう》という法号に用いたようである。聖人は、「乗明上人」「乗明聖人」「乗明法師妙日」と記したり、上人・聖人・法師などの称号を用いていることなどから、尊称には厳密な区別はなされていないようである。

なお、大田乗明については『太田入道殿御返事《おおたにゅうどうどのごへんじ》』【一九七】を往見。

〔遺三三七、定一六五二、全六―五七、歴五六二b〕

【一七五】法蓮鈔《ほうれんしょう》

系年：建治元年（一二七五）四月。年齢：五十四歳。述作地：甲斐国身延。対告：曾谷法蓮。真蹟：十八紙。所蔵：山梨県身延久遠寺曾存。写本：朝師本録内御書。

対告の曾谷《そや》法蓮《ほうれん》は、曾谷《そや》二郎兵衛教信《じろうひょうえきょうしん》（一二二四～一二九一）のこと。下総国国分村曾谷の邑主《ゆうしゅ》で、入道して法蓮《ほうれん》日禮《にちらい》と呼ばれた。家系については種々の説があり大野政清の長子ともいう。この説に従えば政清は日蓮聖人の母の兄弟となり、聖人と従兄弟という事になる。一説には畠山重忠の子孫で千葉・千田と氏姓を改め、曾谷郷に住するにより改姓した曾谷道頂の長子であるともいう。また一説に平氏である道野辺右京の孫ともある。富木氏の諭導により大田氏と共に日蓮聖人に帰依し、遊学中の聖人の資縁をなした。また一説には、文応元年（一二六〇）に富木氏が法華堂を建立し日蓮聖人を請じ百日の説法をなした時、大田氏・秋元氏らと共に聖人に帰依したとも伝えられている。因みに遺文中に教信の名が最初に出て来るのは、文永八年（一二七一）の『転重軽受法門《てんじゅうきょうじゅほうもん》』【八九】であり、その時は既に入道と称していた事が知られる。

本状は、下総の曾谷二郎法蓮が、父の十三回忌にあたって身延の日蓮聖人に、供養の品々と、追善回向の依頼を記した「諷誦文《ふじゅもん》」をささげたことに対する返書。

まず、冒頭には『法華経』法師品の文を引いて、仮に一劫という長い間仏を罵る罪と、法華経の行者を謗る罪とを比較したとき、後者の罪がいかに重いかが記される。ついで、法師品の文によって、法華経の行者を供養する功徳は、声聞・縁覚・菩薩・仏の四聖《ししょう》に供養する功徳よりもすぐれていることが述べられて、曾谷氏の供養を讃歎する。つづいて、曾谷氏が信仰している『法華経』は、釈尊の真実の教えであることを説いた後、法蓮から送られた諷誦文に、父の十三回忌の命日に当り、『法華経』一部の経典を五部読誦したこと、さらに、父の逝去した日から十三回忌の日まで、釈尊の宝前において、自我偈一巻を読誦して聖霊に回向したことが記されていたのに対し、その功徳によって故父の成仏は疑いないと明記される。

また、中国の烏龍《おりゅう》と遺龍《いりょう》の説話を記して経文書写《しょしゃ》の功徳を説き、経典読誦の功徳はそれ以上にすぐれたものであり、『法華経』の一一文文《いちいちもんもん》は生身《しょうしん》の仏であるから、経文が仏となって、父の聖霊を救われたと教示する。そして、末法の時代における『法華経』の修行は、忍難弘経《にんなんぐきょう》・不惜身命《ふしゃくしんみょう》によるべきであり、それによって日蓮が種々の法難を受けたことについて触れ、佐渡流罪赦免後は身延に隠棲していたところ、はるばると訪問のあったことに感涙が押さえられない、と感謝を述べている。

ついで、いま日本国が遭遇している自界叛逆難と他国侵逼難は、『法華経』に対する違背・謗法によるという理由とその経証、さらには中国・日本の史実が示され、結びに迫害者である日本国の人々の罪について述べて、筆が置かれている。

なお、烏龍遺龍説話は、道教を篤く信仰したため仏典の書写を嫌った能書家の烏龍が、その罪により堕獄し、その遺志を頑なに守った子息の遺龍が、司馬氏の厳命により不本意ながらも法華経を書写した功徳によって、亡父烏龍のみならず地獄界の衆生をも済度《さいど》したという物語で、『法華伝記《ほっけでんき》』（『正蔵』第五十一巻八三頁c）等にみえる。日蓮聖人の遺文中には、教説を補足あるいは実証する様々な故事・因縁・説話・史実・来歴などが用いられるが、本状に引かれる烏龍と遺龍の故事は、その説話の全容が詳述された例として興味深い。

［遺一七五、定九三四、全六―五八、歴一〇二一b］

【四〇八】曾谷二郎入道殿御報《そやじろうにゅうどうどのごほう》

系年：弘安四年（一二八一）閏七月一日。年齢：六十歳。
述作地：甲斐国身延。対告：曾谷法蓮。真蹟：伝来未詳。

本状の真蹟は伝来が明らかではなく、直弟子の六老僧日興の写本が静岡県重須《おもす》北山本門寺に伝存する。

曾谷氏からの七月十九日付の手紙が身延の日蓮聖人のもとに七月三十日に到着し、これに対する翌閏七月一日付の返書が本抄である。

まずはじめに、仏法における反逆の罪（謗法罪）について筆がおこされ、『法華経』譬喩品に説かれる「其人命終《ごにんみようじゆう》入阿鼻獄《にゆうあびごく》」（死後に阿鼻地獄に堕ちること）の問題が論じられる。そして、聖人は仏教史上の「其の人」とは、弘法大師空海《くうかい》・慈覚大師円仁《えんにん》・智証大師円珍《えんちん》・三階禅師信行《しんぎよう》・道綽《どうしやく》・善導《ぜんどう》等を指すと解釈し、ついで、阿鼻地獄（無間《むけん》地獄）の様子が『涅槃経』の文から描かれる。しかも、これらの邪師に導かれた日本国の人々は、謗法罪を犯しているのであるから、無間地獄に堕ちることは必定《ひつじよう》であり、その理由を詳述している。

さらに、法華最勝を主張する日蓮に対して、国主をはじめ、日本国の人々は迫害を及ぼし、それによっても謗法罪の人々が充満していることが明らかで、その現証が蒙古という他国からの侵略であって、現世には修羅の世界を体験し、後世には阿鼻地獄は疑いない、と主張。

結びに、日蓮と曾谷氏とは法華信仰における師と檀越との関係であるけれども、身は国主に従うものであるから、蒙古からの災難にも遭わねばならない。しかし、『法華経』の信仰によって未来の成仏は疑いないと、他国侵逼難に対する心がまえと、信心の覚悟を教示している。

〔遺四〇八、定一八七一、全六―九九、歴六六二c〕

【一七四】兄弟鈔《きょうだいしょう》

系年：文永十二年（一二七五）四月十六日。年齢：五十四歳。述作地：甲斐国身延。対告：池上宗仲・宗長。真蹟：二八紙（ただし一〜三紙・十四〜十六紙・三十三紙以降闕失）。所蔵：東京都池上本門寺蔵。

「けいていしょう」「きょうていしょう」とも読む。池上衛門大夫志宗仲と兵衛志宗長の兄弟、および夫人たちに与えられた書状。

池上氏は、武蔵国池上（東京都大田区）に在住した檀越で、日蓮聖人の書状には、右衛門大夫志宗仲《むねなか》夫妻、弟の兵衛志宗長《むねなが》夫妻と、のちに信仰を改めて日蓮聖人に帰依した父左衛門大夫康光《やすみつ》の五名がみえる。

池上宗仲・宗長の兄弟は早く聖人に帰依し、宗仲は「散位　大中臣　宗仲」（池上本門寺祖師像胎内御遺骨唐金筒銘）とも名乗る地頭で、池上家の所伝によれば、鎌倉幕府の作事《さくじ》奉行《ぶぎょう》であったという。弘安四年（一二八一）五月二十六日の池上兄弟宛『八幡宮造営事』【四〇五】には、鶴岡八幡宮《つるがおかはちまんぐう》の「御造宮の大ばんしゃう（番匠）をはづされたるにやあるらむ」と、八幡宮の造営に大番匠の候補に当っていたのが、はずされていることが記されている。

一方、父池上康光《やすみつ》は日蓮聖人が批判した律僧の極楽寺良観《りょうかん》房忍性《にんしょう》に帰依し、子息宗仲・宗長は聖人に帰依したため、父と子の間に教説信奉をめぐって対立が生じた。文永十二年（一二七五）春、父康光は兄弟を威圧して改信を迫ったが、兄弟の信仰は強く、応じなかったので兄宗仲を勘当した。聖人は直ちに書状を送り、「一切はをや（親）に随うべきにてこそ候へども、仏になる道は随はぬが孝養の本にて候か」と、兄弟に法華信仰を貫徹することを教示した。それが、本状『兄弟抄』である。

日蓮聖人にとっては、親子の絆よりも法華信仰の受《じゅ》・不受《ふじゅ》こそが問題であった。父母に対する世俗的孝養より、釈尊に対する宗教的孝養こそ真の孝養であるとしたのである。弟宗長も聖人の檀越であったが、父と兄の間にあって、世俗的孝養と信仰の間を動揺した。聖人は宗長の去就を気遣い、最後まで法華信仰を貫徹することを勧めた。この父子の対立は数年続き、この間、父は宗仲の法華信仰をとがめて二度勘当している。しかし、兄弟力を合わせて父をいさめ、慰諭に努めたので、父康光はついに勘当を許すばかりでなく、自分もまた法華信仰に入った。

のち、聖人は常陸の湯への湯治のため身延を出て、弘安五年（一二八二）九月十八日、武蔵国池上郷の池上宗仲邸に着き、十月十三日、この地で六十一年の生涯を終えている。

さて、本抄は、一切経の中で『法華経』の最勝性から筆がおこされ、なかでも三千塵点劫《さんぜんじんでんごう》と五百億塵点劫《ごひゃくおくじんでんごう》の法門がいかに大切であるかが詳述される。ついで、法華経の行者に出会うことの難しさと、悪知識によって悪道に導かれることの恐ろしさが説かれる。さらに、法華信仰による受難の必然性と、池上兄弟の法難の意味を教示して、法華信仰を貫徹するように諭している。

また、中国における伯夷《はくい》・叔斉《しゅくせい》の故事、日本における仁徳天皇・宇治王子の物語、印度における隠士《いんし》・烈士《れつし》の物語、『摩訶止観《まかしかん》』の「三障四魔《さんしょうしま》」興起の事実を記して、兄弟が心を合わせて事にのぞむように細かな指示を与えている。

結びに、「此の御文は、別してひやうへの志殿へまいらせ候。又太夫志殿の女房・兵衛志殿の女房によくよく申しきかせ給ふべし。きかせ給ふべし」とみえるように、兄の宗仲のみならず、弟の宗長、さらにはそれぞれの夫人たちにまで心をくだいて励ましていることがうかがえる。

［遺一七四、定九一八、全六―一一〇、歴二五〇a］

【二四八】兵衛志殿御返事《ひょうえさかんどのごへんじ》

系年：建治三年（一二七七）六月十八日か。年齢：五十六歳か。述作地：甲斐国身延か。対告：池上宗長。真蹟：全一紙。所蔵：京都府本圀寺蔵。

池上兄弟の弟にあたる池上兵衛志宗長《むねなが》からの青鳧《せいふ》（銭）五貫文の供養に対する礼状。一遍の題目を唱えたことをもって、謝辞としている。年号は書かれていないが、花押の形態から、『昭和定本日蓮聖人遺文』では建治三年（一二七七）六月十八日の書状としている。

池上兄弟の事蹟については、『兄弟鈔《きょうだいしょう》』【一七四】を参照のこと。

【遺二四八、定一三四五、全六―一三七、歴九四八b】

【二五四】兵衛志殿御返事《ひょうえさかんどのごへんじ》

系年：建治三年（一二七七）八月二十一日か。年齢：五十六歳か。述作地：甲斐国身延か。対告：池上宗長。真蹟：全四紙。所蔵：京都府立本寺蔵。

池上宗長《むねなが》が、聖人に対して鵞目《がもく》（銭）二貫文を武蔵房円日《えんにち》を使者として届けたことに対する礼状。本状は無記年であるが、花押の形態と筆跡から、『昭和定本日蓮聖人遺文』では建治三年（一二七七）八月二十一日の書状としている。

はじめに、皇極天皇の時代に排仏派の蘇我入鹿を崇仏派の中大兄皇子・中臣鎌足らが誅した史実を挙げ、国王も臣下も、ともに釈迦仏のおかげでその道を全うできたことを述べる。

そして、いま日本国が蒙古から攻められるのは、釈尊をないがしろにしているからにほかならないと断言。さらに、池上兄弟は父親の威圧によって信仰を捨てるであろうと人々は見なしていたが、立派に堅持されているのは、釈迦仏・法華経の力添えであるといい、今後も、どのような苦難が待ちうけていても退転せず、異体同心にいよいよ父康光《やすみつ》の謗法を諫めるようにと激励されている。

池上家については、『兄弟鈔《きょうだいしょう》』【一七四】を往見のこと。

〔遺二五四、定一三七〇、全六―一三八、歴九四八b〕

【二六〇】兵衛志殿御書《ひょうえさかんどのごしょ》

系年：建治三年（一二七七）九月九日か。年齢：五十六歳か。述作地：甲斐国身延か。対告：池上宗長・門下一同。真蹟：一紙断片。所蔵：東京都池上本門寺蔵。

無記年であるが、建治三年（一二七七）九月九日付の書状とされる。追而書《おってがき》（追伸）には、別しては池上宗長《むねなが》に、総じては日蓮の門下一同に遣わすとある。その理由は、蒙古問題を論じているためと思われる。

はじめに、池上兄弟が法華信仰を貫徹しただけではなく、異体同心に協力して、良観房忍性《にんしょう》に帰依していた父康光《やすみつ》を法華信仰に導き入れたことを讃える。

ついで、仏法が乱れると偉大な聖人が出現し、世法が乱れると聖人と愚人とが同時に出現するといい、平頼綱・北条時宗等が日蓮聖人の諫言を用いていれば、先年来たった蒙古の使者の頸を斬ることはなかったであろう、と批判する。

ちなみに、中国の宋《そう》に侵攻した蒙古は、文永八年（一二七一）十一月に、国号を「元《げん》」に改めていた。元からの使者として遣わされた杜世忠が鎌倉龍口《たつのくち》で斬首された事件は、建治元年（一二七五）九月七日のことである。その後、弘安二年（一二七九）七月二十九日には、周福らが博多で斬首され、同年八月、そのことが元国に報告されたため、フビライは二度目の日本侵攻計画を進めることとなった。

日蓮聖人は、更に続けて、蒙古調伏《ちょうぶく》のための真言宗の祈禱がいかに誤りであるかを歴史的事実として示し、このたびは三度目の邪法による祈禱であるから、却って亡国の因となり、また、釈尊の使である日蓮を流罪に処し、門下たちをも投獄・殺害・追放に処したのであるから、必ず罪科が一人一人に及び、悪病にかかる人が多いことであろうと述べる。

結びに、わが門下は、このことを充分に心得るように誡めて筆を置いている。

池上家における信仰の対立については『兄弟鈔《きょうだいしょう》』【一七四】を往見のこと。

［遺二六〇、定一三八七、全六―一四一、歴九四八ａ］

【二六六】兵衛志殿御返事《ひょうえさかんどのごへんじ》

系年：建治三年（一二七七）十一月二十日か。年齢：五十六歳か。述作地：甲斐国身延か。対告：池上宗長。真蹟：全十六紙(但し第十一紙末尾闕失)。所蔵：京都府妙覚寺蔵。

池上氏の弟兵衛志宗長《むねなが》が、二人の使者を遣わして身延の日蓮聖人に供養を捧げたことに対する礼状。なお、池上宗長の供養の内容は、弁阿闍梨日昭《にっしょう》の書状に記したことがしたためられている。無年号であるが、花押の形状および歴史上の事件に関する本状の記述から、『昭和定本日蓮聖人遺文』では建治三年（一二七七）に置かれている。

父の池上康光《やすみつ》と兄弟との信仰上の葛藤は、父の改心によって一度は解消し、兄宗仲の勘当も許されたのであるが、本状によれば、建治三年（一二七七）頃、父は再び極楽寺の良観房忍性《にんしょう》に随うことによって、池上家の信仰上の衝突が再燃し、重ねて兄は勘当されたようである。

すると、とかく恩愛の情にひかれがちの弟宗長に動揺の色が見えたので、日蓮聖人は本状を送って宗長を激励し、退転のないようにと誡めている。本抄には、聖人の宗長に対する細やかな心遣いがうかがえる。

池上家の宗教的葛藤については、『兄弟鈔《きょうだいしょう》』【一七四】を往見されたい。

［遺二六六、定一四〇一、全六―一四五、歴九四八b］

【二九二】兵衛志殿御返事《ひょうえさかんどのごへんじ》

系年：弘安元年（一二七八）五月頃。年齢：五十七歳。述作地：甲斐国身延。対告：池上宗長。真蹟：全七紙(但し第八紙末尾闕失ほか所々磨滅)。所蔵：京都府妙覚寺蔵。

弘安元年（一二七八）の農繁期に、池上宗長が、家人に馬をひかせて銭十余連（十数貫文）と、種々の品物を供養したことに対する礼状。記年の部分が闕失しているが、農繁期を暗示する本文の内容から、弘安元年（一二七八）五月頃と推定。

病床にあった日蓮聖人は、池上氏からの手紙と弟子からの報告によって、この供養のさまを知ったようである。本状ではまず、供物を運んだ家人（舎人）と馬について触れ、仏教が伝来したとき、仏像や経巻は大船に載せられ、さらに車で都まで運ばれた。そのように、どんなに供養の品々があっても、それを運ぶ人夫と馬とがなければ日蓮の生命を扶けることはできないと記している。そして、この馬は釈尊が出家されたときに乗った「金泥駒《こんでいく》」に変じ、それを引いてきた家人は釈尊に伴った車匿《しゃのく》となって成仏すると思うように、と教示している。

ついで、兄弟不和にして悲劇を招いた善友《ぜんう》太子と悪友《あくう》太子の物語（釈尊本生譚《ほんじょうたん》）や源頼朝と義経の対立を例示し、池上家における親子の信仰上の葛藤が、ついに和解の時を迎えたことを率直に称讃している。ことに、弟の宗長について、欲のない人に生まれてきたからこそ兄の勘当も許されたのであると讃え、親子三人の成仏のみならず、父方・母方の身内の人々をも救われるに違いないと述べ、これらの喜びを夫人たちにも伝えるよう記して、筆を置いている。

なお、池上家については、『兄弟鈔《きょうだいしょう》』【一七四】を、日蓮聖人の病については、『兵衛志殿御返事』【二九六】を、それぞれ参照されたい。

【二九六】兵衛志殿御返事《ひょうえさかんどのごへんじ》

［遺二九一、定一五〇五、全六―一五四、歴九四八b］

系年：弘安元年（一二七八）六月二十六日か。年齢：五十七歳か。述作地：甲斐国身延か。対告：池上宗長。真蹟：全一紙。所蔵：福井県今宿妙勧寺蔵。

弘安元年（一二七八）年六月、池上宗長から味噌一桶を送られたことに対する礼状。無記年であるが、筆跡・花押の形状から弘安元年（一二七八）に置かれる。

本状において日蓮聖人は、自身の身体の不調が、中務《なかつかさ》三郎左衛門尉（四条頼基《よりもと》）の調合した薬で快方に向かったことを報告し、また池上宗長の供養の味噌を口にして更に体調がよくなったといい、結びに、池上家の安泰を祈る言葉で締めくくっている。

四条頼基は、日蓮聖人に早くから帰依した檀越であり、北条氏の一門である江馬氏に仕えた武士で、医術にもすぐれていた。たとえば、日蓮聖人は、富木常忍の夫人が病弱であったことから、治療を依頼するように勧めるに際し、その一節に、「しかも善医あり。中務三郎左衛門尉殿は法華経の行者なり」（『可延定業御書《かえんじょうごうごしょ》』【一六三】）と記している。また、主君江馬氏の病気の手当も行ったことが知られる。四条頼基の事蹟については、『頼基陳状《よりもとちんじょう》』【二四九】を参照されたい。

建治末年から弘安期にかけての数篇の日蓮書状から推察するに、身延にあって門弟の教導に努めていた聖人も、次第に健康を気遣わざるを得ない歳になっていたようである。山深い身延は、今でも冬場は寒気が厳しく、夏場は湿気も多い。それに加えて、衣食《えじき》の乏しさ、門弟の動向にともなう種々の葛藤・弾圧の継起といい、特に熱原法難《あつわらほうなん》などは聖人が直接関わっていない事件だけに、それらの疲労と心労は、聖人の肉体のみならず、心をも痛めつけた。日蓮聖人は、建治三年（一二七七）暮れに健康を害したようで、建治四年（一二七八）二月の『始聞仏乗義《しもんぶつじょうぎ》』【二七七】には「病身」、同年五月の『兵衛志殿御返事』【二九一】には「やせやまい」、同年六月の本状には「はらのけ（腹部の不快感・違和感）」と記している。この病は、弘安元年（一二七八）の梅雨時と秋には大事に至ったが、本状によれば、その後小康を取り戻したようである。しかし、聖人は、その後もしばしばこの病を繰り返し、「下痢」（『中務《なかつかさ》左衛門尉御返事』【二九五】）あるいは「はらのけ」（『兵衛志殿御返事』）を「やせやまい」（『上野殿母尼御前御返事』【四一八】）と言っている。

この間、門弟から様々な供養の品が贈られ、日蓮聖人は、都度返書をしたためているが、病状の悪化した時には、筆もままならなかったことが文面から読み取れる（『富城入道殿御返事』【四一三】、『老病御書《ろうびょうごしょ》』【四一七】、『上野殿母尼御前御返事』【四一八】）。なお、四条頼基や池上宗仲・宗長からは、薬も届けられていたことが知られる（『中務左衛門尉御返事』【二九五】、本状『兵衛志殿御返事』【二九六】）。

日蓮聖人の病の原因を医学的に検証した近年の研究（村瀬正光説）によれば、聖人の病は、建治三年（一二七七）の年末に突然発症していること、食欲不振・慢性化の症状が確認されること、下血は認められないことなどから鑑別する必要があると指摘する。感染性・伝染性の強い赤痢（宮崎英修説）などが原因であると、身延在山中に接触のあった多くの門弟も発病していなければならないので可能性としては低く、また、神経症から誘発される胃腸炎（高木豊説）だとすると、過敏性腸症候群が想定されるが、この病の症状としては体重減少が少ないことが知られるので、これも日蓮聖人の病には当てはまらない。

慢性下痢症をきたす疾患としては、（1）浸透圧性下痢・吸収不良性下痢の場合には、①乳糖不耐症、②リンパ管拡張症、③過敏性腸症候群、④肝不全、⑤低栄養状態、⑥甲状腺機能亢進症、⑦慢性膵炎が考えられ、（2）分泌性下痢の場合には、①炎症性腸疾患・腸結核、②食物アレルギー、③アミロイドーシス、④寄生虫・原虫・日本住血吸虫・赤痢アメーバ、⑤好酸球性腸炎、⑥WDHA症候群、⑦蛋白漏出性症候群などが考えられる。その他として、大腸癌の疑いもある。

特に、（2）④に関しては、日本住血吸虫による山梨地方病の可能性が指摘される。これは、入梅時に道草に病原虫（宮入貝《みやいりがい》を中間宿主にして繁殖する寄生虫）がいて、足などを道草で切った際の切り傷から感染する。症状としては、初めは下痢から始まり、やがて肝臓に障害がでる。この山梨地方病は昭和になるまで、その原因がわからず、昭和になってその病原と処置方法がわかり、排水工事などをやって患者数が激減したという。ただし、この病の特徴的症状として腹水がたまることがあげられ、日蓮聖人が「やせやまい」と述べている記述とは矛盾すること、感染症であれば他の門弟も罹患する可能性があるが、そうした記述はみられないこと、一般的な感染症であれば病状の長期化は考えられないことなどから、他の内臓疾患（たとえば腸結核や大腸癌）であった可能性が高い。いずれにせよ、遺文中の記述から、日蓮聖人の病がいつ発病し、容態がどのように推移したかを、現在の様々な病気の臨床結果と詳細に比較・検討することで、病の原因について今後特定が可能になるかも知れない。

【遺二九六、定一五二五、全六―一五八、歴九四八b】

【三一八】兵衛志殿御返事《ひょうえさかんどのごへんじ》

系年：弘安元年（一二七八）十一月二十九日か。年齢：五十七歳か。述作地：甲斐国身延か。対告：池上宗長。真蹟：六紙断片。所蔵：滋賀県大津本長寺等五箇所分蔵。

池上宗仲・宗長が銭六貫文と白い厚綿の小袖を供養したことに対する礼状。無記年であるが、『昭和定本日蓮聖人遺文』では、筆跡から弘安元年（一二七八）年に置かれる。

日蓮聖人は、四季折々捧げられる池上氏からの供養に対し、その功徳の莫大なことを讃えられる。ついで、例年にない身延の冬の厳寒のありさまが詳述される。

そして、自身の病気について、昨年の十二月三十日から腹の具合が悪くなり、春夏にわたって下痢がやまず、ようやく十月頃からは小康状態になったが、下痢がときどき起こりがちであると述べている。そのような容態の中で、兄弟二人からの小袖が供養されたので、凍えずにすんだことを感謝する。

さらに、身延の庵室《あじち》には少ないときで四十人、多いときでは六十人もの人が来訪し、この喧噪を避けて心静かな日々を待ち望む所懐が述べられる。

結びに、池上氏の父と兄との関係が円満に解決したことを喜び、筆が置かれている。

［遺三一八、定一六〇四、全六―一五九、歴九四八b］

【三二八】孝子御書《こうしごしょ》

系年：弘安二年（一二七九）二月二十一日。年齢：五十八歳。述作地：甲斐国身延。対告：池上宗長。真蹟：三紙断片。所蔵：京都府頂妙寺・福井県敦賀本妙寺等三箇所所蔵。

池上宗長《むねなが》に対する弘安二年（一二七九）二月二十八日付の書状で、全五紙からなることが判っているが、うち断片化されたものが各所に現蔵される。

冒頭に、父康光《やすみつ》が逝去したという風聞があるが真実であろうかと尋ね、ついで池上兄弟は末法辺土の日本国に生を享けたのであるから、法華信仰に生きることにはさまざまな迫害が予想されることを述べ、まさに兄弟は、父からの度々の勘当をうけながらも、信仰を貫き、ついに勘当も氷解して、父への孝養も貫いたのであるから、これこそが真の孝養の子（孝子）であると兄弟を賞讃する。結びに、兄弟はけっして不和であってはならない、と諭して、筆が置かれている。

なお、池上家の信仰については、『兄弟鈔《きょうだいしょう》』【一七四】を参照のこと。

〔遺三二八、定一六二六、全六―一六四、歴三三〇a〕

【三九六】大夫志殿御《たゆうさかんどのご》返事《へんじ》

系年：弘安三年（一二八〇）。年齢：五十九歳。述作地：甲斐国身延。対告：池上宗仲。真蹟：四紙断片。所蔵：京都府妙覚寺・神奈川県比企谷妙本寺等四箇所蔵。

池上兄弟の兄宗仲《むねなか》から、小袖一着・直垂《ひたたれ》・袴とがそれぞれ三組ずつ供養されたことに対する礼状。本状は大師講供養に対する返書と見なされるところから、弘安二年（一二七九）十一月の系年とする説もある。

はじめに、天台大師智顗《ちぎ》の修行の階位《かいい》（行位《ぎょうい》）は、弟子の章安大師灌頂《かんじょう》の記すところによれば、六即《ろくそく》では観行即《かんぎょうそく》、『法華経』分別功徳品の五品《ごほん》では第五の正行六度品《しょうぎょうろくどほん》に当たることを述べる。

このうち「六即」とは、天台宗で立てる円教《えんぎょう》に基づいた修行の段階で、理《り》即・名字《みょうじ》即・観行即・相似《そうじ》即・分真《ぶんしん》即（分証《ぶんしょう》即）・究竟《くきょう》即の六種をいう。「即」とは、これら六種のいずれの段階でも、仏と相即一如《そうそくいちにょ》であるとする「即成《そくじょう》（即成仏《じょうぶつ》）」の意である。一方の「五品」は、分別功徳品において、釈尊在世の修行（四信《ししん》）の功徳と、釈尊滅後の修行（五品《ごほん》）の功徳が説かれたうちの後者にあたり、随喜《ずいき》品・読誦品・説法品・兼行《けんぎょう》六度品・正行六度品をいう。六即ならびに四信五品に関する日蓮聖人の見解は、建治三年（一二七七）の『四信五品鈔《ししんごほんしょう》』【二四二】に詳しい。ちなみに、日蓮聖人が主張する末法相応の修行の位（題目修行の段階）は、六即でいえば名字即、五品で言えば随喜品（初随喜品）に相当する。

本状では続いて、『法華経』法師品には「如来使《にょらいし》」とあり、伝教大師最澄《さいちょう》も智顗を中国における最高の仏教者であり、如来の使《つかい》であると讃歎していることを指摘する。そして、印度における付法蔵《ふほうぞう》の二十四師は小乗経・権大乗経を弘める仏使ではあっても、『法華経』の使ではないとし、まして三論宗・法相宗・華厳宗・真言宗等の諸師は仏の使などではないと断言する。それゆえに、これらの人々を供養すれば災難を招くのであり、それに対し智顗を供養する人の福徳は莫大なことを、最澄の『依憑天台集《えひょうてんだいしゅう》』に基づいて教示し、池上氏の大師講に対する供養を讃えている。

なお、「付法蔵（附法蔵）」とは、釈尊滅後の仏法を付託され、仏滅後に印度で相伝した大迦葉等の二十四人をいう。『付法蔵因縁伝（付法蔵経）』（『正蔵』第五十巻）によれば、迦葉・阿難・商那和修・憂波毱多・提多迦・弥遮迦・仏陀難提・仏陀密多・脇・富那奢・馬鳴・比羅・龍樹・迦藍提婆・羅睺羅・僧伽難提・僧伽耶舎・鳩摩羅駄・闍夜多・婆修槃陀・摩奴羅・鶴勒那・師子と付法されたが、師子尊者《ししそんじゃ》は罽賓国の弥羅掘《みらくつ》王の破仏に遭い斬首され、これをもって天竺の付法は絶えたとする。印度におけるこうした仏教界への弾圧が、末法《まっぽう》思想を加速させた。

なお、対告の池上宗仲の事蹟については、『兄弟鈔《きょうだいしょう》』【一七四】を参照のこと。

〔遺三九六、定一八五〇、全六―一六六、歴七二五b〕

【四〇五】八幡宮造営事《はちまんぐうぞうえいのこと》

系年：弘安四年（一二八一）五月二十六日。年齢：六十歳。述作地：甲斐国身延。対告：池上宗仲・宗長。真蹟：伝来未詳。

池上兄弟宛の書簡で、真蹟の存否・伝来は詳らかではなく、身延山久遠寺の『延山録外』に写本のかたちで収載される。

はじめに自身の病状を述べ、ついで兄弟が八幡宮造営の事業からはずされたことに対し、それは却ってよろこぶべきであること、そのことで主君を怨んではならないこと、八幡大菩薩は本地が阿弥陀仏であるといわれているから、法華信仰に生きていながらこの八幡宮造営に加わり、一方では、念仏を批判することは矛盾であることなどを記したのち、日々謙虚な態度をたもち、にこやかに過ごすように諭している。

なお、対告の池上兄弟については、『兄弟鈔《きょうだいしょう》』【一七四】を参照のこと。

〔遺四〇五、定一八六七、全六―一七〇、歴九一七a〕

【一一二】四条金吾殿御返事《しじょうきんごどのごへんじ》

系年：文永九年（一二七二）。年齢：五十一歳。述作地：佐渡国塚原か。対告：四条頼基。真蹟：伝来未詳。

鎌倉在住の檀越である四条頼基が、亡母の三回忌の追善のために、佐渡の日蓮聖人に供養の品々を捧げたことに対する書状。真蹟の存否・伝来は詳らかでないが、六老僧日興の写本が静岡県重須《おもす》北山本門寺に伝えられる。

本状は、釈尊の声（如来の三十二相《さんじゅうにそう》のうちの梵音声相《ぼんのんじょう》）が『法華経』の文字となり、それ故に『法華経』は生身《しょうしん》の釈迦如来であるとの教示がみられることから、「梵音声御書」とも呼ばれる。

はじめに、人民は国王に従うという故事を記することによって、世法においてそうであるから、仏法の盛衰も王法によると断言する。ついで、印度・中国において国王が誤った教えを外護した例を列挙し、このままでは今の日本国もいずれ亡びることになると警告する。

更に、日蓮は幼少の頃に念仏信仰をもったが、法然の教えは謗法にほかならないのであるから、無間地獄は必定であることを知ったのでこれを呵責した。しかし、却って迫害をうけ、幕府からの罪科によって佐渡に流罪となっていると記している。

四条氏が佐渡までわざわざ丁重な供養を捧げたことは、『法華経』法師品によれば功徳は甚大であり、この『法華経』は大恩教主釈尊の実語・金言《きんげん》で、しかも生身の釈迦如来であるから、『法華経』の文を拝するときは釈尊にお会いしていると思うようにと教示し、結びに、追善の供養はすでに釈尊も存知のはずなので、その志は母への孝養のきわみであると讃えている。

なお、四条頼基の事蹟については、『頼基陳状《よりもとちんじょう》』【二四九】を参照のこと。

〔遺一一二二、定六六〇、全六—一七五、歴四五一b〕

【一六六】瑞相御書《ずいそうごしょ》

系年：文永十二年（一二二七）二月。年齢：五十四歳。述作地：甲斐国身延。対告：四条頼基。
真蹟：紙数未詳。所蔵：山梨県身延山久遠寺曾存。写本：延山録外御書、朝師本録内御書。

本抄は末尾の宛名が欠けていることから、受け手は不明であるが、日蓮聖人が、たびたびの供養に対し感謝の言葉を記していることなどから、古来より四条頼基への手紙と見なされている。題号の「瑞相」とは、一般に、めでたい兆し、吉相の前兆を意味する。

『法華経』の説法がはじまるとき、序品では娑婆世界での六種の瑞相（此土六瑞《しどろくずい》）と他土での六種の瑞相（他土六瑞《たどろくずい》）があったことを記している。その中でも大地が六種に震動したことについて特筆し、この六種動について、聖人は智顗《ちぎ》の『妙法蓮華経文句（法華文句）』等の正報《しょうほう》（衆生世間・五蘊《ごうん》世間）・依報《えほう》（国土世間）の不二《ふに》に関する理《ことわり》を引き、人の色心《しきしん》（正報）の乱れと、現象界（依報）における天変地夭とは、深い因果関係にあることを説示する。

ついで、『法華経』序品の此土・他土六瑞の瑞相はそれ以前の爾前《にぜん》の経々に勝り、本門が説かれる遠序《おんじょ》として見宝塔品では多宝如来の七宝塔が大地より涌出し、本門に入っては従地涌出品で地涌《じゆ》の菩薩の涌現によって大震動がおこり、これら二瑞は、如来寿量品の大法が開顕される瑞相となった。さらに、如来神力品の十神力《じゅうじんりき》（吐長舌相・通身放光・謦欬《きょうがい》・弾指《たんじ》・地六種動・普見大会・空中唱声・咸皆帰命・遥散諸物・通一仏土）は、序品・従地涌出品の瑞相よりも遙かに優れ、その理由は末法に妙法五字の弘まる大祥瑞だからであると示している。

そして、正嘉元年（一二五七）の大地震や文永元年（一二六四）の大彗星は、『法華経』の大法が広宣流布《こうせんるふ》する前兆であると明かす。また、天変地夭と他国侵逼という内憂外患は、謗法者があって正法を乱すことによって起きることを論じ、ことに真言師の祈禱は亡国の要因であると厳しく指弾する。

結びに折々の供養に対する感謝が記されて筆を置いている。

なお、四条頼基の事蹟については、『頼基陳状《よりもとちんじょう》』【二四九】を参照のこと。

［遺一六六六、定八七二、全六―一八七、歴五九九a］

【一七三】王舎城事《おうしゃじょうじ》

系年：文永十二年（一二七五）四月十二日。年齢：五十四歳。述作地：甲斐国身延。対告：四条頼基。真蹟：紙数未詳。所蔵：山梨県身延山久遠寺曾存。写本：朝師本録内御書。

鎌倉の四条頼基が、銭一貫五百文・白麦一駄・生姜等の供養の品々を送り、併せて良観房《りょうかん》忍性《にんしょう》が住持している極楽寺《ごくらくじ》、さらには鎌倉幕府の御所《ごしょ》が火災に遇ったことを詳細に報せた手紙に対する返書。

題号の「王舎城《おうしゃじょう》」は、マカダ地方（現ビハーラ州南部）にあったとされる印度古代王国（十六大国）の一つ、マガダ（摩竭陀《まがだ》）国の都。釈尊在世中には、釈尊に帰依した頻婆沙羅《びんばしゃら》王、仏教教団に敵対した阿闍世《あじゃせ》王の居城であった。王舎城近郊には、仏教遺跡として霊鷲山《りょうじゅせん》（耆闍崛山《ぎしゃくっせん》）・竹林精舎などがあり、隣国のコーサラ（喬薩羅《きょうさつら》）国とともに、釈尊の主たる伝道・教化の地となっていたことがわかる。

本状において日蓮聖人は、王舎城下では度々の大火に民家は焼失したものの、王宮は焼けなかったという王舎城不焼の故事をもって、大果報の人には大火は襲わないと解釈し、極楽寺から出火し鎌倉市中に延焼して幕府の御所を焼いたのは、日本国の果報がつきる前兆であり、また謗法僧の罪の表出ではないかと指摘する。また、鎌倉の二所から失火したことを「両火《りょうか》」と表現し、「良観房」の房号は「両火房」の方が相応しいとして、忍性の邪義を論難する。

ついで、四条氏から送られた馬のこと、退転した名越尼《なごえのあま》（鎌倉名越に屋敷をもつ有力檀越で、一説に領家尼《りょうけのあま》・大尼《おおあま》と同一人物とする説もある）のこと、四条氏の夫人にいっそうの法華信仰に励むように懇切に話をすること、などを記している。そののち、『法華経』に敵対する人があるならば、父母・主君であろうとも随ってはならないと釈尊に対する真の孝養の大切さを教示し、もし謗法の僧が敵国降伏《てきこくごうぶく》の祈禱をするならば、却って亡国の因となることを警告している。

なお、四条頼基の事蹟については、『頼基陳状《よりもとちんじょう》』【二四九】を参照のこと。

〔遺一七三、定九一五、全六―一九五、歴一三三b〕

【二一〇】四条金吾《しじょうきんご》釈迦《しゃか》仏供《ぶつく》養事《ようじ》

系年：建治二年（一二七六）七月十五日。年齢：五十五歳。述作地：甲斐国身延。対告：四条頼基。真蹟：一紙断片。所蔵：神奈川県鎌倉妙本寺蔵。

本状執筆の時期は、日付から盂蘭盆の時期にあたるかと思われる。四条頼基が日蓮聖人に「日記」（目録あるいは記録か）と手紙とを送ったのに対する返書。

日記には、（1）釈尊の木像一体を造立し、その開眼供養を聖人に依頼したこと、（2）毎年四月八日（釈尊降誕会）から七月十五日（盂蘭盆会）までの九十日間、大日天子に供養をささげて祈るということ、が記載されていたようである。

そこで聖人は（1）に対して、仏像の開眼は『法華経』に限るということを説くために、仏の三身《さんじん》（法身《ほっしん》・報身《ほうじん》・応身《おうじん》）と五眼《ごげん》（肉眼《にくげん》・天眼《てんげん》・慧眼《えげん》・法眼《ほうげん》・仏眼《ぶつげん》）は『法華経』に具備しており、さらに木絵《もくえ》二像の成仏は一念三千《いちねんさんぜん》の法門が根本原理であるという面から論じている。

また、(2)に対しては、釈尊と日天と日蓮との関係を示し、大日天子の霊験のあらたかなることを記し、法華信仰の立場からその信仰を讃えている。

ついで、頼基は父母への孝養心が篤いことから、必ず諸天も守られるであろうことが示され、また頼基自身が主君に不興をかったため暇乞いをして家臣を辞したいと手紙にしたためてきたようで、聖人はそのことを厳しく誡めて、職を辞したり主君を捨離してはならないことを諭している。

さらに、頼基は法華経の行者を助けた人であるから、悪人に危害を加えられることはないということ、また、日常生活を送るうえでの武士としての心がまえを記して、この手紙を結んでいる。

なお、四条頼基の事蹟については、『頼基陳状《よりもとちんじょう》』【二四九】を参照のこと。


【遺二二〇、定一一八二、全六—二〇一、歴四五〇c】

【二四五】四条金吾殿御返事《しじょうきんごどのごへんじ》

系年：建治三年(一二七七)。年齢：五十六歳。述作地：甲斐国身延。対告：四条頼基。真蹟：一紙五行断簡。所蔵：京都府妙覚寺蔵。

四条頼基が使者をもって供養の品々と、手紙とを捧げたことに対する書状。

四条頼基には、建治二年（一二七六）九月、主君の江馬光時から越後へ領地替の内命があった。しかし、四条頼基は聖人の教導を仰ぎ、領地替を受け入れず、鎌倉を離れることを拒否した。それゆえに、側近の者が、主君の命令を軽んじる者であるから、所領を没収すべきであるとの声があがり、四条頼基は窮地に立たされ、訴訟にもちこもうと聖人に報じてきたのである。

聖人は、賢人は八風《はっぷう》（利《うるおい》・衰《おとろえ》・毀《やぶれ》・誉《ほまれ》・称《たたえ》・譏《そしり》・苦《くるしみ》・楽《たのしみ》）に犯されぬといい、その人には諸天の守護があるといい、また邪法の祈りによれば喪身・亡国の末路を辿ることを、源平の兵乱にあたり祈禱を行った平安末の延暦寺座主明雲《みょううん》の例や、承久の乱にあたり倒幕の祈禱を行った天台僧慈円《じえん》の例を挙げて、今日の真言宗による蒙古調伏《ちょうぶく》の祈禱を暗に非難し、正法による祈りの大切さを説いている。

これらのことから、領地替の訴訟は起こさないこと、主君を怨むことなくその臣下として仕え、鎌倉にいて以前より出仕をひかえ、時折り出仕し卑屈な態度をとってはならないこと、などを諭している。

なお、四条頼基の事蹟については、『頼基陳状《よりもとちんじょう》』【二四九】を参照のこと。

［遺二四五、定一三〇一、全六—二一三、歴四五一b］

【二五〇】四条金吾殿御返事《しじょうきんごどのごへんじ》

系年：建治三年（一二七七）七月。年齢：五十六歳。述作地：甲斐国身延。対告：四条頼基。真蹟：二紙断片。所蔵：大分県常妙寺・千葉県野呂妙興寺蔵。

建治三年（一二七七）七月の書状であるが、四条頼基は同年六月二十五日付の手紙を身延の日蓮聖人のもとに送り、併せて主君江馬氏が『法華経』を捨てるという起請文を書くように命令した下し状と、四条頼基がそのような起請文は書かないという誓状とを届けたようである。この誓状を受け取った聖人が、法華信仰を貫く生き方を讃えたのが、本書である。

ところで、江馬氏が四条頼基に起請文を書くように命令するに至った経緯は、この年の六月九日、鎌倉桑ヶ谷において、聖人の門下三位房《さんみぼう》と、もと比叡山の僧龍象房《りゅうぞうぼう》との法論があり、俗人の四条頼基も同席していたことから、四条頼基の仲間たちが兵杖を帯して乱入し、法座を乱したと讒奏した。そのため、主君江馬氏は六月二十三日付で下文を書き、島田氏と山城氏の二名を仲介して四条頼基のもとへ届けた。その中で江馬氏は、四条頼基が法華信仰を捨てるという起請文を書くように迫ったのである。

四条頼基はただちにこのことを聖人に知らせて、指示を仰いだ。そこで聖人は江馬氏からの詰問状に対して逐一これに答えた陳状一篇を代筆したのである。これが建治三年（一二七七）六月二十五日付の『頼基陳状《よりもとちんじょう》』【二四九】と呼ばれる下書きである。これを使者に持たせて四条頼基のもとに届け、この陳状を大学三郎・滝太郎・富木常忍のいずれかの人に清書してもらい、主君へ提出するように指示している。

以上のような経緯のもとに、本状が成立していることを確認できる。四条頼基が聖人の度々の受難のときも退転せず、このたびの事件でもかりに二箇所の所領を捨てても法華信仰を貫くという起請文を書いていることに、聖人は驚きと喜びとを記している。

なお、四条頼基と江馬氏の葛藤については、『頼基陳状』【二四九】を参照のこと。


【遺二五〇、定一三六一、全六―二一九、歴四五一b】

【二九五】中務左衛門尉殿御返事《なかつかさ さえもんのじょうどのごへんじ》

系年：弘安元年（一二七八）六月二十六日。年齢：五十七歳。述作地：甲斐国身延。対告：四条頼基。真蹟：全六紙。所蔵：京都府立本寺蔵。

記年はないが、弘安元年（一二七八）六月二十六日付の手紙とされ、四条頼基が調剤した薬を届けたことに対する礼状。冒頭に「夫れ人に二病あり」という文があることから、『二病抄』とも呼ばれる。

人の病には「身の病」と「心の病」とがあり、心の病は『法華経』によらなければ治癒しないことを述べ、近年の疫病は謗法という心の病から起こったのであるから、『法華経』でなければ退治しがたいと説く。

続けて聖人は、建治三年（一二七七）十二月三十日に下痢が発病し、ことに六月三日・四日は重く、自身でも寿命が尽きるかと思ったほどであったが、四条頼基の調合した良薬を服用してからは、快方に向かったことを報じ、教主釈尊が四条頼基の身に入り替わって救ってくださったのであろうか、はたまた地涌の菩薩が妙法五字の良薬を授けてくださったとも思われる、と感謝を述べている。

なお、四条頼基の事蹟については、『頼基陳状《よりもとちんじょう》』【二四九】を、聖人の病については『兵衛志殿御返事《ひょうえさかんどののごへんじ》』【二九六】を、それぞれ参照のこと。

【遺二九五、定一五二三、全六―二二五、歴八二七c】

【三一三】不孝御書《ふこうごしょ》

系年：弘安二年（一二七九）四月二十三日。年齢：五十八歳。述作地：甲斐国身延。対告：四条頼基。真蹟：一紙断片。所蔵：京都府妙顕寺蔵。

弘安二年（一二七九）四月二十三日付の書状で、四条頼基に与えられたもの。『昭和定本日蓮聖人遺文』編纂の折には、『不孝御書』は第十紙十四行の一紙の断片と見て、弘安元年（一二七八）の項に収録された。のちに、立正安国会の調査によって、それにつづく第十一紙・第十二紙の遺文が『陰徳陽報御書《いんとくようほうごしょ》』【三三一】であることが明らかとなり、系年も改められている。ここでは両書を一連の書簡として解説しておきたい。

まず第十紙目（従来の『不孝御書』の部分）には、何よりも畏れねばならないことは、『法華経』や釈迦仏への「不孝」であるが、四条頼基の兄も弟も『法華経』に敵対したことによって、「不孝の者」となった。なお、残る女性たち（姉妹）を四条頼基が守らねば不孝の者となってしまうであろう、所領も広くなったのであるから、全身をかけてとりくめば、亡き父母も守ってくださるだろうと教諭している。

つづいて、第十一紙・第十二紙（従来の『陰徳陽報御書』の部分）であるが、建治三年（一二七七）、四条頼基は同僚の讒言《ざんげん》によって主君から領地を没収される出来事に遭遇したが、聖人の指示に従って行動し、聖人も祈りを捧げてきたことによって、建治四年（一二七八）正月頃には好転し、江馬氏に召し出されることになり、ついに弘安二年（一二七九）には没収された所領を返されただけでなく、新しい所領を与えられ、主従関係も再び強固なものとなったことが説明されている。このような果報を得られたのは、陰徳《いんとく》あれば陽報《ようほう》があるという日蓮の教えに四条氏が従い、正直の心で主君の後生を助けたいという強盛な信念をもち数年を過ごしたからであると喜びを露わにする。

結びには、法門のことについては、一切見ず聞かず言わずして、慎ましくするように諭している。

なお、四条頼基と江馬氏の関係については、『頼基陳状《よりもとちんじょう》』【二四九】を参照のこと。

〔遺三一三、定一五九五、全六―二二九、歴九六五ａ〕

【三三一】陰徳陽報御書《いんとくようほうごしょ》

系年：弘安二年（一二七九）四月二十三日。年齢：五十八歳。述作地：甲斐国身延。対告：四条頼基。真蹟：二紙断片。所蔵：京都府妙顕寺蔵。

本状は、『不孝御書《ふこうごしょ》』【三一三】と一繋がりの書状であることが判明した。よって、本文の解説は、前掲『不孝御書』【三一三】を参照されたい。

【遺三三一、定一六三八、全六一二九、歴七九d】

【三四〇】四条金吾殿御返事《しじょうきんごどのごへんじ》

系年：弘安二年（一二七九）九月十五日。年齢：五十八歳。述作地：甲斐国身延。対告：四条頼基。真蹟：八紙断片。所蔵：山梨県身延久遠寺曾存。写本：朝師本録内御書。

鎌倉の四条頼基から銭一貫文の供養と、主君江馬氏から信用を回復し、新たに領地を賜ったと報じてきた手紙に対する返書。無記年であるが、熱原法難《あつわらほうなん》に際しての大進阿闍梨の死去について触れているから、『昭和定本日蓮聖人遺文』では弘安五年（一二八二）に系《か》ける。

はじめに、人より勝れた人生を送ろうとすれば多くの嫉妬を受けることを、歴史的な事件を例として記す。そして四条頼基もまた、同僚からの嫉妬をうけ、主君の命令に従わず、また讒言《ざんげん》によって、所領も召し上げられることがあったが、ついに所領を賜ったことは、「陰徳《いんとく》あれば陽報《ようほう》あり」という教えが具現化したもので、四条頼基の真心が通じたのであろうと讃えている。

ついで、『法華経』は難信難解の教えであるため、その信仰を貫くことが困難で、ついに退転してしまった人々のことを想起する。しかし、釈尊が自らの滅後を予記した未来記《みらいき》の説示に従えば、今まさに末法《まっぽう》の初《はじめ》（『中観論疏』所説の三時説《さんじせつ》における正法・像法の次に到来する時代）、後五百歳《ごごひゃくさい》（『大方等大集経』所説の五堅固説《ごけんごせつ》における解脱《げだつ》堅固・禅定堅固・読誦多聞《どくじゅたもん》堅固・多造塔寺堅固の後の第五の五百年にあたる闘諍言訟《とうじょうごんじょう》　白法隠没《びゃくほうおんもつ》堅固）の時代であるから、本法《ほんぽう》（法華経）流布の時であり、この世に仏使・如来使（法華経の行者）が出現するときである。その如来使は、『法華経』の信心を貫き、いかなる大難をも忍ぶ人であって、未来世には必ず霊山浄土《りょうぜんじょうど》に往詣する者であり、その如来使を供養する人も、同じ浄土に同居《どうご》することを疑いないと示している。

ここで示される霊山浄土とは、法華経の霊場である霊鷲山《りょうじゅせん》を娑婆世界に即して顕現した浄土で、法華経の信仰を貫徹した者は、死後この浄土に趣いて、久遠の釈尊のもとに詣でることができると信じるものである。かつての中印度摩竭陀国《まがだ》王舎城《おうしゃじょう》　東北に位置する霊鷲山は、釈尊が好んで法を説いた霊地として知られ、『大方等大集経』『大般若波羅蜜多経』など主要経典の説処《せっしょ》となっている。それらの経典のうち霊鷲山で最後に説かれた教えが『法華経』である。

本状では続けて、四条氏の子供の病気が平癒したことを喜び、また弟子で後に退転した大進《だいしん》阿闍梨が落馬して死去したこと、三位房《さんみぼう》・そう四郎も病気によって死去したことは、四条氏の見立てのとおりで、予言が的中したと指摘する。

結びに、自身の病気のことはすべて四条頼基に任せると託し、他の医者を用いないことを述べて、筆を置いている。
なお、四条頼基の事蹟については、『頼基陳状《よりもとちんじょう》』【二四九】を、聖人の病については『兵衛志殿御返事《ひょうえさかんどのごへんじ》』【二九六】を、それぞれ参照のこと。

［遺三四〇、定一六六五、全六―二三二、歴四五一b］

【四二四】四条金吾殿御返事《しじょうきんごどのごへんじ》

系年：弘安五年（一二八二）正月七日。年齢：六十一歳。述作地：甲斐国身延。
対告：四条頼基ならびに人々。真蹟：一紙二行断簡。所蔵：高知県要法寺蔵。

四条頼基から餅二十枚と清酒《すみさけ》一筒の供養が捧げられたのに対する礼状。無記年であるが、『昭和定本日蓮聖人遺文』では弘安五年（一二八二）に系《か》ける。真蹟は二行のみが伝わるが、京都本満寺写本によって復元されている。
はじめに新春を迎えた慶びを述べ、ついで四条頼基たちが八日に集い『法華経』と釈尊への供養を捧げていることを讃え、八日は釈尊の聖日（一月八日は初転法輪、二月八日は出家、四月八日は降誕、十二月八日は成道など）で、尊い日であることを記している。
なお、四条頼基の事蹟については、『頼基陳状《よりもとちんじょう》』【二四九】を参照のこと。

［遺四二四、定一九〇六、全六―二三九、歴四五一b］

【三二二】大学《だいがく》三郎《さぶろう》御書《ごしょ》

系年：弘安元年（一二七八）。年齢：五十七歳。述作地：甲斐国身延。対告：大学三郎。真蹟：一紙断片。所蔵：石川県滝谷妙成寺蔵。

一紙十五行の断片で、文中に「大がく」「大がく殿」とあることから、書名がつけられた。なお、本状は長編の手紙と考えられる。それは、この断片一紙に、本状が全体の第十九紙目であることを示す「十九」の丁付《ちょうづけ》が見られるからである。

文面からうかがえることは、大学三郎と親交のあった秋田城介安達泰盛《あだちやすもり》（一二三一～一二八五）が、大学氏を仲介として日蓮聖人に何らかの「いのり」（祈禱）を依頼したようである。しかし、いかに大学三郎の依頼であっても、それは叶えられないことである、とこれを断っている。

なお、大学三郎は、鎌倉在住の有力檀越大学允《だいがくのじょう》（大学亮《だいがくのすけ》）の子と伝えられ、日蓮伝にしばしば登場する比企《ひき》能本《よしもと》と同一人物とする説もある。本状『大学三郎御書』では、日蓮聖人より「板東《ばんどう》第一のてかき」と賞揚されており、筆のたつ能書家であったことが知られる。このため、『頼基陳状《よりもとちんじょう》』【二四九】では、四条頼基に対して陳状の清書を大学氏他に依頼するよう指示している。また、書を通じて安達泰盛と親交があったようで、日蓮聖人の佐渡流罪の赦免運動に貢献したと言われる。

一方の安達泰盛は、幕府の御家人《ごけにん》で、ほかならぬ八代執権《しっけん》北条時宗《ときむね》の妻の父、子貞時《さだとき》の祖父にあたる。文永八年（一二七一）九月の龍口法難の折には、大学三郎とともに日蓮聖人の助命運動に奔走したと伝えられる。なお、外様《とざま》御家人の代表である安達泰盛と、得宗家《とくそうけ》の代表である平頼綱《へいのよりつな》は、弘安五年（一二八二）頃より権威を争うようになり、ついに弘安八年（一二八五）、霜月騒動《しもつきそうどう》にて安達泰盛一族は平頼綱に滅ぼされる。一方の平頼綱も永仁元年（一二九三）、泰盛の外孫にあたる北条貞時（時宗の子）の討手に急襲され、鎌倉の自邸で一族九十余人と自害している（平頼綱の乱、平禅門の乱）。日蓮聖人没後、十一年後の事件である。二度の元寇とこれらの内乱は、のちに鎌倉幕府崩壊の直接的原因となった。日蓮聖人が『立正安国論』で警鐘をならした自叛他逼《じほんたひつ》（自界叛逆・他国侵逼）の二難とは、まさにこれらの事件を予期したものかも知れない。

［遺三二二、定一六一九、全六―二四一、歴六七〇ａ］

【一七二】こう入道殿御返事《にゅうどうどののごへんじ》

系年：文永十二年（一二七五）四月十二日。年齢：五十四歳。述作地：甲斐国身延。対告：国府入道。真蹟：全三紙(但し第三紙冒頭十五字闕失)。所蔵：愛知県萱津妙勝寺蔵。

佐渡の檀越である国府《こう》入道が日蓮聖人の許へ、あまのり・わかめ・こも（海藻）等の供養を捧げたことに対する礼状。

文面からは、国府入道が日蓮聖人の佐渡流罪中に夫妻で法華信仰に入り、佐渡流罪赦免後は身延山に隠棲された聖人を訪問し、供養物を届けていることが読み取れる。

聖人は、夫妻の変わらぬ信仰を讃えると同時に、夫妻には子供がないことを慰め、『法華経』譬喩品には「今此三界　皆是我有　其中衆生　悉是吾子（今この三界は皆これ我が有《う》なり。その中の衆生は、悉くこれ吾が子なり）」とあるように、釈尊は夫妻の父、日蓮は夫妻の子と思うよう教諭している。そして、蒙古が攻めてくるときには身延へ避難するよう勧め、無常はまぬがれないから、成仏こそが終《つい》の栖《すみか》であることを教示して筆を置いている。

国府《こう》入道は、佐渡国雑太《さわだ》郡にあった佐渡の国府《こくふ》の近くに住む檀越。入道夫妻は同じく近くに住んでいた阿仏房《あぶつぼう》夫妻と共に日蓮聖人に帰依したと伝えられる。建治元年（一二七五）、入道の妻が入道を使として身延に聖人の安否を尋ね単衣一領を贈ったが、これに対して聖人がしたためられた『国府《こう》尼《あま》御前《ごぜ》御書《ごしょ》』【一八二】によれば、入道夫妻は阿仏房夫妻と同様、苦しい耐乏生活を余儀なくされていた佐渡流罪中の聖人に一身をかけて給仕・供養した篤信者であった。入道はこの時と、それから少なくとももう一度はるばる身延を訪れている。弘安元年（一二七八）七月には阿仏房の妻千日尼《せんにちあま》が父の十三回忌にあたり、夫を身延に登山させ、銭一貫を聖人に供養した。それにたいする『千日尼御前御返事』【三〇二】に「阿仏房を見つけて、尼ごぜんはいかに、こう入道殿はいかにとまづといて候つれば、いまだや（病）まず、こう入道殿は同道にて候つるが、わせ（早稲）はすでにちかづきぬ、こ（子）わなし、いかんがせんとてかへられ候つるとかたり候し」とあるように、このときも国府入道は同行したのであるが、早稲の収穫が近づいてきたが働き手がいないというやむを得ない事情があって、途半ばにして引返してしまったようである。これは入道が名主級の農民であったことを示していると共に、跡取りがいなかったことも明らかにしている。

【遺一七二二、定九一三、全六―二四二、歴三四〇c】

【一七八】一谷入道御書《いちのさわにゅうどうごしょ》

系年：建治元年（一二七五）五月八日。年齢：五十四歳。述作地：甲斐国身延。
対告：一谷入道女房。真蹟：十紙断片。所蔵：千葉県茂原鷲山寺等四箇所散在。

日蓮聖人は佐渡流罪中、当初居住した塚原三昧堂《つかはらさんまいどう》から石田郷一谷《いちのさわ》村に移り、守護代で地頭の本間《ほんま》六郎左衛門重連《しげつら》の配下にあった一谷入道の屋敷内の建物を住居としたようである。本間氏と関係の深い入道の身辺などへの配慮からか、本状の宛名は「一谷入道女房」となっている。なお、一谷入道宛の賜書《ししょ》は、現在のところ本書が伝えられるのみである。

本状執筆の直接の理由は、以下のようである。聖人の佐渡流罪中、鎌倉から聖人を訪問した一人の尼があった。しかし、帰路の路銀《ろぎん》がなく、聖人はその用立てに対して一谷入道に借金の口添えをし、そのとき入道に『法華経』一部を渡すという約束をした。その後、流罪も赦免となり、身延に入山した聖人は、その時の借金を利子を添えて返済しようとしたが、念仏者である入道に『法華経』を渡すことにためらいがあった。すると、入道よりもその祖母が内心『法華経』を信じていたことを思い起こし、入道の祖母にあてて『法華経』一部十巻（『無量義経』『妙法蓮華経観』『観普賢菩薩行法経』）を届けることにする趣旨を述べ、入道の妻を介して添えたのが本状である。末尾には、この『法華経』は常に学乗房日静《にちじょう》に開かせ読誦してもらうよう指示し、念仏者や真言師等には絶対に開かせてはならないと誡めている。

以上のような理由によって執筆された手紙であるから、その内容は、聖人の流罪の覚悟、末法の法華経修行は不惜身命・死身弘法にあるということ、日本の仏法の様相と教主違背の罪、この娑婆世界は教主釈尊の所領で阿弥陀仏は他土の仏であるということ、謗法罪の重いこと、さらに一谷の流謫生活のあり様と一谷入道夫妻の外護への感謝、一谷入道の念仏信仰、『法華経』一部十巻の送付のこと、蒙古襲来の実状、そして、入道への誡めなどを記して筆が置かれている。

なお、一谷入道は、佐渡国雑田《さわだ》郡石田郷一谷村（新潟県佐渡市）に居住していた名主階級の入道で、「さわの入道」とも呼ばれる。所伝によれば姓名を近藤小次郎清久といい、佐渡国の守護代本間六郎左衛門重連の配下であったようである。日蓮聖人は文永九年（一二七二）四月七日以降、塚原の三昧堂よりこの一谷の地に移されてから赦免離島に至るまでの二年間、一谷入道の宿を謫居とした。

聖人が一谷に移された理由として、従来は二月騒動《にがつそうどう》（北条時輔の乱）がおこり、『立正安国論』の自界叛逆難の予言が的中したため処遇がよくなったからと推察されていたが（高木豊説）、近年の研究では、幕府法（武家法）である貞永式目《じょうえいしきもく》（関東御成敗《ごせいばい》式目）の追加法のなかに、召人《めしうど》預かりに関する法令があって、それによると罪人をひとところに常駐させると悪党と徒党を組んで悪事をなすことが指摘され、このため配所内を転々させるよう指示がなされていたようである。日蓮聖人の一谷移住はこれによったものと推測できる。一谷は、国府の所在地でもあったから、監視の目が比較的行き届き易いという利点もあったと思われる。

ところで、日蓮聖人がこの地に移ってからも身命の危険はしばしばあったようで、「入道の堂のらう（廊）にていのち（命）をたびたすけ（助）られたりし事こそ、いかにすべしともをぼへ候はね」（『千日尼御前御返事』《せんにちあま》【三〇二】）と、一谷での生活を述懐し、入道への感謝を述べている。入道は阿弥陀堂を造った熱心な念仏者ではあったが、聖人の配所の生活を目のあたりに接するうち、内心は聖人に心を寄せていたようである。

入道の没後、日蓮聖人は祖母に対して行ったのと同様に、入道の尼にあてて改めて法華三部経（『無量義経』『妙法蓮華経観』『観普賢菩薩行法経』）を送り、入道の生前の阿弥陀仏信仰の罪を法華経読誦の浄縁により消除すべき旨を諭し（『阿仏房《あぶつぼう》尼御前御返事』【一九四】）、また学乗房日静から墓前において法華経を読誦してもらうよう教示している（『千日尼御前御返事』【三〇二】）。これらの文から推して、一谷入道の女房尼も法華の信心が強かったようである。

なお、日蓮聖人はこの一谷の地で、『観心本尊抄《かんじんほんぞんしょう》』【一一八】を述作し、『法華取要抄《ほっけしゆようしょう》』【一四五】の草稿とされる『以一察万抄《いいっさつまんしょう》』『取要抄《しゆようしょう》』（いずれも身延山久遠寺曾存遺文で『延山録外』所収）の筆を起こす（都守基一説）など、思想・教学上最も重要な期間を送っているが、これも佐渡における阿仏房夫妻・一谷入道夫妻・国府入道夫妻ら檀越の支援があってのことと推察される。

［遺一七八、定九八九、全六―二四四、歴五八c］

【一二三】直垂御書《ひたたれごしょ》

系年：文永十年（一二七三）か。年齢：五十二歳。述作地：佐渡国一谷か。対告：未詳。真蹟：一紙断片。所蔵：京都府本満寺蔵。

一紙十一行、端書四行からなる断簡で、宛名は不明。筆跡から『昭和定本日蓮聖人遺文』では文永十年（一二七三）、日蓮聖人が佐渡でしたためたものと見なしている。

内容は、三人の子供のために直垂と布小袖とを、鎌倉在住の弟子の大進《だいしん》阿闍梨に相談して支度してもらいたいとの依頼であるが、委細は詳かではない。

［遺一三三、定七五六、全六―二五八、歴九三八b］

【一六七】大善大悪御書《だいぜんだいあくごしょ》

系年：文永十二年（一二七五）か。年齢：五十四歳。述作地：甲斐国身延。対告：未詳。真蹟：一紙断片。所蔵：大阪府堺妙国寺蔵。

一紙十二行からなる断簡で、「大悪」「大善」の語がみられることから命名される。大善の前には必ず大悪が起こるもので、いまの日本国に大謗法があるのは、大正法の弘まる前兆であるとして、悦ぶべきであることを述べる。

［遺一六七、定八七七、全六―二五九、歴六八七c］

【二〇四】 白米和布御書《はくまいわかめごしょ》

系年：建治元年（一二七五）五月八日。年齢：五十四歳。述作地：甲斐国身延。
対告：一谷入道女房。真蹟：十紙断片。所蔵：千葉県茂原鷲山寺等四箇所散在。

年月日の記載はなく、文永七年（一二七〇）とする説もある。

ある檀越から日蓮聖人のもとに、白米五升とわかめ一連が届けられたことに対し、即時にしたためられた礼状で、釈尊在世に得勝童子《とくしょうどうじ》は沙《いさご》の餅《もちい》を供養して、のち阿育《あいく》王（アショーカ王）として生まれ変わったように、この施主は『法華経』に供養されたのであるから成仏は疑いないと述べている。

本状に登場する阿育王は、印度史上初の統一国家マウリヤ王朝（孔雀王朝）を建国した国王。釈尊滅後およそ百年または二百年頃に出世したマウリヤ王朝第三代皇帝で、在位は前二六八年から二三二年頃とされるが、王の出世年代・治世年代については諸説がある。

若き頃は暴虐な性格で、タクシラ国の反乱を平定してからは、権威を強め、父王の没後、兄弟を殺して王位についた。王は婆羅門の出身で、『小磨崖法勅《しょうまがいほうちょく》』によれば、即位後八年目頃（前二六〇年頃）に仏教に改宗したといわれるが、二年半は単に優婆塞《うばそく》（男性信者）に留まり、信仰は熱心ではなかったと伝える。

治世九年目にカリンガ国を攻めた征服戦争が、アショーカの宗教観に大きな影響を及ぼすことになる。このカリンガ戦争では、数十万人の死傷者を出し、十五万人が捕虜となって国内各地に送られた。『大磨崖法勅』によれば、王は、このことを悔い、二百年の長きに及んだマガダ国による武力政策を改め、以後、対外遠征には消極的になり、法

（ダルマ）による統治（法の政治）に専念するようになったという。仏教に深く帰依したのも、この頃とされる。

王は、征服戦争を放棄すると、仏教の理想を実現するための政策を行った。治世十年目頃から仏跡を巡礼（法の巡幸）し、国民に法を弘めるために各地に法勅を刻んだ。このほか、道路や街路樹の整備、宿泊所・井戸の設置、人間や動物の施薬院の創設などの社会福祉事業も行ったという。

王自身は仏教徒であったが、仏教以外のあらゆる宗教も平等に保護した。阿育の磨崖碑文などで「法の政治」の内容として繰り返し伝えられるのは、慈悲・不殺生の精神に基づいて異民族・異文化との共生を説くものであった。また、王の援助で、首都パータリプトラ（華氏城《かしじょう》）にて仏典の編纂事業である第三結集《けつじゅう》が開かれたが、年代や討議の内容は詳らかでない。なお、『阿育王伝』『雑阿含経』『善見律毘婆沙』等には、阿育王は八万四千の僧伽藍《そうがらん》を建て、八万四千の仏塔を造ったと伝えるが、王の法勅には確認されない。

アショーカ王は晩年、地位を追われ幽閉されたという伝説があり、また実際に治世末期の碑文などが発見されておらず、政治混乱が起こった事が推測される。原因については諸説あるが、宗教政策重視のために財政が悪化したという説や、軍事の軽視のために外敵の侵入に対応できなくなったなどの説が唱えられている。

なお、得勝（徳勝）童子の故事は、阿育王が一閻浮提の大王として君臨することとなった由縁として、百年前、前生に得勝童子であった時、釈尊に対して戯れに沙餅を供養した功徳を説いた、阿育王の前生譚《ぜんしょうたん》である。この故事の典拠は、『阿育王伝』（『正蔵』第五十巻九九頁b～）などに求められる。

［遺二〇四、定一一三二、全六―二六〇、歴九〇九d］

【二五九】仏眼御書《ぶつげんごしょ》

系年：建治三年（一二七七）か。年齢：五十六歳。述作地：甲斐国身延。対告：未詳。真蹟：一紙断片。所蔵：東京都個人蔵。

一紙七行の断簡で、宛所などは詳らかでない。建治三年（一二七七）の書簡とされている。冒頭の「仏眼」の語をとって本抄の題号とする。

日蓮は、釈尊の教えに随って正法を日本国の人々に示してきたが、聞き入れることはないために日本は滅びようとしていること、更に、彼らは日本を亡国の危機から救う手だてを知っているただ一人の人物である日蓮を非難しているので、この身延に隠棲していることを述べている。

【遺二五九、定一三八六、全六―二六一、歴九七三c】

【三〇九】十月分時料御書《じゅうがつぶんときりょうごしょ》

系年：弘安元年（一二七八）九月か。年齢：五十七歳。述作地：甲斐国身延。対告：未詳。真蹟：一紙断片。所蔵：京都府立本寺蔵。

一紙七行の断簡で、その宛名は未詳。檀越某から、十月分の食事の供養料として三貫文・大口袴一張・銭三貫五十文が捧げられたことに対する礼状。月毎の供養の事例としては、ほかにも弘安二年（一二七九）十一月の『富城殿御返事《ときどのごへんじ》』【三五一】があるので、本状との関連も指摘される。

短い文中に『摩訶摩耶経《まかまやきょう》』と『付法蔵経《ふほうぞうきょう》』を引用して、馬鳴《めみょう》と龍樹《りゅうじゅ》の出現の予言が記されているが、以後が闕失しており、経典引用の意図は未詳。

〔遺三〇九、定一五八八、全六―二六二、歴四九四b〕

【三八七】大豆御書《だいずごしょ》

系年：弘安三年（一二八〇）十月二十三日か。年齢：五十九歳。述作地：甲斐国身延。対告：未詳。真蹟：全一紙。所蔵：山梨県身延久遠寺曾存。写本：延山録外御書。

大豆一石の供養に対する礼状。宛名が、「御所御返事」となっているが、誰人であるか未詳。同様の事例は、『御所御返事《ごしょごへんじ》』【四四三】にもみえる。無記年であるが、「法華経の御宝前」という用語が弘安期以降の三遺文にしか見られないところから、弘安三年の書に系年される。

一滴の水を大海《たいかい》に入れると三災《さんさい》に遭ってもなくならず、一輪の華を浄居天《じょうごてん》に捧げると劫火《ごうか》にもしぼまないように、一粒の大豆を『法華経』に供養すれば、法界に充満する蓮華となる、とその供養を讃えている。

【四二五】内記左近入道殿御返事《ないきさこんにゅうどうどのごへんじ》

[遺三八七、定一八〇九、全六—二六三、歴六八七a]

系年：弘安五年（一二八二）正月十四日か。年齢：六十一歳。述作地：甲斐国身延。
対告：内記左近入道。真蹟：全三紙。所蔵：大阪府堺妙国寺・東京都日暮里本行寺蔵。

年号の記載はないが、正月に内記左近入道が身延の日蓮聖人に使いを遣わして、御器（椀）を供養したことに対する礼状。対告の内記左近入道については、出自・事蹟などは詳らかではない。

冒頭に新春の悦びを述べ、ついで内記左近入道が去年身延を訪問したことに対して感謝の言葉を記し、今年も積雪の身延山中まではるばると使いを遣わしたことに謝礼が述べられる。

なお、末尾には、聖人が身延からよそへ出かけられる事情があったようで、そのことは弟子の越後公日弁《にちべん》の手紙に記してあると述べる。また追伸として、聖人は弟子の越後公を入道のもとに派遣して、口頭で礼を申し述べる旨も記されている。

[遺四二五、定一九〇七、全六—二六四、歴八二四a]

【四二七】春《はる》の始御書《はじめごしょ》

系年：弘安五年（一二八二）正月か。年齢：六十一歳。述作地：甲斐国身延。対告：未詳。真蹟：一紙断片。所蔵：東京都個人蔵。

日蓮聖人の最晩年の弘安五年（一二八二）正月の書状と推定される。充所は未詳であるが、南条氏宛とする説もある。「春の始めの御悦び、花のごとくひらけ、月のごとくあきらかにわたらせ給ふべし」と記し、初春の悦びを、花が満開となり、月が満月となって輝くようであると叙述する。

［遺四二七、定一九〇九、全六―二六六、歴九二五d］

【四四二】かわいどの御返事《ごへんじ》

系年：弘安三年（一二八〇）四月十九日。年齢：五十九歳。述作地：甲斐国身延。対告：河合氏か。真蹟：断片一紙。所蔵：東京都個人蔵。

宛所より「かわい」姓を名乗る人物に充てられたものであることが読み取れるが、駿河国の檀越である河合氏を指すか。

六老僧の日興《にっこう》が筆録した『白蓮弟子分 与申 御筆御本尊 目録事《びゃくれんでしぶんにあたえもうすおんふでごのほんぞんのもくろくのこと》』には、河合少輔公日禅、河合入道、河合四郎光家等の名がみえる。日興の筆録は、日興が自らの手を介して日蓮聖人の大曼荼羅を授与した門弟の名を列記したもので、その記録から、当時の甲斐・駿河両国における日興の布教活動の実態を窺い知ることができる。身延在山中の日蓮聖人の身近にいた弟子のひとりが日興であり、日興の門弟もしばしば身延を登詣し、日蓮聖人に面奉しては、その教導に浴していたことが推察される。

本抄は、河合氏の身の処し方、対人関係を良好にする秘訣などを懇切丁寧に教諭する内容となっている。

【遺四四一、定三〇二二、全六―二六七、教一六五c】

【四四二】おけひさご御消息《ごしょうそく》

系年：弘安四年（一二八一）四月六日。年齢：六十歳。述作地：甲斐国身延。対告：未詳。真蹟：一紙。所蔵：宮城県妙教寺蔵。

題号は、冒頭句よりつけられる。桶・ひさご・折敷《おしき》などの食器の供養に対する返書。ひさごは、瓢箪《ひょうたん》の一種で酒器などに用いられた。折敷は、饗応用の食膳の一種で、檜のへぎ板で作った縁付きの方形盆のこと。

【遺四四二、定三〇二三、全六―二六八、教一二六d】

《第七巻》

【一四七】上野殿御返事《うえのどのごへんじ》

系年：文永十一年（一二七四）七月二十六日。年齢：五十三歳。述作地：甲斐国身延。対告：南条時光の母。真蹟：全二紙。所蔵：茨城県水戸久昌寺蔵。

本書は、檀越の南条時光が鵞目《がもく》（銭）十連・川苔《かわのり》二帖・生姜（薑《はじかみ》）二十束を身延に届けたことに対して、時光の母に充てた返書。子の時光を今は亡き夫七郎の形見として見る思いであり、供養に対して読経を捧げ故夫に回向したことを告げ、『法華経』妙荘厳王本事品で父の妙荘厳王《みょうしょうごんのう》を仏道に導いた浄蔵《じょうぞう》・浄眼《じょうげん》二子の故事を例示して、「よき子はもつべかりけるものかな」と嬉し涙を流したことを吐露する。

なお、対告について、本書の書名は『上野殿御返事』と付けられたが、実際には「上野殿母尼」に宛てたものである。日蓮聖人が「上野殿《うえののとの》」といっているのは南条《なんじょう》氏一族、具体的には南条兵衛七郎《ひょうえのしちろう》とその子の南条七郎次郎時光《しちろうじろうときみつ》ならびに南条七郎五郎《しちろうごろう》の三人で、兵衛七郎の妻として呼ぶときは「上野尼《うえのあま》」「上野尼御前《うえのあまごぜ》」、時光の母として呼ぶときは「上野殿後家尼（御前）」「上野殿母尼（御前）」などと呼んでいる。

一族は、もと伊豆国田方郡南条《なんじょう》に在ってその地を領していたので南条を姓とするが、聖人に帰依した南条兵衛七郎のころには駿河国富士郡上方上野郷《かみがたうえのごう》（現在の富士宮市の一部）の地頭としてそこに住していたので、その地名によって「上野」と称したものである。

南条兵衛七郎は、幕府の御家人として鎌倉に在勤していたころに聖人の教化を受けたものと思われるが、入信後しばらくして文永二年（一二六五）には不帰の人となった。聖人はそれを悲しんで駿河国まで墓参に下向しているので、南条氏に対する信徒としての期待が非常に大きかったことがわかる。しかし、その後の約十年間、聖人と南条一族との関係はあまり密接であったとは思われない。

聖人が身延山に隠棲した文永十一年（一二七四）五月以降、故南条兵衛七郎の妻（松野六郎左衛門入道の娘）と二男時光との聖人に対する外護は急速に活潑化している。上野家の経済は決して豊かなものではなかったが、母子はしばしば供養の品を身延山中へ送ったので、それに対する聖人の礼状の数は門下で一番多くを数えることになっているのである。

なお、弘安二年（一二七九）九月に富士郡の熱原《あつわら》で、日蓮門下の農民たちが殺傷されるという弾圧事件（熱原法《あつわらほう》難《なん》）が起こったが、その際、時光は身の危険をもかえりみずに関係者の援護活動に挺身している。これも上野一族の信心の堅固さを語る事実であるといえよう。熱原法難の顚末については、『聖人御難事』【三四三】を参照のこと。

〔遺一四七、定八一九、全七―三、歴八三b〕

【一五三】上野《うえの》殿御《どのご》返事《へんじ》

系年：文永十一年（一二七四）十一月十一日。年齢：五十三歳。述作地：甲斐国身延。対告：南条時光。真蹟：未詳。所蔵：伝来未詳。

南条時光が清酒《すみさけ》・柑子《こうじ》・蒟蒻《こんにゃく》・薯蕷《やまのいも》・牛蒡《ごぼう》の供養を届けたことに対する返書。真蹟は確認されておらず、刊本『録内御書』に収載されている。

阿育王《あいくおう》（印度のマウリヤ王朝第三代皇帝アショーカ王）の前生譚で、釈尊に沙《いさご》の餅《もちい》を供養した得勝《とくしょう》（徳勝）童子・無勝《むしょう》童子の故事、ならびに釈尊の本生譚で、定光仏《じょうこうぶつ》に五茎の蓮華を供養した儒童《じゅどう》菩薩の故事を引いて供養の勝れることを説き、子の時光が法華経の信者になったことは故父七郎も喜んでいることであろうと述べ、更に幼くして父と死別した時光の心情を推し量って、「なみだもとまり候はね」と綴っている。

また、一ヶ月前の蒙古襲来（文永の役）にも触れ、被害にあった壱岐・対馬の島民の苦悩を思いやり、謗法の祈禱により身を亡ぼした後白河・後鳥羽上皇の先例を挙げて、念仏・禅・真言による国家の衰亡を嘆いている。

なお、系年に関して刊本『録内御書』の記録によれば、本書は小松原法難十年目にあたる日を選んで執筆されたことになる。ちなみに、小松原法難に触れた最も早い書簡『南条兵衛七郎殿御書』【三八】は、事件の約一ヶ月後に時光の父七郎に充てたものである。

阿育王については、『白米和布御書』【二〇四】を参照のこと。

〔遺一五三、定八三五、全七―五、歴八三b〕

【一六二】春之祝御書《はるのいわいごしょ》

系年：文永十二年（一二七五）正月か。年齢：五十四歳。述作地：甲斐国身延。
対告：南条時光か。真蹟：全三紙（但し尾欠）。所蔵：静岡県富士大石寺蔵。

本書は、末尾を闕失するため日付・充所は未詳であるが、文面から南条時光宛と推定される。まず、新春の慶賀を述べ、かつて時光の父七郎の墓を詣でたことを回想し、身延入山の途上で立ち寄ろうとしたが果たせなかったので、正月のうちに弟子を送り、墓前で自我偈《じがげ》（『法華経』如来寿量品の偈）一巻を読誦させるため遣わしたという。時光を故父の形見のように思う日蓮聖人の心情が綴られ、わずか三紙の書状ではあるが、聖人と南条氏との縁が父の代に始まり、その子の代に受け継がれていることをありがたく思う様子が読み取れる。

なお、この時派遣された弟子とは、南条氏との関係から、のちの六老僧《ろくろうそう》のひとり日興《にっこう》であると推定される。

【遺一六一、定八五九、全七—一一、歴九二五c】

【一七七】上野殿御返事《うえのどのごへんじ》

系年：建治元年（一二七五）五月三日。年齢：五十四歳。
述作地：甲斐国身延。対告：南条時光。真蹟：伝来未詳。

南条時光が身延の日蓮聖人に干した芋頭を供養したことに対する返書。真蹟は伝わらないが、六老僧《ろくろうそう》の日興《にっこう》写本が静岡県富士大石寺《たいせきじ》に所蔵されている。

斛飯王《こくぼんのう》（釈尊の父浄飯王《じょうぼんのう》の弟）の太子であった阿那律《あなりつ》が、前世に猟師であった時、飢えた辟支仏《ひゃくしぶつ》（阿羅漢）に稗《ひえ》の供養をした功徳で、今生に釈尊の十大弟子に加わり、『法華経』五百弟子受記品に至って、未来世に普明如来《ふみょう》となって成仏する保証（記別《きべつ》）を授かった故事を挙げ、時光の供養の志は故父のために釈迦仏・法華経に供養を捧げる孝養の心であるから、諸天の加護・父君の成仏も疑いないことを述べる。

［遺一七七、定九八七、全七―一三、歴八三b］

【一八五】南条殿御返事《なんじょうどのごへんじ》

系年：建治元年（一二七五）七月二日または建治三年（一二七七）七月二日。年齢：五十四歳または五十六歳。述作地：甲斐国身延。対告：南条時光。真蹟：伝来未詳。

南条時光より白麦・小白麦・河苔《かわのり》が送られてきたことにたいする返状。真蹟は伝わらないが、六老僧《ろくろうそう》の日興《にっこう》写本が静岡県富士大石寺《たいせきじ》に所蔵されている。

釈尊の十大弟子阿那律《あなりつ》と迦葉《かしょう》の供養を引例に、法華経に供養を捧げた檀越が成仏しないはずがないことを説き、また石や沙《いさご》を金《こがね》に変えた釈摩男《しゃくまなん》や金粟王《こんぞくおう》の故事を引いて、供養の麦は法華経の文字へと変じ、女性にとっては鏡や装身具となり、男性にとっては鎧兜となって守護することを教諭している。

〔遺一八五、定一〇七八、全七―一七、歴八三六c〕

【二〇六】南条殿御返事《なんじょうどのごへんじ》

系年：建治二年（一二七六）正月十九日。年齢：五十五歳。
述作地：甲斐国身延。対告：南条時光。真蹟：伝来未詳。

南条時光が正月用に餅・酒・芋・河苔《かわのり》・大根・山芋の供養を届けたことにたいする返状。真蹟は伝わらないが、六老僧《ろくろうそう》の日興《にっこう》写本が静岡県富士大石寺《たいせきじ》に所蔵されている。

法華経に供養する人は、過去に十万億の仏を供養する人であり、生身《しょうしん》の釈尊を一劫の間供養するよりも功徳が勝ることを述べて、故父の精霊《しょうりょう》も霊山浄土《りょうぜんじょうど》で釈尊に面奉《めんぶ》し、時光にも現世に福報が訪れることを疑ってはならないと結んでいる。

〔遺二〇六、定一一三七、全七―二一、歴八三六c〕

【二一五】南条殿御返事《なんじょうどのごへんじ》

系年：建治二年（一二七六）閏三月二十四日。年齢：五十五歳。述作地：甲斐国身延。
対告：南条時光か。真蹟：全二十二紙（但し第二十紙欠）。所蔵：静岡県富士大石寺蔵。

南条時光が、帷子《かたびら》・塩・油を送り届けたのにたいする返書。はじめに帷・塩・油の功能を述べ、この供養は故父七郎の法華信奉の深きことの現れであろうとし、「をや（親）の心ざしをば子ののぶる」とはこのことであるという。次いで、筑紫の大橋太郎《おおはしのたろう》（平貞能か）が源頼朝の勘気を受けて鎌倉の土籠に幽閉された際、一子の一妙麿《いちみょうまろ》が法華経読誦の功力《くりき》によって父の一命を助けたという実話（大橋太郎の孝子譚）を詳述し、生き別れた親に対する子の思慕について述べている。本書に記されている大橋太郎の話題は他の文献に見られないものである。
なお、本状は仮名文字を多用しているが、漢字には振り仮名が施されている。振り仮名は日蓮聖人の自筆ではなく、他筆と見られる。聖人は、南条氏宛の書状の中に弟子の日興に読ませて聞くように指示していることもあるから、あるいはこの振り仮名は日興が付したものかも知れない。

【遺二一五、定一一七〇、全七―二五、歴八三六c】

【二五二】上野殿御返事《うえのどのごへんじ》

系年：建治三年（一二七七）七月十六日。年齢：五十六歳。述作地：甲斐国身延。対告：南条時光か。真蹟：二紙（但し第二紙五十四字摩滅）。所蔵：静岡県富士大石寺蔵（第一紙）、京都府要法寺蔵（第二紙）。

盂蘭盆にあたり、麦・河苔《かわのり》・薑《はじかみ》を送り届けた南条時光に充てて送られた返書。薑は、山椒または生姜の古名とされる。奥付の七月十六日は、盂蘭盆の明けにあたる。

山中での生活を思いやっての供養は、日蓮のいのちを繋ぐことになり、それは法華経のいのちを繋ぎ、三世諸仏を供養し、十方の衆生を開眼させる功徳になると賞賛する。

［遺二五二、定一三六五、全七―三六、歴八三b］

【三〇〇】時光殿御返事《ときみつどのごへんじ》

系年：弘安元年（一二七八）七月八日。年齢：五十七歳。述作地：甲斐国身延。対告：南条時光。真蹟：伝来未詳。

南条時光が白麦・薑《はじかみ》を送り届けたことにたいする礼状。真蹟は伝わらないが、六老僧《ろくろうそう》の日興《にっこう》写本が静岡県富士大石寺《たいせきじ》に所蔵されている。

斛飯王《こくぼんのう》（釈尊の父浄飯王《じょうぼんのう》の弟）の太子であった阿那律《あなりつ》が、過去世に猟師であった時、飢えた辟支仏《ひゃくしぶつ》に稗《ひえ》の供養をした功徳で、今生に釈尊の十大弟子に加わり、『法華経』五百弟子受記品に至って、未来世に普明《ふみょう》如来となって成仏する保証（記別《きべつ》）を授かったことや、同じく十大弟子の迦葉《かしょう》が過去世に辟支仏に麦飯を供養した果報で長者として生まれ、『法華経』授記品に至って光明《こうみょう》如来の記別を授かった所以を挙げて、供養の功徳を説く。とりわけ、疫病や飢渇《けかつ》のため訪れる者が少ない今時《こんじ》に、身延にもたらされた時光の供養の麦は、法華経の文字となり、その文字は釈迦仏となり、故父の羽となって霊山浄土《りょうぜんじょうど》に導き、更に時光をも擁護《おうご》するであろうことを期《ご》している。

［遺三〇〇、定一五三二、全七—三八、歴八一二d］

【三一四】上野殿御返事《うえのどのごへんじ》

系年：弘安元年（一二七八）閏十一月十三日。年齢：五十七歳。述作地：甲斐国身延。対告：南条時光。真蹟：伝来未詳。

南条時光より芋頭一駄・柑子《こうじ》一籠、銭六百文の替わりに筵《むしろ》十枚が届いたことにたいする礼状。真蹟は伝わらないが、六老僧《ろくろうそう》の日興《にっこう》写本が静岡県富士大石寺《たいせきじ》に所蔵されている。

去年から今年にかけて疫病流行で多くの人が亡くなり、今年は温暖で五穀豊穣に思えたにもかかわらず、八・九月の大雨・大風で五穀が不作となり、いずれ到来すると言われている三災（穀貴《こくき》・兵革《ひょうかく》・疫病）にも劣らない災禍が続発していることを懸念し、また『立正安国論』で予測した自界叛逆《じかいほんぎゃく》・他国侵逼《たこくしんぴつ》の二難も現実のものとなり、諸天の加護も受けられない現状が続いている中で、いかなる宿善によるかわからないが、法華経の行者を供養する時光の志はありがたいことであると感謝している。

〔遺三一四、定一五九六、全七―四三、歴八三b〕

【三二五】上野殿御返事《うえのどのごへんじ》

系年：弘安二年（一二七九）正月三日。年齢：五十八歳。述作地：甲斐国身延。対告：南条時光。真蹟：第一紙前部三行断簡・第二紙前部七行断簡・第二紙後部六行断簡・第四紙。所蔵：京都府妙覚寺他三箇所蔵。

南条時光が新春の祝いに餅・山芋を送り届けたことにたいする返書。本文によると、時光の使いは正月三日未《ひつじ》の刻（午後二時頃）に到来したことが読み取られるが、書状の日付も同日であるところから、書を使いに持たして帰すため、すぐに筆を起こしたと考えられる。

日蓮が常不軽菩薩《じょうふきょう》や覚徳比丘《かくとく》のように世間にあだまれている上、近年の疫病・飢饉の流行もあいまって、身延山中の僧たちは衣食《えじき》も乏しく生活に困窮している有様で、更に年末の大雪で道も途絶え、身延を訪ねる人も少なく心細い思いをしていたところであったので、届けられた供養は生死の闇を晴らすようにありがたかったと感謝している。また、心優しき故父の血を受け継いで、子の時光はより一層心の優しさを持ち合わせたことは、青は藍よりいでて藍よりも青く、氷は水よりいでて水よりも冷たいという諺のようであると、父の志を受け継いだ時光を褒め称えている。

【遺三三五、定一六二一、全七―四五、歴八三b】

【三二六】上野《うえのの》郷主《ごうす》等《ら》御《ご》返事《へんじ》

系年：弘安二年（一二七九）正月十一日か。年齢：五十八歳か。述作地：甲斐国身延。対告：南条時光の郎従等か。真蹟：形木一紙完。所蔵：高知県要法寺蔵。

本状の充所に記された「上のゝがうす等のとのばら（上野郷主等の殿原）」について、「郷主」とは霊亀元年（七一五）に郷里制が施行された際に定められた郷長（郷司・郷主）の名残と思われ、また「殿原」とは武士の郎従で領主から給分を与えられた者の身分呼称であるので、上野郷に住し、当地の地頭でもあった南条時光の郎従らを「上野郷主等の殿原」と呼んだのではないかと想像される。日興の弟子には、「上野御家人」と呼ばれた上野弥三郎重光や上野中里具太郎などの人物がいたことが知られるので、彼らのような御家人たちを対告としたものとも考えられる。

内容は簡にして要を得たもので、徳勝童子が土の餅を釈迦仏に供養して阿育王（アショーカ王）に生まれ変わったように、いまの檀那等が二十枚もの貴い餅（金《こかね》のもちゐ）を法華経の宝前に捧げた功徳は、後生の成仏を疑いなきものとするばかりでなく、今生にもその証が見られるであろうことを告げ、供養の功徳を称讃している。なお、阿育王については、『白米和布御書』【二〇四】を往見のこと。

〔遺三二六、定一六二二、全七—四八、歴九一a〕

【三三八】上野殿御返事《うえのどのごへんじ》

系年：弘安二年（一二七九）八月八日。年齢：五十八歳。
述作地：甲斐国身延。対告：南条時光。真蹟：伝来未詳。

南条時光が銭・塩・芋頭・薑《はじかみ》を送り届けたことにたいする返状。真蹟は伝わらないが、六老僧《ろくろうそう》の日興《にっこう》写本が静岡県富士大石寺《たいせきじ》に所蔵されている。

冒頭において、暑きに水、寒きに火、飢渇に米、戦には武器、海には舟、山には馬、湿地の多い武蔵・下総国には石がそれぞれ財《たから》であるように、置かれた環境や状況において必要大事なものは異なることを並び立て、身延の山には芋と塩を財とすることを述べる。また、金《こがね》は財宝として王も民も尊び、銭も中国から海を渡ってきたものであるから万人が玉のように思っている。それらを法華経に供養されたわけであるから、釈摩男《しゃくまなん》が石を珠に変え、金粟王《こんぞくおう》が沙《いさご》を金《こがね》に変えたように、草木《そうもく》や二乗《にじょう》や一闡提《いっせんだい》をも成仏させる法華経の力用《りきゆう》によって、この経を信じ供養する者の成仏は確実であると、時光の積功累徳《しゃっくるいとく》を讃える。

【三五七】上野殿御返事《うえのどのごへんじ》

［遺三三八、定一六五三、全七—四九、歴八三b］

系年：弘安二年（一二七九）十二月二十七日。年齢：五十八歳。述作地：甲斐国身延。対告：南条時光。真蹟：全四紙。所蔵：静岡県富士大石寺蔵。

南条時光が白米一駄を送り届けたことに対する返書。

冒頭、一切の事は「時」によるべきことは、春の花、秋の月、仏の四十余年間（真実の法華経を開陳するまでの準備期間）、冬の小袖、夏の帷子のようなもので、飢渇《けかち》の時は飯と水とに勝るものはないことを述べる。

日蓮は、世間が念仏・禅・真言・律を信ずる時代に法華経を弘めたので、王臣にあだまれてこの山中に入ったが、これから先、諸天はいかに対処してくれるのであろうか。飢えと寒さに命も終わろうとする折のこの度の供養は、ひと思いに餓死しようと覚悟していた自分にとって最後の決断を揺さぶられたような気持ちにさせたが、白米の供養で消えかかった灯火に油を注がれたようで、これほどありがたいことはないと謝意を表し、釈迦仏・法華経の加護によって時光の現安後善《げんなんごぜん》は疑いなきことを述べて結んでいる。

［遺三五七、定一七二一、全七—五一、歴八三b］

【三五九】上野殿御返事《うえのどのごへんじ》

系年：弘安三年（一二八〇）正月十一日。年齢：五十九歳。述作地：甲斐国身延。対告：南条時光。真蹟：一紙冒頭五字断簡。所蔵：京都府本圀寺蔵。

南条時光から十字《むしもち》（蒸し餅）・清酒《すみさけ》・山芋・柑子《こうじ》・串柿の供養が届いたことに対する返書。「元三の御志、元一にも超へ」とみえることから、正月元日について、元三の供養を捧げたことが読み取れる。日蓮聖人は、これらの供養を法華経の宝前に捧げたことを告げ、花が咲けば実がなり、欠けた月も必ず満ち、灯火は油をさせば光を増し、草木は雨が降れば繁茂するように、人は徳を積み善根《ぜんごん》を植えれば、必ず弥栄《いやさか》が待っていることを述べて、時光の供養の志を讃える。

【遺三五九、定一七二九、全七—五四、歴八三b】

【三七二】上野殿御返事《うえのどのごへんじ》

系年：弘安三年（一二八〇）七月二日。年齢：五十九歳。述作地：甲斐国身延。対告：南条時光。真蹟：全五紙中前半三紙。所蔵：静岡県富士大石寺蔵。

前年九月に起きた熱原法難《あつわらほうなん》の関係者で、南条時光が庇護していた宮司ら（富士浅間《せんげん》社の分社である熱原新福地《しんふじ》社の宮司か）について指示を与えた書。宮司らを匿うことに支障があれば彼らを身延の日蓮の許へ預けるように指示し、また妻子には尋問はないと思われるので事件が沈静化するまで時光の許に置いてよいであろうと意見する。

いま日本の権力者たちは蒙古の再来に怯え、鎮西に派兵される御家人たちは妻子と悲痛な別れを告げ、いざ蒙古が攻め来たれば俎《まないた》の上の鯉のように死を待つばかりである。弾圧者たちも蒙古に滅ぼされれば、百三十六もの地獄に堕ちて永遠の苦悩に呵まれるであろう。一方、法華経を信仰している我々は、今は苦しくても命終の後に堕獄することはないのであるからと、引き続きの忍難堪苦《にんなんかんく》を勧めている。

なお、熱原法難の顛末については、『聖人御難事』【三四三】を参照のこと。

〔遺三七二、定一七六六、全七―五六、歴八三b〕

【三七七】上野殿御返事《うえのどのごへんじ》

系年：弘安三年（一二八〇）八月二十六日か。年齢：五十九歳か。述作地：甲斐国身延。対告：南条時光。真蹟：伝来未詳。

南条時光に男児が生まれ、その子の命名を告げる書。真蹟は伝わらないが、六老僧《ろくろうそう》の日興《にっこう》写本が静岡県富士大石寺《たいせきじ》に所蔵されている。

女子は門を開き。男子は家督を嗣ぐと言われ、また外典《げてん》にも子あるを長者、子なきを貧者と呼ぶとして、すでに時光には、女子一人あり、いま男子が出生し、天の日月・地の東西・鳥の双翼・車の両輪のごとくである、この男子を「日若御前《ひわかごぜ》」と呼ぶようにと記している。この日若が長男の右衛門太郎で、その姉が新田頼綱《にいたよりつな》に嫁いだと考えられる。

〔遺三七七、定一七九一、全七―五九、歴八三b〕

【三八〇】南条殿御返事《なんじょうどのごへんじ》

系年：弘安三年（一二八〇）九月頃か。年齢：五十九歳。述作地：甲斐国身延。
対告：南条時光または時光母。真蹟：一紙十行断簡。所蔵：静岡県富士大石寺蔵。

弘安三年（一二八〇）九月五日に没した弟の七郎五郎の追善菩提のため、時光が没後まもなく書状および米一袋・芋一駄を届けたことにたいする書状。五郎の死去を夢か幻かと疑い、思いを募らせている。後欠のため全文は詳らかではないが、日蓮聖人はその後も、我が子を喪った母に充てて、しばしば慰問の便りを送っている（『上野殿後家尼御前御書』【三七九】、『上野尼御前御返事』【四〇〇】）。

〔遺三八〇、定一七九四、全七―六一、歴八三六c〕

【三九二】南条殿御返事《なんじょうどのごへんじ》

系年：弘安三年（一二八〇）十二月十三日か。年齢：五十九歳。述作地：甲斐国身延。対告：南条時光または時光の母尼。真蹟：二紙断片。所蔵：京都府妙蓮寺蔵。

「故五郎殿百ヶ日」と記され、南条時光の夭逝した弟、故七郎五郎の百箇日の供養に対する書状であると考えられるところから、本状の執筆年月日が推定される。

真蹟について、『昭和定本日蓮聖人遺文』では京都妙蓮寺《みょうれんじ》蔵の真蹟二紙断片を同一遺文とするが、『日蓮大聖人御真蹟対照録』では、この二紙は貼合せで、二紙目は別遺文であるとし、京都妙蓮寺蔵『断簡三二三』【断三二三】を本状第六紙後半、京都妙伝寺《みょうでんじ》蔵『上野殿御書』【四〇六】を本状第七紙と推定している。

故七郎五郎の追善菩提のため白米・芋が送り届けられたことにたいする返書であるが、断片のため、全体の文意は詳らかではない。

〔遺三九一、定一八二〇、全七―六二、歴八三六c〕

【三九四】上野殿御返事《うえのどのごへんじ》

系年：弘安三年（一二八〇）十二月二十七日。年齢：五十九歳。述作地：甲斐国身延。対告：南条時光。真蹟：伝来未詳。

南条時光が鵞目《がもく》（銭）を送り届けたことにたいする返書。真蹟は伝わらないが、六老僧《ろくろうそう》の日興《にっこう》写本が静岡県富士大《たい》石寺《せきじ》に蔵される。

仏になるための道は、世に二つとないかけがえのないものを布施したり、絶命しそうな人にたいして命をつなぐ施しをすることであるとして、大干魃にあたり蔵の財すべてを布施した功徳で天も甘露の雨を降らせ万民を飢えから救ったという金色王《こんじきおう》の故事や、米を釈尊や仏弟子に供養した功徳で五天竺《ごてんじく》第一の長者となって祇園精舎《ぎおんしょうじゃ》を造立したという須達多《すだった》の故事を引く。時光が、熱原法難《あつわらほうなん》の粛正にあい、わずかの所領に多く課税され、乗るべき馬、妻子の衣もない状況なのに、法華経の行者日蓮のために銭を供養したことの尊さを讃歎している。

［遺三九四、定一八二八、全七―六四、歴八三b］

【四〇二】上野《うえの》殿《どの》御返事《ごへんじ》

系年：弘安四年（一二八一）三月十八日。年齢：六十歳。
述作地：甲斐国身延。対告：南条時光。真蹟：伝来未詳。

時光が日蓮聖人に芋一俵を供養したことにたいする返書。真蹟は伝わらないが、六老僧《ろくろうそう》の日興《にっこう》写本が静岡県富士大石寺《たいせきじ》に蔵される。

冒頭で故七郎五郎の逝去を悼み、時光が熱原法難《あつわらほうなん》以後も続く弾圧に耐えていることに感服し、引き続きの忍難を激励する。すなわち、中国では北宋《ほくそう》第八代皇帝の徽宗《きそう》皇帝が蒙古に捕われて崩御し、日本では後鳥羽上皇が承久の乱で北条義時に敗れて配流先の隠岐で崩御したが、いずれも法華経に殉ずるものでなかったので、即身成仏とはいかなかったのに対して、時光は法華経のために不当な懲罰を甘んじて受けようとしているから、成仏も必定であると、その信仰を励ましている。

〔遺四〇二、定一八六一、全七—六八、歴八三b〕

【四〇六】上野殿御書《うえのどのごしょ》

系年：弘安四年（一二八一）春・夏頃。年齢：六十歳。述作地：甲斐国身延。対告：南条時光または時光の母。真蹟：第七紙十一行断片。所蔵：京都府妙伝寺蔵。

『日蓮大聖人御真蹟対照録』では『南条殿御返事』【三九一】の第七紙とし系年を弘安三年（一二八〇）に比定するが、『昭和定本日蓮聖人遺文』では、これを別の書状の断片とする。

前後を闕失するため全体の文意は詳らかでないが、殺生を生業とする武士であった故七郎五郎の十六年間の罪は、法華経への信仰によって消滅したことが述べられる。

【遺四〇六、定一八七〇、全七―七〇、歴八二一d】

【四三九】南条殿御返事《なんじょうどのごへんじ》

系年：弘安元年（一二七八）四月十四日。年齢：五十七歳。述作地：甲斐国身延。対告：南条氏。真蹟：一紙。所蔵：宮城県妙教寺蔵。

本書は、門下の代筆であり、自署・花押のみ日蓮聖人の直筆である。晩年に体調を崩した日蓮聖人は、しばしば書状等の代筆を弟子に頼むことも多かったようである。
本書は、南条氏より芋・薑《はじかみ》の供養を受けたことに対する礼状である。薑は、山椒または生姜の古名とされる。取り込んでいるため、取り急ぎの礼状であることを詫びている。

［遺四三九、定三〇二一、全七―七二、教九二一b］

【七四】上野殿母尼御前御書《うえのどのははあまごぜごしょ》

系年：文永七年（一二七〇）十二月二十二日。年齢：四十九歳。述作地：相模国鎌倉。対告：南条時光の母か。真蹟：二紙完。所蔵：熊本県本妙寺蔵。

『南条兵衛《ひょうえ》七郎殿御書』【三八】の存在から文永元年（一二六四）頃には既に交流のあった南条氏との師檀関係が、間断を経たのち日蓮聖人の身延入山後に復活したのではなく、実は佐渡流罪以前にも継続していたことを証明する史料と考えられている。ただし、『日蓮大聖人御真蹟対照録』では、本状の系年を文永五年（一二六八）におき、本紙端書に檀越某の母尼の法華信仰を悦ぶとの文言から、対告を富木常忍《ときじょうにん》に比定するが、内容からみても支持すべき推測である。
来る正月一日から天台大師智顗《ちぎ》の『摩訶止観《まかしかん》』の講読を始めることを告げ、明年は国内の騒乱や蒙古の侵寇などで世の中が混乱するとの専らの噂なので、後生安楽のため同月の十五日までに読了したい旨が記され、そのためには

『摩訶止観』の部数が多くないため調達して欲しいと依頼している。
蒙古の国書の到来によって、世間の日蓮聖人に対する見方や態度が和らいだことが述べられるなど、本書は、内容的にも『金吾殿御返事』【七三】と共通する部分が多い。

[遺七四、定四五九、全七—七三、歴八九a]

【二九〇】南条殿女房御返事《なんじょうどのにょうぼうごへんじ》

系年：弘安元年（一二七八）五月二十四日か。年齢：五十七歳か。述作地：甲斐国身延。対告：女人某。真蹟：伝来未詳。

女性信者から米二俵が供養されたことにたいする返書。真蹟は伝わらないが、六老僧《ろくろうそう》の日興《にっこう》写本が静岡県富士大石寺《たいせきじ》に蔵される。
対告については、南条時光の妻とする説や妙心尼《みょうしんあま》とする説などがある。妙心尼は、駿河国在住と思われる女性檀越。重病の夫と幼児をかかえて、夫の病気平癒と後生善処および子の無事成育の祈願を日蓮聖人に請うていた。
聖人は、この女性からのたびたびの供養を謝し、こうした法華経供養の功徳が重なれば龍女《りゅうにょ》の跡をつぎ成仏するであろうといい、更に病人の臨終正念《りんじゅうしょうねん》や霊山往詣《りょうぜんおうけい》の疑いなきことを述べる。

[遺二九〇、定一五〇四、全七—七五、歴八三七d]

【三七九】上野殿後家尼御前御書《うえのどのごけあまごぜごしょ》

系年：弘安三年（一二八〇）九月六日。年齢：五十九歳。述作地：甲斐国身延。対告：南条時光。真蹟：全三紙。所蔵：静岡県富士大石寺蔵。

時光の弟七郎五郎が急逝した報せを聞き、おそらく即座に書いたと思われる弔問の書状。ただし、書名は『上野殿御返事』とするのが相応しい。子を喪った母尼の心中を思いやる文章がみえるので母尼宛ての書状ともとれるが、真蹟の充所は南条時光である。時光を通して悲嘆に暮れる母尼を慰問する意図があったか。

追伸によれば、同年六月十五日に時光と七郎五郎の兄弟は、身延の日蓮聖人を訪ねているようで、本状によれば、わずか十日ほどの間に母尼は一人の孫（時光の第二子）を得て、かわりに一子（七郎五郎）を喪ったことになる。

人は生まれて死する習いとは、自分も承知し、人にも教訓してきたが、いざ七郎五郎の逝去に直面してみると、夢か幻かと気が顚倒して分別を失ってしまうと述懐し、まして母尼の歎きはいかばかりかと推し量る。釈迦仏・法華経を信仰した子息のことであるから、その霊魂は故父君のいる霊山浄土に詣でて、父子で手を取り、顔を寄せ合って喜んでいることであろう。その場面を想像すると、しみじみとした感慨が心の底から湧いてくる。しかし今は本当のことは思えないので、筆をとる気にもなれないと、自らの心境を吐露している。

【遺三七九、定一七九三、全七―七七、歴八二ｂ】

【四〇〇】上野尼御前御返事《うえのあまごぜごへんじ》

系年：弘安四年（一二八一）正月十三日。年齢：六十歳。述作地：甲斐国身延。
対告：南条時光および時光の母尼。真蹟：全八紙。所蔵：静岡県富士大石寺蔵。

南条時光の母尼が清酒《すみざけ》一筒・提子《ひさげ》十箇・蒸餅百枚・飴一桶（二升か）・柑子一籠・串柿十連を正月の祝いに送り届けたことに対する返書。

供養の品と新春の祝いを受けたが、前年九月に没した母尼の息子七郎五郎のことが思い出されるとして、「子は敵《かたき》」とする例に、子を喰らう梟鳥《きょうちょう》や破鏡獣《はけいじゅう》、中国唐代の安史《あんし》の乱で親子肉親で殺しあった安禄山《あんろくざん》を挙げ、一方、「子は財《たから》」とする例として、父の邪見を翻した浄蔵《じょうぞう》や、母青提女《しょうだいにょ》の餓鬼の苦を救った目連《もくれん》を挙げる。そして、母尼も故七郎五郎を家にいては柱のように、道にあっては杖のように頼りとしていたであろうに、また自分が死んだら彼に担われ、彼に弔われることだけを願っていたろうにと、子に先立たれた母の無念を思いやる。

更に、「大地はささばはづるとも、日月は地に堕ち給ふとも、しを（潮）はみちひぬ代はありとも、花はなつ（夏）にならずとも、南無妙法蓮華経と申す女人の、をも（念）う子にあわずという事はなしとかかれて候ふぞ。いそぎ（急）いそぎつとめ（勤）させ給へ、つとめさせ給へ」と、親子ともに釈尊の常住《じょうじゅう》する霊鷲山《りょうじゅせん》に往詣《おうけい》することを信じ、題目を修することを勧めて結ぶ。子を喪った母の心にくいいるような文章である。

［遺四〇〇、定一八五七、全七―八〇、歴八一ｂ］

【四一五】上野尼御前御返事《うえのあまごぜごへんじ》

系年：弘安四年（一二八一）十一月十五日。年齢：六十歳。述作地：甲斐国身延。対告：南条時光の母尼。真蹟：末紙一紙断片。所蔵：京都府本禅寺蔵。

南条時光の母尼より添え状とともに白米一駄・洗芋一俵が届いたことに対する返書。

尼の故父松野六郎左衛門の忌日にあたり追善供養のために届けられたので、孝養について、『法華伝記《ほっけでんき》』の烏龍《おりゅう》・遺龍《いりょう》の故事を引いて教諭する。法華経の書写を禁じた父烏龍の遺命に背いて法華経を書写してしまった子の遺龍は、自らの行為に慚愧したが、法華経を謗った罪で堕獄した烏龍を、遺龍は法華経書写の功徳によって救い、かえって父への報恩を果たすことになったという先例を示し、このように子の善根が親の追善となるのであるから、母尼の父も夫も子もともに成仏は疑いないであろうと諭す。

なお、本状には日興が読み聞かせるようにと書き添えられており、弟子を通じた日蓮聖人の檀越教化の様子を窺い知ることができる。烏龍遺龍説話については、『法蓮鈔《ほうれんしょう》』【一七五】にも、孝養の仏事を讃える例として詳しく引かれている。

【遺四一五、定一八九〇、全七—八四、歴八一b】

【四一八】上野殿母尼御前御返事《うえのどのははあまごぜごへんじ》

系年：弘安四年（一二八一）十二月八日。年齢：六十歳。述作地：甲斐国身延。
対告：南条時光および時光の母尼。真蹟：全六紙。所蔵：静岡県富士大石寺蔵。

南条時光の母尼からの米一駄・清酒一筒・藿香《かっこう》の供養への礼状。発信の日付から推測すると、十二月八日の釈尊成道会に際しての供養であったか。

冒頭において、文永十一年（一二七四）六月十七日の身延入山以来、今まで一歩も出山せず、「八年が間やせやまいと申し、とし（歳）と申し、としとしに身ゆわ（弱）く心をぼ（老いぼ）れ候つるほどに、今年は春よりこのやまいをこ（起）りて秋すぎ冬にいたるまで日々にをとろ（衰）へ、夜々にまさり候つるが、この十余日はすでに食もほとをと（殆ど）とどまりて候上、ゆき（雪）はかさ（重）なり、寒はせめ候。身のひゆる事、石のごとし、胸のつめたき事、氷のごとし」と、日蓮聖人自身の病状（「やせやまい」）の悪化を嘆き、酒や藿香（風邪・頭痛・嘔吐・消化不良・腹痛などに用いる薬）により冷えた身も温まったと感謝を述べる。

故七郎五郎の在りし日の姿を偲び、自身もこの世に在るのは久しくないであろうとして、もし母尼よりも先に死んだならば、あの世の七郎五郎に母の嘆きを申し伝えようとまで言っている。死を予期したかのような文言で、心身の衰弱があったことが読み取れる。

なお、「やせやまい」については、『兵衛志殿御返事《ひょうえさかんどのごへんじ》』【二九六】に詳しい。

〔遺四一八、定一八九六、全七―九二、歴八九C〕

【二〇七】松野《まつの》殿《どの》御消息《ごしょうそく》

系年：建治二年（一二七六）二月十七日。年齢：五十五歳。述作地：甲斐国身延。対告：松野六郎左衛門入道。真蹟：四紙断片。所蔵：京都府妙覚寺他蔵。

松野六郎左衛門入道から柑子ほか種々の供養が届けられたことに対する礼状。

充所の「松野殿」は、駿河国松野郷の領主であった松野六郎左衛門入道とその嫡男の松野六郎左衛門尉の二人で、それぞれの妻たちは、前者は「松野尼」「松野殿後家尼」、後者は「松野殿女房」といわれている。

松野六郎左衛門入道の次男は、弘長年間（一二六一～一二六四）のころに岩本実相寺《いわもとじつそうじ》に入って出家し、当時そこに住していた日興《にっこう》の弟子となったが、これが後に六老僧の一人に数えられる蓮華《れんげ》阿闍梨《あじゃり》日持《にちじ》である。また入道の娘には、富士郡上野の南条兵衛七郎に嫁して、南条時光や七郎五郎を生んだ上野尼がいるので、松野一族は日持や上野尼の縁によって日蓮聖人に帰依し、聖人晩年の有力な外護者となったようである。

本状は、聖人と松野氏との交渉の最初期を示すものである。

日蓮は建長五年（一二五三）の夏より二十数年間、「南無妙法蓮華経」の題目を唱え続けているため数々の迫害・弾圧を蒙ったが、千年もの間阿私《あし》仙人に仕えた須頭檀王《すずだんのう》（『法華経』提婆達多品）、刀杖瓦礫を耐え忍んだ常不軽《じょうふきょう》菩薩（同、常不軽菩薩品）、日月浄明徳《にちがつじょうみょうとく》仏に焼身供養した薬王《やくおう》菩薩（同、薬王菩薩本事品）のことを思えば、いかなる迫害があっても不退転の決意を貫いてこれたと言う。

一方、在家の身でありながら、周囲の反対を押し切って、まだ対面したこともない日蓮に信頼を寄せている松野氏との縁を不思議に思い、過去世に積んだ功徳の現れかと悦び、法華経の行者を疑う者は地獄に堕ち、信ずる者は仏を供養する功徳にも勝れていると説いて、松野氏の志を讃歎する。

〔遺二〇七、定一一三九、全七—九五、歴一〇七〇b〕

【二七四】松野殿御返事《まつのどのごへんじ》

系年：建治四年（一二七八）二月十三日。年齢：五十七歳。述作地：甲斐国身延。
対告：松野六郎左衛門尉。真蹟：二紙断片。所蔵：大阪府清普寺・京都府本能寺蔵。

松野六郎左衛門尉からの種々の供養（釈尊成道会の二月十五日にあたっての供養か）と雪中の身延訪問に対して発せられた礼状。

当世の飢饉・疫病といった衆苦充満《しゅくじゅうまん》の様相は哀れではあるが、それは日本国の謗法の結果であり、法華経の行者日蓮を迫害したために経文の予言が現証《げんしょう》（現実証拠）となって表れたものであるとし、日蓮を信ずる松野氏の未来成仏の確信を記している。

松野氏については、『松野殿御消息《まつのどのごしょうそく》』【二〇七】を参照。

〔遺二七四、定一四四一、全七—一〇二、歴一〇七〇c〕

【一七二】松野尼御前御返事《まつのあまごぜごへんじ》

系年：建治四年（一二七八）正月二十一日。年齢：五十七歳。述作地：甲斐国身延。対告：松野六郎左衛門入道の妻。真蹟：一紙断片。所蔵：石川県本因寺蔵。

系年については異説もあり、『日蓮大聖人御真蹟対照録』では、弘安四年（一二八一）に推定する。真蹟は前文が闕失し、最末の第十三紙が現存する。

身延の日蓮のもとを訪ねた松野尼の志の深さを讃えている。

松野氏については、『松野殿御消息《まつのどのごしょうそく》』【二〇七】を参照。

〔遺一七二、定一四三六、全七―一〇六、歴一〇六九c〕

【三三六】松野殿女房御返事《まつのどのにょうぼうごへんじ》

系年：弘安二年（一二七九）六月二十日。年齢：五十八歳。述作地：甲斐国身延。対告：松野六郎左衛門尉の妻。真蹟：伝来未詳。

真蹟は伝わらず、写本として身延日朝《にっちょう》本『録内御書《ろくないごしょ》』に収められる。

松野氏からの麦・芋・瓜など種々の供養が届いたことにたいする返書。冒頭で身延山の情景を記し、「天竺《てんじく》の霊山《りようぜん》この処に来たれり、唐土《とうど》の天台山 親《まのあた》りにここに見る」と、あたかも釈尊の説法の一大霊場にして最晩年には法華経が説かれた印度の霊鷲山《りようじゆせん》、あるいは天台大師智顗《ちぎ》が天台宗を開創した中国の天台山に擬している。最後に法華経の行者を供養する女人を、梵天は天眼をもってその善行を見通し、帝釈天は合掌礼拝《がつしようらいはい》して敬い、地神は頭面礼足《ずめんらいそく》して喜び、釈尊は頭《こうべ》を撫でてくださるであろうと結んでいる。

なお、松野氏については、『松野殿御消息《まつのどのごしようそく》』【二〇七】を参照。

［遺三三六、定一六五一、全七―一〇七、歴一〇七一b］

【一八七】高橋入道殿御返事《たかはしにゆうどうどのごへんじ》

系年：建治元年（一二七五）七月十二日。年齢：五十四歳。述作地：甲斐国身延。対告：高橋六郎兵衛。真蹟：全二十三紙のうち第二紙・第四～十八紙（第十六紙欠）・第二十三紙断片。所蔵：静岡県富士大石寺・静岡県西山本門寺・京都府寂光寺蔵。

対告の高橋六郎兵衛は、駿河国富士郡在住の檀越で、出家入道していたことが知られる。高橋入道と西山入道とを同一人物であるとする説があるが、明白ではない。

本状は、盂蘭盆にあてて送られた書状か。末法に法華経が流布する理由を説明し、自身の弘経の生涯を振り返るなど、高橋氏に対して自叙伝的な説示を行っている。

まず、釈尊が一切経の精髄を法華経の題目に収め、これを上行《じょうぎょう》菩薩に付嘱したことを論じ、末法には上行菩薩が出現して妙法五字を弘めることになるが、その時、一切衆生はこれをあだみ迫害を加えてくること、法華経の行者を迫害した罪で万民は天変地夭や兵乱の大苦に値《あ》うことが示される。また、日蓮は、題目を弘めることで迫害を受けることを知っていたが、言うべきか、言わざるべきかの二律背反《にりつはいはん》の葛藤の末、言うべき道を選んだこと、そして、『立正安国論』で予測した未起の二難（自界叛逆《じかいほんぎゃく》・他国侵逼《たこくしんぴつ》）が的中したことを受けて、自身の「法華経の行者」としての自覚が強まったことなどを表明している。

本状には、一代聖教《いちだいしょうぎょう》を爾前《にぜん》・迹門《しゃくもん》・本門の三重に分け、これを仏滅後の三時《さんじ》（正法・像法・末法）に配当した一代聖教三重配当《さんじゅうはいとう》の法門について詳述されるが、この法門は、正像末の三時の弘通《ぐづう》を四依《しえ》に配して、正法の前五百年は小乗の四依（迦葉《かしょう》・阿難《あなん》ら）、後五百年は権大乗《ごんだいじょう》の四依（龍樹《りゅうじゅ》・世親《せしん》ら）、像法は迹門の四依（智顗《ちぎ》・最澄ら）、末法は本門の四依（本化上行《じょうぎょう》菩薩ら）がそれぞれ現れて、時に適《かな》う仏法を弘めることを示したもので、『四菩薩造立鈔』【三三五】、『観心本尊抄』【一一八】、『下山御消息』【二四七】にも詳しい。

次に、一年前の身延入山の折、道すがら富士の高橋氏の館にも立ち寄るべきところであったが、たとえ赦免されたとは言え罪人の扱いを受けた日蓮が立ち寄ったとなると思わぬ迷惑をかけるようなことになっては心苦しいので、つい寄らずに来てしまったことを詫び、決して富士の人々を粗略に思っているのではないことを記している。

更に本書の中では、佐渡配流を赦免されて鎌倉に戻った日蓮聖人が、侍所所司《さむらいどころしょじ》の平頼綱《へいのよりつな》に対して第三国諫《こっかん》を行い、蒙古襲来の近き旨を進言したことが記され、また当時、蒙古調伏《ちょうぶく》の祈禱を朝廷や幕府から命じられていた真言宗に対しても鋭い批判を行っている。

【一八九】高橋殿御《たかはしどのご》返事《へんじ》

［遺一八七、定一〇八三、全七―一一〇、歴七一四b］

系年：建治元年（一二七五）七月二十六日。年齢：五十四歳。述作地：甲斐国身延。対告：高橋六郎兵衛または持妙尼か。真蹟：伝来未詳。

高橋入道の妻（持妙尼《じみょうあま》か）が、瓜・枝豆・芋などの供養を捧げたことに対する礼状。真蹟は伝わらないが、六老僧《ろくろうそう》の日興《にっこう》写本が静岡県富士大石寺《たいせきじ》に所蔵されている。

釈尊に沙《いさご》の餅《もちい》を供養した得勝《とくしょう》（徳勝）童子が、阿《あ》育王《いくおう》（印度のマウリヤ王朝第三代皇帝アショーカ王）として転生した故事を引き、また『法華経』法師品の「福過十号《ふくかじゅうごう》」の文を引いて、釈迦仏に供養するよりも法華経の行者に供養する功徳のほうが勝っていると釈尊自身が説いていると述べて、高橋氏の供養を讃える。ちなみに、阿育王については、『白米和布御書』【二〇四】に詳述する。

なお、本状からは、高橋入道の妻が尼になって間もないこと、また夫の高橋入道が病床にあったことなどが読み取れる。

［遺一八九、定一〇九三、全七―一二四、歴七一四b］

【一〇三】智慧《ち　え》亡国御書《ぼうこくごしょ》

系年：建治元年（一二七五）。年齢：五十四歳。述作地：甲斐国身延。対告：持妙尼。真蹟：全十紙。所蔵：静岡県富士大石寺蔵。

系年には異説があり、『日蓮聖人御遺文講義』では、建治二年（一二七六）説をとる。

対告の持妙尼《じみょうあま》は、駿河国富士郡在住の有力檀越である高橋六郎兵衛の妻で、富士郡久保村に住んでいたところから、「窪尼《くぼのあま》」とも呼ばれる。古来、高橋六郎兵衛の妻を妙心尼《みょうしんあま》であるとする説があったため、本状の宛先は妙心尼と考えられてきたが、正しくは持妙尼であるということになる。本状は、日蓮聖人が、故高橋六郎入道の墓前で自我偈《じがげ》を読誦させるべく弟子の大進《だいしん》阿闍梨を派遣した旨を入道の妻に送った書状と考えられている。

内容は、末法では貪瞋痴《とんじんち》の三毒《さんどく》が次第に強盛になっていくため、人の寿命も縮まり、善の智慧もはかなくなる。すると悪の智慧が増してくるので、国が亡びようとしているのであると説く。根本大善の法華経の教えから遠ざかる人々は悪い智慧に染まってしまい、かえって賢人を憎む結果となっている。正嘉《しょうか》の大地震（正嘉元年）・文永の大彗星（文永元年）・蒙古の襲来（文永十一年）などの国難の際は、智慧かしこき国主であれば、当然日蓮を登用するべきであったと述べる。

本状には、日蓮聖人の国王観の一端が示され、国家を正しく治める賢王の理想像が提示される。すなわち、謗法の婆羅門《ばらもん》を正法護持のために殺害したが、以後堕獄することがなかったという仙予《せんよ》国王の故事（『大般涅槃経』梵行品、『正蔵』第十二巻四五九頁a）を引いて、世を治めるには、釈尊のような智者と、仙予国王のような賢王とが寄り合って、詐りの善根を禁止し、邪法を信じる八宗の僧尼を智者と誤解している者たちに対して、呵責《かしやく》・配流・止施《しせ》（布施を止めること）・断罪などの処罰を行うことが必要であると言う。

仙予国王の故事は、『立正安国論』【二四】第七番問答（『昭和定本日蓮聖人遺文』二二〇頁）や『開目抄』【九八】（『昭和定本日蓮聖人遺文』六〇五頁）において、正法を弘通《ぐづう》する覚徳比丘《かくとくびく》を護って殉教したものの、正法護持の功徳により無量の果報を得たという有徳王《うとくおう》の故事（『大般涅槃経』金剛身品、『正蔵』第十二巻三八三頁b）とならび、呵責謗法《かしやくほうぼう》のためには断罪も辞さないとする「折伏《しやくぶく》」「降伏《ごうぶく》」の論拠とされているが、これはあくまでも在家である賢王の執ってきた行為であって、不殺生戒《ふせつしようかい》等を持つ持戒《じかい》の比丘（出家者）は、忍難弘経《にんなんぐきよう》の「摂受《しようじゆ》」により自行化他《じぎようけた》を成ずることが示されている。

特に、『立正安国論』【二四】第八番問答（『昭和定本日蓮聖人遺文』二二四頁）では、謗法の人を斬罪するのではなく、謗法という行為そのものを責めることが肝心であり、謗法を禁断する方法として、仙予・有徳などの昔の釈尊の事蹟（本生譚《ほんじようたん》）を語るときは、謗法者の命を断ったことを説いたが、娑婆世界に今番《こんばん》出世した釈尊が教えるのは、そのような厳罰ではなく、謗法者に対して布施をしてはならないという「止施」「禁断謗施」の方法であるとする。

このように、本状は、日蓮教学における謗法禁断の方法論、あるいは摂受・折伏の教化論に関連する重要な教義が示された遺文といえる。

〔遺二〇三、定一一二八、全七―一一七、歴七三三d〕

【二八八】窪尼御前御返事《くぼあまごぜごへんじ》

系年：弘安元年（一二七八）五月三日。年齢：五十七歳。述作地：甲斐国身延。対告：持妙尼（窪尼）。真蹟：四紙断片。所蔵：千葉県保田妙本寺蔵。

持妙尼《じみようあま》（窪尼《くぼあま》）から届けられた粽《ちまき》・筍・千日《さけ》（酒）に対する礼状。熱原法難《あつわらほうなん》のことについて触れているため、系年は弘安三年（一二八〇）に系《か》けるのが妥当か。真蹟は前半の断片のみ伝わるが、静岡県富士大石寺《たいせきじ》の日興《にっこう》写本によって全文が復元されている。対告の持妙尼（窪尼）については、『智慧亡国御書《ちえぼうこくごしょ》』【二〇三】を参照。

当時の為政者である執権が、獅子身中の虫《しししんちゅうのむし》である家臣らに利用されて、法華経を排斥し、そのために国家が内憂外患の危機に陥っていることを嘆く。これにつけても、持妙尼の信心が勝っていて尊いことであると結んでいる。

［遺二八八、定一五〇二、全七―一三四、歴二八二c］

【二九七】窪尼御前御返事《くぼあまごぜごへんじ》

系年：弘安元年（一二七八）六月二十七日。年齢：五十七歳。
述作地：甲斐国身延。対告：持妙尼（窪尼）。真蹟：伝来未詳。

持妙尼《じみようあま》（窪尼《くぼあま》）から種々の供養の品が届いたことに対する返書。真蹟は伝わらないが、静岡県富士大石寺《たいせきじ》に日興《にっこう》写本が伝存する。
邪教が蔓延《はびこ》る世の中で、法華経の信心を堅固に守る尼の因縁の不思議さを説く。対告の持妙尼（窪尼）については、『智慧亡国御書《ちえぼうこくごしょ》』【二〇三】を参照。

〔遺二九七、定一五二五、全七―一三七、歴二八二c〕

【三三二】窪尼御前御返事《くぼあまごぜごへんじ》

系年：弘安二年（一二七九）五月四日。年齢：五十八歳。述作地：甲斐国身延。対告：持妙尼（窪尼）。真蹟：一紙三行断片。所蔵：山梨県一瀬妙了寺蔵。

持妙尼《じみようあま》（窪尼《くぼあま》）から種々の供養の品が届いたことに対する返書。真蹟は断片のみ伝わるが、静岡県富士大石寺《たいせきじ》の日《にっ》興《こう》写本によって全文が復元されている。対告の持妙尼（窪尼）については、『智慧亡国御書《ちえぼうこくごしょ》』【二〇三】を参照。

五月の農繁期で多忙な上に、宮（富士浅間《せんげん》神社か）の造営で暇のない折、身延の生活を気遣い供養品を届けてくれたことに対する謝意を述べ、釈尊に沙《いさご》の餅《もちい》を供養した得勝童子《とくしょうどうじ》が、阿育王《あいくおう》（印度のマウリヤ王朝第三代皇帝アショーカ王）として転生した故事を引き、亡き夫の成仏と、一人娘が多幸にして孝養に努めるであろうことを説く。そして、唐の西施《せいせ》が老母を養った故事を例に挙げ、娘の父母孝養の貴さを褒め称え、一切の善根の中では父母孝養が第一であるとして、特に法華経によって父の後生を扶《たす》けることは、最上の善根であると賞讃する。

なお、阿育王については、『白米和布御書』【二〇四】を参照のこと。

【遺三三三、定一六四五、全七―一三八、歴二八二c】

【三四九】持妙尼御前御返事《じみょうあまごぜんごへんじ》

系年：弘安二年（一二七九）十一月二日。年齢：五十八歳。述作地：甲斐国身延。対告：持妙尼（窪尼）。真蹟：伝来未詳。

持妙尼《じみょうあま》（窪尼《くぼあま》）が、亡夫の追善供養のために身延に僧膳料《そうぜんりょう》を届けたことに対する礼状。真蹟は伝わらないが、静岡県富士大石寺《たいせきじ》に日興《にっこう》写本が伝存する。対告の持妙尼（窪尼）については、『智慧亡国御書《ちえぼうこくごしょ》』【二〇三】を参照。

最初に、中国の三組の夫婦の故事が引かれる。すなわち、前漢の武帝（前一五六〜前八七）の使いで十九年間も胡《こ》国《こく》に留められ妻と別離した蘇武《そぶ》の物語、南朝陳《ちん》国の亡びる時に妻と別れるに際し、また逢うときのしるべにと鏡を割って各々その一片を懐いて別れ、その縁で夫婦は再会したという陳の太子徐徳言《そとくげん》の物語、中国戦国時代の宋の康王に妻を奪われ自害し、妻もまた高い建物から飛び降りて死んだが、二人の墓からやがて二本の木が生えて絡まり合い「相思樹」となったという宋の太夫相思《そうし》の悲話が語られる。ついで、夫が中国へ渡るのを慕って、海辺で神となったという松浦佐夜姫の話題をあげ、夫婦の別れほど悲しいものはないと説き、しかしながら持妙尼は過去の遠い昔から何度となく女性として転生してきたことであろうが、夫君は、娑婆世界で最後に巡り会った、もうこれ以上ない尊い法華経信仰の導き手であったとして、その因縁の深きことを賞賛する。

最後に、「ち（散）りしはな（花）をち（落）しこ（木）のみ（実）も　さき（咲）むすぶ　などかは人の返へらざるらむ」「こぞ（去年）もうく（憂）ことし（今年）もつら（辛）き　月日《つきひ》かな　おもひ（想）はいつも　はれ（晴）ぬものゆへ」と、二首の和歌を詠み、「法華経の題目をとなへまいらせてまいらせ」と題目信仰を強く勧めて結ぶ。

【遺三四九、定一七〇六、全七―一四一、歴四七六c】

【三五六】窪尼御前御返事《くぼあまごぜごへんじ》

系年：弘安二年（一二七九）十二月二十七日。年齢：五十八歳。述作地：甲斐国身延。対告：持妙尼（窪尼）。真蹟：伝来未詳。

持妙尼《じみようあま》より恐らくは正月品として十字《むしもち》（蒸餅）・串柿・飴桶が届いたことに対する返書。真蹟は伝わらないが、静岡県富士大石寺《たいせきじ》に日興《にっこう》写本が伝存する。対告の持妙尼（窪尼《くぼあま》）については、『智慧亡国御書《ちえぼうこくごしょ》』【二〇三】を参照。短文の書状で、尼の志は筆で書きあらわすことのできないものであると述べている。

〔遺三五六、定一七二〇、全七―一四四、歴二八二c〕

【三六九】窪尼御前御返事《くぼあまごぜごへんじ》

系年：弘安三年（一二八〇）六月二十七日。年齢：五十九歳。
述作地：甲斐国身延。対告：持妙尼（窪尼）。真蹟：伝来未詳。

持妙尼《じみようあま》より粟・早稲《わさごめ》が届いたことに対する返状。真蹟は伝わらないが、静岡県富士大石寺《たいせきじ》に日興《にっこう》写本が伝存する。対告の持妙尼（窪尼《くぼあま》）については、『智慧亡国御書《ちえぼうこくごしょ》』【二〇三】を参照。

天眼第一《てんげん》と称された釈尊十大弟子の阿那律《あなりつ》が、前世において辟支仏《ひゃくしぶつ》に稗の飯を供養した果報によって、法華経で普明《ふみよう》如来の記別《きべつ》を授かったことを例示し、いま持妙尼が法華経に供養した功徳は、必ずや成仏の因となることを説いている。

〔遺三六九、定一七五三、全七―一四五、歴二八二c〕

【四二〇】窪尼御前御返事《くぼあまごぜごへんじ》

系年：弘安四年（一二八一）十二月二十七日。年齢：六十歳。
述作地：甲斐国身延。対告：持妙尼（窪尼）。真蹟：伝来未詳。

持妙尼《じみようあま》より種々の供養が届けられたことに対する礼状。真蹟は伝わらないが、静岡県富士大石寺《たいせきじ》に日興《にっこう》写本が伝存する。対告の持妙尼（窪尼《くぼあま》）については、『智慧亡国御書《ちえぼうこくごしょ》』【二〇三】を参照。

身延の厳冬の寒さに老病の身となった日蓮聖人晩年の状況が窺える。

まず、善根《ぜんごん》とは国や人や時によって多様であり、悪の供養は善根功徳とならないことを述べ、須達《すだつ》多長者が波斯匿《はしのく》王の太子祇陀《ぎた》の所有する林園に建てて釈尊の教団に寄進した祇樹給孤独園《ぎじゅぎっこどくおん》（祇園精舎《ぎおんしようじゃ》）が、その後焼失してしまったのは、長者が魚を殺す商売で財を得たためであるとして、善根功徳の真の在り方を教示する。このように、今の世の人々が多くの犠牲の上に得た利によって善根を施しても、その根源が不浄であれば功徳とはならずに、かえって悪道に堕ちることになると説き、いま持妙尼は日蓮を通して法華経に供養しているので、釈迦仏・多宝仏・十方諸仏の三仏にその功徳を任せたいと述べている。

［遺四二〇、定一八九九、全七—一四七、歴二八二c］

【二三八】西山殿御返事《にしやまどのごへんじ》

系年：建治三年（一二七七）一月二十三日。年齢：五十六歳。述作地：甲斐国身延。
対告：大内氏。真蹟：全一紙。所蔵：山梨県身延久遠寺曾存。写本：延山録外御書。

日蓮聖人が「西山殿」というのは大内氏のことで、駿河国富士郡西山郷の地頭としてその地に住したところから「西山」の呼称で呼ばれる。南条氏宛の『春之祝御書』【一六一】に「にしやまの入道殿」とあって、入道していたことがわかる。日興を通じて聖人の門下に加わり、妻（後に「西山殿後家尼御前」と呼ばれている人物）とともに有力な外護者となった。西山入道と高橋入道とを同一人物であるとする説があるが、詳らかでない。

本書は、短文の書状であるが、後生安楽を願って求道の志を抱いた大内氏に対して、法門の名目を記した書を送ったとみえる。これは、同日に大内氏に充てて著作された『法華経二十重勝《にじゅうじゅうしょう》諸教義』【二三七】を指しているものと思われる。難しい法門ではないので、同行の僧等に概略を聞くよう指示をしている。

【遺二三八、定一二九一、全七―一五〇、歴八五一c】

【四二二】西山殿後家尼御前御返事《にしやまどののごけあまごぜごへんじ》

系年：弘安四年（一二八一）。年齢：六十歳。述作地：甲斐国身延。対告：大内氏女房。真蹟：伝来未詳。

駿河国富士郡西山郷の地頭大内氏の妻から甘酒・山芋・野老《とろろいも》が届けられたことに対する返書。真蹟は伝わらないが、静岡県富士大石寺《たいせきじ》に日興《にっこう》写本が伝存する。

本書の内容から、このとき既に夫と死別して尼となっていたことが読み取れる。後家尼の身となりながら、種々の供養を捧げてきたことに対して、感涙おさえがたき心情を記している。

［遺四二二、定一九〇二、全七─一五一、歴八五一b］

【一九二】妙心尼御前御返事《みょうしんあまごぜごへんじ》

系年：建治元年（一二七五）あるいは弘安元年（一二七八）八月十六日。年齢：五十四歳あるいは五十七歳。述作地：甲斐国身延。対告：妙心尼。真蹟：四紙半。所蔵：山梨県身延久遠寺曾存。写本：日興写本（静岡県富士大石寺）。

妙心尼《みょうしんあま》からの泡消《あわし》柿《がき》・茄子の供養に対する返書。妙心尼は、駿河国在住と思われる女性檀越で、重病の夫と幼児をかかえて、夫の病気平癒と後生善処および子の無事成育の祈願を日蓮聖人に請うていた。その境遇の一致から、高橋六郎兵衛の妻持妙尼《じみょうあま》と混同するむきがあるが、両者は別人である。『高橋入道殿御返事』【一八七】、『智慧亡国御書』【二〇三】を往見のこと。

本書は、冒頭に供養の品の礼を述べたあと、尼の夫の病気に触れ、波瑠璃王《はるりおう》の侵略によって殺害された釈迦族の女性を、釈尊が雪山《せっせん》の青蓮華《しょうれんげ》によって蘇生させたという故事にならって、「妙法蓮華経」は、「蓮華経」と名付けられている通り、不死・蘇生の妙薬であるから、いかなる病も治ることを教示する。そして、夫は過去の宿習によって病にしずんでいたが、病より道心を起こして今生に法華経を信仰するようになったことを讃え、その結果、夫の過去謗法の罪も消え、この世の別れが来たならば、必ずや霊山浄土に往詣することであろう、もし中陰《ちゅういん》（死後四十九日までの間）に障礙があっても、閻浮《えんぶ》提《だい》第一の法華経の行者日蓮の弟子であると名乗れば支障はないと、夫の病気平癒と成仏の疑いなきことを書き送って安堵を与えている。

なお、本状の追而《おって》書《がき》（追伸）には、妙心尼が「わか（別）れのおし（惜）きゆへ（故）にかみ（髪）をそ（剃）り、そで（袖）をすみ（墨）にそ（染）めぬ」とあるから、彼女はこのころ夫の命が長くないことを知って出家したことが読み取れる。

本文に登場する波瑠璃王は、釈尊在世中のコーサラ国王波斯《はし》匿王《のくおう》の子で、父王のあと同国舎衛城《しゃえじょう》の城主についた。在位は、前六世紀頃または前五世紀頃とされる。釈迦族の下女を母（末利《まり》夫人《ぶにん》）にもつ出自を聞かされ、また釈種《しゃくしゅ》（釈迦族）の侮辱を受けたことで逆害の心を抱くようになり、父王を放逐して王位を簒奪すると、三度目の出兵で釈迦族を殲滅した。カピラヴァストゥ（迦毘羅衛国）に侵攻した波瑠璃王は、マハーナマ（摩訶男《まかなん》）をはじめとする釈種九百九十九万人を殺し、また五百人の釈女を弄ぼうとしたが頑なに拒まれたので、手足を切って深坑に埋めた。ついで舎衛城に還ると、父王の太子ジェータ（祇陀《ぎた》）が妓女と享楽にふけっているのを目の当たりにし、怒ってこれを殺した。

時に釈尊は、諸比丘を率いて迦毘羅衛国に至り、五百の釈女のために法を説き、みな法眼浄を得て天上に生ぜしめた。更に舎衛城に赴き、波瑠璃王が七日後に亡びることを予記した。

王は七日目になって何事も起こらなかったので、阿脂羅川で娯楽していたところ、夜半に暴風疾雨おこり、王は死して阿鼻地獄に入り、その宮殿も悉く天火に焼かれたという。玄奘《げんじょう》の『大唐西域記《だいとうさいいき》』には、王が最初の出兵の際に釈尊を見て軍を引き返した旧跡、王が堕獄した大涸池、釈迦族の供養のために建てられた卒堵婆などの所在が記されている。

なお、波瑠璃王の没後、迦毘羅衛国は、頻婆沙羅王《びんばしゃらおう》を廃して摩竭陀《まがだ》国王となった阿闍世王《あじゃせおう》によって兼併されている。

〔遺一九一、定一一〇二、全七—一五四、歴一〇九八a〕

【一九二】妙心尼御前《みょうしんあまごぜ》御返事《ごへんじ》

系年：建治元年（一二七五）八月二十五日。年齢：五十四歳。述作地：甲斐国身延。対告：妙心尼。真蹟：伝来未詳。

妙心尼からの種々の供養に対する返状。真蹟は伝わらないが、静岡県富士大石寺《たいせきじ》に日興《にっこう》写本が伝存する。妙心尼の子供に対して、護符となる「まんだら（曼荼羅）」を授けたことが分かるが、該当する曼荼羅は現存するものの中には確認されていない。なお、日蓮聖人の真蹟が伝存する遺文には、「本尊」の語はあるが、日蓮聖人の考案・図顕になる「曼荼羅」あるいは「大曼荼羅」の語はなく、本状のような写本遺文や大曼荼羅そのものの紙面上にのみ記載が見られるところである。

【遺一九二、定一一〇五、全七―一五九、歴一〇九八a】

【三六五】妙心尼御前御返事《みょうしんあまごぜごへんじ》

系年：弘安三年（一二八〇）五月四日。年齢：五十九歳。
述作地：甲斐国身延。対告：妙心尼か。真蹟：伝来未詳。

亡き夫の供養のために、妙心尼から種々の品が届けられたことに対する礼状。真蹟は伝わらないが、静岡県富士大《たい》石寺《せきじ》に日興《にっこう》写本が伝存する。

本状に充所はなく、対告については、同時期に病の夫を抱えていた女性信徒として妙心尼と持妙尼がおり、両者が混同されていたこともあったが、尼が夫との惜別の思いにかられて出家したこと、幼い子供を抱えていることなどに触れられているところから、妙心尼と比定される。

妙心尼御前御返事【一九二】では、「妙法蓮華経」の経題釈《きょうだいしゃく》のうち「蓮華」に関する解釈が示されたが、本状では「妙」の字義の解釈が教示される。すなわち、「この妙の字は仏にておはし候なり（中略）一切の功徳を合せて妙の文字とならせ給ふ」と述べ、「妙」の文字には三十二相八十種好《さんじゅうにそうはちじっしゅごう》という仏の相好《そうごう》をすべて円満に具足しており、我々を恵み育てる森羅万象一切の功徳を包含していると教諭する。

［遺三六五、定一七四七、全七―一六一、歴一〇九八ａ］

【三六八】新田殿御書《にいたどのごしょ》

系年：弘安三年（一二八〇）五月二十九日。年齢：五十九歳。述作地：甲斐国身延。対告：新田信綱およびその妻。真蹟：全一紙。所蔵：静岡県富士大石寺蔵。

充所に記される「新田殿」は、伊豆国の檀越新田《にいた》四郎信綱のこと。その妻「女房御方」とは南条兵衛七郎の娘で、南条七郎次郎時光の姉にあたる人である。

短文の書状であるが、新田氏より十字《むしもち》（蒸餅）・水菓子（果物）が届けられたことに対する礼を述べ、新田氏は仏法僧三宝がそなわっている檀越であるから、必ず悲願が成就することを述べる。

［遺三六八、定一七五二、全七―一六四、歴八四六ａ］

【三九九】重須殿女房御返事《おもんすどのにょうぼうごへんじ》

系年：弘安四年（一二八一）正月五日。年齢：六十歳。述作地：甲斐国身延。対告：石河新兵衛の妻。真蹟：全七紙。所蔵：静岡県富士大石寺蔵。

対告の重須殿女房《おもんすどのにょうぼう》とは、南条兵衛七郎の娘で、駿河国富士郡重須《おもす》（現、富士宮市北山）の石河新兵衛入道道念《どうねん》の妻。道念の没後には後家尼となって日蓮聖人に仕えた。

十字《むしもち》（蒸餅）・水菓子（果物）の正月供養に対する感謝の礼状に添えて、地獄と仏について教示し、その両者とも我々の心（己心《こしん》）に内在することを説く。己心の仏を自覚することは難しいが、法華経に供養を捧げる志は、つまらない木に桜の花が咲くように、泥沼から清浄な蓮華がつぼみをつけるように、女房の身に良い果報をもたらすであろうと讃嘆する。また、このように法華経を身方《みかん》とする人には幸いが到来する一方で、法華経を敵《かたき》とする人の国には必ずや災いが来たるであろうと結んでいる。

〔遺三九九、定一八五五、全七―一六五、歴一五三b〕

【一四六】富木《とき》尼御前《あまごぜ》御返事《ごへんじ》

系年：文永十一年（一二七四）。年齢：五十三歳。述作地：甲斐国身延。
対告：富木常忍の妻（富木尼）。真蹟：一紙。所蔵：東京都池上本門寺蔵。

本状は、富木尼《ときあま》より鵞目《がもく》（銭）、富木常忍より青鳧《せいふ》（銭）がそれぞれ一貫文、また帷子《かたびら》一領が届けられたことを報じたもの。内容は、供養の品を受領した旨を記すだけに止められており、特筆する教示はみられない。

富木尼は、日蓮聖人の最も早い時期からの檀越で下総国若宮法華寺を開創した富木五郎常忍の妻。六老僧の伊予房日頂・寂仙房日澄の母でもある。南条伊予守《いよのかみ》橘《たちばな》定時《さだとき》に嫁し一子（後の伊予房日頂）をもうけたが、定時が没して後に常忍と再婚し、常忍の出家入道とともに尼となったとされている。夫にも老母にも献身的によく仕え、日蓮聖人からもしばしば称讃の書状が送られているが、病弱であったようで、聖人はことのほか尼の容態を気に掛けていた。

［遺一四六、定八一八、全七―一六八、歴八〇七b］

【一六三】可延定業《かえんじょうごう》御書《ごしょ》

系年：文永十二年（一二七五）二月七日。年齢：五十四歳。述作地：甲斐国身延。対告：富木常忍の妻（富木尼）。真蹟：全十紙。所蔵：千葉県中山法華経寺蔵（重要文化財）。

本状は、病床にある富木常忍の妻（富木尼）の病気を慰問し、引き続きの法華経の信仰を勧奨し、更に鎌倉にある四条頼基《しじょうよりもと》の医療を受けることを勧めたものである。

冒頭部分の入文に、病に軽病と重病とがあり、業《ごう》にも定業《じょうごう》と不定業《ふじょうごう》とがあって、重病も善医に巡り会って早期に退治すれば恢復すること、定業もよく懺悔《さんげ》すれば必ず消滅することを説く。

次いで、釈尊在世中の中印度摩竭陀《まがだ》（マガダ）国で父の頻婆沙羅《びんばしゃら》（ビンビサーラ）王を廃して国王となった阿闍世《あじゃせ》（アジャータシャトル）王の故事を引き、釈尊の法華経の会座で悟りを開けなかった阿闍世王が、法華経を再説した涅槃経で悟りを得て、自らの重病を治癒した故事を引く。これは、釈尊晩年に起こった「王舎城《おうしゃじょう》の悲劇」として語り継がれている一連の出来事で、阿闍世は、父の頻婆沙羅王の帰依する釈尊とその教団に反抗し新教団を形成せんとしていた提婆達多《だいばだった》に唆されて逆心を起こし、その言を入れて父王を幽閉した。ある日、我が子の疾患を憂える阿闍世の姿を見た母の韋提希《いだいけ》が、かつて同様に幼き阿闍世の疾患を憂えたという父王の慈愛を語ったところ、阿闍世の逆心はたちまちに止んだという。阿闍世は父王を赦そうとして、家臣を父王のもとに向かわせたが、父王は苦刑が加えられるものと錯誤し、迷悶して絶命してしまう。父王が獄中で命終すると、阿闍世は殺父《しいふ》の罪を悔い、その重圧で自ら身体に悪瘡を患った。そして医者である耆婆《ぎば》（ジーヴァカ）の導きにより、釈尊のもとへ赴くよう勧められた。時に釈尊は、拘尸那掲羅《くしながら》（クシナガラ）で涅槃《ねはん》に入ろうとしていたが、阿闍世を救うために涅槃に入るのをとどめ、阿闍世の悪瘡を治癒した。これにより、阿闍世は菩提心を起こし、仏教に帰依し教団を支援し、仏滅後の第一結集《けつじゅう》（経典編纂事業）には、大檀越としてこれを外護したといわれる。

本状では、次に天台大師智顗《ちぎ》の俗兄陳臣《ちんしん》（陳鍼《ちんしん》）の延命について触れる。陳臣は、梁の晋安王の中兵参軍の職にあつたが、五十歳の時、人相見《にんそうみ》の張果《ちょうか》に死期が近いことを告げられる。そのとき、智顗から方等懺悔《ほうとうさんげ》を修すべきであることを教えられ、これを修して寿命を十五年延べたといわれる。陳臣の延命は、『止《し》観輔行伝弘《かんぶぎょうでんぐ》決《けつ》』巻八（『正蔵』第四十六巻四〇〇～四〇一頁）にみえる。

更に、常不軽《じょうふきょう》菩薩の更増寿命《きょうぞうじゅみょう》についても触れ、常不軽菩薩は命終せんとする時、空中に法華経の偈を聞き、これを受持したので、六根清浄の功徳を成就し、その結果、更に寿命が二百万億那由佗《なゆた》歳延びたという故事を引いて、法華経による延寿を説示する。なお、常不軽菩薩に関しては、『転重軽受法門』【八九】を参照のこと。

また、「日蓮が悲母《ひも》をいのりて候しかば、現身に病をいやすのみならず四箇年の寿命をの（延）べたり」と、聖人自身の悲母延命の実例を挙げ、「閻浮提《えんぶだい》の人の病の良薬」（『法華経』薬王菩薩本事品）と説く法華経を深く信ずれば、いかなる病悩も平癒するにちがいないと慰め、法華経は過去の宿業による定業さえも転ずる功徳があると説いて、法華経の信仰を勧める。聖人の悲母蘇生の事蹟については、古来より『法華経』薬王菩薩本事品の「此経則為閻浮提人病之良薬。若人有病得聞是経、病即消滅不老不死（此の経は則ち為《こ》れ閻浮提の人の病の良薬なり。若し人病あらんに是の経を聞くことを得ば、病即ち消滅して不老不死ならん）」の経文を灰に焼き、浄水にといて飲ませたといわれ、その具体的方法は、『伯耆《ほうき》公御《こうご》房《ぼう》御消息』【四二八】に、弟子の日興《にっこう》に対して、病気の南条時光のため同様の方法で薬王品の護符を作って送るよう指示しているところから推測される。

本状では続けて、「命と申す物は一身第一の珍宝なり。一日なりともこれをのぶ（延）るならば、千万両の金《こがね》にもすぎ（過）たり」と、命を大切にすべきことを説き、四条頼基は医術に堪能であるから治療を依頼せよと教え、富木尼のために平癒の祈願をしようと述べて、その闘病生活を激励している。なお、四条金吾頼基については、『頼基陳状』【二四九】を参照のこと。

最後に、後に六老僧の一人となる伊予《いよ》房日頂《にっちょう》（尼の前夫との子）とともに尼の当病平癒を日天・月天に祈願することが報ぜられ、本状を結んでいる。

〔遺一六三、定八六一、全七—一六九、歴一六九b〕

【二一二】富木尼御前御書《ときあまごぜごしょ》

系年：建治二年（一二七六）三月二十七日。年齢：五十五歳。述作地：甲斐国身延。対告：富木常忍の妻（富木尼）。真蹟：八紙。所蔵：千葉県中山法華経寺蔵。

本状は、富木常忍が九十歳という高齢で没した母の遺骨を身延山に納めるために登山《とうざん》した折、帰路に出立する富木氏に托したもの。『忘持経事』【二一一】が、帰路についた富木常忍を追って、忘れた持経を届けるに際して執筆されているので、それ以前、富木氏が身延に滞在している間に執筆されたと思われる。

富木尼から鵞目《がもく》（銭）一貫・酒一筒が届いたことに対する謝礼で始まり、「や（矢）のはしる事は弓のちから、くも（雲）のゆくことはりう（龍）のちから、をとこ（夫）のしわざは、め（妻）のちからなり（中略）けぶりをみれば火をみる、あめをみればりうをみる。をとこを見ればめ（妻）をみる」と、夫を見れば、富木尼の姿が目に浮かぶようであると感慨を述べる。そして、富木尼が夫をよく助け、母尼に対してよく仕え、臨終もよく看取った辛労をいたわり、その功を誉めている。

次いで、何よりも気がかりなのは、尼の病のことであると述べて、『可延定業御書《かえんじょうごうごしょ》』【一六三】にも引いた阿闍世王や陳臣の延命の例を挙げ、道念を固持した法華経信仰を勧める。もし悲嘆の時には、蒙古来襲のため九州へ赴いた武士のことを想いなさい、彼らは法華経の行者日蓮を迫害するため、十羅刹女《じゅうらせつにょ》の責《せめ》を受け、生きながらの苦悩を受けているのである。それに比べ、教主釈尊の教えに随い、妙法五字を日々に信唱している我らの成仏は決定《けつじょう》して疑いないと信仰を勧誡する。

本状には、冒頭の「や（矢）のはしる事は弓のちから」を始め、異国警護番役に動員され西国に赴く御家人、一族郎党の心情が余すところなく描かれていて読む者の心を打つ名文に満ちている。

【遺二一一、定一一四七、全七―一七五、歴八〇七a】

【三五二】富城殿《ときどの》女房《にょうぼう》尼《あま》御前《ごぜ》御書《ごしょ》

系年：弘安二年（一二七九）十一月二十五日。年齢：五十八歳。述作地：甲斐国身延。対告：富木常忍の妻（富木尼）。真蹟：全二紙。所蔵：千葉県小湊誕生寺蔵。

本状は、弘安二年（一二七九）九月の熱原法難《あつわらほうなん》にあたり日蓮聖人が、越後房日弁《にちべん》と下野房日秀《にっしゅう》とを下総の富木入道のもとに避難させるために、伊予房日頂《にっちょう》につけて送った際の書状である。同日付の『富城殿御返事』【三五一】の存在から、常忍と富木尼の許に与えられた一対の書状であることが読み取れる。

当時日頂は二十八歳であったが、いよいよ行学が進歩したことを報じ、富木尼に対して「いよ（伊予）房は学生《がくしょう》になりて候ぞ」と誉め、「つねに法門きかせ給ひ候へ」と本人から法門を聴聞するようにと述べている。また、聖人が年少の頃より母尼から恩を受けたことを追懐しているが、このことは聖人と富木氏との親交が立教開宗以前からあったことを物語る。

なお、日弁・日秀や熱原法難については、『聖人御難事』【三四三】、『滝泉寺申状』【三四五】等の関連遺文を往見のこと。

〔遺三五二、定一七一〇、全七―一七九、歴八一一b〕

【一六〇】四条金吾殿《しじょうきんごどの》女房《にょうぼう》御返事《ごへんじ》

系年：文永十二年（一二七五）正月二十七日。年齢：五十四歳。述作地：甲斐国身延。対告：四条頼基の妻。真蹟：三紙断片。所蔵：京都府妙円寺ほか五箇散在。

対告は、四条頼基《しじょうよりもと》（四条金吾・四条左衛門尉）の妻。四条頼基は、北条氏一門の江《え》馬《ま》光時《みつとき》に仕えた武士で、信仰上の理由で主家から弾圧を受けてもひるむことなく、また日蓮聖人の龍口法難の時には殉死をしようとしたほどに堅固な信心の持ち主であった。それに比べると女房にはやや物足りなさが感じられたようで、聖人はそのことを指摘し、夫を師として信仰に励むことを教示している。

文永十二年（一二七五）、日蓮聖人に三十三歳の厄払いを願い出た四条頼基の女房（【一六〇】）と、その四年後の弘安二年（一二七九）に三十七歳の厄払いを申請した日眼女（【三二七】）とは、年齢や発想・行為から同一人である可能性が大きいが、確証を指摘できるわけではない。

本抄は、四条頼基の夫人が、三十三歳の厄年に当って供養の品々を捧げたのに対し、法華経の功徳の甚深なることを説いて信仰を励まし、厄年の恐るるに足らぬことを訓諭したものである。その内容は、冒頭に真言宗の邪義を評破し、次いで『法華経』薬王菩薩本事品の嘆法体《たんほったい》の十喩《じゅうゆ》を引いて、法華最勝と法華経受持者の最勝を説き、更に一切経中に女人成仏を許すのは法華経のみであることを示し、女人救済の大法たる法華経を持つならば、三十三の厄は転じて福となると激励し、法華経を信ずる女房は仏在世の龍女《りゅうにょ》に比すべきと称え、夫婦一体の信仰を貫くよう教示している。

［遺一六〇、定八五五、全七一一八一、歴四五三d］

【三二七】日眼女釈迦仏供養事《にちげんにょしゃかぶつくようじ》

系年：弘安二年（一二七九）二月二日。年齢：五十八歳。述作地：甲斐国身延。対告：日眼女。真蹟：紙数未詳。所蔵：山梨県身延久遠寺曾存。写本：平賀本録内御書。

対告の日眼女《にちげんにょ》は、弘安二年（一二七九）に三十七歳の除厄を日蓮聖人に請願した女性檀越。弘安三年（一二八〇）には日蓮聖人から大曼荼羅が授与されている。日眼女を四条頼基の妻であるとする説は有力であるが、若干の疑点が指摘されている。

日眼女は三十七歳の厄年に当って、教主釈尊の木像一体を造立し、除災得幸《じょさいとっこう》のために鵞目《がもく》（銭）の供養を日蓮聖人の許へ捧げた。本抄はこれに対する返書である。聖人は釈迦仏造立の功徳の甚大なることを説き、日眼女が現世安穏のみならず後生には必ず仏に成ると説示して、その信仰生活を称揚している。

〔遺三一七、定一六二三、全七―一八六、歴八五八c〕

【三五三】兵衛志殿女房御返事《ひょうえさかんどのにょうぼうごへんじ》

系年：弘安二年（一二七九）十一月二十五日。年齢：五十八歳。述作地：甲斐国身延。対告：池上宗長の妻。真蹟：一紙。所蔵：京都府個人蔵。

本状は、池上宗長《いけがみむねなが》の女房から片裏染めの絹布を供養されたことに対する礼状。子だくさんで生活がままならないことを嘆く女房に対して、今を辛抱すれば必ず幸福が到来することを信じるよう教諭している。

対告の兵衛志《ひょうえさかん》殿女房は、武蔵国荏原郡千束郷付近（現在の東京都大田区）を領してその地の池上《いけがみ》に住した池上左衛《さえ》門《もんだ》太夫康光《ゆうやすみつ》の子兵衛志宗長《ひょうえさかんむねなが》の妻。宗長夫妻は兄の右衛門太夫志宗仲《えもんだゆうさかんむねなか》夫妻とともに日蓮聖人に帰依し、父から勘当を受けながらもそれに耐えて、かえって父を法華信仰に導いたほどの堅固な信者である。池上氏については、『兄弟鈔』【一七四】を参照のこと。

〔遺三五三、定一七一一、全七―一九二、歴九四九c〕

【一七九】さじき女房御返事《にょうぼうごへんじ》

系年：建治元年（一二七五）五月二十五日。年齢：五十四歳。述作地：甲斐国身延。対告：桟敷尼（妙一尼）。真蹟：断片二紙。所蔵：千葉県妙光寺蔵。

対告の桟敷尼《さじきあま》は、妙一尼《みょういちあま》とも呼ばれる鎌倉在住の女性檀越。鎌倉常栄寺《じょうえいじ》の寺伝によれば、源頼朝が今日の常栄寺の裏山に由比ヶ浜を遠望するために作った桟敷が地名として残ったというが、その桟敷の地に居住していたので「さじきの女房」「さじきの尼御前」と呼ばれるという。印東《いんどう》三郎左衛門祐信《すけのぶ》の妻で弁阿闍梨《べんあじゃり》日昭《にっしょう》の母であるという説の真偽は定かでないが、日昭と縁が深かったことは確かである（『弁殿御消息』【六五】・『弁殿尼御前御書』【一一九】参照）。所伝によると、文永八年（一二七一）の龍口法難の折、日蓮聖人が名越松葉谷《なごえまつばがやつ》の草庵から侍所《さむらいどころ》のある幕府の御所《ごしょ》へと連行される途上で、牡丹餅を供養した女人が桟敷尼と伝えられる。聖人の佐渡流謫中に信者弾圧が原因で夫が死に、幼な子と老母が残ったが、瀧王丸《たきおうまる》を佐渡の日蓮聖人に奉仕させるなど、聖人への節を曲げることなく外護した。なお、日蓮聖人没後三日後の弘安五年（一二八二）十月十六日に日興《にっこう》によって筆録された葬送記録『日蓮聖人御遷化《せんげ》記録』（西山本門寺蔵）によれば、馬を牽く瀧王童《たきおうどう》・亀王童《かめおうどう》なる人物の名がみえるが、この瀧王童と妙一尼に関係する瀧王丸とは同一人物と思われる。

本状は、桟敷尼が帷子を供養したのに対する礼状。女人は夫に随い、夫によってすべてが決定すると説き、夫は法華経の行者であったから女房もまた法華経の女人であり、成仏も決定《けつじょう》すると述べる。そして、凡聖《ぼんしょう》二種の行を説いて、聖人は身の皮を剝いで法華経を書写するようなこともあるが、凡夫は帷子を法華経の行者に供養することで、同様の功徳があることを説いて、法華経のために供養した桟敷尼の志の深きことを称揚する。

［遺一七九、定九九七、全七—一九三、歴四〇四b］

【四〇一】桟敷女房御返事《さじきにょうぼうごへんじ》

系年：弘安四年（一二八一）あるいは建治四年（一二七八）二月十七日。年齢：六十歳あるいは五十七歳。述作地：甲斐国身延。対告：桟敷尼（妙一尼）。真蹟：全二紙。所蔵：和歌山県了法寺蔵。

短篇の書状で、桟敷尼が白布を供養した志を讃嘆し、その因縁は過去に十万億の仏を供養した人であろうと称揚する。「身にいたわる事候間」の文から、晩年の健康が優れなかったことが知られる。桟敷尼については、『さじき女房《にょうぼう》御《ご》返事《へんじ》』【一七九】を参照のこと。

［遺四〇一、定一八六〇、全七—一九六、歴四〇四b］

【一二〇】妙一尼御返事《みょういちあまごへんじ》

系年：文永十年（一二七三）四月二十六日。年齢：四十八歳。述作地：佐渡国一谷。対告：桟敷尼（妙一尼）。真蹟：全二紙。所蔵：京都府瑞龍寺蔵。

対告の桟敷尼（妙一尼）については、『さじき女房御返事《にょうぼうごへんじ》』【一七九】に詳述するが、鎌倉に在住し、日昭と関係が深く、瀧王丸《たきおうまる》を日蓮聖人に奉仕させた篤信の女性信者であったことが知られる。本状は、この瀧王丸を聖人への給仕のために佐渡まで遣わしたことに対する礼状である。

『法華経』提婆達多品で須頭檀王《すずだんのう》が阿私《あし》仙人に千年給仕して法華経の真理を習得した故事を引き、日蓮は須頭檀王に比べれば卑賤の身であるが、誠意については勝るとも劣らないとして、日蓮を外護する桟敷尼の果報も広大であることを説く。最後に、日昭は今年中に鎌倉に常住して、人々を教導することになると思うと結んでいる。

［遺一一二〇、定七二二、全七―一九七、歴一〇九三a］

【一八〇】妙一尼御前御消息《みょういちあまごぜごしょうそく》

系年：建治元年（一二七五）五月。年齢：五十四歳。述作地：甲斐国身延。対告：桟敷尼（妙一尼）。真蹟：全六紙。所蔵：千葉県中山法華経寺蔵。

栈敷尼（妙一尼）が身延の日蓮聖人に対して衣の供養を納めたことに対する返状。

尼の夫が二人の病児と老母を残して逝去したことについて触れ、釈尊にとって謗法の重病に冒された阿闍世王《あじゃせおう》や提婆達多《だいばだった》こそが最も気がかりな救治すべき病子であったことに言及し、二人の病児を案ずる老母が心細い思いをしていることを故夫も嘆いているのではないかと思い巡らしている。

また、日蓮の佐渡流罪赦免と文永十一年（一二七五）の蒙古襲来の予言的中を見ずして逝った亡夫の無念を嘆きつつ、「法華経を信ずる人は冬のごとし。冬は必ず春となる。いまだ昔よりきかずみず、冬の秋とかへれる事を。いまだきかず法華経を信ずる人の凡夫となる事を」と説いて、法華経を信奉した亡夫の成仏を教示し尼の哀しみを慰めている。

なお、対告の栈敷尼（妙一尼）については、『さじき女房御返事《にょうぼうごへんじ》』【一七九】を参照のこと。

［遺一八〇、定九九九、全七—一九九、歴一〇九二d］

【一〇七】日妙聖人御書《にちみょうしょうにんごしょ》

系年：文永九年（一二七二）五月二十五日。年齢：五十一歳。述作地：佐渡国一谷。対告：日妙。
真蹟：断片七紙。所蔵：京都府本圀寺曾存・静岡県本成寺等五箇所散在。写本：平賀本録内御書。

対告の日妙《にちみょう》は、鎌倉在住の女性信者で、乙御前《おとごぜ》の母のこと。夫と離別して久しく、しかも幼い女児（乙御前）をかかえている身でありながら、日蓮聖人への帰依の志が深く、佐渡にも身延にも単身で足を運んだほどの篤信者で、聖人から特に「日本第一の法華経の行者の女人」と称えられ、「日妙聖人」と命名された。

本状は、幼き乙御前を伴って相模国鎌倉から佐渡国一谷《いちのさわ》の日蓮を訪れた志を賞して与えられた書状。

すなわち、身の皮を剝いで経文を書写した楽法梵士《ぎょうぼうぼんじ》（『大智度論』巻四十九、『正蔵』第二十五巻四一二頁a）、転輪聖王《てんりんじょうおう》として菩薩行を積んだ釈迦菩薩（『大方便仏報恩経』巻二、『正蔵』第三巻一三四頁b）、癩《らい》病（ハンセン病）の人を厭わなかった釈迦菩薩（『大般涅槃経』巻二十、『正蔵』第十二巻四九七頁a）、鬼神の説く経文の半偈を聞くためにその身を供養した施身聞偈《せしんもんげ》の本生譚《ほんじょうたん》で知られる雪山童子《せっせんどうじ》（『大般涅槃経』巻十四、『正蔵』第十二巻四四九頁b）、日月浄明徳《にちがつじょうみょうとく》仏に対する焼身供養の本事譚《ほんじたん》で知られる薬王菩薩（『法華経』薬王菩薩本事品）、但行礼拝《たんぎょうらいはい》を専らに修した常不軽《じょうふきょう》菩薩（『法華経』提婆達多品）、阿私《あし》仙人に千歳の間奴僕《ぬぼく》となって師事・給仕した須頭檀王《すずだんのう》（『法華経』提婆達多品）という七聖《しちしょう》の求法《ぐほう》、および飢えた虎にその身を供した投身餓虎《とうしんがこ》の本生《ほんじょう》で知られる薩埵《さった》王子（『賢愚経』巻一、『正蔵』第四巻三五二頁b）、鷹に追われた鳩を救うために自らの肉を捧げた尸毘《しび》王（『菩薩本生鬘論』巻一、『正蔵』第三巻三三三頁b）、六波羅蜜《ろくはらみつ》のうち戒波羅蜜《かいはらみつ》を修して、一生の間、妄語をしなかった須陀摩《すだま》王（『大智度論』巻四、『正蔵』第二十五巻八八頁c）、暴君の迦梨《かり》王に両手足を斬られてもなお忍辱の行を貫いた忍辱《にんにく》仙人（『菩薩本行経』巻下、『正蔵』第三巻一一九頁b）、世々にわたる宿願成就のため貧窮する衆生に王城の財物を施した能施《のせ》太子（『大智度論』巻十二、『正蔵』第二十五巻一五一頁a）、畜類・衆生すべてに慈悲を加えるという菩薩禅を修した尚闍梨《しょうじゃり》仙人（『大智度論』巻十七、『正蔵』第二十五巻一八八頁a）、西域に仏典を求めた玄奘《げんじょう》三蔵、入唐して四宗相承《ししゅうそうじょう》を受けた伝教大師最澄《さいちょう》などに代表される先聖の因行にも匹敵すると賞賛し、日妙尼の成仏の疑いなきことを説く。

そして、尼は「日本第一の法華経の行者の女人」として三仏・四菩薩・諸天の守護も疑いなきことを示し、常不軽菩薩の故事になぞらえて、「日妙聖人」と法名を授けることが記される。なお、本状に教示される釈尊の因果の功徳の譲与に関する説示、本化四大菩薩の守護に関する説示は、翌年の『観心本尊抄』【一一八】に連結する教義として注目される。

【遺一〇七、定六四一、全七―二〇五、歴八六四b】

【一三二】乙御前《おとごぜ》母《はは》御書《ごしょ》

系年：文永十年（一二七三）十一月三日。年齢：五十二歳。述作地：佐渡国一谷。対告：日妙。真蹟：全三紙。所蔵：兵庫県尼崎長遠寺蔵。

遺文名の乙御前の母とは、鎌倉在住の女性信者日妙《にちみょう》のこと。詳しくは『日妙聖人御書《にちみょうしょうにんごしょ》』【一〇七】を参照されたい。

聖人は、幼い女児を連れて佐渡の日蓮聖人の許を訪ねた日妙の健気な志を賞賛して、前年五月に『日妙聖人御書』【一〇七】を与えているが、本書も同様に女人の身にて佐渡の地まで渡った尼の志を称え、日蓮が佐渡に流されたのは自分の問題ではなく、尼の法華経信仰の深さを表すために起きた事件ではないかと述べている。更に、章安《しょうあん》大師灌頂《かんじょう》・伝教大師最澄《さいちょう》・玄奘《げんじょう》三蔵の求法の事蹟を紹介し、尼の熱意に比し、彼らは男子《なんし》であり権化《ごんげ》の人であるが、今の日妙尼は女人であり凡夫であるから、どのような宿縁があってのことであろうかと称揚する。本状の追而書《おってがき》（追伸）

には、母尼の法華経への奉公によって娘の乙御前の生涯も幸せなものとなるであろうと述べ、筆を置いている。

〔遺一三二一、定七五四、全七―二一八、歴一五〇b〕

【三九七】王日殿御返事《おうにちどのごへんじ》

系年：弘安三年（一二八〇）。年齢：五十九歳。述作地：甲斐国身延。対告：王日。真蹟：断片三行。所蔵：京都府妙覚寺蔵。

王日《おうにち》は、鎌倉に在住したと思われる女性檀越で、弁阿闍梨日昭《にっしょう》の縁者である。本書だけにその名が見える。

内容は、王日からの二度に及ぶ金銭の布施に対して、得勝《とくしょう》童子の沙餅《いさごのもちい》と貧女《ひんにょ》の一灯《いっとう》の例を挙げて、仏への供養の功徳はその志によるもので、分量や額の多少によるものではなく、貧者の供養の貴ぶべきことを述べてその志を称讃する。更に、「女人変じて妙の一字となる。妙の一字変じて台上の釈迦仏となるべし」と説いて、王日の女人成仏を教示する。

〔遺三九七、定一八五三、全七―二二一、歴一三七d〕

【一六四】新尼御前御返事《にいあまごぜごへんじ》

系年：文永十二年（一二七五）二月十六日。年齢：五十四歳。述作地：甲斐国身延。対告：新尼。
真蹟：断片一紙二行。所蔵：愛知県長福寺蔵・山梨県身延久遠寺曾存。写本：朝師本録内御書。

対告の新尼《にいあま》は、安房国長狭郡《ながさのごおり》の領家《りょうけ》（荘園領主）の若女主人で、「大尼《おおあま》」「領家の尼」と呼ばれている人の娘（あるいは嫁）にあたると考えられている。大尼ともども日蓮聖人に帰依して外護に勤めた。本書『新尼御前御返事』にも、「日蓮が重恩の人」であると述べられているように、領家の尼には日蓮聖人が親子ともども世話になっていたようで、聖人の父（所伝では貫名《ぬきな》重忠《しげただ》と言われる）は、この領家の所領地で漁師をしていたものと推測される。また、当地の地頭の東条景信《とうじょうかげのぶ》と荘園領主の領家との間で所領争いがあったようで、この時、日蓮聖人は領家側に荷担し、積極的に活動している（『清澄寺大衆中』【二〇五】参照）。その時期は、建長六年（一二五四）頃とも文永元年（一二六四）頃とも言われる。また、文永八年（一二七一）の龍口・佐渡法難の折に、大尼は退転したにもかかわらず、新尼は信仰を堅持して怠らなかった。聖人はそのことを称え、両人から本尊（法華経本門の教主である本尊の釈迦牟尼仏を勧請した大曼荼羅《だいまんだら》）の授与が要請された際には新尼だけにそれを許可している。

本状は、新尼・大尼から海苔の供養（恐らくは前日十五日の釈尊涅槃会《ねはんえ》にあたっての供養か）と本尊授与の依願があったことに対する新尼への返書である。前半では、はじめに供養に対する謝意を表し、次いで身延の風光が紹介され、山中の寂莫たる生活を語り、送られてきた故郷の海苔を見ては望郷の念を禁じ得ず、亡き父母を偲んで感涙おさえ難き心情を吐露している。

後半では、本尊授与に関する返答で、まず日蓮の大曼荼羅は三国仏教史上いまだかつてないもので、釈尊も一代聖教の中で法華経に至って、しかもその後半の本門のうちの更に八品（従地涌出品〜嘱累品）に限って説き顕した教えであり、その大法は末法救済のために本化の菩薩衆の中でも特に上行菩薩に付嘱されたものであるという特殊性を主張する。ここに、「起顕竟《きけんきょう》の法門」という日蓮聖人独自の法華経観が示される。この法門は、釈尊が出世の本懐であるところの法華経を滅後の弘経者に委託する「付嘱《ふぞく》」の儀式に着眼して整理された法門で、見宝塔品の宝塔涌現《ほうとうゆげん》から始まり、如来寿量品の仏寿長遠《ぶつじゅじょうおん》の開顕《かいけん》を経て、如来神力品の別付属・嘱累品の総付属で究竟《くきょう》するという本門である。

そして、日蓮は、上行菩薩の先駆として、迫害を耐え忍んで法華経を弘通《ぐづう》してきたのであると述べ、法華経の信仰を途中で退転した大尼の本尊授与の要請を拒否し、信心堅固な新尼にのみ授与し、信仰を貫徹するよう教訓している。重恩ある大尼の願いといえども、法華経に違背することはできないという聖人の厳格な態度が読み取れる。

【遺一六四、定八六四、全七―二一三、歴八四四c】

【三八二】大尼《おおあま》御前《ごぜ》御返事《ごへんじ》

系年：弘安三年（一二八〇）九月二十日。年齢：五十九歳。述作地：甲斐国身延。対告：大尼。真蹟：断片一紙。所蔵：京都府妙覚寺蔵。

本状は、全二十二紙の末尾一紙のみが伝存するが、写本等も伝わらず、全容は詳らかでない。日付から、秋の彼岸の季節の述作となるか。

対告の大尼《おおあま》は、安房国長狭郡《ながさのごおり》の領家の女主人であり、日蓮聖人は「領家の尼ごぜん」ともいっている。聖人幼少の頃から両親に恩恵を与えていた人物で、東条郷の地頭東条景信《とうじょうかげのぶ》から領家の土地を侵犯されそうになった時には聖人の尽力を得て事なきを得ている。所領争いの顛末については、『清澄寺大衆中《せいちょうじだいしゅちゅう》』【二〇五】を参照のこと。

大尼の娘（あるいは嫁）と思われる新尼《にいあま》に宛てた『新尼御前御返事《にいあまごぜごへんじ》』【一六四】によれば、大尼は、日蓮聖人に帰依していたが、文永八年（一二七一）の龍口・佐渡法難の際に信仰を退転して聖人に叱責されていることが知られる。

本状においても、大尼の退転について触れ、堕獄の後に題目を唱えても救われないことを諭し、現在もたびたび日蓮に祈禱を依頼してくることに不審な思いを懐いていることを明かす。そして、尼の本心を確かめてから祈禱を行うつもりであるが、現世安穏はあまり期待してはならないことを述べ、来世に霊山浄土に詣でることができるよう今後は功徳を積むように教諭する。

【遺三八二、定一七九五、全七―二三二、歴一三九d】

【三八一】光日尼御返事《こうにちあまごへんじ》

系年：弘安三年（一二八〇）九月十九日。年齢：五十九歳。述作地：甲斐国身延。対告：光日尼。真蹟：断片一紙。所蔵：静岡県富士久遠寺蔵。

対告の光日尼《こうにちあま》は、「光日上人」「光日房」とも呼ばれた安房国天津《あまつ》在住の女性信徒。文永十一年（一二七四）六月八日に若くして死んだ子の弥四郎《いやしろう》が、生前に日蓮聖人を尋ねて、武士の所従であるための生命の危さと、それに伴う母の不安とを訴えたことがあり、また尼は、殺人を生業とする武士である子の後生を愁えて聖人に供養を願ったことがある。それらの事実の中に、尼たちの階層の社会的な立場と心情とをうかがうことができる。

本状は短文であるが、光日尼が女性に特有の三従《さんじゅう》・五障《ごしょう》の絆を断ち切り、仏道三昧に入ったことを称えている。ちなみに、「三従」は儒教の所説で、幼にしては父母に従い、嫁しては夫に従い、老いては子に従うという、女人の従うべき三つの道徳をいい、「五障」は仏教の所説で、女人は梵天王・帝釈天王・魔王・転輪聖王《てんりんじょうおう》・仏の五身を成ずることができないとする障礙をいう。

〔遺三八一、定一七九五、全七―二三四、歴三三九b〕

【四〇九】光日上人御返事《こうにちしょうにんごへんじ》

系年：弘安四年（一二八一）八月八日。年齢：六十歳。述作地：甲斐国身延。対告：光日尼。真蹟：十二紙。所蔵：山梨県身延久遠寺曾存。写本：朝師本録内御書。

真蹟は、明治八年（一八七五）一月十日の身延山の大火で焼失したため現存しないが、寂照院日乾《じゃくしょういんにちけん》の記録である『身延山久遠寺御霊宝《ごれいほう》記録（日乾目録・乾師目録）』によれば、全十二紙からなっていたことが読み取れる。また、同年五月の蒙古襲来について触れているところから、弘安四年（一二八一）の筆に系《か》けられる。対告の光日尼《こうにちあま》については、『光日尼御返事《こうにちあまごへんじ》』【三八一】を参照。

まず、法華経を誹謗し経行の行者を軽賤憎嫉《きょうせんぞうしつ》する者は、命終《みょうじゅう》して阿鼻《あび》獄（無間《むけん》地獄）に堕ちるであろうと説く『法華経』譬喩品の文を引き、地獄の様相と受苦を述べる。次いで、法華誹謗・日蓮軽賤・三宝誹謗の科《とが》によって、日本国の人々は現世に修羅道、後生に無間地獄に堕ちるであろうと述べ、これに対して法華経を信用する光日尼を称える。

また、遺龍《いりょう》の故事（『法蓮鈔』【一七五】参照）を引いて、子の弥四郎《いやしろう》に先立たれたことに触れ、「彼にになはれ、彼にとぶらはれんと思ひしに、彼をとぶらふうらめしさ、後如何《のちいか》があらんと思ふこゝろぐるしさ。いかにせん、いかにせん」と母尼の無念に同情し、我が子を思うあまりに出家して法華経の行者となった光日尼であるから、「母と子と倶に霊山浄土へ参り給ふべし。其の時の御対面いかにうれしかるべき、いかにうれしかるべき」と、霊山浄土での再会を期《ご》する旨を教示している。

【遺四〇九、定一八七六、全七―一三五、歴三三九c】

【四四〇】出雲尼御前御返事《いずもあまごぜごへんじ》

系年：弘安元年（一二七八）十二月一日。年齢：五十七歳。述作地：甲斐国身延。対告：出雲尼。真蹟：断片一紙。所蔵：神奈川県匡真寺蔵。

安房在住の出雲尼《いずもあま》に充てられた書状。紙端に「五」と記されているところから、全五紙からなる書状の最末の一紙であることがわかる。断片のため全文の内容は未詳であるが、身延の日蓮聖人を訪ねた後に安房への帰路についた出雲尼の道中を心配する様子が、その文面から見て取れる。

【遺四四〇、定三〇二一、全七―二四二、教二一一c】

【三七一】千日尼御返事《せんにちあまごへんじ》

系年：弘安三年（一二八〇）七月二日。年齢：五十九歳。述作地：甲斐国身延。対告：千日尼。真蹟：全二十三紙。所蔵：新潟県佐渡妙宣寺蔵。

千日尼《せんにちあま》は、佐渡国の国府在住の女性檀越。今日の佐渡妙宣寺《みょうせんじ》の開山となった阿仏房日得《あぶつぼうにっとく》の妻。阿仏房は、承久の乱で佐渡に流された順徳上皇に随う北面の武士であったという。日蓮聖人の佐渡流謫を機に帰依した阿仏房夫妻は、官憲の弾圧にもめげず献身的な外護をした。千日尼という法号は、聖人在島の約千日間に及ぶ給仕にちなんで授けられたものという。

日蓮聖人が佐渡を去って身延山に入った後、阿仏房は三度も身延に聖人を慰問しているし、阿仏房の没後は、子息藤九郎守綱《とうくろうもりつな》（盛綱）が、法華信仰を継承して入道（後阿仏房）したことや、父の遺骨の埋葬とその墓参のために少なくとも二度は身延登山をしていることが知られるが、それらの事実を蔭で支えていたのが千日尼の深い信仰と熱い外護の誠であったことはいうまでもない。

さて、本状は、藤九郎守綱が、前年に故阿仏房の遺骨を身延に納め、父の墓を造ったのに続いて、再び身延を参詣し、聖人に供養の品を奉じ、父の墓参を遂げたことに対して、藤九郎に托して母尼に充てられた弔慰の書状である。『法華経』方便品の「無一不成仏《むいつふじょうぶつ》」の文を引いて、故精霊は「霊鷲山《りょうじゅせん》の山の中に多宝仏の宝塔の内に東むきにをはす」と阿仏房の霊山浄土での姿を描出し、成仏を疑いなきものとして教示する。ついで、夫を亡くした千日尼の心を思いやりながらその悲しみを叙し、霊山での夫との再会を説いて信心を励ましながら、藤九郎の孝養の深さを讃歎して、「子は財《たから》」の説話を述べて、孝子をもった母を力づけている。

なお、「子は財」の説示は、『心地観経《しんじかんぎょう》』巻二（『正蔵』三巻三〇二頁b）の「其の男女、追勝の福を以って大金光有りて地獄を照らし、光中深妙の音を演説し、父母を開悟発意せしめ」の文を受けて、報恩孝行して親を導くような子を財産に譬えたもので、遺文では、安足《あんそく》国王、目連《もくれん》、浄蔵《じょうぞう》・浄眼《じょうげん》などの人物を引き合いに語られる。これと対比して例示される「子は敵《かたき》」の説示は、同じく『心地観経』巻三（『正蔵』三巻三〇二頁b）の「世人、子のために衆の罪を造り、三塗に堕在し長く苦を受く。男女、聖に非ず、神通なく、輪廻を見ざれば報ずること難し」の文を受けて、子が親に対して恩を忘れ、不孝を行い、敵対することを説いたもので、遺文では、鷲、梟、破鏡《はけい》獣などの動物や、玻《は》瑠璃王《るりおう》、阿闍世王《あじゃせおう》、安禄山《あんろくざん》、安慶緒《あんけいしょ》、史師明《ししめい》、史朝義《しちょうぎ》、善星比丘《ぜんしょうびく》、源義朝などの人物を例に挙げ、教示される。

〔遺三七一、定一七五九、全七―二四三、歴六三四c〕

【一八二】国府《こう》尼《あま》御前《ごぜ》御書《ごしょ》

系年：建治元年（一二七五）六月十六日。年齢：五十四歳。述作地：甲斐国身延。対告：国府尼。真蹟：全七紙。所蔵：新潟県佐渡妙宣寺蔵。

国府尼《こうのあま》は、佐渡国の国府在住の女性檀越。夫の国府入道とともに、身の危険をもかえりみず佐渡流謫中の日蓮聖人に給仕し、聖人が身延に入山して後も、夫を遣わすなどして外護を怠らなかった。国府入道夫妻には子がなかったので、老後の生活を身延で送るようにと日蓮聖人に勧められている。国府入道夫妻の事蹟については、『こう入道殿御《にゅうどうどのご》返事《へんじ》』【一七二】を参照。

本状は、国府尼より送られてきた単衣の礼を述べ、法華経の行者を供養する功徳を説く。そして、日蓮は日本国を救うために法華経を弘め、そのため人々からあだをなされたが、国府尼と夫の入道は、そのような日蓮を佐渡において庇護した篤信の檀越であると、佐渡在島中にこうむったひとかたならぬ恩義に深い感謝を捧げている。結びに、この世の別れが来たならば、霊山浄土《りょうぜんじょうど》での再会を期待して筆を置いている。

〔遺一八二、定一〇六二、全七―二五五、歴三二四a〕

【二四四】中興政所女房御返事《なかおきまんどころにょうぼうごへんじ》

系年：建治三年（一二七七）四月十二日。年齢：五十六歳。述作地：甲斐国身延。対告：中興政所女房。真蹟：断片一紙。所蔵：個人蔵。

本文三行の紙片と日付以下の紙片とを貼り合わせたものであるので、中興政所《なかおきのまんどころ》女房《にょうぼう》という人物が実在したことは確認できるが、そのほかは不明である。

中興政所女房が、「中興入道女房」と同一人であるとすれば、それは佐渡国在住の中興入道の妻。日蓮聖人の在島中に帰依して夫とともによく外護に勤め、聖人が身延に入山した後も供養の銭を届けている。なお、当時の政所とは行政・財政・訴訟を担当した役所のことであり、またそこに勤務した職員を指していう。

本状は、前文を欠くため、文意が読み取れないが、夫婦の偕老同穴《かいろうどうけつ》の契りについて触れている。

［遺二四四、定一三〇一、全七―二六〇、歴八二六b］

【二八四】是日尼御書《ぜにちあまごしょ》

系年：弘安元年（一二七八）四月十二日。年齢：五十七歳。述作地：甲斐国身延。対告：是日尼。真蹟：断片二紙。所蔵：京都府本満寺蔵。

是日尼《ぜにちあま》は、佐渡国在住の女性檀越。夫の入道を身延山に遣わして日蓮聖人の給仕を勤めさせている。本状は、夫が佐渡から身延へ来て日蓮に給仕したことに対して感謝の意を述べ、「御本尊一ふく（幅）かきてまいらせ候ふ」と、法華経本門の教主である本尊の釈迦牟尼仏を勧請した「大曼荼羅《だいまんだら》」一幅《いっぷく》を授与したことが記される。なお、現存する大曼荼羅には、該当するものは確認されない。

［遺二八四、定一四九四、全七—二六一、歴六一九d］

【八〇】南部六郎殿御書《なんぶろくろうどののごしょ》

系年：文永八年（一二七一）五月十六日。年齢：五十歳。述作地：相模国鎌倉か。対告：波木井実長（南部実長）。真蹟：伝来未詳。

書名の南部六郎とは、甲斐国南部郷およびその近辺を領し、波木井《はきい》郷に住した波木井実長《はきいさねなが》（南部実長）のことである。日蓮聖人は実長を「南部六郎」「南部六郎三郎」「波木井」「はきり」などと呼んでいる。実長は子の実継《さねつぐ》が日興と親しかった縁で聖人の門下に身を投じた人で、その入信の時期は文永六年（一二六九）のころであったと推測されている。文永八年（一二七一）の龍口法難とそれに次ぐ聖人の佐渡配流という門下の危機にも信仰をまげず、流罪赦免後鎌倉に帰った聖人を領内の身延山に迎えて入滅にいたるまで給仕に勤めたばかりでなく、聖人没後の身延廟所《びょうしょ》の護持丹精に尽力した。詳しくは、『富木殿御書』【一四四】を参照のこと。

本状の真蹟は伝来せず、写本として『延山録外《えんざんろくげ》』所収のものがある。前文を欠くが、国家の内外二種の謗法（日本六十六ヶ国の謗法と王城九重の謗法）について論じ、謗法によって民衆は数を減じ、讃経《さんぎょう》の勤めがあれば七難《しちなん》を退散できる旨が述べられている。

〔遺八〇、定四八七、全七―二六二、歴八四四a〕

【九九】女人某御返事《にょにんぼうごへんじ》

系年：文永九年（一二七二）三月頃。年齢：五十一歳。述作地：佐渡国塚原。対告：未詳。真蹟：一紙十五行断片。所蔵：静岡県西山本門寺蔵。

本状は、真蹟第四紙十五行が伝わるのみで、前後を欠くため、全体の文意は詳らかでない。夫と死別し、幼子を抱えている境遇が語られている。

充所である「女人の某」について、『昭和定本日蓮聖人遺文』の脚注は「乙御前母（日妙尼）」とするが、本状断簡は、全百六十九字のうち、女・御・身および人（五字）の字の計八箇所だけしか漢字が用いられていない。これは対象の教養（識字能力）に応じて採られた筆法であろうから、宛先人は、『日妙聖人御書』【一〇七】や『乙御前母御書』【一三二】の日妙尼とは別人と考えるべきであるとされ、文体は『衣食御書《えじきごしょ》』【三二三】に類することが注目されている。しかしながら、日蓮聖人は、仏教の教義や法門に明るくない信者や、識字力が少なかったといわれる女性信徒に対して書を送り届ける際に、遣わした弟子を介して書面を代読・解説させていた可能性も考えられるので、文体だけでは判断できない部分があることを付記しておく。

〔遺九九、定六一〇、全七—二六五、歴八八四b〕

【二九九】種種物御消息《すずものごしょうそく》

系年：弘安元年（一二七八）七月七日。年齢：五十七歳。述作地：甲斐国身延。
対告：未詳。真蹟：断片二紙。所蔵：静岡県岩本実相寺・東京都堀之内妙法寺蔵。

冒頭で檀越から供養された品を法華経の宝前に捧げたことを報ずる。対告について、『高祖遺文録』では「松野殿」に比定するが、定かではない。松野氏については、『松野殿御消息《まつのどのごしょうそく》』【二〇七】を参照のこと。
法華経謗法の罪は十悪五逆の大罪にも超えるから、当時の天台座主、教王護国寺（東寺）・仁和寺門跡（御室《おむろ》）・南都七大寺の検校《けんぎょう》、園城寺の長吏《ちょうり》などの真言師、禅宗・念仏宗・律宗の僧尼は無間地獄に堕ちることになる。この法門を知って、忍難弘経する日蓮は、過去の常不軽菩薩であり、その功徳は智顗《ちぎ》・最澄《さいちょう》にも勝る。その日蓮を供養する貴殿は日蓮の過去の父母に違いないと、深く感謝の意を表している。

〔遺二九九、定一五二九、全七―二六六、歴六〇四a〕

【三〇四】芋一駄御書《いもいちだごしょ》

系年：弘安元年（一二七八）あるいは建治三年（一二七七）八月十四日。年齢：五十七歳あるいは五十六歳。述作地：甲斐国身延。対告：南条氏か。真蹟：全二紙。所蔵：静岡県富士大石寺蔵。

南条氏から芋一駄・薑《はじかみ》五十把が届いたことに対する返書。身延の情景が描写され、山には供養されたような芋も見えず、薑も生えない。そのような有り難い佳品が供養されたことを法華経に捧げたので、この供養の志は釈尊にも届いたであろうことを述べている。

〔遺三〇四、定一五五〇、全七―二七一、歴七四d〕

【三一一】初穂御書《はつほごしょ》

系年：弘安元年（一二七八）十月二十一日。年齢：五十七歳。述作地：甲斐国身延。対告：未詳。真蹟：断片一紙十四行。所蔵：静岡県富士大石寺蔵。

身延に初穂料が納められたことにたいする礼状と思われるが、末尾の一紙が伝存するのみで、全文の大意は未詳。花押の形態が弘安期のものであること、「法華経の御宝前」という発想は弘安年間以前にはないものであることなどから、系年が推定される。

また、対告についても、『大豆御書』【三八七】、『御所御返事』【四四三】同様、宛名が、「御所御返事」となっているが、誰人であるか未詳。

［遺三一一、定一五九二、全七―二七三、歴九二一c］

【三一九】食物三徳御書《しょくもつさんとくごしょ》

系年：弘安元年（一二七八）。年齢：五十七歳。述作地：甲斐国身延。対告：未詳。真蹟：断片四紙。所蔵：静岡県富士大石寺蔵。

食物《じきもつ》の供養に対する礼状の一節で、前後を闕失するため、全体の文意は明らかではないが、食物には、命をつなぎ、色を増し、力を添える三つの徳があることを説いて、物を施せば我身の扶けとなると教示する。対告は未詳であるが、大石寺に伝来することを考慮すれば、あるいは南条氏に充てられたものかも知れない。

［遺三二九、定一六〇七、全七―二七四、歴五六九ｃ］

【三三〇】師子王御書《ししおうごしょ》

系年：弘安元年（一二七八）。年齢：五十七歳。述作地：甲斐国身延。対告：未詳。真蹟：六紙。所蔵：静岡県富士大石寺蔵。

本状は第十一紙以下の六紙の断簡で、元はかなりの長文であったと思われるが、首尾を欠いているので、全文の文意は明らかでなく、対告も未詳。

内容は、教主釈尊を信じない者に失《とが》があるように、法華経の行者日蓮に仇をなす人と国には災禍が起こる。法華経・釈尊に違背し空海・円仁・円珍の三大師の真言密教を登用した国が、王法・仏法ともに亡びた例として、承久の乱と明雲《みょううん》の死を例に挙げて証明する。そして、師子王《ししおう》のごとき日蓮の門弟は、不惜身命《ふしゃくしんみょう》の気概をたもてと誡め、日蓮が諸宗の勝劣・仏経の旨趣・日本国の興亡を知るのは、ひとえに法華経の力によると記している。

［遺三三〇、定一六〇八、全七―二七六、歴四四五ｃ］

【三二三】衣食御書《えじきごしょ》

系年：弘安元年（一二七八）。年齢：五十七歳。述作地：甲斐国身延。対告：未詳。真蹟：断片一紙九行。所蔵：京都府妙蓮寺蔵。

尼御前某より鵞目《がもく》（銭）一貫文・衣・食物の供養が届いたことに対する返状。食物は血色をよくし、力をつけ、命をのばす、衣は寒さを防ぎ、暑さをおさえ、恥をかくすと説いている。充所の尼御前が誰人であるかは未詳。

［遺三一三、定一六一九、全七―二八〇、歴一一三a］

【三二四】十字御書《むしもちごしょ》

系年：弘安元年（一二七八）十二月二十一日。年齢：五十七歳。述作地：甲斐国身延。対告：堀内氏か。真蹟：全一紙。所蔵：京都府瑞龍寺蔵。

十字《むしもち》（蒸餅）と炭の供養に対する返状。日蓮聖人が常に用いる料紙の半分の大きさであるところから、恐らく供養品が届けられた直後に傍らに置いてあった本紙に書をしたためたものと思われる。

宛名に記された「ほりの内殿」が誰であるかは明らかではないが、その呼称と施物の内容から甲斐国または駿河国の在地の土豪であったことが知られる。

【遺三二四、定一六二〇、全七―二八一、歴一一一三b】

【三九八】法衣書《ほうえしょ》

系年：弘安三年（一二八〇）。年齢：五十九歳。述作地：甲斐国身延。対告：富木尼か。真蹟：四紙。所蔵：千葉県中山法華経寺蔵。

檀越から衣の布と単衣を供養されたので、その志を謝し、過去世に衣を人に施した報果で生まれながらに衣を身につけていたという鮮白比丘尼《せんびやくびくに》の故事を引いて、衣供養の功徳の甚大なるを述べ、法華経を信じ行者を供養すれば「無一不成仏《むいつふじょうぶつ》」の仏の金言《きんげん》の如く、布施供養の功徳によって成仏は疑いないと教示する。

対告については確証はないが、鮮白比丘尼の故事が書かれ、特に女人成仏について教示しているところから、富木尼ではないかと推定されている。

【遺三九八、定一八五四、全七―二八二、歴九九九d】

【四三〇】莚三枚御書《むしろさんまいごしょ》

系年：弘安五年（一二八二）三月上旬。年齢：六十一歳。述作地：甲斐国身延。対告：南条時光か。真蹟：断片四紙。所蔵：静岡県富士大石寺蔵。

莚三枚・生和布《なまわかめ》一籠の供養に対する礼状。本文は後欠であるが、文面から恐らくは南条時光に充てられた書状と類推される。

文初に「三月一日より四日にいたるまでの御あそび」とあり、南条時光が日蓮聖人の許で遊楽したとすれば、時光の重病が平癒したので、その礼参に身延に詣でて、元気になった姿を聖人に見せたという。そのため、日蓮聖人自身も自分の痩せ病もなおり、虎とるばかりに元気になったと、時光の快癒を自分のことのように悦んでいる。

〔遺四三〇、定一九一三、全七―二八五、歴一一一四b〕

【四三五】御衣布《おんころもぬの》給《たまい》候御返事《そうろうごへんじ》

系年：文永十一年（一二七四）あるいは文永十二年（一二七五）。年齢：五十三歳あるいは五十四歳。述作地：甲斐国身延。対告：未詳。真蹟：全一紙。所蔵：京都府本法寺蔵。

対告は未詳で、その内容は十二色の衣布が届いたことにたいする返書である。度々の供養に感謝の意を表している。

【遺四三五、定一八七三、全七―一八七、歴一五五d】

【四四三】御所《ごしょ》御返事《ごへんじ》

系年：弘安四年（一二八一）七月二十七日。年齢：六十歳。述作地：甲斐国身延。対告：未詳。真蹟：二紙。所蔵：東京都個人蔵。

宛所に「御所」としたためられているが、何を示す語であるかは詳らかではない。一般に言われる皇室の住居や幕府の在所を指すものではなく、特定の建物や屋敷を指す語として用いられたか。あるいは、身分の高い人物に対する尊敬かと思われる。同様の事例は、『大豆《だいず》御書《ごしょ》』【三八七】にみえる。

内容は、清酒《すみざけ》・瓶子《へいじ》の供養に対する礼状となっている。瓶子は、酒を入れて杯に注ぐために用いる酒器。文面は、途中に脱文があると思われるため、全文の内容は読み取れない。

【遺四四三、定二〇二三、全七―二八八、教三一九c】

あとがき

「日蓮聖人遺文」編纂は、直弟子以来、綿々と受け継がれた願業であった。

「日蓮聖人遺文」の編纂・出版等については、立正大学日蓮教学研究所編『日蓮聖人遺文辞典』歴史篇（身延山久遠寺刊行）の「遺文」の項目（高木豊執筆）に詳しいが、その「あらまし」を、以下に簡潔に記しておくこととする。

＊

「日蓮聖人の遺文」は門下によって大切に伝えられたが、順次、それら伝承された遺文を『遺文集』として総集する念願が続けられた。室町時代に『録内御書』（あるいは「御書録内」）・『録外御書』が編まれたが、それについては次のような伝承が基となっている。すなわち、日蓮聖人第一周忌の際に「御書目録」がつくられ、その「目録」に記載された遺文を集めたものが『録内御書』、さらに「御書目録」に記載されていなかった遺文を『録外御書』としたという伝承である。この伝承に基づいての、日蓮聖人の著作や手紙を正確に伝えようとする試みである。これら『録内御書』『録外御書』が筆写される段階を経て、江戸時代になると録内御書』『録外御書』がつぎつぎと版本として出版されるようになった。ところが、これらは総じて「五大部」（五大著作）を中心に、内容や手紙の受け取り先などの部類別に編集されたものであった。それに対して、日蓮聖人の御生涯を理解するには、年代順の編集が希望されるようになった。しかし、多くの遺文には年号等の記載がないので、年代順の編集は困難をきわめた。

多くの学僧たちが、熱心に研究を続けたが、それらを集めて年代順による「遺文集」をつくるには至らなかった。藤沢の医師・小川泰堂居士は、先学の研究にさらに検証を加え、『高祖遺文録』を編み、慶応元年（一八六五）に版本（三十冊）として刊行され、さらに明治十三年（一八八〇）に活字本（三十冊）が出版された。活字本の段階では、身延山久遠寺が賛同し、また遺族の献身があったと聞く。そしてさらに、その後も連綿として研究・筆写・刊行の歴史がつづけられていったのである。

『高祖遺文録』は画期的な「遺文集」である。が、なにぶん数十冊に及び、携帯に困難が伴った。芝・承教寺住持の加藤文雅師は、印刷技術の発展を受け、檀徒某氏の支援のもとに、日蓮聖人立教開宗六百五十年（明治三十五年（一九〇二））を期して、霊艮閣版『日蓮聖人御遺文』編纂を企図し、明治三十七年（一九〇四）に刊行を実現した。「霊艮閣版」とも、「縮刷遺文」とも呼ばれるように、一冊の携帯版になったのである。後年、日蓮宗管長に就いた山田日真師は、日露戦争に従軍した際、胸に凶弾を受けたが、胸に抱いていたその「縮刷遺文」で凶弾が止まり、一命を取り留めたと語ったのを聞いたことがある。

『日蓮聖人御遺文』編纂にあたっては、御本山など寺院の所蔵される日蓮聖人の御真蹟（御真筆）と校合し、また従来、記載されていなかった日蓮聖人御真蹟御遺文も収載されている。その作業については、承教寺付近の円真寺住職・稲田海素師（後に立正大学教授）の献身があった。稲田海素師は、後に日蓮正宗管長に就いた堀日亨師とも、晩年まで親交がつづいたという。堀日亨師も日蓮聖人御遺文の研究に熱心で、宗派を超えての日蓮聖人御遺文研鑽の友情が交わされていたものであろう。稲田海素、堀日亨の両師とも、つぎに誌《しる》す『昭和定本日蓮聖人遺文』の顧問を務めている。

加藤文雅編『日蓮聖人御遺文』から、ほぼ五十年後、日蓮聖人立教開宗七百年にあたって昭和二十七年（一九五二）～三十四年（一九五九）にかけて『昭和定本日蓮聖人遺文』が、編集・刊行されて、いわば標準遺文として普及した。昭和二十年敗戦後の困難な時期であったが、坂本幸男師（立正大学仏教学部長・立正大学宗学研究所副所長）の尽力があって、永年、「御遺文」研究に挺身してきた鈴木一成師（立正大学仏教学部宗学科主任教授）の編纂主任、望月歓厚師（立正大学前学長・宗学研究所長）の監修により、四巻の『昭和定本日蓮聖人遺文』が身延山久遠寺から刊行されたのである。

なおこの間、枚挙にいとまがないほど、さまざまな「遺文集」が相次いで刊行されている。特筆すべきは、大正三年（一九一四）に刊行された田中智学居士監修『類纂高祖遺文』（獅子王文庫）などの試みである。

＊

日蓮聖人遺文研究に新たな光をもたらしたのは、明治以降、写真技術の導入に伴う『日蓮聖人御真蹟』（ご真筆確認の研究に基づく美術印刷）の出版が行われたことである。大正二年（一九一三）～三年（一九一四）、神保辨静師編『日蓮聖人真蹟』二十冊が刊行されたが、さらにその遺志を継いで、片岡随喜居士は立正安国会を率いて、戦争中の困難な中で事業を継続し、ついに昭和三十四年（一九五九）に『日蓮大聖人御真蹟』四十八巻二十二冊五函（美麗な漆塗りの五函に収蔵される）を完成させた。なお、この立正安国会版『日蓮大聖人御真蹟』を中心に、富士大石寺所蔵真蹟を加えて、昭和五十一年（一九七六）～五十二年（一九七七）に法蔵館版『日蓮聖人真蹟集成』十巻が発刊され、基本テキストして尊重されている。

また、この他、山川智応居士らによる『現存日蓮聖人御真蹟』などの刊行も見られ、今日もさまざまに地道な作業が継続されている。

＊

こうした基本テキストのほか、多くの人の理解のための「遺文集」も数多く出版されている。大正十年（一九二一）、清水龍山師（立正大学学長）編になる『原文対照口語訳日蓮聖人全集』全七巻（隆文館）が出版された。しかし、時代の変遷は激しく、同書がすぐれた試みであるにもかかわらず、平成の世代には読み親しむことが難しい状態に遭遇したところから、渡邊寶陽・小松邦彰師（いずれも立正大学名誉教授）編として、九人の筆者の協力により『日蓮聖人全集』全七巻が、平成四年（一九九二）〜六年（一九九四）にかけて春秋社より刊行された。形式は大正十年の『原文対照口語訳』に倣い、「宗義1〜3」では、いわゆる『五大部』を中心として、それぞれの主要遺文に関連する遺文を巻毎に集めて解説。以下、「信行」「聖伝・弟子」「信徒1・2」の類別も、同様な試みによって構成した。全七巻の編成については、小松邦彰師の勘案によった。

＊

「日蓮聖人遺文」の註解・解説は、永年に亘って行われてきた歴史がある。それらに基づき、昭和六年（一九三一）の日蓮聖人第六百五十遠忌を機縁として、望月歓厚師を代表とする『日蓮聖人御遺文講義』十九巻（龍吟社・昭和六年（一九三一）〜十年（一九三五））が刊行された。また清水龍山師を代表とする『日蓮聖人遺文全集講義』二十八巻三十二冊が昭和七年（一九三二）〜昭和十五年（一九四〇）に刊行されている。なおこの他、数々の遺文講義が相次いで刊行されている。

＊

本書は、清水龍山編『原文対照口語訳日蓮聖人全集』の現代版とも言うべき渡邊寶陽・小松邦彰共編『日蓮聖人全集』を参考にしつつ、できるだけわかりやすく「日蓮聖人遺文」各篇について解説を試みたものである。渡邊寶陽、関戸堯海、高森大乗の三名で分担執筆し、意見を交わしながら編集を進めたが、各「遺文」の解説にあたっては、それぞれの筆者の研究関心による所見も織り込まれているところがある。御海容を願う次第である。

なお、この間、佼成出版社図書編集長の黒神直也氏をはじめ編集部諸氏の協力を得、殊に大室英暁氏の懇切な実務を得たことに謝意を表する。

本書によって、日蓮聖人への理解を深めて頂ければ幸甚である。

平成二十九年十月十三日

渡邊　寳陽
関戸　尭海
高森　大乗

参考文献

一、辞典

荒居英次他編『古文書用語辞典』柏書房、一九八三年
和泉新・佐藤保編『中国故事成語大辞典』東京堂出版、一九九二年
岩本裕編『日本仏教語辞典』平凡社、一九八五年
宇井伯寿編『仏教辞典』大東出版、一九五三年
梅田義彦著『日本宗教制度史』第二巻（中世編）、日本図書センター、二〇〇九年
袁珂著『中国神話伝説大事典』大修館書店、一九九九年
王敏編『中国歴代王朝秘史事典』河出書房新社、一九九九年
織田得能編『織田仏教大辞典』大蔵出版、二〇〇五年
勝崎裕彦他編『大乗経典解説事典』北辰堂、一九九七年
勝崎裕彦編『仏教ことわざ辞典』北辰堂、一九九二年
金子幸子他編『日本女性史大辞典』吉川弘文館、二〇〇八年
鎌田茂雄他編『大蔵経全解説大事典』雄山閣、一九九八年
鎌田茂雄他監修『仏教大事典』小学館、一九八八年
河村孝照編『天台学辞典』国書刊行会、二〇一三年
石川教張・河村孝照編『日蓮聖人大事典』国書刊行会、一九八三年
神田信夫・山根幸夫編『中国史籍解題辞典』燎原書店、一九八九年

国史大辞典編集委員会編『国史大辞典』全十四巻・別冊三巻、吉川弘文館、一九九〇年
総合仏教大辞典編集委員会編『総合仏教大辞典』上・下、法蔵館、二〇〇五年
大蔵経学術用語研究会編『仏典入門事典』永田文昌堂、二〇〇一年
田中智学監修・山川智応他編『本化聖典大辞林』全三巻、山喜房佛書林、一九七四年
多屋頼俊・横超慧日・舟橋一哉編著『新版仏教学辞典』法蔵館、一九九五年
塚本善隆編『望月仏教大辞典』全十巻、世界聖典刊行協会、一九六七年
寺尾善雄編『中国文化伝来事典』河出書房新社、一九八二年
中村元他編『岩波仏教辞典』岩波書店、一九八九年
中村元他編『広説仏教語大辞典』全四巻、東京書籍、二〇〇一年
中村元編『図説仏教語大辞典』東京書籍、一九八八年
中村元編著『仏教植物散策』東京書籍（東書選書）、一九八六年
中村元編著『仏教動物散策』東京書籍（東書選書）、一九八八年
難字大鑑編集委員会編『異体字解読字典』柏書房、一九八七年
日蓮宗寺院大鑑編集委員会編『日蓮宗寺院大鑑』大本山池上本門寺、一九八一年
日蓮宗事典刊行会編『日蓮宗事典』日蓮宗宗務院・東京堂出版、一九八一年
日宗十万人団結報恩会編『現代語訳法華辞典』山喜房佛書林、一九八〇年
日本古典文学大辞典編集委員会編『日本古典文学大辞典』岩波書店、一九八四年
貫達人他著『鎌倉廃寺事典』有隣堂、一九八〇年
龍谷大学編『仏教大辞彙』全五巻、冨山房、一九七二年
福永勝美著『仏教医学事典』雄山閣出版、一九九〇年
密教辞典編纂会編『密教大辞典』全六巻、法蔵館、一九八三年
宮崎英修編『日蓮辞典』東京堂出版、一九七八年
孟慶遠他編『中国歴史文化事典』新潮社、一九九八年
立正大学日蓮教学研究所編『日蓮聖人遺文辞典』歴史篇・教学篇、身延山久遠寺、一九八五・二〇〇〇

三年
和久博隆編著『仏教植物辞典』国書刊行会、一九七九年
渡邊寶陽監修『法華経の事典』東京堂出版、二〇一三年
『スーパー・ニッポニカ（ＤＶＤ）』小学館、二〇〇四年

二、年表
影山堯雄編『新編日蓮宗年表』日蓮宗宗務院、一九八九年
加藤友康他編『日本史総合年表』吉川弘文館、二〇〇一年
加藤興三郎編『日本陰陽暦日対照表』下巻、續文堂出版、一九九三年
鎌田茂雄他編『仏教史年表』法蔵館、一九七九年
斉藤昭俊編『仏教年表』新人物往来社、一九九四年
塚本善隆編『望月仏教大辞典』巻六「大年表」、世界聖典刊行協会、一九六七年
平岡定海他編『日本仏教史年表』雄山閣『論集日本仏教史』巻十、一九九九年

三、仏教典籍
関口真大校訂『昭和校訂天台四教儀』山喜房佛書林、一九九三年
安藤俊雄著『天台学——根本思想とその展開——』平楽寺書店、一九七八年
岩野真雄編『国訳一切経』大東出版、一九七八年
叡山学院編『伝教大師全集』全五巻、日本仏書刊行会、一九八九年
横超慧日著『涅槃経——如来常住と悉有仏性——』平楽寺書店（サーラ叢書、二十六）、一九八一年
苅谷定彦編『法華経一仏乗の思想』東方出版、一九八三年
河村孝照編『法華経概説』国書刊行会、一九八七年
河村孝照他編『卍新纂大日本続蔵経』国書刊行会、一九八五年
坂本幸男・岩本裕訳注『法華経』全三巻、岩波書店（岩波文庫）、一九六二年

佐々木憲徳著『天台教学』百華苑、一九七八年
勝呂信静著『ものがたり法華経』山喜房佛書林、一九九六年
勝呂信静著『法華経の成立と思想』大東出版、一九九六年
大正新脩大蔵経刊行会編『大正新脩大蔵経目録』大蔵出版、一九六九年
大法輪閣編集部編『これだけは知っておきたい法華経の基礎知識全28章を読み解く』大法輪閣、二〇一一年十月
高楠順次郎他編『大正新脩大蔵経』全八十五巻、大蔵出版、一九二四年
高橋智遍著『法華経概説』獅子王学会、一九七三年
中国仏教研究会編『摩訶止観引用典拠総覧』中山書房仏書林、一九八七年
中村元編『ジャータカ全集』全十巻、春秋社、一九八四〜一九八八年
中村元訳『真理のことば感興のことば』岩波書店（岩波文庫）四〇、一九九一年
日本仏書刊行会編『註解合編天台大師全集』全十五巻、日本仏書刊行会、一九八五年
廣田哲通著『中世仏教説話の研究』勉誠社、一九八七年
廣田哲通著『中世法華経注釈書の研究』笠間書院、一九九三年
法華経普及会編『真訓両読妙法蓮華経並開結』平楽寺書店、一九二七年
望月歓厚著『法華経講話』平楽寺書店、一九三五年
桃井観城著『経典伝来の研究』東方出版、一九九九年

四、遺文
浅井圓道著『観心本尊抄』大蔵出版（仏典講座、三十八）、一九八二年
浅井圓道撰『法華品類日蓮遺文抄』山喜房佛書林、一九八八年
浅井要麟編『昭和新修日蓮聖人遺文全集』上下巻・別巻一、平楽寺書店、一九三四年
石川教張著『日蓮聖人のものがたり世界』印度・中国・日本篇、国書刊行会、一九八五年
遠藤是妙編『祖書綱要删略大意』大泉寺、一九七一年

清水龍山他編『日蓮聖人遺文全集講義』全二十八巻、ピタカ、一九八五年
関戸堯海撰『日蓮聖人遺文涅槃経引用集』山喜房佛書林、一九九〇年
高森大乗編『昭和定本日蓮聖人遺文諸本対照総覧』山喜房佛書林、一九九八年
寺尾英智著『日蓮聖人真蹟の形態と伝来』雄山閣、一九九七年
中尾堯著『ご真蹟にふれる』日蓮宗新聞社、一九九四年
西山厚編『親鸞・日蓮の書』至文堂（『日本の美術』三百四十四号）、一九九五年
日蓮宗全書出版会編『日蓮宗全書』録内啓蒙本満寺、一九七五年
日蓮宗全書出版会編『日蓮宗全書』録内扶老本満寺、一九七七年
日蓮宗全書出版会編『日蓮宗全書』録内拾遺本満寺、一九七六年
日蓮宗全書出版会編『日蓮宗全書』御書鈔本満寺、一九七六年
日蓮宗全書出版会編『日蓮宗全書』御書註本満寺、一九七七年
日蓮宗全書出版会編『日蓮宗全書』録外考文附微考本満寺、一九七五年
日蓮宗全書出版会編『日蓮宗全書』祖書綱要刪略本満寺、一九七七年
日蓮宗全書出版会編『日蓮宗全書』日蓮上人伝記集須原屋書店、一九一〇年
日蓮宗全書出版会編『日蓮宗全書』本化別頭仏祖統記妙宝寺、一九七三年
日蓮聖人真蹟集成法蔵館編集部編『日蓮聖人真蹟集成』全十巻、法蔵館、一九七六年
日蓮聖人六百五十遠忌報恩記念会編『日蓮聖人御遺文講義』全十九巻、日蓮聖人御遺文研究会、一九三一年
身延山短期大学出版部編『本尊論資料』臨川書店、一九〇九年
山中喜八著『御本尊集』立正安国会、一九九〇年
山中喜八編著『定本注法華経』上・下、法蔵館、一九八〇年
米田淳雄編『平成新修日蓮聖人遺文集』連紹寺、一九九二年
立正安国会編『日蓮大聖人御真蹟対照録』全三巻、立正安国会、一九六七年
立正大学日蓮教学研究所編『昭和定本日蓮聖人遺文』全四巻、身延山久遠寺、二〇〇〇年

立正大学日蓮教学研究所編『日蓮宗宗学全書』全二十三巻、山喜房佛書林、一九六〇年～
渡邊寶陽・小松邦彰編『日蓮』立正安国論・開目抄・観心本尊抄、筑摩書房（『日本の仏典』九）、一九八八年
渡邊寶陽・小松邦彰編『日蓮聖人全集』全七巻、春秋社、一九九二～一九九六年

五、日蓮伝・日蓮教学

姉崎正治著『法華経の行者日蓮』講談社（講談社学術文庫、五百九十六）、一九八三年
今成元昭著『御遺文に登場する武人をめぐって』平楽寺書店『日蓮聖人研究』、一九七二年
上田本昌著『日蓮聖人における法華仏教の展開』平楽寺書店、一九八二年
庵谷行亨著『日蓮聖人教学の基礎』全四巻、山喜房佛書林、一九八九～一九九一年
庵谷行亨著『日蓮聖人教学研究』山喜房佛書林、一九九五年
川添昭二著『日蓮とその時代』山喜房佛書林、一九九九年
川添昭二著『日蓮と鎌倉文化』平楽寺書店、二〇〇二年
北川前肇著『日蓮教学研究』平楽寺書店、一九八七年
小松邦彰監修『詳解日蓮と日蓮宗』学習研究社（『宗教書ライブラリー』）、二〇一〇年
佐々木馨著『日蓮の思想構造』吉川弘文館、一九九九年
佐々木馨著『日蓮の思想構造』吉川弘文館、一九九九年
佐々木馨編『法華経の行者日蓮』吉川弘文館（『日本の名僧』十二）、二〇〇三年
執行海秀著『御義口伝の研究』山喜房佛書林、二〇〇六年
鈴木一成著『日蓮聖人正伝』平楽寺書店、一九四八年
関戸堯海著『日蓮聖人のふしぎな伝説と史実』山喜房佛書林、二〇〇八年
高木豊著『増補改訂日蓮――その行動と思想』太田出版、二〇〇二年
高木豊著『中世日蓮教団史攷』山喜房佛書林、二〇〇八年
高木豊著『日蓮とその門弟』弘文堂、一九六五年

高木豊著『日蓮攷』山喜房佛書林、二〇〇八年
髙橋俊隆著『日蓮聖人の歩みと教え』全五部、円山妙覚寺御遺文勉強会、二〇一〇～二〇一五年
田中圭一著『日蓮と佐渡』平安出版、二〇〇四年
田村芳朗・宮崎英修編『講座日蓮』全五巻、春秋社、一九七二～一九七三年
田村芳朗著『日蓮――殉教の如来使』日本放送出版協会、一九七五年
築島裕他編『中山法華経寺本三教指帰注総索引及び研究』武蔵野書院、一九八〇年
中尾堯著『日蓮』吉川弘文館（『歴史文化ライブラリー』百三十）、二〇〇一年
中村錬敬著『日蓮聖人と諸人供養』平楽寺書店、一九七二年
新倉日立著『日蓮聖人伝百話日蓮聖人伝の真実を求めて』二一会、二〇〇三年
廣野観順著『法剣数珠丸考及聖祖皇統説への一勘検』ニチレン出版、二〇〇〇年
法華仏教文化総合研究会編『日蓮聖人と弟子檀那もう一つの伝承説』（『法華学報』別冊特集二号）、一九九五年
法華仏教文化総合研究会編『日蓮聖人の御出自に関する三つの仮説』（『法華学報』別冊特集一号）、一九九四年
本間守拙著『日蓮の佐渡越後――遺跡巡りの旅――』新潟日報事業社、一九八九年
宮崎英修著『日蓮とその弟子』平楽寺書店、一九九七年
宮崎英修著『日蓮宗の人びと』正・続、宝文館出版、一九七六・一九八七年
宮崎英修著『日蓮聖人のお弟子たち』さだるま新書、一八九六年
望月歓厚著『日蓮教学の研究』平楽寺書店、一九五八年
山中講一郎著『日蓮自伝考』水声社、二〇〇六年
山中講一郎著『日蓮伝再考』平安出版、二〇〇四年一〇月
龍門寺文蔵著『日蓮聖人の不可思議体験』大蔵出版、一九九二年
渡邊寶陽著『日蓮宗信行論の研究』平楽寺書店、一九七六年
渡邊寶陽著『日蓮仏教論――その基調をなすもの』春秋社、二〇〇三年

六、仏教一般

浅井圓道編『本覚思想の源流と展開』平楽寺書店、一九九一年
金岡秀友著『密教の哲学』平楽寺書店（サーラ叢書、十八）、一九六九年
鎌田茂雄著『新中国仏教史』大東出版社、二〇〇一年
鎌田茂雄訳注『八宗綱要仏教を真によく知るための本』講談社（講談社学術文庫、五五五）、一九八一年
三枝充悳著『仏教入門』岩波書店、一九九〇年
定方晟著『インド宇宙誌』春秋社、一九八五年
菅沼晃編『インド神話伝説辞典』東京堂出版、一九八五年
高崎直道著『仏教入門』東京大学出版会、一九八三年
田上太秀監修『もう一度学びたいブッダの教え』西東社、二〇〇六年
渡辺守順著『説話文学の叡山仏教』和泉書院（『研究叢書』百九十一）、一九九六年

七、歴史

伊藤清司著『中国の神話・伝説』東方書店、一九九六年
袁珂編『中国の神話伝説』上下巻、青土社、一九九三年
オフィス・ポストイット編著『もう一度学びたい日本の歴史』西東社、二〇〇七年
神奈川県立金沢文庫編『蒙古襲来と鎌倉仏教』神奈川県立金沢文庫、二〇〇一年
上横手雅敬著『権力と仏教の中世史――文化と政治的状況――』法蔵館、二〇〇九年
川添昭二著『中世・近世博多史論』海鳥社、二〇〇八年
大黒喜道編著『日興門流上代事典』興風談所、二〇〇〇年
高木豊他編『仏教史概説日本篇』平楽寺書店、一九六三年
武田幸雄編訳『高麗史日本伝――朝鮮正史日本伝二――』上下、岩波書店（岩波文庫『四八七―一・

二）、二〇〇六年
千葉県史料研究財団編『千葉県の歴史』千葉県（『県史シリーズ』十六）、二〇〇四年
塚本啓祥他編『仏教史概説インド篇』平楽寺書店、一九六六年
中尾堯著『中山法華経寺史料』吉川弘文館、一九九四年
中山法華経寺誌編纂委員会編『中山法華経寺誌』同朋舎、一九八一年
野口実編『千葉氏の研究』名著出版（『第二期関東武士研究叢書』第五巻）、二〇〇〇年
野村耀昌他編『仏教史概説中国篇』平楽寺書店、一九六八年
平川彰著『仏教通史』春秋社、一九七七年
藤善真澄・王勇著『天台の流伝──智顗から最澄へ──』山川出版社、一九九七年
松尾剛次著『中世都市鎌倉の風景』吉川弘文館、一九九三年
村山孚他著『中国歴代皇帝伝』秋田書店（『歴史と旅』増刊九十号）、一九九八年
山根幸夫編『中国史研究入門』山川出版社、一九八三年
吉成勇編『日本古代史記紀・風土記総覧』新人物往来社（『別冊歴史読本』事典シリーズ、三十五）、一九九八年
吉成勇編『日本歴史古記録総覧』上下巻、新人物往来社（『別冊歴史読本』事典シリーズ、四・五）、一九八九・一九九〇年

八、その他

伊藤博之他編『仏教文学講座』全九巻、勉誠社、一九九四年
岩波書店編集部編『日本古典文学大系』全百巻、岩波書店、一九五七年〜
神奈川県立金沢文庫編『よみがえる鎌倉の学問』神奈川県立金沢文庫、二〇〇六年
小泉弘他校注『宝物集・閑居友・比良山古人霊託』岩波書店（新日本古典文学大系、巻四十）、一九九三年
五味文彦著『書物の中世史』みすず書房、二〇〇三年

佐藤進一著『新版古文書学入門』法政大学出版局、一九九七年
青山社編集部編『日蓮宗仏事故事便覧』青山社、二〇〇五年
永井義憲・貴志正造編『日本の説話』東京美術、一九七三年
中村史著『日本霊異記と唱導』三弥井書店（三弥井選書、二十二）、一九九五年
西崎亨編『日本古辞書を学ぶ』世界思想社、一九九五年
藤井隆著『日本古典書誌学総説』和泉書院、一九九九年
仏教説話大系編集委員会編『仏教説話大系』全二十巻、すずき出版、一九八一年〜
松本光隆著『平安鎌倉時代漢文訓読語史料論』汲古書院、二〇〇七年
満久崇麿著『仏典の植物』八坂書房、一九八七年
渡辺貞麿・鷲山横心編『仏教説話――研究と資料』法蔵館、一九七七年

日蓮聖人年譜

※各事項の末尾の（＊）印は月日を確定できないものを示す。

和暦	西暦	年齢	事蹟	仏教一般／政治・社会
貞応 元	一二二二	一	安房国東条郷小湊に生まれる（二月十六日）。	承久三（一二二一）承久の乱。
貞応 二	一二二三	二		道元入宋（二月）。
元仁 元	一二二四	三		親鸞『教行信証』を著す（一月）。念仏停止（八月五日）。北条義時没（六月十三日）。
嘉禄 元	一二二五	四		鎌倉幕府評定衆設置、鎌倉番役制定（十二月二十一日）。
嘉禄 三	一二二七	六		専修念仏停止、隆寛・幸西流罪（七月六日）。夏、道元帰国（＊）。
貞永 元	一二三二	十一		高弁没（一月十九日）。御成敗式目制定（八月十日）。
天福 元	一二三三	十二	安房国天台宗寺院清澄寺に登って道善房に師事する（＊）。この頃、虚空蔵菩薩に願を立つ（＊）。	道元、深草に興聖寺を開く（＊）。
嘉禎 三	一二三七	十六	道善房を師として出家し、是聖房と名のる（＊）。	この頃、懐奘、『正法眼蔵随聞記』を筆録す（＊）。
暦仁 元	一二三八	十七	『授決円多羅義集唐決』を書写する（十一月十四日）。この頃、鎌倉に遊学し、禅・念仏を学ぶ（＊）。	浄光、鎌倉に大仏を建立する（三月二十三日）。

延応　元	一二三九	十八		一遍生まれる（＊）。後鳥羽院隠岐にて没（二月二十二日）。
仁治　三	一二四二	二十一	清澄に帰り、『戒体即身成仏義』を著す（＊）。叡山に遊学する（＊）。	北条泰時没（六月十五日）。順徳上皇佐渡にて没（九月十二日）。
寛元　二	一二四四	二十三		道元、越前大仏寺開堂法会（九月一日）。
寛元　四	一二四六	二十五		蘭渓道隆来日（＊）。道元、大仏寺を永平寺と改称（六月十五日）。北条時頼執権に就任（三月）。
建長　三	一二五一	三十	京都富小路で覚鑁の『五輪九字明秘密釈』を書写する（十一月二十四日）。	宗性『日本高僧伝要文抄』を撰す（＊）。
建長　四	一二五二	三十一		道元『正法眼蔵』を著す（＊）。良観房忍性、関東下向し、鎌倉に着く（八月十四日）。宗尊親王将軍に就任（四月）。
建長　五	一二五三	三十二	清澄寺で法華信仰の勧奨を始める（四月二十八日）。立教開宗。	道元没（八月二十八日）。北条時頼、建長寺創建、蘭渓道隆開山（十一月二十四日）。円爾、鎌倉寿福寺に住す（＊）。然阿良忠『選択集伝弘決疑鈔』を著す（八月）。
建長　六	一二五四	三十三	この頃、領家の尼に代わり、念仏者の地頭東条景信と係争し、勝訴する（＊）。この頃、日蓮と名のる（＊）。不動・愛染二明王を図し、大日如来二十三代の相承を弟子（日吽か）に授く（六月二十五日）。清澄寺日吽に所持の『五輪九字明秘密釈』を書写させる（九月三日）。この月（九月）以降清澄寺を退出し、鎌倉に出る。	
建長　七	一二五五	三十四		親鸞『尊号真像銘文』『浄土文類聚鈔』『愚禿鈔』を著す（＊）。

康元 元	一二五六	三十五		鎌倉大風洪水（八月六日）。北条時頼執権を辞任し最明寺に出家、北条長時執権就任（十一月二十三日）。
正嘉 元	一二五七	三十六		然阿良忠『決答授手印疑問鈔』を著す（二月）。親鸞『聖徳太子和讃』『一念多念文意』を著す（＊）。鎌倉大地震（八月二十三日）。
正嘉 二	一二五八	三十七		天災地変、飢饉、餓死、病死等続出（＊）。親鸞『正像末法和讃』を再治す（九月）。暴風（八月一日）。諸国に群盗蜂起（九月二十一日）。大雨大洪水（十月十六日）。疫病大流行（＊）。
正元 元 文応 元	一二五九 一二六〇	三十八 三十九	『守護国家論』を著す（＊）。『災難興起由来』『災難対治鈔』を著す（二月）。『立正安国論』を著し、前執権北条時頼に上呈する（七月十六日）。鎌倉の草庵を焼打され（八月二十七日。松葉谷法難）下総に難を避ける。	兀庵普寧来日（＊）。然阿良忠『徹撰択集抄』を著す（三月）。然阿良忠『浄土宗要集』を著す（六月）。疫病流行（＊）。
弘長 元	一二六一	四十	この頃、鎌倉法然浄土教徒の道阿道教・長安寺能安らと法論、のち浄土教徒に草庵を襲撃される（＊）。捕えられ、伊豆伊東に配流される（五月十二日。伊豆法難）。	
弘長 二	一二六二	四十一	『四恩鈔』を著す（一月十六日）。『教機時国鈔』を著す（二月十日）。『顕謗法鈔』を著す（＊）。	西大寺叡尊、鎌倉に下向（二月）。春、忍性、鎌倉多宝寺に住す（＊）。親鸞没（十一月二十八日）。
弘長 三	一二六三	四十二	伊豆配流を赦免される（二月二十二日）。	北条時頼没（十一月二十二日）。

文永　元	一二六四	四十三	安房東条松原の大路で、東条景信に襲撃される（十一月十一日。小松原法難）。南条兵衛七郎に書を送る（十二月十三日）。	兀庵普寧帰国（＊）。幕府惟康王を将軍に奏請す（七月二十一日）。京都・西国大風雨（八月十八日）。
文永　二	一二六五	四十四	この頃、南条兵衛七郎の訃報を聞き駿河に下向し弔問する（＊）。	
文永　三	一二六六	四十五	この頃、安房に帰省する（一月）。『法華題目鈔』を著す（一月六日）。この頃、天台大師講を始める（＊）。	
文永　四	一二六七	四十六		良観房忍性、極楽寺に住す（八月）。
文永　五	一二六八	四十七	『安国論副状』を著す（＊）。『安国論御勘由来』を著す（四月五日）。宿屋最信へ蒙古に関する意見を書き送る（八月二十一日）。再び宿屋入道に書を送る（九月）。『立正安国論』の趣旨を諸方に書き送る（十月十一日）。	凝然『八宗綱要』を著す（一月）。蒙古の国書到来（一月）。幕府、讃岐御家人に命じ蒙古襲来に備えさせる（二月二十七日）。北条時宗執権に就任（三月）。諸社寺に蒙古調伏を祈らしむ（四）。
文永　六	一二六九	四十八	富木常忍等に問注得意の事を書き送る（五月九日）。『立正安国論』の趣旨を再び諸方に書き送る（十一月）。『立正安国論』を書写す（十二月八日）。	延暦寺衆徒日吉社等の神輿を奉じて強訴す（一月十日）。高麗の使者、国書を届ける（九月十七日）。
文永　七	一二七〇	四十九		朝廷、蒙古への返牒を起草させるが、幕府これを抑える（一月）。
文永　八	一二七一	五十	ひでりに対する祈雨の法をはさんで忍性と対決する（六月）。行敏より法論を申し懸けられる（七月八日）。行敏へ公場での法論を望む返書を送る（七月十三日）。のち忍性・然阿良忠・道阿道教らによって幕府に訴えられ	幕府、高麗の牒を奏す（九月二日）。幕府、九州に所領をもつ関東在住の御家人に下向を命ずる（九月十三日）。蒙古の使者、京都に入り国書を奏せんとするが大宰府これを許さず。副本を幕府に奏し、幕府これを京都に呈

年号	西暦	年齢	事項	一般事項
			る（＊）。平頼綱に逮捕・尋問され、佐渡配流と決定。門弟にも弾圧が及ぶ（九月十二日。文永八年の法難）。未明、相模依智へ送られる途中、龍口で斬首をまぬがれる（九月十三日。龍口法難）。富木常忍に書を送る（九月十四日）。投獄された五人の門下へ書を送る（十月三日）。依智を出発して佐渡に向かう（十月十日。佐渡流罪）。越後・寺泊に着く（十月二十一日）。佐渡塚原三昧所の草堂に謫居する（十一月一日）。	す（十月二十三日）。蒙古、国号を元と称す（十月）。
文永　九	一二七二	五十一	念仏者弁成等と法論す（一月十七日。塚原問答）。『開目抄』を著す（二月）。夏の頃、一谷に移される（＊）。	親鸞の息女覚信尼、親鸞の墳塔を大谷に移し、本願寺を建つ（十二月）。北条時宗、北条時輔および名越時章・教時を異図ありとして殺させる（二月十五日）。高麗の使者、元の牒状を持参する（五月）。
文永　十	一二七三	五十二	『観心本尊抄』を著す（四月二十五日）。大曼荼羅を始顕する（七月八日）。これより先、日頂、佐渡に渡る（七月）。これより先、日蓮に随行してきた弟子ら、佐渡で教化活動を始める（十二月）。佐渡の守護北条宣時、日蓮と弟子らの教化弘通活動を禁圧する（十二月七日）。	元の使者来るが京都に入れずして去る（三月）。
文永十一	一二七四	五十三	佐渡流罪を赦免される（二月十四日）。佐渡を出発する（三月十三日）。鎌倉に帰着する（三月二十六日）。平頼綱と会見して蒙古問題	一遍、時宗を開く（＊）。了恵『黒谷上人語燈録』を編す（＊）。蒙古・高麗連合軍、計二万五千人が対馬・壱岐を侵し博多付近に上

			を論じ、蒙古襲来の近いことを述べ、対策を進言する（四月八日）。鎌倉を出立（五月十二日）。身延に到着する（五月十七日）。『法華取要抄』を著し、本門の本尊・題目・戒壇の三大秘法を説く（五月二十四日）。	陸するが、暴風のため退散する（十月五日。文永の役）。
建治　元	一二七五	五十四	池上兄弟に書を送る（四月十六日）。『撰時抄』を著す（＊）。高橋入道没。弟子を遣わし自我偈を読誦させる（＊）。	承澄『阿娑縛抄』を編す（二月）。鎌倉極楽寺炎上（三月）。蒙古の使者来る。幕府、鎌倉に召喚する（四月十五日）。文永を建治に改元（四月二十五日）。幕府、備後・安芸・周防・長門の御家人らに長門警備を命ずる（五月二十日）。幕府、龍口で蒙古の使者を斬る。これより兵備を厳重にする（九月七日）。幕府、高麗征伐を謀るが、のち中止（十二月二十三日）。
建治　二	一二七六	五十五	富木常忍、亡母の遺骨を身延に納む（三月）。師道善房没（三月）。この頃、池上宗仲、父に勘当される（二月）。師道善房の菩提のため『報恩抄』を著して浄顕房・義浄房のもとへ送り、日向らをして墓前で読ませる（七月二十一日）。駿河熱原瀧泉寺院主代、同寺居住の日蓮の弟子らに念仏を強要する（＊）。池上宗仲、勘当をゆるされる（＊）。	一遍、時宗を開く（＊）。幕府、蒙古襲来に備え、兵を博多に集め海岸に石塁を築かせる（三月十日）。
建治　三	一二七七	五十六	弟子三位房、鎌倉で天台僧龍象房と法論、四条金吾これに随行す（六月九日。桑ヶ谷問答）。この頃、下山兵庫五郎、因幡房日永の	

年号	西暦	年齢	事項	参考事項
弘安 元	一二七八	五十七	日蓮への帰依を咎む。日蓮、日永に代って弁明のため下山兵庫に書を送る（六月）。江馬氏、四条頼基の日蓮への帰依を咎め、主人に随従すべきを命じる（六月二十三日）。頼基に代って、弁明のため陳情を書す（六月二十五日）。この頃、池上宗仲、再び勘当される（十一月）。この頃、庵室の修復をする（十一月）。この頃、冷えのため下痢に悩まされる（十二月）。	蘭渓道隆没（七月二十四日）。建治を弘安に改元（二月二十九日）。
弘安 二	一二七九	五十八	実相寺の豊前公日源に書を送り諸宗批判の論拠を教示す（一月十六日）。この頃、駿河蒲原四十九院在住の弟子日興等、住坊・田畠を奪いとられ、同寺を追放される（二月）。この頃、『立正安国論』（広本）を著す（＊）。この頃、三たび流罪のうわさが立つ（四月）。この頃、四条頼基と主君江馬氏との関係が好転する（四月）。この頃、池上宗仲、勘当を許される（五月）。昨年来の下痢がはげしくなる（六月）。佐渡の阿仏房、身延を訪問する（七月六日）。春、阿仏房没す（＊）。藤九郎守綱、父阿仏房の遺骨を身延に納める（七月二日）。駿河地方を教化していた日秀・日弁やその門下が瀧泉寺院主代の迫害にあい、信徒弥四郎斬首される（八月）。瀧泉寺院主代、日秀らを	無学祖元、北条時宗の招きで来日す（六月）。祖元、建長寺に住す（八月二十日）。無住一円、『沙石集』を起草、同六年完成（＊）。南宋・元に滅ぼされる（＊）。幕府、蒙古の使者を、再び博多に斬る（七月二十九日）。

			刈田狼藉者として訴える。日秀らと信徒農民二十名逮捕され、鎌倉に連行される（九月）。日秀らに代って弁明のため陳情を書し、院主の非法を指摘する（十月）。門下に書を送り異体同心の結束と忍難を要請する（十月）。日興・日秀・日弁に書を送り対策を指示し、激励する（十月十二日）。これより先、鎌倉に連行された農民二十名の内、神四郎ら三名は斬首、十七名は禁獄される（十月十七日。熱原法難）。この頃、日秀らを日頂に随行させ富木氏のもとに避難させる（十一月二十五日）。	
弘安　三	一二八〇	五十九	藤九郎守綱、身延に登山し父阿仏房の墓に詣でる（七月一日）。『諫暁八幡抄』を著し、八幡に法華経の行者の守護を諫暁する（十二月）。	叡尊、西大寺にて異国降伏を祈る（三月）。円爾没（十月十七日）。朝廷、諸寺に異国調伏の祈禱を命ず（二月二十一日）。鎌倉の鶴岡八幡宮炎上（十一月十四日）。
弘安　四	一二八一	六十	草庵を改め、あらたに小坊・馬舎を造作す（十一月一日）。大坊建立のための柱立てを行う（十一月八日）。この頃、大坊造営完了す。この日、大師講を営み、法華経の書写・延年の舞を行う（十　月二十四日）。春より以来病悩、十二月にはいり身延の冬の厳しさに病状悪化する（＊）。	蒙古襲来、対馬壱岐等を侵し、博多湾に侵入、日本軍の防戦と暴風のため敗退（六月。弘安の役）。
弘安　五	一二八二	六十一	療養のため身延を下山し、常陸に向かう（九月八日）。武蔵池上宗仲邸に到着、以後ここ	

に滞留（九月十八日）。波木井氏に書を送り、墓を身延にたてるよう遺言する（九月十九日）。臨終のせまるを感じ、日昭・日朗・日興・日向・日頂・日持の六名を本弟子と定め、後事を託す（十月八日）。池上宗仲の邸にて辰の刻入滅（十月十三日）。子の刻葬送の儀（十月十四日）。遺骨、池上を出発、身延に向かう（十月十九日）。

全篇解説 日蓮聖人遺文

2017年12月15日　初版第1刷発行

著　者　渡邊寶陽・関戸堯海・高森大乗
発行者　水野博文
発行所　株式会社佼成出版社
　〒166-8535　東京都杉並区和田2-7-1
　電話　(03) 5385-2317（編集）
　　　　(03) 5385-2323（販売）
　URL　http://www.kosei-shuppan.co.jp/

印刷所　錦明印刷株式会社
製本所　株式会社若林製本工場

ISBN978-4-333-02774-3　C0015

渡邊寶陽 （わたなべ　ほうよう）

昭和８年（1933)、東京に生まれる。立正大学仏教学部宗学科卒業、立正大学大学院博士課程単位取得。文学博士。立正大学仏教学部教授、立正大学学長などを歴任。立正大学名誉教授。法立寺（東京都足立区）前住職。おもな著書に『日蓮宗信行論の研究』（平楽寺書店)、『日蓮のことば』（雄山閣出版)、『法華経――久遠の救い』（日本放送出版協会)、『日蓮仏教論――その基調をなすもの』（春秋社)、『知識ゼロからの日蓮入門』（幻冬舎)、『國寶『觀心本尊抄』鑚仰』（中山法華経寺)、『自我偈講話』（山喜房佛書林)、『宮澤賢治と法華経宇宙』（大法輪閣）があるほか、共著書および編著書、論文が多数ある。

関戸堯海 （せきど　ぎょうかい）

昭和33年（1958)、東京に生まれる。立正大学仏教学部宗学科卒業、立正大学大学院博士課程単位取得。博士（文学）。立正大学仏教学部専任講師、身延山大学仏教学部助教授、日蓮宗宗務院教学課長などを歴任。妙幸寺（東京都大田区）住職。おもな著書に『日蓮聖人教学の基礎的研究』『『立正安国論』入門』『草山要路：元政上人――清らかな生き方』『日蓮聖人注法華経の研究』『日蓮聖人のふしぎな伝説と史実』（以上、山喜房佛書林)、おもな共著に『法華経と大乗経典の研究』（山喜房佛書林)、監修本に『撰時抄ノート』『報恩抄ノート』『立正安国論ノート』（以上、東方出版）などがあるほか、共著書および編著書、論文が多数ある。

高森大乗 （たかもり　だいじょう）

昭和41年（1966)、東京に生まれる。國學院大学文学部史学科および立正大学仏教学部宗学科卒業、立正大学大学院博士課程単位取得。立正大学日蓮教学研究所研究員、立正大学仏教学部准教授などを歴任。現在、要傳寺（東京都台東区）住職、立正大学日蓮教学研究所客員所員、東京都台東区教育委員。編集本に『昭和定本日蓮聖人遺文諸本対照総覧』（山喜房佛書林)、編著書に『開目抄：傍訳日蓮聖人御遺文（上・下巻）』（四季社)、おもな共著に『日蓮仏教における祈りの構造と展開』（山喜房佛書林)、『シリーズ日蓮　２――日蓮の思想とその展開』（春秋社）があるほか、論文が「日蓮聖人の歴史叙述に関する編年的考察――日本史を中心として――」（『大崎学報』第154号）ほか多数ある。

日蓮聖人遺文　索引

※【　　】内は『昭和定本日蓮聖人遺文』の遺文番号。

庵室修復書　(あじちしゅうふくしょ)【二六八】　240

安国論奥書　(あんこくろんおくがき)【六九】　87

安国論御勘由来　(あんこくろんごかんゆらい)【四九】　85

安国論送状　(あんこくろんそうじょう)【一〇八】　90

安国論副状　(あんこくろんそえじょう)【四八】　84

出雲尼御前御返事　(いずもあまごぜごへんじ)【四四〇】　422

一代五時鶏図　(いちだいごじけいず)【図二〇】　178

一大事御書　(いちだいじごしょ)【三三四】　242

一代聖教大意　(いちだいしょうぎょうたいい)【一〇】　161

一谷入道御書　(いちのさわにゅうどうごしょ)【一七八】　344

芋一駄御書　(いもいちだごしょ)【三〇四】　429

石本日仲聖人御返事　(いわもとにっちゅうしょうにんごへんじ)【二六三】　270

陰徳陽報御書　(いんとくようほうごしょ)【三三一】　338

上野尼御前御返事　(うえのあまごぜごへんじ)【四〇〇】　378

上野尼御前御返事　(うえのあまごぜごへんじ)【四一五】　379

上野殿後家尼御前御書　(うえのどのごけあまごぜごしょ)【三七九】　377

上野殿御書　(うえのどのごしょ)【四〇六】　374

上野殿御返事　(うえのどのごへんじ)【一四七】　355

上野殿御返事　(うえのどのごへんじ)【一五三】　357

上野殿御返事　(うえのどのごへんじ)【一七七】　358

上野殿御返事　(うえのどのごへんじ)【二四六】　196

上野殿御返事　(うえのどのごへんじ)【二五二】　362

上野殿御返事　(うえのどのごへんじ)【二七六】　199

上野殿御返事　(うえのどのごへんじ)【二八二】　200

上野殿御返事　(うえのどのごへんじ)【三一四】　363

上野殿御返事　(うえのどのごへんじ)【三二五】　364

上野殿御返事　(うえのどのごへんじ)【三三八】　266

上野殿御返事　（うえのどのごへんじ）【三五〇】　208
上野殿御返事　（うえのどのごへんじ）【三五七】　367
上野殿御返事　（うえのどのごへんじ）【三五九】　368
上野殿御返事　（うえのどのごへんじ）【三七二】　368
上野殿御返事　（うえのどのごへんじ）【三七七】　369
上野殿御返事　（うえのどのごへんじ）【三九四】　372
上野殿御返事　（うえのどのごへんじ）【四〇二】　373
上野殿母尼御前御書　（うえのどのははあまごぜごしょ）【七四】　375
上野殿母尼御前御返事　（うえのどのははあまごぜごへんじ）【四一八】　380
上野殿母尼御前御返事　（うえのどのははあまごぜんごへんじ）【三八八】　212
上野郷主等御返事　（うえののごうすらごへんじ）【三二六】　365
盂蘭盆御書　（うらぼんごしょ）【三七四】　211
衣食御書　（えじきごしょ）【二一二】　432
越後公御房御返事　（えちごこうごぼうごへんじ）【四三七】　273
越州嫡男並妻尼事　（えっしゅうちゃくなんならびにさいにのこと）【四一四】　298
王舎城事　（おうしゃじょうじ）【一七三】　330
王日殿御返事　（おうにちどのごへんじ）【三九七】　416
大尼御前御返事　（おおあまごぜごへんじ）【三八二】　418
大田殿許御書　（おおたどのがりごしょ）【一五九】　171
大田殿女房御返事　（おおたどのにょうぼうごへんじ）【三七〇】　209
太田入道殿御返事　（おおたにゅうどうどのごへんじ）【一九七】　305
おけひさご御消息　（おけひさごごしょうそく）【四四二】　354
乙御前母御書　（おとごぜははごしょ）【一三二】　415
重須殿女房御返事　（おもんすどのにょうぼうごへんじ）【三九九】　401
御衣竝単衣御書　（おんころもならびにひとえごしょ）【一九五】　289
御衣布給候御返事　（おんころもぬのたまいそうろうごへんじ）【四三五】　434
開目抄　（かいもくしょう）【九八】　110
可延定業御書　（かえんじょうごうごしょ）【一六三】　402
覚性御房御返事　（かくしょうごぼうごへんじ）【四三六】　267
覚性房御返事　（かくしょうぼうごへんじ）【二二一】　268
合戦在眼前御書　（かっせんざいげんぜんごしょ）【一五五】　92

かわいどの御返事　（かわいどのごへんじ）【四四一】　353
諫暁八幡抄　（かんぎょうはちまんしょう）【三九五】　102
観心本尊抄副状　（かんじんほんぞんしょうそえじょう）【一一九】　135
祈禱鈔　（きとうしょう）【一一三】　186
教機時国鈔　（きょうきじこくしょう）【二九】　162
兄弟鈔　（きょうだいしょう）【一七四】　313
行敏御返事　（ぎょうびんごへんじ）【八三】　219
行敏訴状御会通　（ぎょうびんそじょうごえつう）【八四】　220
金吾殿御返事　（きんごどのごへんじ）【七三】　89
窪尼御前御返事　（くぼあまごぜごへんじ）【二八八】　389
窪尼御前御返事　（くぼあまごぜごへんじ）【二九七】　390
窪尼御前御返事　（くぼあまごぜごへんじ）【三三三】　390
窪尼御前御返事　（くぼあまごぜごへんじ）【三五六】　392
窪尼御前御返事　（くぼあまごぜごへんじ）【三六九】　393
窪尼御前御返事　（くぼあまごぜごへんじ）【四二〇】　394
九郎太郎殿御返事　（くろうたろうどのごへんじ）【三一七】　206
現世無間御書　（げんぜむけんごしょ）【二三九】　235
顕仏未来記　（けんぶつみらいき）【一二五】　136
顕謗法鈔　（けんほうぼうしょう）【三一】　164
顕立正意抄　（けんりつしょういしょう）【一五六】　93
国府尼御前御書　（こうあまごぜごしょ）【一八二】　424
弘安改元事　（こうあんかいげんじ）【二七八】　241
孝子御書　（こうしごしょ）【三二八】　324
光日尼御返事　（こうにちあまごへんじ）【三八一】　420
光日上人御返事　（こうにちしょうにんごへんじ）【四〇九】　421
光日房御書　（こうにちぼうごしょ）【二一三】　232
こう入道殿御返事　（こうにゅうどうどのごへんじ）【一七二】　342
強仁状御返事　（ごうにんじょうごへんじ）【二〇〇】　100
故最明寺入道見参御書　（こさいみょうじにゅうどうけんざんごしょ）【七一】　88
御所御返事　（ごしょごへんじ）【四四三】　435
其中衆生御書　（ごちゅうしゅじょうごしょ）【一三九】　142

五人土籠御書　（ごにんつちろうごしょ）【八八】　257
災難興起由来　（さいなんこうきゆらい）【二〇】　76
災難対治鈔　（さいなんたいじしょう）【二一】　77
さじき女房御返事　（さじきにょうぼうごへんじ）【一七九】　410
桟敷女房御返事　（さじきにょうぼうごへんじ）【四〇一】　411
三三蔵祈雨事　（さんさんぞうきうのこと）【一八三】　172
三大秘法禀承事　（さんだいひほうほんじょうじ）【四〇三】　157
慈覚大師事　（じかくだいしじ）【三六一】　174
師子王御書　（ししおうごしょ）【三二〇】　431
四条金吾釈迦仏供養事　（しじょうきんごしゃかぶつくようじ）【二二〇】　331
四条金吾殿御返事　（しじょうきんごどのごへんじ）【一一二】　327
四条金吾殿御返事　（しじょうきんごどのごへんじ）【二四五】　332
四条金吾殿御返事　（しじょうきんごどのごへんじ）【二五〇】　334
四条金吾殿御返事　（しじょうきんごどのごへんじ）【三四〇】　338
四条金吾殿御返事　（しじょうきんごどのごへんじ）【四二四】　340
四条金吾殿女房御返事　（しじょうきんごどのにょうぼうごへんじ）【一六〇】　407
四信五品鈔　（ししんごほんしょう）【二四二】　194
十章鈔　（じっしょうしょう）【八一】　105
実相寺御書　（じっそうじごしょ）【二七一】　271
地引御書　（じびきごしょ）【四一六】　247
持妙尼御前御返事　（じみょうあまごぜごへんじ）【三四九】　391
下山御消息　（しもやまごしょうそく）【二四七】　236
始聞仏乗義　（しもんぶつじょうぎ）【二七七】　149
十月分時料御書　（じゅうがつぶんときりょうごしょ）【三〇九】　350
十住毘婆沙論尋出御書　（じゅうじゅうびばしゃろんたずねいだしごしょ）【一四】　252
守護国家論　（しゅごこっかろん）【一五】　73
種種御振舞御書　（しゅじゅおんふるまいごしょ）【一七六】　231
小乗大乗分別鈔　（しょうじょうだいじょうふんべつしょう）【一三六】　141
正当此時御書　（しょうとうしじごしょ）【一二一】　224
聖人御難事　（しょうにんごなんじ）【三四三】　242
聖人知三世事　（しょうにんちさんぜじ）【一五七】　230

唱法華題目鈔　（しょうほっけだいもくしょう）【二三】　180
聖密房御書　（しょうみつぼうごしょ）【一四八】　261
乗明上人御返事　（じょうみょうしょうにんごへんじ）【三三七】　308
乗明聖人御返事　（じょうみょうしょうにんごへんじ）【二四三】　307
浄蓮房御書　（じょうれんぼうごしょ）【一八四】　263
諸経与法華経難易事　（しょきょうとほけきょうとなんいのこと）【三六七】　155
食物三徳御書　（しょくもつさんとくごしょ）【三一九】　430
諸宗問答鈔　（しょしゅうもんどうしょう）【五】　167
諸人御返事　（しょにんごへんじ）【二八〇】　241
除病御書　（じょびょうごしょ）【二〇一】　306
諸法実相鈔　（しょほうじっそうしょう）【一二二】　188
事理供養御書　（じりくようごしょ）【二三〇】　193
神国王御書　（しんこくおうごしょ）【一六八】　94
真言諸宗違目　（しんごんしょしゅういもく）【一〇六】　117
随自意御書　（ずいじいごしょ）【三二一】　207
瑞相御書　（ずいそうごしょ）【一六六】　328
崇峻天皇御書　（すしゅんてんのうごしょ）【二六二】　198
種種物御消息　（すずものごしょうそく）【二九九】　428
清澄寺大衆中　（せいちょうじだいしゅちゅう）【二〇五】　264
是日尼御書　（ぜにちあまごしょ）【二八四】　426
撰時抄　（せんじしょう）【一八一】　96
千日尼御前御返事　（せんにちあまごぜんごへんじ）【三〇二】　205
千日尼御返事　（せんにちあまごへんじ）【三七一】　422
善無畏鈔　（ぜんむいしょう）【四六】　185
曾谷二郎入道殿御報　（そやじろうにゅうどうどのごほう）【四〇八】　311
曾谷入道殿許御書　（そやにゅうどうどのがりごしょ）【一七〇】　166
曾谷入道殿御書　（そやにゅうどうどのごしょ）【一五四】　170
尊霊御菩提御書　（そんれいごぼだいごしょ）【一九八】　290
大学三郎御書　（だいがくさぶろうごしょ）【三二二】　341
大学三郎殿御書　（だいがくさぶろうどのごしょ）【一八六】　173
大豆御書　（だいずごしょ）【三八七】　351

大善大悪御書　（だいぜんだいあくごしょ）【一六七】　347
大風御書　（たいふうごしょ）【四〇四】　246
高橋殿御返事　（たかはしどのごへんじ）【一八九】　386
高橋入道殿御返事　（たかはしにゅうどうどのごへんじ）【一八七】　384
筍御書　（たけのこごしょ）【二一六】　268
大夫志殿御返事　（たゆうさかんどのごへんじ）【三九六】　325
檀越某御返事　（だんのつぼうごへんじ）【二八三】　201
智慧亡国御書　（ちえぼうこくごしょ）【二〇三】　387
智妙房御返事　（ちみょうぼうごへんじ）【三九三】　280
寺泊御書　（てらどまりごしょ）【九二】　106
転重軽受法門　（てんじゅうきょうじゅほうもん）【八九】　302
道場神守護事　（どうじょうじんしゅごじ）【二三二】　293
富木尼御前御書　（ときあまごぜごしょ）【二一一】　405
富木尼御前御返事　（ときあまごぜごへんじ）【一四六】　402
富木殿御書　（ときどのごしょ）【一四四】　229
富木殿御書　（ときどのごしょ）【二五五】　197
富木殿御消息　（ときどのごしょうそく）【六七】　286
土木殿御返事　（ときどのごへんじ）【八六】　222
土木殿御返事　（ときどのごへんじ）【一三一】　287
富木殿御返事　（ときどのごへんじ）【二】　283
富木殿御返事　（ときどのごへんじ）【一〇一】　115
富木殿御返事　（ときどのごへんじ）【一二六】　138
富木殿御返事　（ときどのごへんじ）【一六二】　288
富木殿御返事　（ときどのごへんじ）【三八九】　296
富城殿女房尼御前御書　（ときどのにょうぼうあまごぜごしょ）【三五二】　406
富木入道殿御返事　（ときにゅうどうどのごへんじ）【二九四】　150
富木入道殿御返事　（ときにゅうどうどのごへんじ）【三一〇】　153
富城入道殿御返事　（ときにゅうどうどのごへんじ）【三五一】　294
富城入道殿御返事　（ときにゅうどうどのごへんじ）【三六四】　295
富城入道殿御返事　（ときにゅうどうどのごへんじ）【四一三】　297
時光殿御返事　（ときみつどのごへんじ）【三〇〇】　362

内記左近入道殿御返事　（ないきさこんにゅうどうどのごへんじ）【四二五】　352
中興政所女房御返事　（なかおきまんどころにょうぼうごへんじ）【二四四】　425
中務左衛門尉殿御返事　（なかつかささえもんのじょうどのごへんじ）*【二九五】　335
南条殿御返事　（なんじょうどのごへんじ）【一八五】　359
南条殿御返事　（なんじょうどのごへんじ）【二〇六】　360
南条殿御返事　（なんじょうどのごへんじ）【二一五】　361
南条殿御返事　（なんじょうどのごへんじ）【三八〇】　370
南条殿御返事　（なんじょうどのごへんじ）【三九一】　371
南条殿御返事　（なんじょうどのごへんじ）【四三九】　374
南条殿女房御返事　（なんじょうどのにょうぼうごへんじ）【二九〇】　376
南条兵衛七郎殿御書　（なんじょうひょうえしちろうどのごしょ）【三八】　165
南部六郎殿御書　（なんぶろくろうどのごしょ）【八〇】　426
新尼御前御返事　（にいあまごぜごへんじ）【一六四】　417
新田殿御書　（にいたどのごしょ）【三六八】　400
西山殿後家尼御前御返事　（にしやまどのごけあまごぜごへんじ）【四二二】　396
西山殿御返事　（にしやまどのごへんじ）【二三八】　395
二乗作仏事　（にじょうさぶつじ）【一九】　176
爾前二乗菩薩不作仏事　（にぜんにじょうぼさつふさぶつじ）【一七】　175
日眼女釈迦仏供養事　（にちげんにょしゃかぶつくようじ）【三二七】　408
日女御前御返事　（にちにょごぜんごへんじ）【二九三】　202
日妙聖人御書　（にちみょうしょうにんごしょ）【一〇七】　413
如説修行鈔　（にょせつしゅぎょうしょう）【一二四】　189
女人某御返事　（にょにんぼうごへんじ）【九九】　427
如来滅後五五百歳始観心本尊抄（にょらいめつごごごひゃくさいしかんじんほんぞんしょう）【一一八】　118
鼠入鹿事　（ねずみいるかのこと）【二五一】　294
波木井三郎殿御返事　（はきいさぶろうどのごへんじ）【一二七】　139
波木井殿御報　（はきいどのごほう）【四三三】　250
白米和布御書　（はくまいわかめごしょ）【二〇四】　348
八幡宮造営事　（はちまんぐうぞうえいのこと）【四〇五】　326
八宗違目鈔　（はつしゅういもくしょう）【九六】　108

初穂御書　（はつほごしょ）【三一一】　430
破良観等御書　（はりょうかんとうごしょ）【二三六】　234
春之祝御書　（はるのいわいごしょ）【一六一】　358
春の始御書　（はるのはじめごしょ）【四二七】　353
直垂御書　（ひたたれごしょ）【一三三】　346
兵衛志殿御書　（ひょうえさかんどのごしょ）【二六〇】　316
兵衛志殿御返事　（ひょうえさかんどのごへんじ）【二四八】　315
兵衛志殿御返事　（ひょうえさかんどのごへんじ）【二五四】　315
兵衛志殿御返事　（ひょうえさかんどのごへんじ）【二六六】　318
兵衛志殿御返事　（ひょうえさかんどのごへんじ）【二九一】　319
兵衛志殿御返事　（ひょうえさかんどのごへんじ）【二九六】　320
兵衛志殿御返事　（ひょうえさかんどのごへんじ）【三一八】　323
兵衛志殿女房御返事　（ひょうえさかんどのにょうぼうごへんじ）【三五三】　409
不孝御書　（ふこうごしょ）【三一三】　336
仏眼御書　（ぶつげんごしょ）【二五九】　350
不動愛染感見記　（ふどうあいぜんかんけんき）【三】　215
別当御房御返事　（べっとうごぼうごへんじ）【一四九】　262
変毒為薬御書　（へんどくいやくごしょ）【三四六】　278
弁殿尼御前御書　（べんどのあまごぜんごしょ）【一二九】　260
弁殿御消息　（べんどのごしょうそく）【六五】　254
弁殿御消息　（べんどのごしょうそく）【一〇九】　259
弁殿御消息　（べんどのごしょうそく）【二二二】　270
法衣書　（ほうえしょ）【三九八】　433
報恩抄　（ほうおんしょう）【二二三】　159
報恩鈔送文　（ほうおんしょうそうもん）【二二四】　160
伯耆公御房消息　（ほうきこうごぼうしょうそく）【四二八】　281
伯耆殿御書　（ほうきどのごしょ）【三四二】　274
伯耆殿御返事　（ほうきどのごへんじ）【三四四】　276
伯耆殿竝諸人御中　（ほうきどのならびにしょにんおんちゅう）【四三八】　274
宝軽法重事　（ほうきょうほうじゅうじ）【二一七】　191
忘持経事　（ぼうじきょうじ）【二一二】　291

法門可被申様之事　（ほうもんもうさるべきようのこと）【七〇】　255
法蓮鈔　（ほうれんしょう）【一七五】　309
法華行者値難事　（ほっけぎょうじゃちなんじ）【一四〇】　225
法華取要抄　（ほっけしゅようしょう）【一四五】　144
法華浄土問答鈔　（ほっけじょうどもんどうしょう）【九四】　168
法華証明鈔　（ほっけしょうみょうしょう）【四二九】　213
法華題目鈔　（ほっけだいもくしょう）【四四】　183
本尊問答抄　（ほんぞんもんどうしょう）【三〇七】　152
松野尼御前御返事　（まつのあまごぜごへんじ）【二七二】　383
松野殿御消息　（まつのどのごしょうそく）【二〇七】　381
松野殿御返事　（まつのどのごへんじ）【二七四】　382
松野殿女房御返事　（まつのどのにょうぼうごへんじ）【三三六】　383
未驚天聴御書　（みきょうてんちょうごしょ）【一四三】　227
御輿振御書　（みこしぶりごしょ）【六四】　252
三沢鈔　（みさわしょう）【二七五】　148
身延山御書　（みのぶさんごしょ）【四三二】　248
妙一尼御前御消息　（みょういちあまごぜごしょうそく）【一八〇】　412
妙一尼御返事　（みょういちあまごへんじ）【一二〇】　412
妙心尼御前御返事　（みょうしんあまごぜごへんじ）【一九一】　396
妙心尼御前御返事　（みょうしんあまごぜごへんじ）【一九二】　398
妙心尼御前御返事　（みょうしんあまごぜごへんじ）【三六五】　399
妙法尼御前御返事　（みょうほうあまごぜんごへんじ）【三〇一】　203
武蔵殿御消息　（むさしどのごしょうそく）【一三】　251
十字御書　（むしもちごしょ）【三二四】　432
莚三枚御書　（むしろさんまいごしょ）【四三〇】　434
夢想御書　（むそうごしょ）【一一一】　92
木絵二像開眼之事　（もくえにぞうかいげんのこと）【一三八】　190
問注得意鈔　（もんちゅうとくいしょう）【六六】　285
薬王品得意抄　（やくおうぼんとくいしょう）【四一】　181
宿屋入道再御状　（やどやにゅうどうさいごじょう）【五一】　86
頼基陳状　（よりもとちんじょう）【二四九】　237

立正安国論　（りっしょうあんこくろん）【二四】　79
立正観鈔　（りっしょうかんじょう）【一五八】　145
立正観鈔送状　（りっしょうかんじょうそうじょう）【一六五】　147
滝泉寺申状　（りゅうせんじもうしじょう）【三四五】　277
両人御中御書　（りょうにんおんちゅうごしょ）【三八五】　279
霖雨御書　（りんうごしょ）【二八九】　272
老病御書　（ろうびょうごしょ）【四一七】　248
論談敵対御書　（ろんだんてきたいごしょ）【三二】　217